통번역학에서의 시험과 평가

Testing and assessment in translation and interpreting studies

존 벤자민스 통번역 총서 17
한 국 통 역 번 역 학 회

John Benjamins Series

17

통번역학에서의 시험과 평가

Testing and assessment in translation and interpreting studies

Claudia V. Angelelli, Holly E. Jacobson 편저 | 홍설영·마승혜 옮김

HUiNE

발간사

통역학을 포함하는 넓은 의미의 번역학은 1960년대 캣포드(J. C. Catford)와 니다(E. Nida) 이후 현대적인 본격 학문 분야로 부상하기 시작하였다. 캣포드의 '언어학적 접근'과 니다의 성서 번역을 위한 '소통 효과 중심'의 접근에 이어 '문화전환(cultural turn)'과 '맥락전환(contextual turn)'의 패러다임 시프트를 거치면서 번역학은 학제적 성격(interdisciplinarity)을 더욱더 공고히 하게 되었다.

번역학이 대표적인 학제적 학문분야인 것은 연구대상인 문제와 현상의 설명을 위해 가져오는 이론 틀과 연구방법의 다양성 때문이라 할 수 있다. 번역학은 번역과정과 번역 결과물을 모두 연구 대상으로 삼는다. 번역사의 '블랙박스' 안에서 번역 행위를 둘러싸고 연속적으로 이루어지는 무수한 의사결정 과정과 그 과정에 작용하는 다양한 변수들을 설명하는 한편 이들 작용의 가시적 구현체로서의 번역결과물을 모두 다룬다. 이렇다 보니 번역사의 머릿속에서 이루어지는 일들을 들여다보기 위해 사고발화법(TAP), 기능적 자기 공명 영상 기법(fMRI), 통계처리를 포함하는 코퍼스 분석, 담화분석 및 체계기능문법 등 다양한 인접학문분야의 연구성과와 분석도구를 차용하기도 한다. 이런 다양성 덕분에 번역학은 일견 상당한 성과를 이룬 것처럼 보이기도 한다.

그러나 번역학이 언제까지나 학제성에 만족하고 있을 수만은 없다. 번역학의 학제성은 그동안 어쩌면 번역학의 일방적 '짝사랑'이었을 수도 있다는 문제의식이 필요한 시점에 와있다. 프랑스 번역학자 질(D. Gile)의 이야기는 이런 면에서 시사하는 바가 크다.

> [번역학이] 타 학문 분야와 맺은 파트너십은 균형을 이루지 못한 경우가 대부분 이어서, [우월한] 지위, 파워, 재정능력 및 실제 리서치 능력은 일반적으로 파트너 관계에 있는 학문분야에 있다. 뿐만 아니라 학제성이 패러다임의 확산을 도와 결과적으로 독립적인 학문분야로서의 통번역 연구의 지위를 약화시키고 있다.
>
> (질 2004: 29)

질의 이야기는 학제성을 장점으로 부각시켜온 번역학의 입장에서 다시 한 번 곱씹어볼 만하다. 핌(A. Pym) 역시 번역학의 대표적 학술지의 하나인 『타겟(TARGET)』의 역할을 돌아보면서, 번역학이 인접 학문분야의 연구 성과를 도입해오고 있지만, 정작 번역학의 연구 성과가 인접 학문분야로 전파되는 경우는 상대적으로 드물다는 점을 지적하고 있다. 그만큼 쌍방향의 균형 잡힌 호혜적 지적(知的) 파트너십은 이루어지지 못했다는 이야기일 것이다.

이런 시점에서 번역학을 연구하는 우리가 해야 할 일은 번역학 자체의 고유 연구영역을 더욱 분명하게 규정하는 한편, 학문적 엄격성(academic rigor)을 갖춘 연구방법론을 확립하는 일일 것이다. 이런 맥락에서 그동안 전 세계적으로 번역학의 다양한 연구 성과와 새롭게 개척되는 연구방법론을 선도적으로 꾸준히 소개해온 존 벤자민스

(John Benjamins) 출판사의 통번역 총서의 기여를 인정해야 할 것이다. 번역학 연구자라면 누구나 이 총서 가운데 최소한 서너 권 이상은 읽어보았을 정도로 번역학의 학문적 성과를 집대성하여 소개하였기 때문이다. 『존 벤자민스 통번역 총서』 번역 작업에 누구보다도 바쁘신 교수연구자들이 다수 자원한 것은 바로 이 총서에 대한 지적 향수(知的 鄕愁) 때문은 아닐지.

국내 최초의 전문통번역학 연구단체인 한국통역번역학회(KSCI)가 이번에 『존 벤자민스 통번역 총서』 가운데 대표적인 업적들을 선별하여 번역 출간하게 된 것은 특별히 의미가 크다. 1998년 학회 창립 이래 국내 최초의 한국연구재단 등재지 『통역과 번역』, 국제전문학술지 『포럼(FORUM)』을 발행해오면서 국내외 통번역학의 발전과 소통에 이바지 해온 본 학회의 통번역총서 번역 발간이 우리말로 쓰인 번역학 자료에 목말라해 온 연구자들에게 도움이 될 수 있기를 희망한다.

경기침체로 출판계 전망이 장밋빛이지만은 않은 상황에서, "뜻있는 기획출판일수록 대학 출판부에서 맡아야 한다"며 선뜻 『존 벤자민스 통번역 총서』 출판 추진에 합의해주신 한국외국어대학교, 특히 가정준 지식출판원장님과 신선호 팀장님께 고개 숙여 감사를 드린다. 학회를 대표하여 출간을 총괄해주신 김대진 서울과학기술대학교 교수님과 실무조정을 도와준 최은아 교수님, 이주연 교수님 등 학회 회원들께도 감사의 마음을 전한다.

2016년 9월

한국외국어대학교 영어통번역학부 교수

존 벤자민스 통번역 총서 기획위원장

정호정

서론

통번역학에서 테스트 및 평가에 관한 연구와 실제간 소통의 필요성

클라우디아 안젤렐리와 홀리 야콥슨
(Claudia V. Angelelli and Holly E. Jacobson)

통역과 번역은 실질적 연구를 기반으로 탐구하는 분야이다. 통번역 품질에 대한 개념은 통역과 번역 두 분야 모두에서 중요한 것이고, 통번역학 연구를 위해 사용되는 도구 및 과정을 바탕으로 한 품질 측정뿐만 아니라 초기 학습 단계에서 이행하는 교육 프로그램의 형성평가 시에도 그리고 고급 단계에서 실시하는 전문가 인증을 위한 평가도구 개발 시에도 통번역 품질 개념은 중요하다. 이처럼 통번역 분야에서 평가 및 테스트는 다양한 목적을 위해 이행된다. 예를 들어 교육 과정 입학을 위한 지원자 선별, 통번역 수업 수강 학생에게 피드백 제공, 수강 후 습득한 지식 및 기술 테스트, 목표를 달성하는데 있어 통역사가 중요한 역할을 한 경우 통역 품질 측정, 통번역 전문가 역량 인증, 제품의 로컬라이제이션 수준 결정, 또는 연구를 위해 번역된 설문조사 및 기타 도구의 영향 측정 시 통번역 평가 및 테스트가 이행된다.

이론과 관련된 논의 중 대부분은 이론적 측면에서의 품질, 특히 번역학 연구 측면에 치중되어 있다. 번역학 연구에서 언급된 기존의 이론적 틀은 원문의 언어적 코드를 고수한 번역과 원문의 구조에서 다소 자유로운 번역으로 나누는 이분법적 방식을 기반으로 한다. 형태적 또는 역동적 등가 개념을 소개한 나이다(Nida, 1964)의 연구가 번역 품질을 정의하기 위한 초기 접근방식 중 하나이다. 나이다의 연구에서 번역 품질을 결정하는 기반이 되는 것은 목표 독자층이 번역을 읽고 보이는 반응이다. 즉, 목표 독자층의 번역에 대한 반응이 원천 독자층이 원작을 읽고 보이는 반응과 등가를 이루어야 한다는 것이다. 뒤이어 뉴마크(Newmark, 1982)는 *의미중심 번역* 및 *소통중심 번역*이라는 용어를 사용하여 나이다의 형태적 및 역동적 등가개념과 유사한 이분법 구도를 소개한다. 투리(Toury, 1995)는 원천 문화의 "규범"을 고수하는 번역을 설명하기 위한 *충분성(adequacy)*과 목표 문화의 규범을 따르는 번역을 설명하기 위한 *수용가능성(acceptability)*이라는 용어를 사용하여 두 종류의 번역을 설명한다. 베누티(Venuti, 1995)는 번역이 실현되는 방식에 영향을 주는 불공평한 권력관계를 살펴보기 위해 *이국화(foreignization)* 및 *자국화(domestication)*라는 용어를 도입하였고 바스틴(Bastin, 1998)은 좀 더 화용론적 차원에서 번역보다는 번안을 주장하였다. 스코포스 이론(Skopos Theory)(하팀 & 먼데이(Hatim & Munday, 2004)에서 소개된 라이스와 페르미어(Reiss & Vermeer, 1984)가 강조하는 바는 번역의 목적이라고 할 수 있는 스코포스가 번역 품질을 측정하는 잣대가 되어야 한다는 것이다. 즉, 번역이 그것이 수용될 맥락의 언어적, 사회적, 문화적 규범을 충족시키고 있는가에 따라 번역에 대해 판단해야 한다는 것이다. 그 이후 하팀과 메이슨(Hatim & Mason, 1990, 1997), 히키(Hickey, 1998) 및 베이커(Baker, 1992)와 같은 연구자들은 번역 모델을 제시하고 번역 품질을 기술하기 위해 이론언어학, 화용론, 사회언어학 및 담화분석과 같은 영역을 활용하였다. 이 연구자들은 번역된 텍스트의 심도 깊은 분석을 위해 이론적 틀을 사용하여 번역 모델을 제시하였고, 특히 원천 텍스트가 사용되는 기호학적, 화용론적, 사회문화적 맥락(텍스트의 비언어적 측면)에서 텍스트 종류 별 언어적 차이 및 담론적 요소에 초점을 맞추었다. 하우스(House, 1981, 1997, 1998)는 화용론을 기반으로 구체적으로 번역 품질 평가에 초점을 맞춘 첫 번째 연구자들 중 한 명이고, 그는 기존에 분류해 온 두 타입의 번역에 대해 *내재적* 그리고 *공개적*이라는 용어를 사용하여 분류하고 있다. 공개적 번역은 목표 세계가 원천 세계에 대해 알아볼 수 있도록 또는 다른 문화나 담화 속의 커뮤니티를 "엿듣는 것"이 가능하도록 번역하는 것이고, 원작의 사회-문화적 맥락을 충실히 유지하는 번역 방식이다. 그래서 명백하고 공개적인 번역이라고도 한다. 반면 내재적 번역은 목표 담화 커뮤니티의 기대 및 규칙을 충족시키도록 "등가적 발화를 재생"하는데 사용되는 방식이다(하우스, 1998: 65). 바스틴, 나이다, 뉴마크, 투리, 라이스 와 페르미어, 베누티처럼 하우스도 원천 텍스트와 좀 더 유사한 텍스트와 기능적 화용적 등가를 달성하기 위해 원천 텍스트의 언어적 코드와는 거리를 둔 텍스트를 구별한다(하우스, 2001). 이상 연구자들이 제안한 모델에 따르면 번역 품질은 번역의 목적 및 기능에 따라 달라진다.

번역학에서 새로운 지평을 개척한 위 연구자들은 정확성에 초점을 맞춰온 전통적인 번역 관점에서 벗어나 번역이 이행되는 다양한 맥락에 주목한다. 종(Zhong, 2002: 575)은 정확성을 중시한 전통적인 번역 관점을 "번역이 (단어-의미적 차원에서) 정확하고, (원천 텍스트에 대해) 충실하며, 객관적이고, 어느 한 쪽으로 치우치지 말 것을 요구하는" 패러다임이라고 정의한다. 하우스(2001: 247)는 "등가는 확실히 형태적, 통사적, 단어적 유사성과 연관된 것만은 아니다. 그 이유는 두 개의 다른 언어에서 언어 항목들은 복잡할 정도로 모호하고 각 언어는 다른 방식으로 현실을 구현하기 때문이다"라고 언급한다. 그러나 지금까지 제시된 번역 품질 모델 중 그 어떤 것도 "어떻게" 효과적으로 정확하게 품질을 측정할 것인지를 해결해주지는 못하고 있다. 연구자는 "독자 반응"이 어떻게 측정되고 비교될 수 있는지, 번역이 목표 담화 커뮤니티에 수용가능한지 아닌지를 증명하는 변수들은 어떻게 결정할 것인지, 번역의 "기능"이 측정 가능한 용어로 어떻게 정의될 수 있는 지와 같은 질문에 대해 심사 숙고해 보아야 한다. 이 질문들은 아직 선행 연구에서 명확한 답을 찾지 못한 질문들이다.

통역 수행 테스트 및 평가 또한 유사한 딜레마에 직면한 상태이다. 전통적으로 통역 연구에서는 1953년 국제회의통역사협회(International Association of Conference Interpreters(AIIC))설립 이후 회의 통역에 초점을 맞추어 왔다. 초기 경험적 연구는 심리학 분야에서 시작되었고 동시 통역의 인지적 과정에 초점을 맞춘 연구(푀히하커(Pöchhacker), 2004)였다. 셰이(Hsieh, 2003)가 지적하였듯이 주로 충실성 및 정확성에 초점을 맞춘 번역 방식을 시작으로 동시통역분야에서 이론적 발전이 이루어 졌다. 또한 통역사들은 "도관(conduit)" 개념을 바탕으로 통역 모델을 수립하는데 중요한 역할을 담당해 왔다. 도관 개념이란 통역사들이 중립적이고, 거리를 두고, 원 발화에 충실한 것을 의미한다(ibid: 12). 이와 같은 이론들은 어떻게 중재된 상호작용이 실제로 일어나는지를 정확하게 보여주지는 않는다고 연구에서는 언급하지만, 커뮤니티 통역에서는 최종적으로 이 이론들을 수용했다(안젤렐리(Angelelli), 2001 & 2004a; 클리포드(Clifford), 2005; 데이비슨(Davidson), 1999; 메츠거(Metzger), 1999; 로이(Roy), 2000; 바덴스조(Wadensjö), 1998 참조). 그러나 일반적인 통역 측정이나 구체적인 통역 수행 품질 및 경험적 연구를 바탕으로 타당하고 신뢰할만한 방식으로 품질을 측정하고 통역을 평가하며 문제를 해결하는 방법에 초점을 맞춘 연구는 거의 없었다. 몇몇 연구자만이 이 새로운 영역에서 연구를 시작하였다. 예를 들어 안젤렐리(2001 & 2004b)는 처음으로 심리측정(psychometrics)방법을 통해 캐나다, 멕시코 및 미국의 통역사들이 일하는 다양한 환경(법원, 병원, 사업 회의, 국제회의 및 학교)에서 통역사들의 역할에 대해 연구하는 타당하고 신뢰할만한 도구를 개발하였다. 안젤렐리(2003, 2007a & b)는 문화기술(ethnography)을 통해 수집한 경험적 데이터를 바탕으로 의료 관련 환경에서 광둥어, 흐몽어, 스페인어 통역사의 준비상태 및 언어 숙달 정도를 측정하는 평가 도구를 개발하였다. 소여(Sawyer)는 미국 석사과정 프로그램에서 통번역 역량 측정에 관한 사례 연구를 실시하였고, 통번역 테스트 타당성 검증의 정치적, 윤리적 결과에 대한 논의를 시작하였다. 클리포드는 담화 이론을 기반으로 통역사 인증 테스트를 개발하였다. 그리고 경험적으로 개발된 구인(構因, constructs) 및 역량요소를 통한 보다 철저하게 평가에 접근할 것을 주장하였고 인증 도구 개발 시 심리측정 방식을 활용해볼 것도 주장하였다. 전세계적으로 여러 단체 및 통역사 교육 프로그램에서 평가 도구를 개발하였지만, 이 도구들이 일반적으로 설명되고 제시되지는 않을뿐더러 테스트 및 평가에 대한 타당하고 신뢰할 만한 방식을 기반으로 하고 있지도 않다(클리포드, 2005; 안젤렐리, 2003, 2007a & b).

번역가 및 통역사 역량(competence)과 수행(performance)에 대한 평가, 그리고 산업, 교육 또는 연구라는 다른 목적 하에 수행되는 통번역 과정 및 결과물에 대한 평가와 관련된 경험적 연구는 충분치 않다. 게다가 다른 나라의 고부담(high-stakes) 인증 프로그램 및 기준에 대한 연구자료는 거의 발간되지 않았다. 평가는 진공상태에서 진행되었다고도 할 수 있고, 평가 관련 프로세스를 투명하게 진행하기 위해서는 그 과정이 정확하게 기술되어야 할 필요가 있다.

이 책을 집필하게 된 계기는 2년에 걸쳐 진행했던 ATA 리서치 포럼에서 테스트 및 평가에 관해 논의하면서이다. 지난 5년동안 전문적인 회의 자리를 마련하여 인증 기관, 정부, 업계(에이전시뿐만 아니라 프리랜서 포함)와 더불어 통번역학에서의 이론적, 경험적 연구에 관해 논의하기 위해 노력해왔다. 이를 바탕으로 미국 통역사 협회(American Translators Association, ATA) 내에 ATA 리서치 포럼이 설립되었다(안젤렐리, 2004). 당시 테스트와 평가뿐만 아니라 통번역 역량, 품질 정의 및 측정에 관해 집중적으로 논의의 장을 펼친 ATA 포럼 발표자 및 참석자들에게 편집부는 감사를 표한다. 당시 발표자들 중 일부의 연구가 이 책에 수록되어 있다. 리서치 포럼에서 더 나아가 편집부는 ATISA, EST, ITIT, The Linguist List와 같은 네트워크 및 국내외 웹사이트 그리고 통번역 교육 및 연구 관련 대학에 투고요청을 하였다. 편집부는 또한 이전에 테스트 분야를 연구한 학자들에게도 연락하였고, ATA 및 AAAL과 같은 전문 협회에도 투고요청을 하였다.

앞서 제시하였듯이, 이 책은 통번역 연구 시 필수적인 품질 측정 관련 이슈를 다루고 있다. 수록된 논문들에서는 언어 및 배경(대학 교실, 연구, 민간 부문 및 전문 협회)을 막론하고 과정 및 결과물에 초점을 맞추어 품질을 측정하는 것과 관련된 이슈들을 살펴보고 있다. 저자들은 번역, 통역 또는 통번역 분야의 연구자, 교육자 및 박사과정생으로 테스트 및 평가를 중점적으로 다루고 있다. 또한 다양한 관점에서 이슈들에 접근하고 있는데, 굉장히 구체적인 변수에 초점을 맞추고 있는 저자도 있고, 좀 더 거시적 관점을 제시하는 저자도 있다. 즉, 번역 또는 통역 측정에 관해 더욱 세부적인 관점(번역 시 텍스트 응결성 측정; 통역 시 상호작용 역량 측정; 통역사의 통역을 측정하는데 있어서 특정 평가척도(scale) 사용, 또는 성적 산정 시 구체적인 접근 방식 적용)을 제시하는 저자도 있고, 프로그램 평가에 관한 거시적 견해(국가 차원에서 통번역사 인증 또는 프로그램 입학 과정)를 제시하기도 한다.

이 책은 세 부분으로 구성되어 있다. 첫 번째 부분은 통번역 평가 시 이론적 근거가 되는 요소들, 구체적으로 구인(construct) 정의 및 평가기준표(rubric) 개발과 관련된 것이다. 두 번째 부분에서는 준실험적(quasi-experimental) 또는 비실험적(non-experimental) 설계를 바탕으로 이행한 경험적 연구 결과에 대해 논의하고 있다. 또한 전체적/직관적-인상주의적, 분석적, 이분법적 요소 및 방법을 포함한 평가 방법들 그리고 평가척도를 적용한 점수화(grading)에 대해 상세하게 설명하고 있다. 평가타입(예를 들어 의미 중심의 평가타입) 및 평가요소(예를 들어 응결성 평가)에 대한 설명도 제시하고 있다. 세 번째 부분에서는 좀 더 폭 넓은 차원에서 사례연구를 제시하고 있는데, 입학 테스트 및 전문가 인증에 대해 설명한다.

각 부분의 경계는 다소 유동적이라 할 수 있고, 이 책의 실질적 목적에 따라 분류해 놓았다. 이 책의 장점이라고 한다면 모든 장(章)을 아우르는 공통분모가 있고 다양한 방식으로 연결되어 있다는 것이다. 세 부분 모두에서 테스트에 대한 다양한 접근방식을 소개하고 있고(이론적, 경험적, 기술적 접근 방식), 여러 텍스트의 다양한 목적(입학 또는 인증)과 다양한 테스트 타입(평가기준표, 평가척도, 적성)을 기술하고 있으며, 각기 다른 평가 기능(교육적 목적을 위한 형성평가 또는 인증을 위한 고부담 테스트)에 대해 논하고 있다. 테스트 평가요소(번역 또는 통역 역량)와 측정을 위한 접근방식(규준지향적(norm-referenced) 또는 목표지향적(criterion-referenced) 테스트, 총괄적(holistic), 분석적(analytic) 또는 이분법적(dichotomous) 테스트)이라는 측면에 있어서 각 장(章)들은 서로 연결되어 있다. 전반적으로 저자들은 연구와 실제 간의 소통을 주장한다.

첫 번째 파트에서는 테스트 및 평가와 관련된 이론적 사항이 소개된다. 클라우디아 안젤렐리(Claudia V. Angelelli)는 테스트 개발 전 살펴보아야 할 기본적인 질문들에 대해 논의하고, 테스트 이론을 기반으로 번역 테스트를 개발할 것을 주장한다. 또한 번역학, 테스트 및 제2언어 습득과 관련된 연구들을 연계하는 구인에 대한 정의를 살펴본다. 안젤렐리는 번역 역량 평가요소를 명확하게 조작화(operationalize)하고 번역 조직에 관한 연구를 바탕으로 다양한 언어에서 전문가 인증을 받고자 하는 후보자들의 번역 능력을 측정하는 평가기준표를 제안한다.

홀리 야콥슨(Holly E. Jacobson)은 의료 통역에 관한 논의를 전개하며 이론과 평가요소 개발 연계에 대안 논의를 전개하고 있다. 상호작용 관련 사회언어학과 대화분석에서 도출된 개념을 기반으로 야콥슨은 통역사 수행능력 평가 시 더욱 포괄적인 접근방식을 개발할 필요가 있다고 지적한다. 통역사가 중재한 상호작용 측정 시 현재 사용되는 접근방식은 단어-의미적(lexico-semantic) 차원에 집중되어 있고 그 외 언어적 또는 상호작용적 특징을 제외하고 있어서 충분치 않은 면이 있다고 주장한다. 이 장(章)에서는 통역 시 상호작용 역량을 평가하는 분석적인 평가기준표를 개발할 수 있도록 하는 단계적 접근 방식이 제시된다.

두 번째 파트는 통번역 평가에 있어서 경험적 접근 방식에 초점을 맞추고 있고, 규준-지향적 번역 평가에 대한 준 이크만스(June Eyckmans), 필립 앤캐어트(Philippe Anckaert)와 비니베르트 시게르스(Winibert Segers)의 논의로 시작한다. 이분법적 항목(dichotomous items, CDI)을 번역 역량 평가 방법으로하여 교정(calibration)하는 것은 언어 테스트 이론 및 실제에서의 “항목(item)” 개념을 번역 평가에 가져오는 것으로, 결과적으로 평가자가 기존에 수립된 일련의 기준을 바탕으로 번역에 대해 평가하던 전통적인 번역 테스트 기법과 분리된 것이라고 저자들은 말한다. 통제된 경험적 설계하에서 심리측정 방식을 바탕으로 한 3가지 번역 평가 접근방식을 비교하며 저자들은 CDI 방법이 덜 주관적이고 더욱 신뢰할 만하다고 주장한다.

엘리자벳 티셀리우스(Elisabet Tiselius)는 통역 수행에 있어서 명료성 및 정보성 평가를 위해 캐롤(Carroll, 1996)의 평가척도를 적용한다. 원래 기계 번역 평가를 위해 고안된 캐롤의 평가척도를 영어-스웨덴어 동시통역 맥락에 적용하여 분석한다. 티셀리우스는 예비조사에서 통역 전사물에 대한 비전문가(통역사가 아닌 평가자)와 전문통역사의 평가점수 결과를 비교하였다. 예비조사결과 통역사나 일반인 간에 동시통역에 대한 평가 접근 방식에 있어서 큰 차이가 없는 것으로 나타났고, 향후 더 큰 규모의 후속 연구결과가 뒷받침되면, 그 결과는 테스트 및 평가를 위한 평가자 선정에 영향을 끼칠 수 있다.

미라 김(Mira Kim)의 연구에서는 학부 수업에서 번역 평가 시 체계적인 기준이 없는 것과, 학생 번역을 평가하고 번역과제에 대한 건설적이고 상세한 피드백을 주어야 하는 번역 교수자들이 직면한 난제에 대해 다루고 있다. 영한번역을 가르치며 확보한 정량적, 정성적 데이터를 바탕으로 김은 체계기능언어학(systemic functional linguistics, SFL) 기반 의미 중심 평가 도구의 교육적 효과성에 대해 기술한다.

브라이언 제임스 배르(Brian James Baer)와 타티아나 비스트로바-매킨타이어(Tatyana Bystrova-McIntyre)는 언어 쌍(language pairs) 내에서 차이점을 기록하기 위해 코퍼스 사용을 제안한다. 이는 평가 도구 개발을 위한 경험적 근거가 될 수 있다. 저자들은 영어와 러시아어에서 수집한 데이터를 기초로 3개의 독립적인-그러나 종종 간과되는- 텍스트 응결성 특성(구두점, 문장, 단락길이)을 측정하는 세부적인(granular) 평가 도구(다른 언어 쌍에 대해서 동일하게 적용 가능)에 대해 설명한다. 이와 같은 텍스트적 요소에 초점을 맞추다 보면 초보 번역가들이 목표 텍스트를 좀 더 거시적인 관점에서 단지 단어가 아닌 그 이상의 다양한 요소들로 구성된 전문적 결과물이라고 생각하게끔 한다고 덧붙인다.

번역 평가 관련 많이 다루어지지 않은 부분에 대해 연구한 케리언 듄(Kerian Dunne)은 로컬라이제이션 제품의 품질을 결정하는 방식에 대해 소개한다. 듄은 교육자와 실무자가 로컬라이제이션 수준에 대해 논의하고, 평가하고, 측정하고, 향상시킬 수 있는 공통의 틀을 찾아 평가에 대해 다시 생각해볼 수 있는 실질적인 방법에 대해 언급하고 로컬라이제이션 품질 평가에 영향을 끼치는 인식 및 오해에 대해 논의와 더불어 제약 사항에 대해 지적한다. 또한 구체적인 예시를 제공하면서 듄은 가능한 해결책을 모색해보고 증거 기반 평가 방식 개발을 위한 경험적 연구의 필요성을 언급한다.

세 번째 파트는 특정 통역사 교육 프로그램의 입학시험에 대해 논의하고 그와 유사한 유럽의 IEP 시험 응시생 선별 테스트의 효과성에 대해 세심히 연구할 필요가 있다고 주장하는 사카 티마로바(Šárka

Timarová)와 해리 언고드-토마스(Harry Ungoed-Thomas)의 탐색적 연구로 시작한다. 다수의 선형 및 로지스틱 회기분석(linear and logistic regression analyses)을 적용하여 IEP의 입학 시험과 프로그램 졸업 시 치르는 시험 간의 관계에 대해 연구한 저자들은 적성을 평가하는 이 특정 입학시험이 학생들의 입학 후 성공률을 잘 반영하지 못한다는 결론을 내리고 있다. 이 연구는 해석적 연구 특징을 갖고 있고, IEP 시험이 예측 타당도를 결정해야 할 뿐만 아니라 입학 및 졸업시험의 심리측정 연구를 포함한 전반적인 프로그램 평가도 진행할 수 있어야 한다고 지적한다.

같은 맥락에서 캐런 본템포(Karen Bontempo)와 제미나 내피어(Jemina Napier)도 호주의 수화통역사 교육과 관련된 두 선행연구의 데이터를 바탕으로 입학시험에 대한 연구를 설명한다. 한 연구는 호주 IEP의 효능성에 대해 과정 중 통역사들의 인식에 관해 분석한 것이고, 다른 연구는 통역사 교육에서 존재하는 실제와의 간극, 즉 IEP에서 다루어지지 않는 기술들에 대해 규명한 것이다. 이 데이터를 적용하여 저자들은 IEP에서 능력을 예측할 수 있는 6가지 요소를 측정하도록 입학시험을 설계·개발하는 예비연구를 진행한다. 이 예비연구에 IEP의 특정 수화언어과정 지원자 그룹이 참여하고 입학시험 결과와 졸업시험 결과를 비교한다. 그 결과, 저자들은 입학시험이 IEP의 졸업시험 수행능력을 잘 예측하지 못한다고 주장하며 현재 시행방식을 점검할 것, 그리고 교육의 질, 테스트 접근방식 및 IEP에서 사용되는 자료(resources)를 포함한 호주 국가 커리큘럼에 대해 점검할 것을 요구한다.

힐데가르트 베르마이렌(Hildegard Vermeiren), 얀 반 구흐트(Jan Van Gucht), 린처 드 본트디러(Leentje De Bontridder)는 벨기에 플랑드르(Flanders) 지방의 지역사회 통역사(social interpreters) 구어 인증 (spoken-language certification) 프로세스에 대한 상세한 설명 및 비판적 관점을

제시한다. 이주가 활발한 실정을 바탕으로 저자들은 그 지역의 언어를 말하지 못하는 이주민들에게 양질의 서비스를 제공하고자 하는 국가적 차원의 노력에 대해 설명한다. 동시에 적격 기관이 평가 및 기타 합리적 절차를 통해 이데올로기적 자기정당화를 확보하는 것에 대해 언급한다. 그 결과 타당성 이슈가 등장하고 이것이 평가 절차의 책임성 및 효율성과 관련된 사회적 압박을 증가시키는 동력이 된다고 주장한다. 연구에서 설명되는 인증 절차는 저자들이 객관화 요소라고 일컫는 목표 기준 평가표, 점수산정 가이드라인, 예정 준거 점수(predetermined cut-off scores) 및 삼각측량(triangulation)을 적용 및 이행하는 절차이다. 저자들은 통역 평가의 타당도, 신뢰도 및 실행가능성을 요구하고, 인증 시험 이행에서의 평가자 간 신뢰 및 평가자 연수에 대해 논의한다. 또한 테스트 자료 및 절차의 개선은 늘 필요하다고 덧붙인다.

데브라 러셀(Debra Russell)과 캐런 말콤(Karen Malcolm) 또한 캐나다 수화통역사 국가 인증 시 시행되는 테스트 과정에 대해 다루고 있다. 캐나다 수화통역사협회(Association of Visual Language Interpreters, AVLIC)의 테스트 시스템에 대한 평가를 바탕으로 인증을 받고자 하는 통역사를 지원하기 위해 포괄적, 반응적 테스트 프로세스가 개발되었다. 테스트 목적, 테스트 방법 및 절차, 테스트 구성, 파일럿 테스트 절차를 포함한 캐나다 테스트 모델이 상세히 제시된다. 온라인 필기 시험부터 테스트 응시자에게 제공되는 개별적 피드백까지 AVLIC 테스트 프로세스는 실제 담화상황에서 이행되고 전문 인증시험의 모델을 보여준다고 저자들은 설명한다. 그러나 이들 또한 인증 시험이 역동적으로 변하고 통역학이라는 분야가 끊임없이 진화하는 분야임을 지적하며 새로운 인증 모델은 지속적인 수정과정을 거쳐야 한다고 언급한다.

이 책에서는 명확하게 정의되고 더욱 포괄적인 구인에 대한 필요성, 테스트에 대한 현재 접근방식에 있어서 경험적 분석의 가치, 점수 산정 시 일관성 유지, 평가 절차를 지속적으로 검토 및 수정하는 것의 중요성과 같은 이슈들에 대해 논의하고 있고, 통번역학에서 어떻게 측정할 수 있을지를 모색하고 있다. 이러한 이슈들은 통역 수업을 진행하는 교실에서부터 국가 인증시험 개발 및 통번역 품질에 대해 판단을 내리는 현장에 이르기까지 통번역 평가가 이행되는 다양한 맥락과 연관이 있다. 교사, 테스트 집행관, 실무자, 그리고 연구자들은 이 이슈들에 대한 체계적 방안, 신뢰할만한 실행방안을 제시할 수 있도록 테스트 원칙에 기반한 방안을 제시할 필요가 있다. 이 책에서의 논의를 바탕으로 통번역 테스트 분야와 관련된 이들이 좀 더 발전된 논의를 진행할 수 있기를 희망한다.

Angelelli, Claudia V. 2001. "Deconstructing the Invisible Interpreter: A Critical Study of the Interpersonal Role of the Interpreter in a Cross-Cultural/Linguistic Communicative Event." (Doctoral dissertation. Stanford University). *Dissertation Abstracts International.* 62, 9. 2953.

Angelelli, Claudia V. 2003. *Connecting World Collaborative Testing Project.* Technical Report. Commissioned by Healthy House for a MATCH Coalition and The California Health Partnership. Funded by The California Endowment.

Angelelli, Claudia V. 2004. *Medical Interpreting and Cross-cultural Communication.* London: Cambridge University Press.

Angelelll, Claudia V. 2007a. "Longitudinal Studies and the Development of Assessment for Advanced Competencies." In The *Longitudinal Study of L2 Advanced Capacities.* In Lourdes Ortega and Heidi Byrnes (eds), 264-278. New York: Routledge.

Angelelli, Claudia. 2007b. "Assessing Medical Interpreters: The Language and Interpreting Testing Project." The *Translator,* 13(1): 63-82.

Baker. Mona. 1992. *In Other Words: A Coursebook on Translation.* London: Routledge.

Bastin, George. 1998. *¿Traducir 0 Adaptar? Estudio de la adaptación puntual y globalde obras didacticas.* Caracas. Venezuela: Universidad Central de Venezuela.

Carrell, John B. 1966. "An Experiment in Evaluating the Quality of Translations." *Mechanical Translations and Computational Linguistics.* 9(3-4): 55-66.

Clifford, Andrew. 2001. "Discourse Theory and Performance-Based Assessment: Two Tools for Professional Interpreting." *Meta;* 46(2): 365-378.

Clifford, Andrew, 2005. "A Preliminary Investigation into Discursive Models of Interpreting as a Means of Enhancing Construct Validity in Interpreter Certification." (Doctoral Dissertation, University of Ottawa), *Dissertation Abstracts International.* 66, 5, 1739.

Hatim, Basil and Mason, Ian. 1990. *Discourse and the Translator.* London: Longman.

Hatim, Basil and Mason. Ian. 1997. The *Translator as Communicator.* London: Routledge.

Hatim, Basil and Munday, Jeremy. 2004. *Translation: An Advanced Resource Book.* London: Routledge.

Hickey, Leo (ed.). 1998. The *Pragmatics of Translation.* Clevedon: Multilingual Matters.

Hsieh, Elaine. 2003, "The Communicative Perspective of Medical Interpreting." *Studies in English Language and Literature,* 11, 11-23.

House. Juliane. 1981. *A Model for Translation Quality Assessment (2nd Edition};* Tübingen: Narr,

House. Juliane. 1997. *Translation and Quality Assessment: A Model Revisited.* Tübingen: Narr.

House. Juliane L. 1998. "Politeness and translation" In The *Pragmatics of Translation,* Leo Hicker. (ed). 54-71. Clevedon: Multilingual Matters.

House. Juliane. 2001. "Translation Quality Assessment: Linguistic

Description versus Social Evaluation." *Meta.* 46(2): 243-257.

Metzger, Melanie. 1999. *Sign Language Interpreting: Deconstructing the Myth of Neutrality.* Washington DC: Gallaudet University Press.

Newmark, Peter. 1982. *Approaches to Translation.* Oxford: Pergarnon.

Nida, Eugene. 1964, *Toward a Science of Translation.* Leiden: Brill.

Pöhhacker, Franz. 2004. *Introducing Interpreting Studies.* London: Routledge.

Roy, Cynthia. 2000. *Interpreting as a Discourse Process.* Oxford: Oxford University Press.

Sawyer. David. 2004. *Fundamental Aspects of Interpreter Education.* Amsterdam: John Benjamins.

Toury, Gideon. 1995. *Descriptive Translation Studies and Beyond.* Amsterdam: John Benjamins.

Venuti, Lawrence. 1995. The *Translators Invisibility: A History of Translation.* London: Routledge.

wadensjö. Cecilia. 1998. *Interpreting as Interaction.* New York: Addison Wesley Longman.

Zhong, Yong. 2002. "Transcending the Discourse of Accuracy in the Teaching of Translation: Theoretical Deliberation and Case Study." *Meta,* 47(4): 575-585.

차례

제 3 부 전문자격 인증 사례연구의 교훈

제 1 부

평가 도구 개발 이론 적용

평가기준표 활용을 통한 번역능력 평가

구인(construct) 정의

클라우디아 V. 안젤렐리(Claudia V. Angelelli)
샌디에고 주립대학교

평가 도구 설계 시 가장 중요한 과정 중 하나가 구인 정의이다. 구인은 테스트 설계자가 평가하고자 하는 기술 또는 능력과 관련하여 이해하고 있는 바를 정확하게 규명한 정의를 바탕으로 구성된다. 이 과정에서 평가 대상인 능력, 지식 또는 행동에 대해 명칭을 부과하는 것뿐만 아니라 이 능력, 지식 또는 행동을 구인 구성 세부요소로 분류하는 작업(풀쳐(Fulcher), 2003)과 평가기준표를 사용하여 인식하고 측정하는 것도 진행된다. 현재 번역학 분야에서는 번역 역량 및 보편적으로 수용되는 번역 구성요소(components)에 대한 하나의 정의가 존재하는 것은 아니다(아랭고-키이스와 코비(Arango-Keith & Koby), 2003). 번역에서 다양한 차원의 역량을 인식할 수 있는 하나의 평가기준표도 없다. 대신, 번역 역량을 어떻게 정의할 것인지, 그 구성 요소들은 어떻게 개념화되고 세분화되며 상호 연관된 맥락에서 측정될 수 있는지에 대한 논의가 끊임없이 지속되고 있다. 본고에서는 번역학, 테스트 및 제2언어 습득 분야에서 관련 선행연구를 조사해보고 번역역량 구인을 평가하는 평가기준표의 하위항목을 제안해보고자 한다.

서론

번역은 과정이자 결과물 두 가지로 설명할 수 있고(카오(Cao), 1996), 좀 더 상세하게는 매우 복잡한 과정이자 결과물이라고 말할 수 있다.

번역이 다차원적이고 복잡한 현상이라는 사실은 왜 지금까지 번역 역량/능력을 측정하고자 하는 타당하고 신뢰할만한 시도가 그다지 많지 않았는지를 설명해준다. 번역 테스트 연구와 다른 분야의 테스트관련 연구를 비교해 보면 이를 명확하게 알 수 있다.

번역 연구는 두 언어(몇 가지만 언급하자면)간의 담화 및 문법적 역량과 같은 언어적 측면을 연구한다는 점에서 제2언어 습득 분야와 유사하다. 번역을 위해서는 분석적 기술 및 전략적 기술과 같은 다양한 기술들이 필요하다. 물론 이러한 기술들은 수학을 비롯한 다른 영역에서도 필요한 것이다. 통번역 분야에서 평가 관련 연구들을 제2언어 습득이나 수학에서 동일 분야 연구들과 비교해보면 비슷한 정도의 진전이 이루어지지 않은 것을 쉽게 알 수 있다. 그렇다고 통번역 분야의 테스트가 그 만큼 중요치 않다든지 아니면 집중적으로 연구할 만큼 흥미롭지 않다든지 하는 것은 아니다. 오히려 타당하고 신뢰할 만한 통번역 테스트를 개발하는 것이 무엇보다도 중요하다. 주요 테스트를 기반으로 번역 능력 및 번역의 질에 대해 정확하고 타당한 판단을 내릴 수 있다면 이는 학계나 업계 발전에 크게 기여할 수 있을 것이다.

통번역을 측정하는 타당하고 신뢰할만한 절차(또는 그와 관련된 어떠한 구인)는 연관된 필수적인 질문을 제기하면서 시작된다. 예를 들어 테스트 대상은 누구인가, 테스트는 정확하게 무엇을 측정하는가, 누가 테스트 결과를 받게 되는가, 테스트 결과는 어떻게 사용되는가 등이다. 통역과 번역의 테스트는 유사한 점이 있다. 특히 측정관련 기본적인 원칙에 있어서는 유사하다. 그러나 그 둘 간에는 차이점도 있기 때문에 이하 논의는 번역에 초점을 맞추어 진행하겠다.

테스트 절차에 관한 질문에 대답을 하는 과정이 테스트 개발로 이어지기 때문에, 이는 따로 생각해볼 수 있는 문제가 아니다. 테스트 개발은 또한 무엇을 측정하는지, 즉 테스트 구인에 대한 정확한 정의를 바탕으로 시작된다. 본고는 번역가를 인증하는 전문 기관에 대한 사례연구를 바탕으로 번역 테스트 개발을 위한 관련 질문을 점검해보며 시작해보겠다. 본고에서는 "번역 능력"의 구인을 조사하고 이 구인을 측정하기 위한 평가기준표 사용 가능성을 알아보기 위해 테스트 및 평가라는 렌즈를 사용한다. 그리고 선행 연구 및 전문적 이데올로기에 의거하여 통역 역량/능력이 어떻게 정의되는지 함께 살펴본다. 그 다음 번역 인증이라는 구체적인 목적 하에 통역 능력 구인의 실무적 정의(working definition)는 무엇인지 살펴본다. 또한 번역가 인증을 받고자 하는 개개인의 번역 능력 평가 시 평가기준표를 사용할 것을 주장하며 타당성 있고 의미 있는 번역 평가에 대한 세계적 논의에 기여하고자 하는 바램하에 개발중인 평가기준표를 제시해보겠다.

1. 초기 고찰

우선 번역 평가 시 제기될 수 있는 주요 질문들은 번역가 인증 시험과 같이 고부담(high-stake) 테스트에 적용될 수 있기 때문에 이 질문들부터 살펴보고자 한다. 무엇을 평가할 것인지에 관한 테스트 개발자들의 의사 결정 과정은 이론적으로 뒷받침 되어야 한다. 번역 평가를 위해 제안하는 바는 스코포스 이론(노드(Nord), 1991 & 1997)에 기반한 소통중심 번역(콜리나(Colina), 2003)의 개념을 좀 더 확대하여 상호-문화적 소통 및 소통적 역량 이론(바흐만(Bachman) 1990; 하임스(Hymes), 1974; 존슨(Johnson), 2001)을 포괄하고, 번역에 적용될 수 있는 좀 더 폭넓은 원칙들을 기반으로 평가구인을 결정하는 것이다.

1.1 테스트 개발 전 살펴볼 질문

테스트 개발자들은 테스트 개발 시 다음과 같은 질문들을 가이드로

하여 시작한다(코헨(Cohen), 1994: 11-48):

- 개인 번역 능력의 *어떤 측면*(*what* aspects)을 평가할 것인가?
- 다른 방법이 아닌 특정 테크닉, 평가 방법 및 접근 방식을 선택한 *이유(why)*는 무엇인가?
- 평가 도구(번역 테스트)는 *어떻게(how)* 개발할 것이고 그 도구가 타당한지는 어떻게 검증할 것인가?
- 테스트는 *언제(when)* 실시할 것이며 전문 기관에서는 얼마나 자주 테스트를 시행할 계획인가?
- 테스트 장소는 *어디(where)*이며 시험 장소의 물리적 환경은 어떠한가?
- 테스트 예상 응시자(intended audience)는 *누구(who)*인가? 응시자의 사회적 배경, 인지 능력 및 개인적 특성(다양하거나 또는 유사함) 등 응시자에 대한 어떤 정보를 알고 있는가?
- 번역 테스트 결과는 *누구에게(for whom)* 전달되는가; 응시자 자신들에게 전달되나 아니면 테스트 결과 제출을 요건으로 하는 기관에 전달되나?

위와 같이 *Wh*-구문으로 제기할 수 있는 질문들을 제시해보았다. 그 밖에도 테스트 개발자들이 작업을 시작하면서 답해야 할 중요한 질문이 많이 있다.

1.2 테스트 본래적 특성

관련 질문들 중 개발하고자 하는 테스트의 본래적 특성과 연관된 질문들이 있다. 테스트는 규준지향적(norm-referenced) 테스트인가 혹은 목표지향적(criterion-referenced) 테스트인가? 이 구분을 바탕으로 다른 것이 결정되기 때문에 우선 이 두 특징을 구분하는 것이 중요하다. “규준지향적 평가는 상대적 위치를 알려주는 포괄적 평가이지만 목표지향적 평가는 더욱 상세한 정보를 알려주고, 목표와 관련된 절대적 위치를 말해준다"(코헨, 1994:25). 규준지향적 접근방식을 통해 다른 응시자들에 비한 상대적 능력을 추정해볼 수 있다. 규준지향적 테스트는 응시자 그룹을 바탕으로 규준화 한다(예를 들어 X만큼의 경력을 가진 전문 번역가 그룹 또는 테스트 보기 6개월 전에 번역 프로그램을 졸업한 번역가그룹과 같이 응시자 그룹을 규준화 한다). 목표지향적 접근방식에서는 목표 관련 기술 또는 행동이 결정되고 난 후 테스트 세부계획서(test specifications)가 작성된다. 이 방식에서는 다른 응시자에 비한 상대적 수행능력을 평가하는 것이 아니라 테스트 응시자가 특정 목표 및 기준을 달성하고 있는가를 본다. 테스트가 규범지향적인지 목표지향적인지 하는 본래적 특성 외에도 테스트 개발자들이 제기하는 다른 질문들은 평가 도구의 타당도(validity) 및 신뢰도(reliability)와 관련된 것이다.

1.3 타당도

전통적으로 테스트 관련 논의에서 테스트의 타당도는 언급되어 왔고, 테스트 개발자들은 테스트가 측정하고자 하는 부분을 의도한 대로 측정하고 있는가와 같은 질문을 제기해왔다(켈리(Kelly), 1927; 라도(Lado), 1961 & 비어(Weir), 2005에서 크론바흐(Cronbach), 1971). 또한 구인 타당도(construct validity), 내용 타당도(content validity), 안면 타당도(face validity) 등 다양한 타입의 타당도가 논의 되었다(바흐만, 1990; 바흐만 & 팔머(Bachman & Palmer), 1996; 풀처, 2003; 메시크(Messick), 1989). 타당도란 다양한 측면과 다양한 요소로 구성되기 때문에(비어, 2005) 테스트 점수의 타당도와 관련된 어떠한 주장이라도 뒷받침하기 위해서는 여러 타입의 증거가 필요하다. 1985년 미국 심리학회(American Psychological Association)에서는 타당도를 "테스트 점수에서 구체적으로 추론할 수 있는 바의 적절성(appropriateness), 유의미성(meaningfulness) 및 유용성(usefulness)이라고 정의했다(바흐만, 1990: 243). 따라서 테스트 타당도란 테스트(또는 테스트 설계)로 결정되는 독립적 특성이나 타당도가 있다 없다라는 식의 양단적인(all-or-none) 특성으로 고려해서는 안되고, 테스트 점수를 기반으로 추론하는 것과 직접적으로 연계된 것을 말한다(비어, 2005).

예를 들어 구인 타당도에 대해 생각해보자. 이 카테고리는 테스트 결과를 바탕으로 응시자(test taker)의 능력에 관해 시험자(test user)가 어느 정도까지 추론하거나 설명할 수 있나를 검사해보는데 사용된다. 바흐만과 팔머(1996)는 테스트 구인의 적절성 및 명료성 그리고 테스트 과제를 통해 그 구인을 테스트 하고 또는 하지 않는 방식을 살펴보고 테스트 과제 자체에서 있을 수 있는 편파성(bias)에 대해 점검해봄으로써 테스트 도구의 구인 타당도에 대해 논리적 분석을 할 것을 제안한다. 구인 타당도는 점수 및 테스트 과제와 연관이 있다. 점수 산정 시 두 가지 방식을 통해 테스트 도구의 구인 타당도와 연관성을 살펴볼 수 있다. 첫째, 점수 산정 방식이 테스트 구인에서 역량이라고 정의하는 일정 범주의 능력을 보여주고 있는지 살펴보는 것은 중요하다. 이와 유사하게 산정된 점수가 구인에서 설명하는 역량을 진정으로 보여주고 있는지 질문해 보는 것도 중요하다. 이 두 질문은 테스트 개발자가 의도한 대로 테스트 점수가 진정으로 보여주어야 할 것을 보여주고 있는지 아닌 지와 관련된 것이다.

테스트 도구의 구인 타당도는 테스트 신뢰도에 문제를 초래할 수 있는 테스트 과제 및 테스트 상황과 같은 요인들에 의해 영향 받을 수 있다(이하 참조). 따라서 테스트 상황 및 테스트 자체의 모든 측면이 특정 후보자를 향해 또는 특정 후보자에 반해서 편파적이 될 수 있다고 생각하는 것은 중요하다. 편파성이란 테스트 구인이나 테스트 목적의 일부가 되지는 않지만 테스트 수행에 영향을 끼치는 그 어떤 요인들을 말한다. 테스트 개발자들은 배경(setting), 지시사항(instructions), 인풋

(input) 및 예상 응답방식(expected responses)이 결국 테스트 점수에 영향을 끼치지 않도록 해야 한다. 이상적으로, 테스트 점수에 영향을 끼치는 유일한 요인은 테스트 구인에서 정의하였듯, 후보자의 역량 또는 역량 부족이다. 이와 같은 타당도에 대한 질문은 신뢰도에 대한 질문으로 이어진다.

1.4 신뢰도

신뢰도란 평가 분야에서 널리 사용되는 용어 중 하나이고 평가 분야 외에서도 꽤 잘 알려진 개념이다. 일반인들도 *신뢰도* 또는 *신뢰할만한* 이라는 단어를 사용하며 주어진 이슈의 신뢰성에 관한 판단을 논하고, 무엇(예를 들어 자동차나 브랜드)이 얼마나 신뢰할 만 한지에 대해 이야기 한다. 그러나 평가 및 테스트 분야에서 신뢰도라는 단어는 구체적인 의미를 내포하고 있고 측정을 위한 방법을 제시한다. 주로 신뢰도는 주어진 구인에서 테스트 측정의 일관성 정도를 묘사하는 전문적인 용어로 사용된다(바흐만, 1990; 코헨, 1994; 바흐만 & 팔머, 1996). 신뢰도를 판단하는 한 가지 방법은 테스트 점수의 일관성을 살펴보는 것이다. 만약 응시자가 동일한 시험을 다른 시기에 여러 번 수행하였을 경우 그 응시자가 비교적 동일한 점수를 얻을 것인가? 만약 여러 평가자가 동일한 응시자의 테스트를 평가할 경우 평가자들 간의 점수는 유사할 것인가? 만약 응시자가 동일한 테스트의 다른 버전을 볼 경우 각 버전의 테스트 결과는 유사할 것인가? 이와 같은 질문들이 테스트 점수의 일관성을 보여주는 것이고, 테스트 개발자나 테스트 전문가들이 테스트의 신뢰도 검사 시 생각해보는 것이다. 그러나 신뢰도는 테스트 점수에 관한 것 만은 아니다. 신뢰할 만한 테스트를 만들고 기존 테스트의 신뢰도를 판단하는 것은 실제로 테스트 대상이 되는 것 이외의 요인들이 끼치는 영향을 가능한 한 최소화 하는 방법을 찾는 것과도 연관이 있다

(바흐만 & 팔머, 1996). 현재 테스트 분야의 흐름을 바탕으로 테스트 시행 및 채점 절차 요인들이 테스트의 신뢰도에 어떻게 영향을 끼치는가 살펴봄으로써 이 요인들을 평가할 수 있다.

신뢰도를 결정하는데 있어서 활용할 수 있는 것은 바흐만과 팔머(1996)가 제시하는 신뢰도에 관한 논리적 평가를 위한 질문들이다. 신뢰도에 영향을 끼치는 요인으로는 (1) 테스트 시행 배경 변수, (2) 테스트 평가기준표(주관적 평가에 대한 채점 도구) 변수, (3) 테스트 인풋 변수, (4) 예상 응답 변수, (5) 인풋 및 응답 방식 간의 관계 변수가 있다.

테스트가 시행되는 배경 및 물리적 환경이라는 변수는 신뢰도에 영향을 끼치는 문제의 원천이 될 수도 있다(바흐만 & 팔머, 1996). 국가 및 국제 기관의 장소 선정 특성 상 테스트 배경에 있어서 변수가 있을 수 밖에 없다. 테스트가 조용한 사무실에서 진행될 수도 있지만 소란한 회의장 바로 옆에서 진행될 수도 있다. 조명, 소음 정도, 온도 및 공간 등 여러 변수가 동반될 수 있다. 배경 변수는 개개인 응시자의 수행능력에 영향을 줄 수 있다. 몇몇 변수는 불가피하다. 일반적으로 기관에서는 환경적 요인으로 인해 테스트 수행능력에 영향을 끼칠 수 있는 변수를 최소화하기 위해 테스트가 시행되는 장소의 배경에 대한 최소 가이드라인을 설정해야 한다. 테스트 시험관이 환경적 요인에 대한 체크리스트를 들고 점검해보거나 "이상적인 배경"과는 다른 어떠한 변수라도 체크하여 응시자의 수행능력에 영향을 끼칠 수 있는 요인들을 고려해보도록 권고한다. 이러한 데이터를 활용하여 기관에서는 테스트 시행 시 발견되는 여러 변수들 중 어떠한 요인이 영향을 끼치는지 알아볼 수 있다.

테스트 개발자나 연구자가 테스트 프로토콜에서의 변수에 초점을 맞출 때 제기되는 주요 질문은 테스트에서 지시가 주어지는 방식, 테스트 완성을 위해 할당된 시간, 또는 채점이 되는 방식에 변수가 있는지 없는지에 대한 것으로, 이와 같은 변수들은 예상치 못했거나 또는 기대하지 않았던 방식으로 점수에 영향을 줄 수 있다.

지시사항 문구 변수는 인증 시험의 다양한 버전이 있을 경우, 특히 모든 버전이 동일한 언어로 작성된 것이 아닌 경우에는 때로 불가피한 변수이기도 하다. 따라서 모든 언어에 걸쳐 테스트 지시사항의 일관성에 관해 문제를 제기해보아야 한다. 때때로 이 자체가 번역 문제가 될 수도 있다. 만약 지시사항이 모든 언어별로 일관된다면 테스트 평가표에서 이로 인해 야기되는 신뢰도 문제는 없을 것이다. 그러나 각 테스트 버전 별 문구 및 언어에서 변수가 있다면 신뢰도에 위협이 될 가능성이 있다. 따라서 실제 지시사항에 대한 추가 연구가 필요할 것이다.

테스트에 할당된 시간과 관련해서 테스트 감독관 별 변수로 인해 할당된 시간의 차이가 생기지 않도록 유의해야 한다. 따라서 세심한 감독관 연수 및 감독관의 체크리스트 활용은 신뢰도 위협을 예방할 수 있는 방법이다.

신뢰도에 영향을 끼칠 수 있는 또 다른 부분은 응시자의 응답이 채점되는 방식이다. 이상적으로, 채점은 정해진 객관적 기준에 따라 이행되어야 하고, 한 평가자의 채점방식은 다른 응시자에 대한 채점 방식과 유사해야 한다. 이를 *평가자 내 신뢰도(intra-rater reliability)*라고 한다. 평가자 간 협의를 하는 것은 *평가자 간 신뢰도(inter-rater reliability)*(즉, 동일한 테스트에서 동일한 채점 기준을 사용할 경우 다른 평가자가 채점하더라도 유사한 결과가 도출되어야 한다는 것)를 위협하여 채점의 객관적 특성을 저해한다. 평가자들은 어떤 방식으로든 서로에게 영향을 줄 수 있고 일반적으로 이를 합의에 의한 채점이라고 한다. 채점 시 이러한 변수를 통제하기 위해 제 3자나 중립적인 기관에 시험지를 보내어 추가 채점을 실시하도록 하는 것이 테스트에서 널리 활용되고 있는 방식이다. 모든 점수의 평균 또는 가장 근접한 합의에 도달한 두 점수의 평균이 최종 점수가 되는 경우가 빈번하다. 그러나 신뢰도 관련해서 가장 중요한 요인은 채점 기준의 무결성(integrity), 채점 절차 및 평가자 내 신뢰도를 유지하기 위해 완전히 독립적으로 채점을 하는 것이다.

신뢰도에 영향을 줄 수 있는 세 번째 요인은 테스트 인풋 변수이다. 응시자에게 주어지는 테스트 인풋 변수는 다른 파트 또는 다른 버전의 테스트를 볼 경우 응시자의 수행능력에 의도치 않은 결과를 초래할 수 있고 이는 신뢰도 문제로 이어진다. 따라서 시험자가 응시는의 번역능력 측정 시 번역해야 할 지문이 응시자에게 전달되는 방식과 그 지문의 특징은 무엇인지 잘 살펴보아야 한다. 적절하게 포맷되어 있는지, 글자크기는 또렷하고 읽기 쉬운지 살펴 보아야 하고, 인풋이 일관되게 전달되도록 하기 위해 지문이 또렷하고 읽기 쉽게 작성되어야 하는 반면 제목 및 단락 흐름 같은 부분은 가능한 한 (지문을 발췌한) 원본 텍스트의 특성을 그대로 살려 제공되는 것이 좋다. 시험 지문을 원본 텍스트와 유사하게 하기 위해 원본의 포맷을 그대로 사용하는 것이 더 매력적으로 보일 수도 있다. 그러나 이는 시각적 변수를 더해주어 불필요한 산만함을 더해줄 수도 있기 때문에 가능하면 원본 포맷을 그대로 사용하는 것은 피하는 것이 좋다. 원천언어로 작성된 자료를 그대로 발췌한 지문을 사용할 경우 그 지문의 언어적 특성 변수를 높은 수준으로 통제하는 것은 어렵다. 그러나 시험의 신뢰도를 위해서 다양한 언어의 응시자를 인증해주는 기관에서는 어떤 언어적 특성을 테스트 하는지 고려해보고 어느 정도 난이도로 할 것인지를 바탕으로 지문을 선정하는 것이 마땅하다. 어떤 기관에는 지문 선정 언어 전문가 패널이 있기도 하다. 이 전문가들은 구체적인 선정 기준에 따라 지문을 선택한다. 앞서 *Wh*-구문으로 제기한 질문에서 논의하였듯이, 지문 선정을 위한 기준은 구체적으로 제시되어야 한다. 예를 들어 기관에서는 '각 지문에 허위 동족어(false cognates)와 같이 공통의 번역 난제 부분이 포함되어야 한다' 또는 '지문이 유사한 길이여야 한다' 또는 '일반적이고 법률영역과 관련된 지문을 선정하라'와 같은 구체적인 기준을 선정 전문가에게 제시할 수 있다. 이런 기준이 문제를 야기할 것 같지는 않지만, 최대

신뢰도를 바탕으로 테스트 설계를 할 시에는 지문 선정 패널이 번역가 역량에 관한 조작적 구인(operational construct)을 살펴보며 텍스트를 분석하도록 하는 것이 좋다. 그래야 기관에서는 구인 내에서 어떠한 기술이 각 지문에서 테스트되고 있는지를 알 수 있다. 이 정보를 통해 테스트하고자 하는 기술을 바탕으로 한 다양한 지문 그룹(또는 묶음)을 만들어낼 수 있을 것이다. 또한 테스트 지문 변수로 인한 신뢰도 변수는 예상가능하고 통제가능 하기도 하다.

신뢰도에 영향을 끼칠 수 있는 또 다른 변수는 예상응답방식이다. 테스트를 실시하는 기관에서 완전한 지필 번역만을 응답 방식으로 요구할 때 이 변수는 신뢰도에 크게 영향을 끼치지 않는다. 기관에서 컴퓨터로 시험을 실시 할 경우 인지해야 할 부분은 일관성 이슈이다. 테스트는 가능한 한 모두 컴퓨터로 실시하든지 아니면 모두 지필고사로 일관되게 실시해야 한다[1)]. 또한 워드 프로세스 사용의 편리성도 또한 점검해보고 파일럿 테스트를 거쳐서 신뢰도에 영향을 끼칠 만한 요소는 없는지 실제 이행 전에 점검해보아야 한다. 전자 테스트 방식에서 발생할 수 있는 문제는 다양한 글자 입력 방식, 다양한 편집, 그리고 널리 사용되는 전문적 도구를 통해 만든 텍스트의 다양한 시각적 제시와 관련된 것들이다. 컴퓨터 테스트 방식을 택하게 되면 이 방법만 택해야 하고, 모든 언어 및 배경에 걸쳐 지필고사 및 컴퓨터 테스트 응답 방식의 차이가 테스트 수행 및 채점에 끼칠 수 있는 영향을 최소화 하는 조치를 취하는 것이 신뢰도 유지를 위해 중요하다.

인풋 및 응답 방식 사이의 관계 변수와 관련하여 테스트 버전과 테스트 과제 간에 두 가지 요소가 매우 중요하다. 첫 번째, 질문이 제시되는 방식, 그리고 두 번째, 응시자가 응답할 것으로 예상되는 방식이다. 다시 말해, 번역 인증 시험의 방식을 고려해보면 이 변수로 인해 신뢰도가 흔들릴 위험을 예측하기는 힘들다. 지문 선정 시 주의해야 할 사항 한 가지는 한 시험지 내에 텍스트 타입 또는 장르의 갑작스런 변화이다. 예를 들어 텍스트가 서사적 텍스트이다가 대화형으로 바뀌는지, 이러한 변화를 인지하는 것이 테스트의 주 목적이라면 갑작스러운 변화는 괜찮다. 그러나 이것이 테스트 목적이 아니라면 갑작스러운 텍스트 타입 및 장르의 변화는 예상치 못한 어려움을 초래하여 테스트 신뢰도를 위협하는 요인이 될 수 있다.

1.5 테스트 진정성

시험에서 중요한 요소 중 하나는 테스트 진정성이다. 진정성이라는 용어는 테스트 상의 과제가 테스트 목표가 되는 실제 상황과 얼마나 유사한지, 실제 상황을 얼마나 반영하고 있는 지와 관련된 용어이다. 테스트 과제가 실제 업무와 가능하면 유사하도록 구성하여 테스트 수행능력과 실제 상황에서의 수행능력이 긴밀한 관계가 있음을 보여주는 것이 중요하다. 테스트 과제와 응시자가 실제 상황에서 수행하는 업무가 판이하게 다르다면 테스트 수행능력의 우수함 또는 취약함이 실제 상황에서의 수행능력을 반영한다고 보기 힘들다(바흐만 & 팔머, 1996). 예를 들어 번역 능력을 테스트하면서 테스트 상에서 응시자가 수용할만한 번역 및 수용 불가능한 번역을 구분하는 것만 요구한다면, 좋은 번역 혹은 나쁜 번역을 식별해내는 능력이 뛰어난 응시자가 테스트에서 성공할 가능성이 높다. 이와 같은 테스트에서는 좋은 번역 혹은 나쁜 번역을 식별해내는 것 보다 실제 번역을 잘 하는 응시자는 불리할 수도 있다. 따라서 응시자가 실제로 일하게 될 목표 상황이 명확하게 정의되고 테스트 과제가 그 상황을 가능하면 명확하게 반영하도록 하는 것이 중요하다. 이는 특히 인증을 진행하고, 인하우스 테스트를 진행하는 전문적 기관일수록 더욱 그러하다. 일반적으로 전문 기관은 주로 전문 번역가들로 구성되어 있다. 이들은 아마 번역 역량이 적용되는 실제 맥락을 그 어떤 테스트 개발자 보다 더 잘 알 것이다. 그러나 실제 적용되는 상황을 잘 아는 것과 테스트 목적에 따라 명확하게 상황을 정의하는 것은 다른 것이다. 목표 구인 정의 시에는 종종 실무자의 전문성과는 다른 종류의 전문성이 필요하다. 실무자는 목표 상황 한 가운데 있기 때문에 그 상황을 당연하게 생각하여 때로는 상황의 특정 측면을 간과할 수 있다. 번역가들이 하는 일의 상당부분은 자동적으로 그리고 무의식적으로 하기 때문이다(투리, 1995).

목표 상황 정의와 관련하여 목표 맥락에 포함되는 주요 측면으로 어떤 것이 있는가에 대해서는 이전에 제시한 번역 역량 구인 정의에 기술되었다. 전문 번역가들은 다양한 맥락에서 생산된 다양한 원천 텍스트를 다룬다. 또한 다양한 필요에 따라 고객 및 에이전트와 계약을 맺게 된다. 다양한 도구를 사용하고 개별적으로 또는 팀으로 일하게 된다. 이 모든 측면이 목표 상황의 일부를 구성하게 된다. 비록 이 모든 측면들이 테스트에서 동일한 영향을 주는 요소로 평가될 수는 없지만, 테스트 과제에 이 측면들을 가능한 한 많이 반영하여 평가하는 것은 중요하다.

1.6 과제 진정성

개발자들이 테스트를 만들 때 과제 진정성과 관련된 중요한 요소는 테스트 포맷과 그것이 테스트 보안에 끼칠 수 있는 영향이다. 기관에서 응시자가 번역 테스트를 볼 때, 테스트 과제는 전문 번역가가 목표 상황에서 수행하게 될 유형의 과제와 유사해야 한다. 테스트 과제에서 이러한 진정성이 결여될 수 있는 부분은 바로 응답 방식, 도구 사용 가능성, 그리고 편집 시간 부족과 같은 것이다. 몇몇 문제들은 논리적으로 해결하기 힘든 진정성 관련 문제이기도 하다. 응답 방식은 수기로 작성해야 하기 때문에 대부분의 요즘 번역 실무 현장과 비교해보면 상당히 다르다고 할 수 있다. 그러나 이는 간단히 해결할 수 있는 문제는 아니다. 왜냐하면 테스트 보안 및 공정성과 같은 문제도 고려해야 하기 때문이다. 현재 기술 발전 정도를 고려하여 이메일 기능을 정지시키고 인터넷을 통해 시험장 밖에서 시험에 접근할 수 있는 기능을 차단하는 것은 가능하다. 또한 시험 감독관이 시험 환경을 통제하고 플래시 드라이브와 같이 시험 원본을 다운로드 할 수 있는 전자 기기를 갖고 시험장에 입실하는 것을 금할 수 있다. 진정성 향상을 위해 테스트 보안을 유지하면서 응시자들이 컴퓨터 테스트 시 사용하는 도구 및 애플리케이션을 실제 전문 번역가들이 사용하는 것과 유사하도록 하는 것도 중요하다. 그리고 워드 프로세스 인터페이스가 업계 기준과 가능한 한 유사하도록 해야 하고 테스트 시 사용하는 도구들도 실제 업무상황에서 사용하는 것과 유사하게 하는 것이 중요하다. 인터넷 접근을 완전히 허용하는 것은 테스트 보안을 위협할 수 있기 때문에(예를 들어 테스트 도중 응시자들이 이메일로 번역을 주고받을 수도 있음) 어느 정도 테스트 방식이 실제 상황과 완전히 동일할 수는 없다는 것은 이해할 수 있다(예를 들어 ATA나 NAATI와 같은 인증 시험은 수기 작성 방식을 택하고 있다). 그러나 좀 더 창의적인 해결책을 모색하여 진정성 부족 문제를 가능한 한 최소화할 수 있도록 해야 한다.

번역 평가 개념에는 번역, 편집 및 교정이 각기 다른 기술 및 다른 측정방식을 필요로 하는 별도의 과제로 포함될 수도 있고 그렇지 않을 수도 있다. 만약 기관에서 이 부분을 함께 측정하고자 한다면 카테고리별로 점수를 차등화 하고 각각에 대해 채점하며 테스트 설명에도 이를 포함하여 응시자가 알 수 있도록 해야 한다. 테스트 개발자가 이 모든 요소들을 다 고려하고 나서야 테스트 개발이 시작될 수 있다. 물론, 개발 과정은 '무엇'에 관한 질문으로 시작한다. 즉, 테스트가 무엇을 평가할 것인가를 묻는 것이다. 이 질문에 답하기 위해서 테스트 구인을 명확하게 정의하는 것이 필요하다.

2. 테스트 구인 정의하기

구인은 테스트 할 능력에 어떤 것이 필요한지에 관해 테스트 개발자가 이해하는 정확한 정의를 명확하게 기술한 것으로 구성된다. 번역 능력을 테스트 한다면 테스트 시 무엇을 측정하고자 하는가를 명확하고 꼼꼼하게 정의하는 것부터 시작한다. 이를 위해 테스트되는 능력, 지식, 행동에 대해 명칭을 붙이고 구성 요소를 세분화 하는 작업이 필요하다(풀처, 2003). 따라서 하나의 언어에서 다른 언어로 번역하는 번역가의 전문적인 능력을 측정하기 위해서 우선, 번역가의 전문 능력을 구성하는 정확한 기술 및 하위 기술을 정의해야 한다. 전문적 수준으로 번역하는 능력을 측정하는 테스트를 설계하고 개발하기 위해 번역 능력이 무엇인지부터 정의해야 한다. 즉, 번역 능력이라는 개념을 조작화(operationalize)해야 하는 것이다. 목표는 어떠한 타입의 지식 및 기술(넓은 의미에서)이 '번역 능력'의 조작적 정의(operational definition)를 구성하고, 번역 역량 테스트 설계 및 개발 시 바탕이 되는 정보가 될 수 있을 것인가를 살펴보는 것이다(풀처 2003). 즉, 자격 있는 전문 번역가로서의 역할을 수행하기 위해 응시자는 어떤 기술을 터득해야 하고 번역가는 어떤 지식을 갖고 있어야 하는지를 정확하게 정의해야 한다. 이러한 능력이 애매하고 일반적으로 기술되어서는 안 된다.

이를 살펴보기 위해 번역 역량의 정의(조작화된 정의)를 살펴보자. 번역 역량에 관한 하나의 정의(파버(Faber), 1998)는 다음과 같다: "*번역 역량(Translation Competence(TC))*은 잘 번역하는데 필요한 지식과 관련된 것이라고 할 수 있다. 이해된다(파버, 1998:9에서 하팀 & 메이슨(Hatim & Mason), 1990: 32 & 비비(Beeby), 1996: 91)." 이 정의는 번역 능력에서 관찰 가능한 특성들에 대한 구체적인 설명을 제시하고 있지는 않다. 따라서 테스트 개발을 위한 구인 조작화 및 명명 시 큰 도움이 되지는 않는다.

전문 기관에서 제시한 정의 예를 살펴보면, 미국 번역가 협회(ATA)에서 제시한 것을 볼 수 있다. ATA에서는 번역 역량을 다음 세 가지 요소의 합으로 정의한다: (1) 원천언어 텍스트 이해능력, (2) 번역 테크닉, (3) 목표언어로 작성 능력이 그 세 가지이다. 반 브라켄, 디엘-도미니크와 한렌(Van Vraken, Diel-Dominique & Hanlen)(2008 http://www.atanet.org/certification/aboutcert_overview.php)은 기술적 논문에서 원천 텍스트 이해 기준을 정의하면서 "번역된 텍스트가 제시된 문서에 대한 온전한 이해를 담고 있다"라고 언급한다. 번역 테크닉의 기준에 대해서는 "원본의 완전한 의미를 전달한다. 사전을 효과적으로 사용하며 일반적인 번역 함정(pitfalls)을 잘 피해간다. 목표언어 스타일과 흐름에 맞게 문장들이 재배치 된다"라고 정의한다. 마지막으로, 목표언어로 쓰기 평가는 구두점, 맞춤법, 문장구조, 언어 사용 및 스타일과 같은 적절한 문법 및 일관성 기준을 기반으로 한다. 전문 기관에서 테스트되는 요소들은(위 논문에서 제시하는 정의에 따르면) 주로 문법적 역량(언어 역학과 텍스트적 역량(응집성 및 스타일))의 하위 요소들이다. 그러나 이 정의가 비비, 파버 또는 하팀과 메이슨(파버, 1998)의 정의보다 더 폭넓은 범주로 정의를 규정하기는 하지만, 테스트에서 요구하는 번역 과제의 모든 요소들을 다 설명해주지는 못한다.

번역은 관찰 가능하고 그리고/또는 가시적인 다양한 특성들을 가지고 있는데, 여기에는 텍스트적 의미 전달, 사회언어학적·사회-문화적 적절성, 상황적 적합성, 스타일과 응집성, 문법 및 역학, 번역 및 주제지식 등이 포함되기는 하지만, 그 다양한 특성들이 여기에만 국한되지는 않는다. 이 특성들은 번역 능력의 조작적 정의를 구성하고 테스트 개발하는데 필수적인 요소들이다.

테스트는 측정하고자 의도하는 바를 정확히 측정할 경우, 즉 측정하겠다고 설명한 구인을 측정할 경우에만 유용하고 타당하다. 따라서 번역 테스트의 타당도를 높이기 위해서는 올바른 구인, 즉 번역 능력을 측정해야 하는 것이다. 테스트 개발자에게 첫 번째 중요한 과제는 그 구인을 명확하게 정의하는 것이다. 구인이 명확하게 정의된 경우에만 테스트 개발자는 그 구인을 측정하는 테스트를 개발할 수 있다. 구인은 개정 및 수정되기도 하기 때문에 테스트 개발 프로세스가 직선적으로 진행되지는 않지만, 구인 정의는 반드시 선행되어야 한다(바흐만, 1990). 시험 원칙에서도 알 수 있듯이, 평가에서 주된 이슈는 구인 타당도이다. 구인 타당도를 수립하면 올바른 구인을 측정할 수 있게 된다. 다음 장에서 번역 역량 구인이 어떻게 개념화 되는지에 대해 살펴보겠다.

3. 관련 연구 조사

좋은 번역이란 다양한 분야의 지식 및 기술을 필요로 하는 매우 복잡한 활동이다. 따라서 번역 역량을 정의하는 것이 쉬운 일은 아니다. 번역 역량은 "역동적인 프로세스로 인간 행동 및 사회적 행동을 말하는 것"(카오, 1996: 231)인데, 이는 경험, 훈련, 고객-번역가 또는 번역가-독자간 상호작용을 통한 피드백을 바탕으로 형성된다(카오, 1996: 234에서 뉴버트 & 슈리브(Neubert & Shreve), 1992: 10). 현재 번역 역량 및 번역 역량을 구성하는 요소에 대해 번역학에서 보편적으로 수용되는 하나의 정의는 없다(아랭고-키이쓰 & 코비(Arango-Keith & Koby), 2003). 사실 어떻게 번역 역량을 정의할지, 좀 더 정확하게는 어떻게 구성 요소가 개념화되고 세분화되어 서로 연관성 가질 수 있을지에 대한 논의는 상당히 많이 진행되고 있다. 이렇듯 의견이 분분한 상황이기는 하지만 번역 역량에 관한 학계 논의는 능력을 갖춘 전문 번역가에게 필요한 구인을 정의하는데 있어서 매우 중요하다.

키랠리(Kiraly)가 지적하듯이 "번역 프로세스에 대해 경험적으로 기술하는 것은 전문 번역가들이 무엇을 알아야 하고 무엇을 해야 하는

지에 대해 설명 가능하게 해준다(비록 번역가는 대부분 무의식적으로 하는 일이지만)"(1995: 13). 우선 볼프람 빌스(Wolfram Wilss)(1982, 키랠리 1995)는 번역 역량은 세 개의 주요 요소로 구성된다고 일찍이 설명하였는데, 그 세 요소는 (1) 원천언어 수용 역량(receptive competence), (2) 목표언어 재생 역량(reproductive competence), 이 두 역량이 한 언어에서 다른 언어로 메시지를 전환하는 능력을 보여주는 세 번째 역량인 (3) 초역량(super competence)을 말한다. 번역 역량에 대한 설명을 통해 강조하는 바는 한 언어에서 다른 언어로 전달하는 것만으로 충분하지 않고 전략적인 전환이 필요하다는 것이다(발데스 & 안젤렐리(Valdés & Angelelli), 2003). 프레사스(Presas)(2000)는 번역 역량이 이중언어 역량과 다른 점에 대해 정의함으로써 빌스의 초역량 개념을 좀 더 상세히 설명하는데 도움을 준다. 프레사스는 유능한 번역가는 전문적인 언어 및 문화적 지식을 사용하여 원천 텍스트로부터 정보 수용 및 목표 텍스트로의 생산에 있어서 발생하는 간섭(interference)을 통제한다고 강조한다. 또한 유능한 번역가는 어느 부분에서는 두 개의 연계된 그러나 별개의 코드 시스템, 즉 두 언어간 단어 및 구문 차원이 아니라 의미 차원에서 전환하는 작업을 통해 간섭을 통제한다. 그러나 이러한 전문적인 기술 및 지식을 타당하고 신뢰할 만 한 방법으로 테스트하기 위해서는 그 기술과 지식에 대한 정의가 필요하다.

현재 번역 역량에 대한 많은 정의를 살펴보면 번역을 전문화된 소통이라고 한다. 번역가는 원천언어 및 문화에서 특정 기능을 수행하는 텍스트를 해석하여 목표언어 및 문화에서 동일한 기능을 수행하도록 새로운 형태로 전달하는 일을 하는 사람으로 정의된다(키랠리, 1995; 카오, 1996; 뉴버트, 2000; 비비, 2000; 오르즈코(Orozco), 2000; 어대브(Adab), 2000; 콜리나(Colina), 2003). 이렇듯 번역에 대한 기능적 접근방식에서는 번역 역량을 전문적인 소통 역량으로 간주한다. 소통 역량 개념은 제2언어 습득론(Second Language Acquisition, SLA) 분야에서 온 것이다.

유사한 현상에 초점을 맞추고 있기는 하지만 SLA분야와 번역학 분야는 전통적으로 지식 및 이론을 공유하며 교류하지는 않았다. 그러나 최근 들어 두 영역간 상호교류(cross-fertilization)가 일어나고 있다. 통번역 교육 및 테스트 분야에서의 최근 연구가 발단이 되어 점차 확산되고 있다(안젤렐리, 2000, 2003, 2004b, 2007a, 2007b; 샤프너와 어대브(Schäffner & Adab), 2000; 콜리나(Colina), 2002, 2003 & 2008).

SLA이론과 테스트 이론간에도 융합이 일어나고 있는데, 특히 언어 능력 및 분석 기술 테스트와 관련하여 이러한 현상을 볼 수 있다(바흐만, 1990; 바흐만과 팔머, 1996; 코헨, 1994; 풀처, 2000; 존슨, 2001). 따라서 소통적 번역 역량의 구인 틀을 만들기 위해 소통적 역량에 관한 이론을 이해하여 이론적으로 견실한 평가를 할 수 있도록 하는 것은 중요하다.

SLA 및 언어 평가 분야에서 널리 사용되는 소통적 역량 모델 중에서 하나는 바흐만(1990)이 제안한 것이다. 바흐만의 모델은 소통의 역학적 측면, 그 측면들이 어떻게 구성되어 있는가와 관련된 구성적 역량, 그리고 구체적인 상황에서 언어가 어떻게 사용되는가와 관련된 화용적 역량으로 나뉜다. 바흐만은 구성적 역량을 문법적 역량 및 텍스트적 역량으로 더 세분화 한다. 문법적 역량은 언어 형태 및 구조에 관한 개개인의 지식으로 구성된다. 텍스트적 또는 담화 역량은 문장 및 언어의 큰 덩어리가 일관성과 응집력 있는 메시지를 만들어내기 위해 서로 얽힌 방식을 말한다. 화용적 역량은 발화내적 역량과 사회언어적 역량으로 세분화 된다. 발화내적 또는 전략적 역량은 의도된 기능을 달성하고 인상 및 관계를 구성하기 위해 언어가 사용되는 방식에 관한 개개인의 지식이다. 사회언어적 역량은 언어를 통해 말하고 상호작용하는 방식에 관한 개개인의 지식, 즉 공손성, 금기사항 등을 말한다(바흐만 1990). 이러한 역량들은 소통 중 사용된다. 언어 사용에 있어서 하나의 예라고 할 수 있는 번역이라는 행위는 소통의 한 형태이다. 따라서 소통적 역량은 번역 역량 구인 결정 시 무시될 수 없는 요소이다.

번역 역량 구인에 관한 논의를 위해 소통적 번역 역량에 대해 논리적 논의를 해보자면 그 출발점은 카오(1996), 콜리나(2003) 및 PACTE(오르즈코, 2000)에서 제안하는 정의이다. 번역 숙련도에 대한 카오의 모델에는 세계 지식이나 전문적 지식과 같은 번역 지식 구조뿐만 아니라 번역 언어 역량(바흐만의 언어 역량과 유사한 정의)도 등장한다. 또한 번역 언어와 번역 지식, 그리고 상황적 맥락과 연관된 번역 전략 역량도 등장한다. 따라서 번역 역량의 핵심은 언어 역량 및 지식 구조를 현재 소통적 맥락(즉, 번역 과제)에 연결해 주는 것이고, 이는 소통적 번역 과제를 이행하기 위해 번역 전략 역량을 적용하는 것을 말한다. 이 모델을 통해 번역은 단지 효과적으로 두 언어 간 메시지를 전달하는 능력을 말하는 것만이 아니라 특정 맥락에서 번역을 할 수 있는 능력도 포함한다. 번역은 원천 텍스트를 잘 옮겨야 하고 또한 수용자의 필요를 충족시키기 위해 적절하게 전환되어야 한다. 따라서 특정 맥락에 맞는 바른(right) 번역을 할 수 있는 것이 바로 번역 역량의 일부를 구성하게 된다.

콜리나(2003)는 소통적 번역 역량을 양 언어의 소통적 역량뿐만 아니라 두 언어간 그리고 상호 문화적 소통 역량도 포함된 것으로 정의한다. 따라서 번역 역량에 관한 콜리나 연구에서 소개하는 번역 역량 모델에서는 소통적 번역 역량과 관련하여 번역 맥락이 다른 역량에 작용하는 방식 또한 고려하고 있다. 콜리나가 이러한 견해를 반영하기 위해 선택한 모델은 카오(1996)가 제시한 것이다.

번역 역량을 이해하는데 있어서 콜리나(2003)의 모델이 맥락이라는 요소를 추가하고 있는 것처럼 오르즈코(2000)에서 설명되었듯이 PACTE 모델은 소통적 번역 목표를 달성하는 방법적 요소를 추가하고 있다. PACTE 모델은 두 개의 주요 역량을 소개하는데, 이는 전달 역량과 전략적 역량이다. 전달 역량은 "번역의 기능 및 수용자의 특성을 고려하여 ST에서 TT로 전달하는 과정을 마무리하는 능력"(오르즈코,

2000: 199)이라고 정의되고 있다. 이 역량은 메시지를 탈언어화하고 간섭을 통제하는 이해 역량, 재표현 역량, 그리고 가장 적절한 방법을 선택하는 역량으로 세분화 된다. 전달 역량은 네 개의 다른 역량을 바탕으로 형성된다. 양 언어에 대한 소통적 역량, 언어외적 역량(즉, 세계 및 전문지식), 심리적-생리적 역량(즉, 다양한 인지적, 정신운동적(psychomotor) 및 태도적 자원), 그리고 도구적-전문적 역량(즉, 도구를 사용하고 직업 규범을 적용하는 능력)이 그것이다. 이 모델에서 마지막 요소는 전략적 역량으로 번역을 하면서 이 모든 프로세스를 이용하여 문제를 찾아내고 해결하는 능력이다(오르즈코, 2000).

오르즈코의 모델에서 눈에 띄는 점은 문제 해결을 위해 도구 및 프로세스를 강조하는 것이다. 뛰어난 번역가는 자신만의 번역 및 프로세스를 통해 문제를 찾아내고 해결할 수 있어야 한다. 또한 번역 시 사용되는 도구 및 기준에 대해서도 숙지하고 있는 것이 중요하다. 소프트웨어, 온라인 도구 및 사전과 같은 전통적 도구를 전략적으로 사용하는 것은 번역 작업에서 중요한 부분이다. 뿐만 아니라 일반적 번역 관행 및 직업적 행위 기준에 대한 지식도 훌륭한 번역을 위해 중요하다. 이러한 것들이 번역 문제들을 해결하고 전문 번역가 역량의 주요 부분을 구성하는 도구들이다.

소통적 역량 및 번역 언어 역량의 모델이 기여하는 바 외에도 언어가 사용되는 방식(mode)을 살펴볼 필요가 있다. 이는 각 언어에서 전체적인 언어 역량이 번역의 소통적 행위에 사용되는 다양한 방식을 말한다. 외국어 교육 프로젝트의 국가 표준(National Standards in Foreign Language Education Project, 2006)을 통해 미국 외국어 교사 협회(American Council of Teachers of Foreign Languages)는 소통 참여자 간 접촉 및 상호작용의 레벨에 따라 언어사용 방식을 크게 세 가지로 구분하는데, 이는 상호작용적 방식, 해석적 방식, 그리고 제시적 방식이다. 상호작용적 방식은 모든 대화 참여자가 화자 및 청자로 참여하는 상황에서 사용된다. 해석적 방식은 언어 사용자가 주로 정보를 받는 쪽이고 질문을 명확하게 해 줄 화자/저자는 없는 상황에서 사용되는 것으로 목표언어로 읽거나 청취할 때 발생하는 상황과 유사하다. 제시적 방식은 메시지 수용자가 직접적으로 상호작용하기 힘든 상황에서 주로 정보를 제시할 때(구두 또는 서면으로) 사용되며 문서를 작성하거나 대규모 청중에게 발표하는 경우가 이에 해당한다. 이 방식들 중에서 해석적 방식(특히 읽기)은 원천 텍스트에 번역가가 접근할 때 중요한 역할을 하고, 제시적 방식(특히 다수의 독자를 대상으로 한 집필)은 번역가의 목표텍스트 생산 시 중요한 역할을 한다.

방식의 차이에도 불구하고 번역 역량을 구성하는 다수의 하위 역량은 유사하다. 번역 인증을 받고자 하는 지원자는 원천 텍스트의 의미를 능숙하게 해석하기 위해 원천언어의 다양한 측면에 대해 인지하고 원천언어를 능숙하게 구사할 수 있어야 한다. 이는 원천 텍스트가 작성 된 문화적 렌즈를 통해 텍스트를 보아야 한다는 것을 의미한다. 다시 말해, (1) 의미를 형성하기 위해 단어 및 부분 단어가 조합되는 방식을 보여주는 언어의 문법적 측면, (2) 텍스트 내에서 정보가 어떻게 서로 연계되고, 구성되고, 제시되는지를 보여주는 언어의 텍스트적 측면, (3) 무엇을, 어떻게 말하고, 어떻게 감정을 구성하고 독자와 텍스트 주제 간에 관계를 어떻게 형성하는지를 보여주는 화용적 측면을 살펴보아야 한다. 이와 같은 언어의 다양한 측면을 통해 나타나는 미묘한 차이들을 인지하고 이해하지 못한다면 지원자는 원천 텍스트를 완전히 이해하지 못하거나 또는 이 차이들이 번역 과제에 어떻게 영향을 끼칠지 파악할 수 없게 된다. 뿐만 아니라, 지원자는 목표언어로 텍스트를 생산해야 하기 때문에 목표언어의 문법적, 텍스트적, 화용적 측면에 대해서도 인지하고 이를 능숙하게 구사할 수 있어야 한다. 이는 복잡한 기술이자 능력이다.

이제 무엇이 번역가의 역량을 구성하고, 소통적 번역 역량이란 무엇인가에 관한 선행 연구와 더불어 번역가 인증 전문 기관에서 공개한 문서에서 정의하는 구인이란 무엇인가에 대해 살펴보겠다. 구인에 대한 정의는 전문 기관에서 실시하는 테스트에 대한 명시적 설명과 채점 프로토콜에 드러나는 암시적 우선순위를 바탕으로 작성된 것이다.

번역의 본래적 특성에 대해 일반인들 대상으로 설명하는 ATA 자료[2)]에서, 전문 기관은 번역을 어떻게 개념화하는지에 대해 볼 수 있다. ATA가 발간한 "번역: 올바르게 이해하기(Translation: Getting It Right)"에서는 번역 사용자가 번역의 목적에 대해 번역가에게 말하게 함으로써 번역가가 어떻게 문화 간 다리를 놓을 수 있는지에 대해 설명하고 번역가의 전략적(오르즈코, 2000), 상호문화적 소통(콜리나, 2003)에 대해 강조하고 있다. 이는 곧 전문 번역가들이 지니고 있는 화용적, 기능적 역량에 대해 강조하는 것이다.

그러나 ATA인증 시험에 대한 반 브라켄, 디엘-도미니크와 한렌의 논문에서는 시험 시 측정하는 세 가지 요소에 대해 언급은 하지만 번역의 목적에 대해서는 논하지 않는다. 그 세 가지는 (1) 원천언어 텍스트의 이해력, (2) 번역 테크닉 그리고 (3) 목표언어로의 쓰기 능력이다. 원천 텍스트의 이해력을 측정하는 기준은 "번역된 텍스트가 제시된 자료에 대한 완전한 이해를 바탕으로 작성됨"이다. 번역 테크닉에 대한 기준은 "원문의 완전한 의미를 전달함, 사전을 효과적으로 사용하여 일반적인 번역 시 난점을 피해감, 목표언어 스타일과 흐름에 맞게 번역 시 문장들을 적절히 재배치 함"이다. 마지막으로, 목표언어로 쓰기에 대한 평가는 응집성 및 적절한 구두점, 통사구조, 사용 및 스타일을 기반으로 한다.

현재 ATA가 사용하는 구인의 세 파트는 독해 능력, 번역 능력(조작화 되지 않은) 및 번역 쓰기에서 볼 수 있는 번역 역량을 구성하는 미시-언어적 요소(즉, 담화, 응집성 보다는 단어, 문법 및 맞춤법)를 강조한다. 구인의 첫 번째 요소인 원천 텍스트 이해력은 바흐만(1990)이 정의한 것처럼 구성적, 화용적 역량을 모두 합친 것을 말한다. 따라서 원천 텍스트를 이해하기 위해서 번역자는 글자, 단어, 구문, 문장, 텍스트 전체를 이해할 수 있어야 하고 원천 문화 속에서 텍스트의 의미가 무엇인지 알아야 한다. 따라서 원천 텍스트 이해도 개념을 좀 더 신뢰할 만한 방식으로 측정하기 위해서 개념을 좀 더 세분화 할 필요가 있다. 두 번째 요소인 번역 "테크닉"은 카오(1996)의 번역 지식 구조 및 오르즈코(2000)의 전환 역량과 유사한 개념이다. 번역 "테크닉"의 하부 요소를 더 신뢰할 만한 방식으로 측정하기 위해서는 번역 테크닉 개념을 좀 더 세분화 하고 구체적인 행위 및 번역 텍스트의 관찰 가능한 측면이라고 그 개념을 정의한 후 살펴볼 수 있다. 마지막 요소인 목표언어로의 쓰기는 번역 역량의 미시적 요소, 즉 문법, 단어 및 구두점 사용에 주로 초점을 맞춘다.

전문 기관(NAJIT, ATA)에서 정의하는 구인은 번역의 목적, 독자층, 응집성 및 어역과 같은 언어간 소통의 거시적 요소를 살펴보는 언어 테스트, SLA, 번역학 분야에서의 소통적 구인보다 다소 제한적인듯하다. 전문 기관의 구인에서는 언어적 요소가 상당한 초점이 되고 있고, 소통적 번역 역량은 완전히 반영되지 않는다. 전문 기관의 구인 정의에 따라 테스트 되는 요소는 주로 바흐만(1990) 모델에서 소개되는 문법적 역량(언어 역학) 및 텍스트적 역량(응집성 및 스타일)의 하부요소에 속하는 것이다. 바흐만(1990)이 정의하는 화용적 역량은 지문 이해 및 번역 평가에서 부분적으로 나타난다. 응시자는 원천 텍스트의 "완전한 의미 및 목적(정의되지 않은)"을 이해하는 능력과 목표 텍스트에 (정의되지 않은) 그 의미를 전달하는 능력을 바탕으로 평가된다. 한 언어에 대한 이해력이 다른 언어 생산을 통해 테스트 되는 것도 문제이다. 혹자는 이 두 가지가 서로 관계없다고 주장할 수도 있다(이해력에 대한 더 나은 테스트는 응시자가 원천언어로 작성된 텍스트를 요약하게 한다든지 또는 독해 문제를 풀게 하는 방법이다). 또한 응시자가 목표언어 독자층에게 적합한 텍스트를 생산하는데 필요한 소통적 기능을 수행할 수 있는지 없는지에 대한 테스트는 없는 듯 하다. 여기서 이와 같은 질문이 제기될 수 있다. 문법적 역량에만 초점을 맞추는 것이 적절한가?

현재 번역가 인증을 수행하는 여러 기관(ATA, NAATI)의 테스트에서는 원천 텍스트를 그대로 나타내는 "중립적" 번역을 할 것을 요구하고 특정 고객층을 염두에 두지는 않는다. 응시자는 종종 번역 시 원문의 스타일이나 어역을 바꾸지 못하고 지방어를 사용하지 못한다. 그러나 때로는 이러한 변화가 특정 번역 상황에서는 더 나은 소통을 위해 필요하기도 하다. 공간 및 시간을 줄이기 위해 짧게 작성된 테스트 지시사항(예를 들어 이 텍스트는 리더스 다이제스트에 발간될 것임) 때문에 응시자들은 정확한 목표 독자층이나 목적을 모르게 되고 이는 결국 응시자의 최상의 능력을 보여줄 수 없는 상황으로 이어진다. 그리고 평가자는 응시자의 어역 및 지방어 사용 능력에 대한 정확한 판단을 할 수 없는 결과를 낳게 된다. 또한 번역의 목표 독자층 및 기능에 대한 상세한 설명이 없으면 발화내적 역량(발화의 기능을 달성하는 능력, 예를 들어 사과 및 도전)과 사회언어적 역량(문화 특수 지시어 및 주어진 문화 및 맥락에서 허용되고 되지 않는 것에 대한 이해력)을 측정하기 힘들다. 그 외 자료(ATA의 번역: 올바르게 이해하기와 같은 번역 브로슈어)에 이러한 요소들을 포함시킴으로써 이 요소들이 필수적이고 이를 인증 평가 구인에 포함시켜야 한다는 것을 알려줄 수 있다.

4. 광의의 구인을 위한 확장된 틀

번역 인증 전문 기관뿐만 아니라 소통적 역량, 사회언어학, 번역학, 제2언어 습득 및 테스트 관련 분야의 연구를 기반으로 인증 시험이라는 구체적인 목적을 위해 소통적 번역 역량의 구인을 정의한다면 어떻게 정의할 수 있을까? 이 구인의 어떤 하부 요소가 현재 테스트에서 측정되고 있는가? 인증 시험에는 어떤 하부 요소가 포함되어야 하는가? 어떤 하부 요소가 독립적으로 테스트될 수 있을까? 만약 존재한다면, 인증 시험에서 어떤 별도의 테스트가 그 분야에서의 성공을 예측하는 지표로 사용될 수 있을까? 인증 전문기관에서는 소통적 특성과 그 기능성을 설명하는 번역 역량의 조작적 구인을 일부 참조하는 듯 하다(예를 들어 ATA의 번역: 올바르게 이해하기와 같은 번역 브로슈어). 그러나 구인 정의 시(반 브라켄, 디엘-도미니크 & 한렌, 2008) 문법적, 텍스트적 역량에 더욱 초점을 맞추는 경향이 있다. 이것인 문제가 되는가? 만약 그렇다면 그 이유를 자문해볼 필요가 있다. 번역 역량에 대한 전문기관의 이데올로기와 번역학 연구에서 언급하는 바를 비교해보면 그 둘 사이에 간극이 있는 것을 볼 수 있다. 구인을 조작화할 때, 전문 기관에서는 번역 역량에 대해 협의의 정의를 기반으로 하는 경향이 있고 화용적 역량 및 그 외 요소들은 측정할 구인에 포함되지 않는 경우가 빈번하다.

조작적 구인은 번역 특징 전체를 반영하고 그에 따라 측정해야 하기 때문에 번역학에서 사용하는 구인과 유사하게 정의되어야 할 필요가 있다(바흐만 1990). 이를 위해, 바흐만(1990)의 소통 및 소통적 역량에 대한 틀 외에 하임즈(Hymes, 1974)의 소통적 요소, 카오(1996)와 콜리나(2003)의 연구 그리고 PACTE에서 정의하는 번역 역량에 대한 도구적 요소를 포함하는 소통적 번역 역량 구인에 대한 실무적 정의를 제안하고자 한다. 새롭게 제안하는 구인에는 (1) 언어적 역량, (2) 텍스트적 역량, (3) 화용적 역량 그리고 (4) 전략적 역량 이 네 가지 하부요소가 포함된다. 이 구인을 조작화된 번역 능력의 전부로 제안하는 것은 아니다. 번역 평가, 특히 번역 인증 전문 기관과 관련된 평가의 연구 및 개발을 위해 방향을 제시하는 하나의 가이드로서 이를 제안하는 바이다. 이에 대해 연구해보고 이 틀을 바탕으로 경험적 테스트를 진행해보면 이와 관련된 더 많은 지식을 축적하고 반영하게 될 것이다. 그러면 이 구인의 하부 요소를 좀 더 상세히 살펴보자.

1. *언어적 역량(linguistic-level competence)*. 첫 번째 하부 요소는 협의의 맥락에서 정의하는 언어적 요소이다. 여러 측면에서 볼 때 번역이란 두 언어간에 메시지를 전달하는 소통적 행위이다. 이 행위를 위해서는 어느 정도 두 언어간 소통적 역량이 필요하다. 앞서 살펴본 번역학 연구에서의 여러 모델(카오, 1996; 콜리나, 2003; 오르즈코, 2000)을 보면, 두 언어를 사용하는 역량은 번역을 위한 역량의 일부라는 것에 대해서는 논쟁의 여지가 없다(이는 통역의 경우에도 마찬가지이다. 안젤렐리, 2003 & 2007b 참조). 언어 평가에서 언어적 역량을 평가하는데 있어 널리 사용되는 모델은 바흐만(1990)과 존슨(2001)의 모델이다. 바흐만(1990)의 모델은 존슨(2001)의 모델과 함께 카오(1996)와 콜리나(2003)의 번역 언어 역량과 안젤렐리(2003)의 통역 언어 역량 모델의 기반이 된다. 카오(1996)의 구성적 역량 개념에는 문법적 역량과 텍스트적 역량이 포함된다.

문법적 역량은 번역 행위에 있어서 필수적인 요소이다. 카오는 이 하부 요소를 단어 통제력(언어에서 단어), 언어 형태론(morphology, 단어를 구성하기 위해 세부 요소들이 합쳐지는 방식), 통사론(syntax, 구문 및 문장을 구성하기 위해 단어들이 합쳐지는 방식) 및 문자소(graphemic, 쓰기 체계)와 관련된 지식이라고 정의한다.

이 각각의 요소를 바탕으로 원천 텍스트를 해석하고 목표 텍스트를 생산한다. 이 요소들을 더욱 세분화해 보면 각 세분화된 요소가 번역 행위에 영향을 끼칠 수 있다. 단어에 대한 지식이 충분하지 않으면 원천 텍스트를 바르게 이해하지 못하고 그 의미를 목표 텍스트에 성공적으로 전달하지 못하게 된다. 이 역량은 사전 및 그 외 전문적 자료를 적절히 사용하면 보완될 수는 있지만, 완전히 보완되는 것은 아니다. 형태론 및 통사론에 관한 번역자의 지식은 번역 시 해석과 번역물 생산에 도움이 된다. 형태론 및 통사론적 지식이 의미에 끼치는 영향을 제대로 이해하지 못하면 원천 텍스트를 바르게 이해하지 못하고 이해하기 힘들거나 오해를 유발할 수 있는 목표 텍스트를 생산하는 결과를 초래할 수 있다. 마찬가지로 문자소적 지식(graphemic knowledge)도 번역시 해석 및 번역물 생산에 영향을 끼친다. 구두점 및 기타 표시(diacritical marking)에 담긴 의미를 바르게 이해하지 못하면 원천 텍스트를 정확하게 이해하지 못하게 된다. 글쓰기 방식이나 문자소적 지식이 부족할 경우 의미가 제대로 소통되지 않아 목표 텍스트를 이해하기 힘들게 된다. 따라서 문법적 역량을 구성하는 각각의 측면은 번역 행위에서 필수적이며 실제 번역 과제에서 직접 또는 간접적으로 평가된다.

번역 역량 중 언어적 하부 요소를 측정에 포함하기 위해서는 그 요소가 명확하게 언급되어야 한다. 예를 들어 인증 시험에서 이 요소를 평가하기 위해서는 더욱 성공적인 번역과 상대적으로 성공적이지 않은 일련의 번역을 나열하고, 각 번역이 어떠한지 설명하며, 언어적 하부 요소가 어떻게 나타나고 있는지 설명해주는 것을 통해 평가를 시작할 수 있다. 아래 <표 1>에서는 번역 역량의 언어적 하부 요소를 평가하기 위한 1점~5점까지의 세부 기준을 설명하고 있다.

〈표 1〉 언어적 하부 요소(T=번역; TL=목표언어)

5	T는 TL 문법, 맞춤법, 구두점 사용에 정통함(masterful). 오류는 거의 없거나 전혀 없음.
4	T는 TL 문법, 맞춤법, 구두점 사용에 능숙함(proficient). 가끔 사소한 오류 등장.
3	T는 TL 문법, 맞춤법, 구두점 사용에 취약함(weak). 종종 사소한 오류 등장.
2	T는 TL 문법, 맞춤법, 구두점 사용 능력이 약간 부족함(lack). 다수의 오류 등장.
1	T는 TL 문법, 맞춤법, 구두점 사용 능력이 부족함(lack). 심각한 오류 자주 등장.

2. *텍스트적 역량(Textual competence)*. 텍스트적 역량 또는 여러 아이디어를 텍스트로 결속시키는 능력은 번역 행위에 있어 필수적인 요소이다. 카오는 텍스트적 역량 범주에 응결 역량, 문장, 아이디어, 수사적 구조를 연결시키기 위한 언어적 도구를 사용하는 능력 그리고 주어진 커뮤니티에서 텍스트의 목표를 달성하기 위해 가장 적절한 방식으로 텍스트를 구성하는 능력을 포함시킨다. 콜리나(2003)는 전문 번역가와 비전문 번역가를 구분하는 능력 중 하나가 이 텍스트적 실마리에 초점을 맞추는지 아닌지가 포함된다고 지적한다. 성공적인 번역가는 원천 텍스트가 내적으로 어떻게 구성되고 그러한 구성이 저자가 만들고 소통하고자 하는 의미에 어떠한 영향을 끼치는지 이해해야 한다. 그뿐만 아니라 목표 텍스트에서 원천 텍스트의 메시지와 의미를 유사하게 전달하기 위해 목표언어의 텍스트적 도구에 대해서도 숙지하고 있어야 한다. 이러한 도구에는 테너(tenor) 및 어조(tone)를 생성(원천 텍스트 저자 또는 번역가에 의한 생성)하는 것도 포함된다. 이러한 역량은 번역 과제에 따라 다르게 나타나지만, 유사한 의미를 목표언어로 전달할 수 있느냐 없느냐 뿐만 아니라 원천언어의 규범을 따르거나 또는 파괴하며 의미를 전달하고, 양 언어의 수사학 및 응결성에 대한 규범 및 관습을 잘 이해하여 어떠한 의미가 전달되고 있는지를 이해하는 가와 연관이 있다. 이 역량은 소통적 목적 달성을 위해 언어를 사용하는 해석적 또는 제시적 방식(modes)의 번역을 성공적으로 이행하는 데 필수적인 역량(외국어 교육에 관한 국가 기준 프로젝트(National Standards in Foreign Language Education Project, 2006))이다. 즉, 번역가는 목표 텍스트 생산뿐만 아니라 원천 텍스트 읽기 및 해석을 위해 이 방식을 이용해야 할 것이다. 따라서 실제 번역 과제 수행 시 문법적 역량과 더불어 텍스트적 역량을 어느 정도 평가해야 할 것이다.

언어적 하부요소와 유사하게 번역 역량을 구성하는 텍스트적 하부요소도 명확하게 정의되어야 한다. 아래 <표 2>에서는 번역역량의 텍스트적 하부 요소를 평가하기 위한 1점~5점까지의 세부 기준을 설명한다.

〈표 2〉 텍스트적 하부 요소(T=번역; TL=목표언어)

5	T는 유사한 TL 텍스트와 일관되게 절 그리고/또는 단락이 매우 잘 구성됨. T의 스타일은 유창함. 막힘 없이(flawless) 읽히고 전체적으로 자연스러움.
4	T는 유사한 TL 텍스트와 일관되게 절 그리고/또는 단락이 잘 구성됨. T의 스타일 있음. 잘(well) 읽히고 전체적으로 일관성 있음.
3	T는 유사한 TL 텍스트와 전반적으로 일관되게 절 그리고/또는 단락이 구성됨. T의 스타일은 일관적이지 않음. 때로 어색하거나 어울리지 않게 배치된 요소가 있음.
2	T는 유사한 TL 텍스트와 일관되지 않은 방식으로 절 그리고/또는 단락이 어색하게 구성됨. T의 스타일은 어색함. 잘 읽히지 않고 종종 어색하거나 어울리지 않게 배치된 요소가 있음.
1	T는 유사한 TL 텍스트와 비교해볼 때 절 그리고/또는 단락의 일관성에 있어 구분이 없고 구성이 잘 되지 않음. T의 스타일 부재. 잘 읽히지 않고 어색함. 문장 및 아이디어의 연관성 없음.

3. *화용적 역량(Pragmatic competence)*. 번역 역량 중 화용적 역량을 논하기 위해 카오(1996)가 수용한 바흐만의 소통적 역량 모델은 발화내적 역량과 사회언어적 역량으로 세분화된다. 사회언어적 역량과 화용적 역량은 별개라고 주장할 수 있고, 카오도 이 둘을 별도로 취급하거나 또는 사회언어적 역량을 좀 더 상위개념을 포괄하는 용어로 사용할 수도 있었겠지만, 좀 더 간단한 설명을 위해 여기서는 카오의 분류를 따르겠다. 발화내적 역량은 언어가 제 기능을 수행하기 위해(예를 들어 사과라든지 불만표현) 어떻게 사용되는가에 관한 지식이다. 이 역량은 번역가가 번역 행위를 하여 목표 텍스트를 생산할 때뿐만 아니라 번역을 위해 원천 텍스트에 접근할 때에도 중요한 것이다. 번역가가 원천 텍스트에 접근하여 분석할 때 이 역량을 통해 번역할 텍스트가 논쟁적 텍스트인지, 주로 데이터를 보여주는 객관적 보고서인지 또는 행동을 촉구하는 제안적 텍스트인지 하는 것을 구별할 수 있다. 마찬가지로 목표

텍스트 생산 시 번역가는 이 역량을 발휘하여 번역에서 텍스트의 본 기능을 재생해낼 수 있다. 바흐만은 사회언어적 역량이라는 명칭 밑에 다양한 언어적 변이(예를 들어 방언, 지역어 및 다른 방식의 언어사용)와 문화적 지시어에 관한 지식 그리고 비유적 표현을 포함시킨다. 다른 방식의 언어사용에 대한 지식은 표준어가 아닌 방언으로 쓰여진 원천 텍스트를 해석하는데 있어서 중요할 뿐만 아니라 번역자가 원천 텍스트 기저에 내포된 특수한 문화적 추정을 이해하는 데에도 중요하다. 이러한 특성은 문화적 지시체 및 비유적 표현을 통해서도 나타날 수 있다. 문화적 지시체 및 비유적 표현은 성공적인 번역을 하는데 있어 장애물이 될 수 있다. 성공적인 번역가는 이러한 요소들을 잘 인지하고 문화적 지시체 및 비유적 표현을 직역하지 않으려고 노력하며 그리고/또는 목표 텍스트에서 그 의미를 정확하게 소통하는 방법을 찾고자 한다. 이 두 가지의 사회-문화적 지식 외에도 어역을 고려하는 것도 중요하다(안젤렐리, 2006, 2004). 번역 과제 수행 시 텍스트를 통해 저자와 독자간에 형성되는 사회적 관계의 정도는 정확하게 이해되고 적절하게 번역되어야 한다. 극단적인 예를 하나 들어보면, 외국 고위관리에게 보낸 정중한 폐막식 초대장을 원 초대장과 같은 격식 및 정중함이 없는 단지 가벼운 모임에 대한 초대장으로 번역하는 것은 적절치 않을 것이다. 이와 같이 어역을 인지하지 못하고 바르게 사용하지 못하면 독자가 원천 텍스트의 진정한 의도를 바르게 이해하지 못하는 결과를 초래한다.

또한 하임스(1974)의 용어를 빌리자면, 소통(번역도 일종의 소통)에 참여하는 개개인은 “행동”하는 방식과 “소통”하는 방식에 대한 지식을 갖고 있어야 한다. 특히 말하기에 적용된 담화 커뮤니티 및 소통에 관한 하임스의 연구는 쓰기, 글을 통한 소통 및 번역에도 적용될 수 있다. 특정 담화 커뮤니티(예를 들어 미국 엔지니어가 엔지니어링에 관한 독일 저널에 글을 쓰는 경우)에 속하기 위해서는 번역가가 그 분야에서 사용되는 단어, 기저 구조 및 가정사항 등에 대해 능숙하게 숙지 및 구사할 수 있어야 한다. 다시 말해, 번역가가 엔지니어를 위한 전문 번역을 진행할 경우 그 엔지니어 커뮤니티의 일원처럼 글쓰기를 할 수 있어야 한다. 번역가가 특정 담화 커뮤니티에 속하지 않는다 하더라도 독자들이 번역을 읽고 번역가를 그 커뮤니티 일원으로 인식하거나 또는 그 분야의 "잠정적 손님"으로서 성공적으로 그 분야 언어를 구사하는 사람으로 인식할 수 있도록 해야 한다(안젤렐리, 2000 및 담화 커뮤니티에서 잠정적 손님인 통역사에 대한 개념 참조). 과학 분야 및 전문 번역의 경우 번역가는 그 분야 내용을 숙지할 필요가 있다. 또한 전문 용어 번역 방식 및 각 언어로 특정 분야의 다른 주제를 논의하는 방식도 알아야 한다. 이러한 지식을 적절하게 적용하지 않으면 독자층이 이해하기도 어렵고 유용성도 떨어지는 결과를 낳게 된다.

전문 분야 번역가는 두 언어 중 한 언어로는 익숙지 않은 전문적 개념 및 용어를 성공적으로 번역하기 위해 충분한 현장 지식이 있어야 한다. 이와 유사하게, 비즈니스 번역 및 법률 번역의 경우 양쪽 언어가 사용되는 문화의 정부, 법적 시스템, 비즈니스 조직 및 기타 전문지식이 필요하다. 목표 텍스트 수용자들이 이해하기 쉬운 텍스트를 만들면서 동시에 각 분야의 차이점도 이해할 수 있도록 해야 한다. 이를 위해 텍스트와 문화가 어느 정도로 중재되어 수렴되고 달라져야 하는지에 대한 실무 지식이 필요하다. 또한 특정 경우에는 한 언어로 작성된 전문 문서를 다른 언어를 사용하는 일반인이 이해할 수 있도록 하는 능력도 필요하다. 이렇듯 번역 시 어디까지 중재해야 할 지는 번역가가 알고 있는 번역 수용자의 관련분야 지식 정도 및 문화적 차이에 대한 지식을 바탕으로 결정된다. 그러므로 언어에 담겨있는 사회-문화적 지식뿐만 아니라 담화 및 어역에 대한 지식 또한 파악해야 한다. 아래 <표 3>에서는 번역역량의 화용적 하부 요소를 어느 정도 파악하고 있는지에 대한 기준을 기술하여 성공적인 번역을 평가하기 위한 1점~5점까지의 세부 기준을 설명한다.

〈표 3〉 화용적 하부요소 (T=번역, TL=목표언어)

5	T는 의도된 TL 독자와 소통하는데 있어 정통(masterful)하고 TL을 사용하여 번역의 의도된 목적을 달성하고 있음. 단어 선택이 매우 정교하고 적절함. (번역의) 문화 지시체, 담화, 어역이 TL 영역, 텍스트 종류 및 독자층에 비추어 볼 때 매우 적절함(completely appropriate)
4	T는 의도된 TL 독자와 소통하는데 있어 능숙(proficient)하고 TL을 사용하여 번역의 의도된 목적을 달성하고 있음. 단어 선택 시 일관성이 있음. (번역의) 문화 지시체, 담화, 어역이 일관성 있게 적절함(consistently appropriate)
3	T는 의도된 TL 독자와 소통하는데 있어 큰 문제가 없고(good) TL을 사용하여 번역의 의도된 목적을 달성하고 있음. TL 영역에 비추어 볼 때 (번역의) 문화 지시체, 담화, 어역이 대부분 적절하나 TL 영역, 텍스트 종류 및 독자층에 비추어 볼 때 몇몇 어구 및 단어선택이 지나치게 격식을 차리거나(formal) 또는 격식이 없음(colloquial).
2	T는 의도된 TL 독자와 소통하고 그리고/또는 TL을 사용하여 번역의 의도된 목적을 달성하는데 있어서 취약함(weak). TL 영역에 비추어 볼 때 (번역의) 문화 지시체, 담화 및 어역이 때로 부적절함(inappropriate). 다수의 어구 그리고/또는 단어 선택이 TL영역, 텍스트 종류 및 독자층에 비추어 볼 때 지나치게 격식을 차리거나(formal) 또는 지나치게 격식이 없음(colloquial).
1	T는 의도된 TL 독자와 소통하고 그리고/또는 TL을 사용하여 번역의 의도된 목적을 달성하는 능력이 부재함(inability). TL 영역에 비추어 볼 때 (번역의) 문화 지시체, 담화, 어역이 일관되게 부적절함. 대부분의 어구 그리고/또는 단어 선택이 TL 영역, 텍스트 종류 및 독자층에 비추어 볼 때 지나치게 격식을 차리거나(formal) 또는 지나치게 격식이 없음(colloquial).

4. *전략적 역량(Strategic competence)*. 여기서 제안하는 구인에 포함되는 마지막 번역 역량은 번역 전략 역량이다. 이 역량은 번역가가 번역과제에 접근하는 방식 및 번역과제 수행 시 문제 해결을 위해 채택하는 방식과 관련된 역량이다. 오르즈코(2000)에 따르면 이 전략적 역량에는 주요 아이디어와 부수적 아이디어를 구별하는 능력, 개념적 관계를 수립하는 능력, 정보 검색 및 계획 수립 등 여러 능력이 포함된다. 번역가는 의식적으로 사용하는 기술을 활용하여 번역과제 수행 시 전략적 역량을 발휘한다. 이 과정에서 번역가의 개입은 통제되고, 문화적 요소는 의식적으로 중재되며, 어떠한 참고자료를 사용할 것이고 어떻게 이

를 적용할 지를 결정하게 된다.

번역가의 전략적 역량에는 PACTE(오르즈코, 2000)에서 도구적-전문적 역량이라고 부르는 역량이 포함된다. 전문적 도구를 사용하고 번역 수행의 표준을 따르는 것은 번역가의 전략적 역량을 구성하는데 있어서 중요한 요소이다. 번역가의 지식적 역량은 참고자료 및 관련 분야 전문가의 조언을 통해 대체될 수는 없더라도 보완 및 증대될 수는 있다. 따라서 전문적 도구 가용성 및 이를 어떻게 사용하는지에 대한 지식은 번역가의 전략적 역량 중 일부이다. 콜리나(2003)는 번역 도구를 적절하게 사용하는 것이 초보 번역가와 전문 번역가를 구별하는 요소가 된다고 지적한다. 번역 경험이 많지 않은 번역가는 도구 사용 시 어떤 부분을 채택하고 채택하지 말아야 할지에 대한 경험 부족으로 도구를 능숙하게 이용하지 못하는 경향이 있다. 현대 번역가들에게 이 도구적-전문적 역량은 단지 사전 이용 그 이상을 말한다. 인터넷, 전자 참고자료, CAT도구(워드 프로세스 프로그램뿐만 아니라 번역 과정을 돕는 컴퓨터 애플리케이션, 메모리 애플리케이션, 기계-보조-번역 소프트웨어 등)는 오늘날 번역가들에게 필수적인 도구모음이다. 번역가는 이러한 도구를 어떻게 사용할 지뿐만 아니라 언제 사용할지도 알아야 한다. 능숙한 전문 번역가는 인터넷 검색 후 어떤 자료를 채택할지 말지를 알아야 한다. 또한 번역 메모리 및 데이터베이스와 같은 컴퓨터-보조 번역 도구를 적절하게 적용하고 일관되게 사용할 수 있어야 한다. 번역가는 워드 프로세스의 맞춤법 및 문법 수정 요청을 수용할지 무시할지를 결정할 수 있도록 언어에 대한 충분한 지식도 있어야 한다.

인적 자원을 잘 관리할 수 있는 능력도 번역가의 전략적 역량 중 중요한 일부를 구성하는 요소이다. 오늘날 실무 번역가는 관리자 및 고객으로부터 필요한 정보를 어떻게 입수할 수 있는지를 알아야 한다(프레이저(Fraser), 2000). 전문 번역가는 팀 내에서 함께 일할 줄도 알아야 한다(아랑고-키스와 코비(Arango-Keeth & Koby), 2003). 테스트 포맷 및 기술적 제약 때문에 모든 평가 과제에서 이러한 역량을 평가하기는 힘들 수도 있다. 그러나 이와 같은 역량을 번역가 인증 테스트에 포함을 시키든 안 시키든 간에 이 역량을 번역가 역량의 구인을 구성하는 일부로 파악하고 인식하는 것은 중요하다. 테스트에서는 이 모든 번역 역량 하부 요소를 다 평가할 수도 있고 또는 다 평가하지는 못할 수도 있다. 테스트 개발자가 테스트에서 측정하고자 하는 요소가 무엇인지 정확하게 정의하고 있고 그에 대한 이유를 정당하게 설명하면 응시자는 어떠한 하부 요소가 포함되고 포함되지 않는지를 미리 알 수 있다.

전략적 번역 능력은 번역가가 어느 정도 언어적, 문화적, 실무적, 도구적 지식에 대한 의식적인 통제를 할 수 있다는 번역가의 능력을 보여주는 것이다. 이 역량은 목표 텍스트에서 어떠한 측면을 부각시켜야 하고 어떠한 측면이 상대적으로 부각되지 않아도 될 지를 선택하는 역량을 나타낸다. 또한 특정 부분을 명시적으로 설명하거나(예를 들어 목표 독자에게 익숙지 않은 부분을 상세히 설명하기) 다른 방법을 통해 특정 부분을 암시적으로 하는 것을 선택하는 역량을 말하기도 한다. 이러한 역량은 자가편집이나 초벌 번역과정에서 나타나기도 한다. 번역 평가 시에도 평가자는 응시자가 제출한 최종 번역물만 보지만 명시적으로든 암시적으로든 이 역량에 대한 평가도 포함된다. 특정 전략 적용결과는 그 효과를 통해서만 알아볼 수 있다. 즉 최종 번역물에서 문제가 되는 부분이 없을 경우에 전략적 역량이 발휘된 것을 알 수 있는 것이다.

<표 4>에서는 번역역량의 전략적 하부 요소를 어느 정도 파악하고 있는지에 대한 기준을 기술하여 성공적인 번역을 평가하기 위한 1점~5점까지의 세부 기준을 설명한다.

지금까지 번역역량에 대한 하부 요소들을 조작화하였고, 다음 장에서는 이를 바탕으로 이 요소들을 어떻게 평가할 지 논의해보겠다. 이 요소들은 정의가능하기 때문에 채점도 가능하다. 테스트 분야에서는 평가기준표를 바탕으로 이 하부요소들을 채점할 수 있다. 다수의 번역

〈표 4〉 전략적 하부 요소(T=번역; TL= 목표언어)

5	T는 번역 시 문제점에 대해 영리(astute)하고 창의적인 답변을 제시함. 참고자료를 능숙하게 활용함.
4	T는 번역 시 문제점을 식별하고 극복하는데 있어서 일관된 능력을 보임. 주요한 오류는 없고 소수의 사소한 오류 보임. 참고자료 활용 시 눈에 띄는 오류 없음.
3	T는 번역 시 문제점을 식별하고 극복하는데 있어서 일반적인(general) 능력을 보임. 그러나 주요한 오류가 보이고 및 사소한 오류는 때때로 보이며 전반적인 번역의 질이 떨어짐. 참고자료의 부적절한 또는 잘못된 활용이 TT에 반영됨.
2	T는 번역 시 문제점을 식별하고 극복하는데 있어서 어려움이 있음. 주요한 번역 오류가 몇몇 보이고 사소한 오류는 다수 보이며 전반적인 번역의 질이 떨어짐. 참고자료의 부적절한 또는 잘못된 활용이 TT에 반영됨.
1	T는 번역 시 문제점을 식별하고 극복하는 능력이 부재함. 주요한 오류 및 사소한 오류가 빈번하게 등장하여 심각한 결점이 있는 번역물이 생산됨. 참고자료의 부적절한 활용이 지속적으로 등장함.

가 인증 전문기관에서는 평가기준표를 사용하지 않는다. 따라서 다음 장에서 번역가 인증을 위한 평가기준표 활용에 대해 살펴보겠다.

5. 평가기준표 활용하기

평가기준표는 테스트에서 일반적으로 활용되는 것이다. 평가기준표를 통해 좀 더 체계적이고 총괄적인 채점이 가능하다. 일반적으로 평가기준표에는 구인을 구성하는 모든 하부요소가 다 포함되어 있다.

평가기준표는 전체적으로 어떠한 결과물 및 수행물이라도 다 평가할 수 있도록 사용되는 것이기 때문에(모스와 홀든(Moss & Holden), 1988; 월부드와 앤더슨(Walvood & Anderson), 1998; 위긴스(Wiggins), 1998), 번역 채점을 위한 평가기준표의 타당성을 논의해보는 것도 의의가 있다. 평가기준표는 무엇을 평가하는지(여기서는 번역 역량)에 대한 정의를 바탕으로 개발된다. 우선 번역 역량의 특징, 결과물 및 수행물의 주된 특징(즉, 미시적 언어 역량, 텍스트적 역량, 화용적 역량, 전략적 역량 등)을 파악하고, 앞서 하부요소 평가를 위한 기준을 상세화하였듯이 다양한 레벨의 수행능력을 차별화하기 위한 기준을 상세화 한다. 예를 들어 유능한 전문 번역가로 인정받기 위해서 번역가 개인은 번역 과제에 적절하도록 원천언어의 특징 및 원천 텍스트의 의미를 바르게 이해하고 컨트롤할 수 있어야 한다. 또한, 번역 과제에 맞는 번역 텍스트를 성공적으로 생산해내기 위해 목표언어의 특징을 충분히 이해하고 컨트롤하는 능력도 필요하다. 뿐만 아니라, 유능한 전문 번역가는 번역 과제 수행 시 문제 영역을 찾아내고 극복하는 역량이 있다. 이 역량에는 여러 전략의 적용, 전문 도구 및 자료 사용, 팀 내에서 협업 및 매니저 그리고/또는 고객과의 업무 진행 능력이 포함된다. 그리고 각각의 하부 요소별로 다른 가중치를 갖는다(이는 기관에서 명시하는 번역에 대한 요구 및 테스트에 관한 상세설명을 바탕으로 결정됨).

평가기준표를 수립함으로써 평가자는 테스트에 포함되어야 한다고 생각되는 모든 요소에 대해 총괄적으로 채점 가능하다. 즉, 테스트에서 측정해야 하는 구인은 (세심하게 개발된 결과 만들어진) 테스트를 통해서만 측정되는 것이 아니라 평가자도 평가한다는 것을 다시 한번 알게 된다. 이는 학교 및 전문 기관에서 주로 사용되는 점수 추가(point-adding) 및 점수 차감(point-deducting) 체계와는 분명히 다른 점이다. 제시된 기준을 충족하는 최고의 번역과 기대할 수 있는 최고의 번역 수행물에 대한 설명을 바탕으로 최고 점수를 제시하게 된다. 동일한 기준을 바탕으로 최악의 번역이라고 생각되는 번역은 최저점을 받게 될 것이다. 중간 수준의 번역은 중간 점수를 받게 되고 몇 개의 중간 레벨을 두느냐에 따라 기준표에서 레벨의 수가 결정된다. 예를 들어 1에서 6까지의 척도로 나뉜 기준표(예를 들어 수용 불가능한 번역, 약간 적절한 번역, 적절한 번역, 유창한 번역, 매우 유창한 번역 그리고 훌륭한 번역), 1에서 3까지의 척도로 나뉜 기준표(수용가능, 약간 수용 가능, 매우 수용 가능), 또는 테스트를 개발하는 기관에서 의미 있는 척도에 따라 여러 기준표를 작성할 수 있다.

<표 5>는 전문 기관이 번역 능력 평가 시 사용할 수 있는 평가기준표로 1점부터 5점까지로 세분화되어 있다. 이는 ATA에서 인증 시험에 대한 자체 연구 결과를 바탕으로 마련된 것이다.

〈표 5〉 번역 평가를 위한 평가기준표 초안(안젤렐리, 2006)

T = 번역; TL = 목표언어; ST = 원천 텍스트

	원천 텍스트 의미
5	T는 ST의 주된 주제 및 소주제 그리고 그 주제가 ST에 제시되는 방식에 대한 상세하고도 미묘한 차이에 대한 이해를 보여주는 요소들을 담고 있음. ST의 의미는 T에서 능숙하게 소통됨.
4	T는 ST의 주된 주제 및 소주제 그리고 그 주제가 ST에 제시되는 방식에 대한 전반적인 이해를 보여주는 요소들을 담고 있음. ST의 의미는 T에서 유창하게 소통됨.
3	T는 ST의 주된 주제 및 소주제 그리고 그 주제가 ST에 제시되는 방식에 대한 일반적인 이해를 보여주는 요소들을 담고 있음. ST 해석 시 때로 오류가 등장하는 경우도 있지만, 전반적인 ST의 의미가 T에서 적절하게 소통됨.
2	T는 ST의 주된 주제 그리고/또는 소주제 그리고/또는 그 주제가 ST에 제시되는 방식에 대한 잘못된 이해를 보여주는 요소들을 담고 있음. ST 해석 시 오류가 있어서 ST의 의미가 T에서 충분히 소통되지 못하는 결과로 이어짐.
1	T는 ST의미에 대해 지속적이고 주요한 착오를 보여줌.

	스타일 및 응결성(텍스트적 하부 요소 관련)
5	T는 유사한 장르의 TL 텍스트와 일관된 방식으로 장(章) 그리고/또는 단락이 매우 잘 구성되어 있음. T는 능숙한 스타일을 보임. 오류 없이 내용이 전개되고 전반적으로 자연스러움.
4	T는 유사한 장르의 TL 텍스트와 일관된 방식으로 장(章) 그리고/또는 단락이 잘 구성되어 있음. T는 일관된 스타일을 보임. 내용이 잘 전개되고 전반적으로 일관성 있음.

	스타일 및 응결성(텍스트적 하부 요소 관련)
3	T는 유사한 장르의 TL 텍스트와 일관된 방식으로 장(章) 그리고/또는 단락이 구성되어 있음. T 스타일은 일관되지 않을 때도 있음. 때때로 어색하거나 이상한 요소가 배치됨.
2	T는 유사한 장르의 TL 텍스트와 일관되지 않은 방식으로 장(章) 그리고/또는 단락이 다소 어색하게 구성되어 있음. T의 스타일은 어색함. 내용이 잘 전개되지 않고 빈번하게 어색하거나 이상한 요소가 배치됨.
1	T는 유사한 장르의 TL 텍스트와 비교해볼 때 일관되지 않은 방식으로 장(章) 그리고/또는 단락이 구성되고, 단락간 구분 및 구성이 모호하여 응결성이 저하됨. T는 스타일이 부재하고 잘 전개되지 않으며 어색함. 문장 및 아이디어가 서로 연관성 떨어짐.

	상황적 적절성(화용적 하부 요소 관련)
5	T는 의도된 TL 독자와 소통 시 능숙하고, TL을 통해 번역의 의도된 목적을 달성함. 단어 선택이 숙련되고 적절함. (번역에서 나타나는) 문화적 지시체, 담화 및 어역이 TL 장르, 텍스트 종류 및 독자층에 매우 적합함.
4	T는 의도된 TL 독자와 소통하고 TL로 번역의 의도된 목적을 달성하는데 있어 유창함. 단어 선택은 일관적으로 무난함. (번역에서 나타나는) 문화적 지시체, 담화 및 어역이 TL 장르, 텍스트 종류 및 독자층에 일관되게 적절함.
3	T는 의도된 TL 독자와 소통에 있어서 무난하고 TL로 번역의 의도된 목적을 달성함. (번역에서 나타나는) 문화적 지시체, 담화 및 어역이 TL 장르에서 대부분 적절하지만 TL 장르, 텍스트 종류 및 독자층을 고려할 때 몇몇 구문 또는 단어 선택 시 격식이 지나치게 높거나 지나치게 낮음.
2	T는 TL 독자와 소통하고 또는 TL로 번역의 의도된 목적을 달성하는데 있어서 취약함. (번역에서 나타나는) 문화적 지시체, 담화 및 어역이 TL장르에서 때로 부적절함. TL 장르, 텍스트 종류 및 독자층을 고려할 때 다수의 구문 그리고/또는 단어 선택 시 격식이 지나치게 높거나 지나치게 낮음.
1	T는 TL 독자와 적절하게 소통하고 그리고/또는 번역의 의도된 목적을 달성하지 못함. (번역에서 나타나는) 문화적 지시체, 담화 및 어역이 TL 장르에서 일관되게 부적절함. TL 장르, 텍스트 종류 및 독자층을 고려할 때 대부분의 구문 그리고/또는 단어 선택 시 격식이 지나치게 높거나 지나치게 낮음.

	문법 및 언어 역학(미시-언어적 하부 요소)
5	T는 TL 문법, 철자법, 맞춤법 사용 시 능숙함. 오류가 거의 없거나 전혀 없음.
4	T는 TL 문법, 철자법, 맞춤법 사용 시 유창함. 때때로 사소한 오류 있음.
3	T는 TL 문법, 철자법, 맞춤법 사용 시 취약함. 종종 사소한 오류 있음.
2	T는 TL 문법, 철자법, 맞춤법 사용 능력 다소 부재함. 다수의 오류로 T의 질 저하됨.
1	T는 TL 문법, 철자법, 맞춤법 사용 능력 부재함. 심각한 오류 빈번하게 등장함.

	번역 기술(전략적 하부 요소)
5	T는 번역 시 문제되는 부분에 대해 유능하고 창의적인 대안을 제시함. 참고 자료의 숙련된 활용이 두드러짐.
4	T는 번역 시 문제되는 부분을 식별하고 해결하는데 있어서 일관된 능력을 보임. 주요 오류는 없고 소수의 사소한 오류 있음. 참고 자료 활용 시 명백한 오류 두드러지지 않음.
3	T는 번역 시 문제되는 부분을 식별하고 해결하는데 있어서 일반적인 능력을 보임. 그러나 소수의 주요 오류가 등장하고 그리고/또는 사소한 오류가 누적된 현상이 두드러져 전반적인 번역 질이 저하됨. 참고 자료의 부적절한 또는 잘못된 활용이 TT에 반영됨.
2	T는 번역 시 문제되는 부분을 식별하고 해결하는데 있어서 어려움을 보임. 몇몇 주요 오류 그리고/또는 다수의 사소한 오류가 두드러져 전반적인 번역 질이 저하됨. 참고 자료의 부적절한 또는 잘못된 활용이 TT에 반영됨.
1	T는 번역 시 문제되는 부분을 식별하고 해결하는 능력 부재함. 다수의 주요오류 및 사소한 오류로 인해 번역의 심각한 결함으로 이어짐. 참고자료 및 그 외 자료가 일관되게 부적절한 방식으로 활용됨.

이와 같은 평가기준표에 대한 피드백을 받기 위해 2007년 11월에 개최된 제 48회 ATA 연례회의(the 48th ATA Annual Conference) 기간 중 ATA평가자들에게 이 표를 제시하였다. 본고 작성 당시 ATA 인증 위원회(ATA certification committee)에서는 ATA 웹사이트에 게재된 번역 역량 하부 요소를 늘리거나 변경한다는 결정을 내리지 않은 상태였고, 위의 평가기준표를 부분적으로 또는 전체적으로 고려할 것인지 말 것

인지 또한 결정하지 않았다.

위 평가기준표 작성 시 선택한 조작적 카테고리가 처음에는 정의된 구인의 하부 요소와 동일한 것 같지 않은 듯 했다. 그러나 하부 요소들은 서로 연관되어 있고 평가자들이 평가해야 하는 카테고리의 수를 최소화하며 수행 레벨 정의를 좀 더 쉽게 하기 위해 몇몇 하부 요소들은 삭제되거나 통합되었다(바흐만과 팔머(Bachman & Palmer), 1996; 코헨(Cohen), 1994). 또한 평가기준표에서 사용된 용어들이 평가자들이 일반적으로 사용하는 용어와 좀 더 일관되게 수정되었다. 평가기준표 카테고리의 정의 및 그에 대한 설명은 다음과 같다:

원천 텍스트 의미는 테스트 응시자가 답(번역된 목표 텍스트)에 원천 텍스트의 주제 및 수사적 표현을 어느 정도 이해하고 있는지 또는 이해하지 못하고 있는지를 측정하는 척도가 된다. 적절한 의미의 전달은 전문 기관에서 테스트가 무엇을 목표로 하는지 정의할 때 항상 포함되는 요소이다. 적절한 의미 전달이라는 것은 명확하게 구분되지 않는 경우가 많기는 하지만 대체적으로 언어적 생산과는 다른 개념이다. 그러나 의미 전달 여부는 응시자의 원천언어 문법적 역량을 측정하는데 있어서 매우 간접적인 측정요소이다. 이 의미 전달 여부를 원천언어 문법적 역량을 측정하는데 있어서 신뢰할만한 요소라고 하기는 힘든 이유는 목표언어로 쓰는데 있어서 어려움 또한 원천언어에 내재된 주요 의미 및 미묘한 의미를 성공적으로 소통하는 데 장애요인이 될 수 있기 때문이다. 만약 기관에서 언어 이해력을 측정하고자 한다면, 이 또한 의미 전달에 영향은 끼치겠지만, 목표언어로의 쓰기에 의존하지 않는, 좀 더 직접적인 원천언어 이해 측정 방법을 구상해보는 것이 나을 것이다. 이는 경험적 연구를 통해 입증되어야 할 필요는 있지만, 그럼에도 불구하고 원천 텍스트의 의미를 성공적으로 소통하는 것은 원천 텍스트 이해력과 상당히 연관되어 있을 수 있다. 목표 텍스트에서 보여지는 원천 텍스트에 대한 명백한 해석오류는 원천 텍스트 이해력에 대한 문제점을 지적하는 지표로 간주할 수 있다.

목표 텍스트 스타일 및 응결성은 소통하는 배경에서 문서 타입이나 주어진 목표언어 장르에 따라 텍스트가 어떻게 연결되고 구성되는지에 대해 응시자가 어느 정도의 지식을 갖고 있는지 보여주는 요소이다. 장르에 대한 지식은 번역된 문서 타입이나 목적에 따라 문서를 서론, 문제 제시, 결과 제시, 논의, 제안 등 적절하게 장(章), 그리고/또는 단락으로 나누는 능력을 말한다. 응결 도구 및 응결성 있는 텍스트를 만드는 규칙에 대한 지식은 문서의 흐름, 하나의 단위를 구성하는 정도 및 텍스트적 역량 구현 방식을 통해 알 수 있다.

상황적 적절성은 번역에서 목표언어의 기능적, 사회-문화적 측면을 활용하는 응시자의 능력을 측정할 수 있는 요소이다. 언어의 기능적 측면은 목표 텍스트가 목표언어의 의도된 기능을 얼마나 달성하느냐를 바탕으로 판단할 수 있다. 언어의 사회-문화적 측면은 목표 텍스트에서 얼마나 적절하게 어역을 나타내는지, 즉 구문 및 단어 선택 시 표현되는 격식성 정도를 통해 파악할 수 있다. 이는 화용적 역량을 보여주는 것이기도 하다.

문법 및 언어 역학은 철자법, 발음 기호(diacritical marks), 일치, 문장 부호와 같은 기타 목표언어로 쓰기 및 문법적 규범을 포함하는 범주이다. 목표언어로의 언어적 역량을 보여주는 것이기도 하다. 이는 번역 테스트 채점 시 전문 기관 및 학교에서 올바른 의미 전달과 더불어 가장 빈번하게 고려하는 범주이기도 하다.

번역 기술은 번역 시 문제되는 부분에 직면했을 때 전략을 적용하고 참고 자료를 활용하는 것을 포함하는 범주이다. 이는 목표 텍스트가 번역 시 문제되는 부분을 얼마나 잘 파악하고 성공적으로 해결하는지를 측정하는 부분이다. 여기에는 언어 또는 주제 지식에 있어서 간극이 있을 경우 이를 극복하기 위해 참고 자료를 적절하게 사용하는지 아닌지를 파악하는 것도 포함된다(이는 참고 자료를 잘못 사용했을 경우 더 명확하게 드러나기도 한다). 번역 기술은 전략적 역량을 보여주기도 한다.

6. 평가기준표의 수행능력 등급 구분

앞서 5장에서 제시한 평가기준표는 전문 번역가 인증을 위한 기준을 세우기 위해 디자인된 것이다. 평가기준표에 따르면 등급은 1부터 5까지로 나뉜다. 1등급은 번역 능력 부재를 말한다. 응시자들은 주로 시험을 위해 자가 선별을 한 상태이기 때문에 1등급을 받는 응시자는 거의 없을 것으로 예상된다. 5등급은 특별히 우수한 역량을 보이는 경우를 말한다. 인증을 받는데 있어서 적합한 등급은 4등급 정도이다. 3등급은 응시자가 기술은 있으나 인증을 위해 필요한 숙련도는 다소 부족한 정도를 말한다. 2등급은 인증 받은 전문 번역가로 일하기에는 명백히 수행능력이 부족한 상태를 보여주는 정도이다. 번역가 인증 기관(예를 들어 ATA, NAATI)이 언어 쌍 및 방향성에 초점을 맞추는 사실은 주목할 만하다. 예를 들어 이는 "스페인어-영어 인증(certified in Spanish into English)"이라고 명명하는 것만 봐도 알 수 있다. 이 외에 응시자가 어떤 타입의 텍스트를 번역할 수 있는지 그리고/또는 어떠한 맥락에서 가능한지와 같은 구체적인 정보가 인증서에 제시되지 않는다. 몇몇 기관(예를 들어 NAATI)에서는 전문가 수준 또는 준전문가(paraprofessional) 수준을 구분하여 인증하기도 하지만, 인증서에는 보통 일반적인 내용만 제시된다. 따라서, 평가기준표의 등급 구분은 번역 프로그램에서 필요로 하는 수행능력 정도의 차이를 보여주는 것이고 테스트 결과에 대해 의문이 제기될 경우 인증 기준에 따라 테스트 결과를 설명할 수 있다. 또한 수행 등급 구별 시 숫자를 사용하면 평가자들이 좀 더 쉽게 관리할 수 있을 것이다. 더 등급을 세분화하면 평가자에게 혼란을 초래할 수도 있고 또는 등급 수를 줄이면 인증을 결정하는데 필요한 역량을 명확하게 구분하여 제시하지 못할 수도 있다.

결론

본고에서는 번역 능력이 무엇이고, 번역가 인증을 위해서는 어떻게 유의미한 방식으로 번역 능력을 측정할 수 있는가를 살펴보았다. 인증 시험에서는 전문 번역가로서 업무를 수행하기 위한 개인의 능력을 평가한다. 이 능력(테스트 구인)은 언어적 역량, 텍스트적 역량, 화용적 역량 및 전략적 역량 이 네 가지 하부요소로 구성된다. 테스트 구상 전에 주요 질문들에 대한 답을 먼저 구하기 때문에 테스트 설계자들은 전문 기관의 구체적인 요구사항을 바탕으로 테스트 구인을 정의할 수 있다. 테스트 설계자는 테스트 개발에 관여하면서 기관에서 생각하는 바 또한 테스트에 제시되어야 할 주요 요소로 생각하기 때문에 어떻게 채점해야 하는지도 함께 고민한다. 테스트를 총괄적인 방식으로 채점하는 방법 중 하나는 평가기준표를 사용하는 것이다. 테스트 설계자는 테스트 구인 하부 요소를 바탕으로 기준표를 개발한다. 일단 번역 기술이 정의되고 나면 이 기술에 대한 지식 및 이 기술을 성공적으로 적용하는 능력이 번역 능력(테스트 구인)의 핵심을 구성하게 된다. 그러나 번역 테스트에서는 이 모든 것을 측정하지는 않는다. 따라서 테스트 구인 중 어떤 부분(하부 요소)을 기관 테스트에 포함시킬 지 우선 요소(a priori)를 정의하고 테스트 개발 중과 개발 후에 그 타당도를 체크해보는 것이 중요하다. 모든 테스트에는 결과가 있다. 인증 테스트 및 그 외 고부담 테스트의 경우 응시자의 결과는 더욱 중요하다. 따라서 테스트 개발 시 측정하고자 하는 요소(즉, 번역 역량의 경우 테스트 구인)를 바르게 측정하고 개발된 테스트는 타당성 있고 신뢰할 만한 방식으로 번역 역량을 측정할 수 있도록 세심한 주의가 필요하다. 타당도 및 신뢰도에 대해 고려하는 것뿐만 아니라 구인을 명확하게 정의하는 것이 현재 그리고 향후 번역 평가 시험 개발 시 기본이 된다.

한계 및 시사점

본고에 소개된 연구는 진행중인 연구로 간주해야 한다. 좀 더 체계적인 방법으로 번역 역량을 측정하는 방법을 소개하고자 한 것이다. 본고에서 소개한 평가기준표를 시험해보고 다양한 언어 조합의 테스트에 적용해보아야만 그 가치(또는 부족한 점)에 대해 번역가 인증 전문 기관에 이야기할 수 있다. 이를 위해 전문 기관과 연구자 간에 더욱 긴밀한 협력이 필요하다. 앞서 언급하였듯이 번역(그리고 통역) 분야에서 번역 평가에 관한 논의는 많이 이루어지지 않았고 이론과 실제 간에 충분한 소통이 이루어지지 않아 여전히 모호한 상태로 남아있다. 실무자들은 전문성이란 실제 경험을 통해 얻어진다고 믿는다. 또한 실무자들은 테스트 원칙에 기반을 두고 테스트를 개발하지 않거나 테스트의 타당도, 신뢰도, 진정성 또는 실질적 측면을 살펴보지 않을 경우 어떠한 결과가 초래될지에 대해 충분히 인지하고 있지 못하기 때문에 현상 대로만 응시자들을 테스트하면서 나름대로는 최선의 방식으로 응시자들의 수행을 측정하고 있다. 그러나 이는 테스트에 대한 충분한 정당성이 될 수 없을 것이다.

요컨대 본고에서 제시하였듯이 번역 역량 및 번역 측정에 관한 연구에서는 테스트 및 평가에 관한 주류 연구자들(즉, 번역학 분야의 연구자가 아니더라도 테스트에 관한 전문성을 갖춘 연구자)의 참여가 현재 필요하다는 것을 시사한다. 테스트 분야 연구자들은 다양한 언어쌍의 번역 역량 측정을 둘러싼 복잡한 이슈들을 해결할 수 있기 때문이다. 테스트와 이중언어구사 분야를 연구하는 응용언어학자들과 테스트 분야의 번역 학자들에게 있어서 번역 역량 및 번역 측정에 관한 연구는 그 분야의 테스트 관행에 관한 지식뿐만 아니라 양 언어 구사 시 개개인의 언어적, 심리언어학적, 사회언어학적 특성에 관한 주요 시사점을 제공한다. 결론적으로 본고에서는 테스트 연구자, 번역 연구자뿐만 아니라 실무자 및 전문 기관간의 협력이 필요함을 촉구한다. 이는 번역 교육, 테스트, 번역 교수자 교육 및 번역 실무를 이행하는데 있어 시사하는 바가 있을 것이다.

미주

1) 이 책을 집필하는 시기에는 미국 번역가 협회(the American Translators Association)만 컴퓨터 기반 파일럿 시험을 실시하였다. 비록 지필고사가 진정성(authenticity)을 저해할 위험요소가 있기는 하지만 대부분의 기관에서는 여전히 지필고사를 통해 인증 절차를 진행한다.

2) 이 부분을 쓸 당시 ATA, NAATI, NAJIT와 같은 번역 테스트 실시 전문 기관의 웹사이트를 조사하였다. 그런데 테스트 구인을 어떻게 개념화하였는지에 대한 정보는 ATA 웹사이트에만 올라와 있었다.

참고문헌

Adob, Beverly. 2000. "Evaluating Translation Competence". *Developing Translation Competence*, 215-228.

Angelelli, Claudia V. 2000. "Interpreting as a communicative Event: A Look through Hymes' Lenses." *Meta* 45 (4): 580-592.

Angelelli, Claudia V. 2003. "Connecting World Collaborative Testing Project". Technical Report. Commissioned by Healthy House for a MATCH Coalition and The California Health Partnership and funded by The California Endowment.

Angelelli, Claudia V. 2004a. *Medical Interpreting and Cross-Cultural Communication.* London: Cambridge University Press.

Angelelli, Claudia V. 2004b. *Revisiting the Interpreters Role: A Study of Conference. Court and Medical Interpreters in Canada, Mexico. and in the United States.* Amsterdam/Philadelphia: John Benjamins.

Angelelli, Claudia V. 2006. "Minding the Gaps: New Directions in Interpreting Studies" *TIS Translation and Interpreting Studies* 1 (1): 41-67.

Angelelli, Claudia V. 2007a. "Validating Professional Standards and Codes: Challenges and Opportunities." *INTERPRETING: International Journal of Research and Practice in Interpreting* 8 (2): 175-193.

Angelelli, Claudia V. 2007b. "Accommodating the Need for Medical Interpreters: The California Endowment Interpreter Testing Project." The *Translator* 13 (1): 63-82.

Arango-Keith, Fanny, and Koby, Geoffrey S. 2003. "Translator Training Evaluation and the Needs of Industry Quality Training." In *Beyond the Ivory Tower: Rethinking Translation Pedagogy.* Brian Bear &

Geoffery S. Kobby (eds.) Amsterdam: John Benjamins Publishing Company, 117-135.

ATA Certification Program. 2008. (Active September 29, 2008). (http://www.atanet.orglcertification/aboutcert_overview.php]

Bachman, Lyle and Palmer, Adrian. 1996. *Language Testing in Practice.* Oxford: Oxford University Press.

Bachman, Lyle F. 1990. *Fundamental Considerations in Language Testing.* Oxford: Oxford University Press.

Beeby, Allison. 2000. "Evaluating the Development of Translation Competence." In *Developing Translation Competence.* Christina Schäffner & Beverly Adab (eds.) Amsterdam: John Benjamins Publishing Company, 185-198.

Cao, Deborah. 1996. "On Translation Language Competence." *Babel* 42 (4): 231-238.

Cohen, Andrew. 1994. Assessing Language Ability in the Classroom. 2nd edition. Boston: Heinle & Heinle Publishers.

Colina, Sonia. 2002. "Second Language Acquisition, Language Teaching and Translation Studies" The *Translator* 8 (1): 1-24.

Colina, Sonia. 2003. *Translation Teaching From Research to the Classroom a Handbook for Teachers.* Boston: McGraw-Hill Companies.

Colina, Sonia. 2008. "Translation Quality Evaluation: Empirical Evidence from a Functionalist Approach." The *Tronslator* 14 (1): 97-134.

Faber, Pamela. 1998. "Translation Competence and Language Awareness." *Language Awareness* 7 (1): 9-21.

Fulcher, Glenn. 2003. *Testing Second Language Speakers.* London: Pierson Longman Press.

Johnson, Marysia. 2001. The *Art of Non-Conversation.* New Haven: Yale University Press.

Kiraly, Don C. 1995. *Pathways to Translation: Pedagogy and Process.* Trans. Geoff Koby. Kent: Kent State University Press.

McNamara. Tim, and Roever, Carsten. 2006. *Language Testing:* The *Social Dimension.* Blackwell Language and Learning Monograph Series. Richard Young. ed. Malden, MA: Blackwell Publishing.

Messick, Samuel. 1989. "Validity". In R. Linn (ed.) *Educational Measurement.* New York: Macmillan, 13-103.

Moss, Andrew, and Holder, Carol. 1988. *Improving Student Writing.* Dubuque, IO: Kendall/Hunt.

NAATI. 2007. *Levels of Accreditation.* http://www.naati.com.au/at-accreditation-levels.html (Active September 20 2008).

National Association of Judiciary Interpreters and Translators. Webpage on National Judiciary Interpreter and Translator Certification (NJITCE). htttp://www.najit.org/Certification/NAJIT_Cert.html (Active November 20 2008).

National Standards in Foreign Language Education Project. 2006. *Standards for Foreign Language Learning in the 21st Century.* Lawrence, KS: Allen Press, Inc.

Neubert, Albert. 2000. "Competence in Language, in Languages and in Translation." In *Developing Translation Competence*, 3-18.

Nord, Christiane. 1991. Scopes, "Loyalty and Translational Conventions." *Target* 3 (1): 91-109.

Nord, Christiane. 1997. *Translation as a Purposeful Activity: Functionalist Approaches Explained.* Manchester: St. Jerome.

Orozco, Mariana. 2000. "Building a Measuring Instrument for the Acquisition of Translation Competence in Trainee Translators" In *Developing Translation Competence,* 199-214.

Presas, Marisa. 2000. "Bilingual Competence and Translation Competence." In *Developing Translation Competence*, 19-31.

Sawyer, David B. 2004. *Fundamental Aspects of Interpreter Education.* Amsterdam: John Benjamins publishing Company.

Schätfner, Christina, and Adab, Beverly. (Eds.). 2000. *Developing Translation Competence.* Amsterdam: John Benjamins.

Valdés, Guadalupe, and Angelelli, Claudta V. 2003. "Interpreters, Interpreting and the Study of Bilingualism" *The Annual Review of Applied Linguistics* 23: 58-78.

Walvood, Barbara E. and Anderson, Virginia J. 1998. *Effective Grading.* San Francisco: Jossey-Bass.

Weir, Cyril J. 2005. *Language Testing and Validation.* An Evidence-Based Approach. New York: Palgrave Macmilan.

White, Edward M. 1994. *Teaching and Assessing Writing.* San Francisco: Jossey-Bass.

Wiggins, Grant. 1998. *Educative Assessment: Designing Assessments to Inform and Improve Student Performance.* San Francisco, CA: Jossey-Bass, 184-185.

단어 이상의 차원에서 중재된 상호작용 평가

의료 환경에서 상호작용 역량 평가하기

홀리 야콥슨 (Holly E. Jacobson)
엘 파소 텍사스 대학

본고에서는 5천만 주민들이 담당 의료진과 다른 언어를 사용하는 미국의 의료 환경에서 커뮤니티 통역사의 통역수행에 대한 평가에 초점을 맞추고 있다. 환자와 전문의 간에 중재된 상호작용 평가 시 지나치게 단어, 구문 그리고 "말 그대로(verbatim)"의 전달만을 강조하며 그 외 언어적, 상호작용적 특성을 배제하고 있는 것에 대해 간략하게 논의한다. 또한 상호작용 사회언어학 및 대화 분석에서의 개념들을 기반으로 통역 수행 평가 시 좀 더 포괄적인 접근 방식을 개발할 것을 지적하고 담화 관리 및 상황적 단서 사용 및 전달에 관해 강조하고 있다. 그리고 상호작용 역량 평가 시 사용할 분석적 평가기준표 개발에 관한 단계적 접근방식을 소개한다.

서론

통역 수행 평가 분야는 아직 많이 발전되지 않은 연구 분야이다. 그러나 통역 시 "품질"이 어떻게 결정되는가를 이해하는 것이 언어 구조, 언어 프로세스 및 본고에서 초점을 두고 있는 언어 사용에 관한 깊이 있는 정보를 제공할 수 있기 때문에 이 분야는 매우 중요하다. 따라서 통역 시 개인의 역량에 관한 평가 및 테스트에 관해 상세히 조사하는 것은 연구를 위한 과학적 지식을 제공해준다는 점에서 가치 있는 시도이다. 게다가 이 책의 다른 연구에서도 볼 수 있듯이, 통역 수행에 관한 평가는 분명히 실제적으로 적용될 수 있고 통역 교육자 및 전문 통역사 인증 기관에도 중요한 시사점을 제공한다. 과거 수십 년 간 세계화로 인해 한 나라 내에서 소수언어를 사용하는 인구가 증가하게 되었고 이 소수언어 사용 인구에게도 동등한 의료, 교육 및 기타 사회적 서비스를 제공해야 한다는 윤리적 의무를 이행해야 할 필요성은 더욱 증대되었다. 따라서 통역 전문가 교육, 준비 및 평가에 있어서 가장 좋은 사례를 수립하기 위한 노력 또한 증대되어 왔다.

전세계적으로 증가하는 이민자 인구와 더불어 커뮤니티 통역사 활용도 또한 증가하였다(바덴스조(Wadensjö), 1998). 커뮤니티 통역에는 범죄수사 인터뷰, 이민 인터뷰, 기업 회의, 변호인-고객 상담 및 의료 상담과 같은 대면 상호작용 시 중재하는 것이 포함되고, 이는 양방향 순차 통역 방식으로 진행된다. 바덴스조의 통역 모델은 바흐틴(Bakhtin)의 대화 이론을 기반으로 하고, "환경의 결정적 중요성"(1998: 50)을 강조하는 수단으로 커뮤니티 통역을 언급하기 위해 "대화 통역(dialogue interpreting)"이라는 용어를 사용한다. 이 분야에서 널리 사용되는 또 다른 용어는 "리에종 통역(liaison interpreting)"(푀히하커(Pöchhacker), 2004)이 있다. 본고에서는 담화(discourse)가 논의의 중심이기 때문에 중재된 상호작용에서 대화참여자들이 제시하는 담화 커뮤니티를 강조하기 위해 "커뮤니티 통역"이라는 용어를 사용하도록 하겠다.

이번 장(章)에서는 거의 5천만명의 거주민이 주요 의료진과 다른 언어를 사용(모레노, 오테로-사보갤 & 뉴만(Moreno, Otero-Sabogal & Newman), 2007)하는 미국의 의료 환경(이 논의는 다른 환경과도 연관된 것이기는 하지만)에서 커뮤니티 통역사 수행 평가에 초점을 맞추고 있다. 우선, 순서 바꾸기(turn taking) 신호 및 기타 준 언어적 특성과 같은 다른 언어적 그리고 상호작용적 특성을 배재한 채 단어, 구문 및 환자-의료진 간 "말 그대로"의 통역에만 초점을 맞출 경우 환자-의료진 간 상호작용 통역 평가가 얼마나 충분치 않은지에 대해 간략하게 논의해 보겠다. 상호작용 사회언어학 및 대화 분석에서 가져온 개념을 바탕으로 본 장(章)에서는 담화 관리 및 상황적 단서의 사용과 전달을 강조하며 통역 수행 평가에 대한 좀 더 포괄적인 접근 방식을 개발할 필요성에 대해 지적한다. 또한 여기서 논의되는 것 이외에도 추가적인 연구가 필요한 다른 특성들이 많이 있지만, 본 장(章)에서는 통역 수행 시 단어-의미적 차원을 넘어서는 것이 얼마나 중요한지 설명하고 상호작용 특성을 포함하는 평가 도구 활용에 관해 제안해보고자 한다.

의료환경에서 통역사 수행에 관한 평가

미국 의료 시스템에 소수 언어 사용 환자들이 유입됨에 따라 연구자들의 의료 통역사에 대한 관심이 증가하고 있고 최근 임시 통역사와 전문 통역사의 통역 수행을 비교하는 연구가 의료 및 건강 저널에 상당수 게재되고 있다(그라시아 외(Gracia et al.), 2004; 모레노, 오테로-사보갤 & 뉴만, 2007; 플로레스 외(Flores et al.), 2003; 태버라스 & 플로레스(Taveras & Flores), 2004). 그리고 통역사로 인해 야기된 커뮤니케이션에서의 오해 및 실패에 대해 분석하고(벌스타인 외(Berstein et al.), 2002; 페이건 외(Fagan et al.), 2003; 엘더킨-톰슨, 리 외(Elderkin-Thompson, Lee et al.), 2001; 실버 & 웨이츠킨(Silver & Waitzkin), 2001; 햄퍼스 & 맥널티(Hampers & McNulty), 2002; 제이콥스 외(Jacobs et al.), 2001; 올로신 외(Woloshin et al.), 1995; 올로신, 슈왈츠, 카츠 & 웰치(Woloshin, Schwarts, Katz & Welch), 1997 참조) 의료 통역사의 통역 기술 및 언어 숙달도 테스트를 위한 방법 개발이 진행되고 있다(모레노, 오테로-사보갤 & 뉴만, 2007 참조). 의료 및 건강 저널에 게재된 통역에 관한 대다수의 연구는 학제간 상호 교류가 거의 없이 독립적으로 진행되어 왔다. 예를 들어 사회학 및 언어학 내에서 발전된 인간 상호작용에 관한 다수의 모델 및 이론은 의료 환경에서 통역을 매개로 한 상호작용에 대해 이해를 증진시킬 수 있는 기반을 제공하고 통역 수행에 대해 어떻게 평가할 지에 대한 정보를 제공할 수도 있다. 이는 다음 절에서 좀 더 상세히 논의하도록 하겠다.

앞서 언급한 의료 보건 분야 전문가들의 몇몇 논문을 살펴보면 분석 시 단어-의미적 차원 또는 통역에서의 "정확성"에 초점이 맞추어져 있다. 즉, 분석의 단위가 단어 또는 구문이고 통역사가 "말 그대로"의 통역을 하는지 안 하는지를 살펴보는 것이다. 예를 들어 소아과 병동에서 환자-의사 간 대화의 오류 분석을 실시한 플로레스 외(2003: 7)의 연구를 살펴보자. 연구자는 대화를 녹음하고 "통역 오류의 범주 및 빈도"를 파악하였다. 오류는 다섯 개의 범주로 구분하고 있다. (1) 단어 및 구문 생략, (2) 단어 및 구문 추가, (3) 단어 및 구문 대체, (4) 단어 및 구문을 통역하는 대신 개인 견해 추가설명, (5) 잘못된 단어 및 구문 사용(목표언어에는 존재하지 않는 단어 및 구문)이 그 다섯 범주이다. 단어-대-단어 통역에서 벗어나는 것이 허용되는 유일한 경우는 "전문 의료 용어, 관용구 표현 및 상황적 설명"이 필요한 경우이고 통역사에게 "문화 중재자 또는 옹호자" 역할이 기대되는 경우이다.

모레노, 오테로-사보갤 & 뉴만(2007: 331-332)의 또 다른 최근 연구는 북부 캘리포니아 의료 시스템에서 통역사 테스트 개발과 관련된 것으로 "이중 역할 스태프인 통역사의 언어적 역량을 평가하고 의료 통역사로서 일할 자격을 결정하는 것"이 주목적이다. 언어적 역량을 통역 역량과 동일하게 볼 뿐만 아니라 플로레스 외의 연구와 같이 분석 단위가 단어 및 구문이다. 테스트의 지필 번역 부분은 "완전성"과 의료 용어 지식을 평가하기 위한 것이다. 시험에서 이 부분은 문법, 철자법 및 구두법과는 상관없이 바른 용어를 사용하는지에 따라 정확성을 평가한다. 비록 연구자들은 테스트의 구술 시험 부분이 "이해 및 효과적인 커뮤니케이션"을 평가한다고 하지만, 시험은 면대면 방식이 아닌 전화상으로 진행되고 시험에는 "말 그대로의 통역"을 유도하는 14개의 질문이 있을 뿐이다. "말 그대로" 통역된 단어 및 구문에 대해서만 점수를 모두 받을 수 있고 말 그대로가 아닌 "설명"이 추가된 통역의 경우 부분 점수만 받게 된다.

이와 같은 연구에서 진행한 연구 방식은 클리포드(Clifford, 2001: 366)의 주장에 따르면 전형적인 일반인들의 통역에 대한 생각에 기인한 것 같다. 즉, 통역은 하나의 단어를 다른 단어로 대체하는 단순한 연습이라고 가정하는 것이다. 비록 통역은 훨씬 더 복잡한 과정이라고 증명하는 충분한 증거가 있기는 하지만, 앞의 두 연구에서처럼 의료 환경에서 통역 수행 평가 시 1차원적인 단어수준의 접근방식을 채택하는 것이 의료 분야 연구에서는 일반적인 듯 하다(위 참고 문헌 참조). 정말 그러한지 결론을 내리기 위해서는 연구에 대한 체계적인 검토가 필요하다.

의료 환경에서의 통역에 대해 최근 주목하기 시작한 것은 괄목할만한 발전이고 환자-의료진 간 커뮤니케이션 역학을 더 잘 이해하고 의료 접근성을 더 높이기 위한 발판이 마련되었음을 보여주는 것이다. 그러나 언어의 다른 측면을 희생하고 통역 차원에서 다른 변수들을 모두 고려하지 않은 채 단어-의미적 분석에만 치중하는 것은 그 연구가 중재된 상호작용과 관련된 어떤 핵심을 보여주고 있는 것인지 의구심이 들게 한다. 의료 통역 평가 시 이와 같은 단점은 보완되어야 하고 상호작용 사회 언어학 및 대화 분석과 같은 다른 영역의 연구를 참고하여 향후 연구를 진행할 필요가 있다. 다시 말해서 소수 언어 사용자들도 동등한 의료 접근성을 갖기 위해서는 학문 영역간 상호 연계가 필수적이다. 의료 보건 분야 연구자들이 계속해서 독립적으로 일한다면 통역 수행에 대해 효과적으로 정의하고 평가하는 것은 불가능 할 것이다.

다음으로 왜 의료 보건 분야 연구에서는 통역을 간단한 단어-대-단어 전달로 보는 견해가 지속되는지 살펴보고, 언어학, 사회학, 통역학 분야의 경험적 연구를 바탕으로 통역에 대해 다른 견해를 제공해보고자 한다.

그 다음, 이전에는 간과되어 왔던 통역 수행 시 상호작용적 요소들에 초점을 맞추어 살펴보고, 평가기준표(rubric) 개발 및 이행을 통해 좀 더 포괄적인 통역 수행 평가를 위해 담화 이론이 어떻게 일조할 수 있는지 살펴본다. 의료 통역사들은 자신이 속한 다양한 영역의 의료 환경에서 사용되는 용어 및 지식을 발전시켜 나갈 필요가 있고 이는 매우 중요하다. 따라서 통역 사 역량 구인(construct)을 측정하는 포괄적인 평가 도구에는 평가해야 할 다수의 특성 중 하나로 "정확성"이 포함되어야 하고 또한 주요 내용 포함, 의료 및 기타 전문 용어의 올바른 사용, 언어 조절(다양한 언어 및 어역에 맞게 조절하는 것 포함), 용어의 명확한 사용, 허위 동족어(false cognates) 사용 금지; 결과적으로 무의미한 말(gibberish)이 되는 직역 금지 등(야콥슨(Jacobson), 2007)이 평가 도구에 포함되어야 한다. 통역사 및 학생 통역사를 위한 형성(formative) 평가 및 총괄(summative) 평가 설계 시 포함되어야 할 필수 요소 중 다른 하나는 "전문성"이다. 여기에는 책임성, 적절한 옷차림, 적절한 행동, 부지런한 통역 기술 개발 등이 포함된다(야콥슨, 2007). 또한 전문성은 특정 윤리 강령을 따르는 것으로 정의되기도 한다(미국 연구원(American Institutes for Research), 2005; 로우트, 게이사르, 퍼치 & 센굽타(Roat, Gheisar, Putsch & SenGupta), 1999 참조). 이 장(章)에서 언급되지 않은 정확성 및 전문성과 같은 역량들은 분명히 통역 수행 평가 시 필수적인 요소이기는 하다. 그러나 여기서는 통역 시 상호 작용 역량의 많은 특징들에 초점을 맞추고 있기 때문에 정확성 및 전문성과 같은 역량들은 연구 범주를 넘어선다. 또한 예시로서 간단하게 언급한 단어-의미적 또는 전문성 변수와 같은 통역의 다른 영역들을 연구에서 배제하였다고 해서 이 요소들의 중요도가 낮다는 것을 의미하는 것은 아니다.

담화로서의 통역

도관(conduit) 모델

클리포드의 연구는 다른 영역의 이론적 틀을 바탕으로 통역 연구를 진행한 사례를 보여준다. 테스트 및 평가 틀을 적용한 것(클리포드, 2001, 2005a, 2005b, 2007b), 화용론을 적용한 것(2001), 담화 이론을 적용한 것(2001, 2005a) 등 다양한 통역 연구(의료 통역 포함, 클리포드 2007b)를 진행하였다. 클리포드(2004: 92)가 논의한 도관 모델은 의료 보건 연구에서 단어-대-단어 통역 모델이 지속되고 있는 것이 시사하는 바를 보여준다. 클리포드는 "도관은 통역을 언어적 형태에서 수행되는 것, 관점의 가장 사소한 변화마저도 허용되지 않는 것으로 묘사한다"고 지적한다. 이 도관 모델의 근원을 살펴보며 이 모델은 효과적인 커뮤니케이션을 구성하는 경험적 증거 보다는 도덕성 또는 윤리(즉, 원문에 충실해야 할 필요성)에 기반을 두고 있다고 설명한다. 또한 도관 모델은 통역사가 면대면 상호작용이 거의 없는 국제회의 통역관련 연구에서 시작되었고 이 도관 모델이 지속되는 데에는 수화 통역 연구가 기여한 바도 있다고 설명한다. 클리포드에 따르면 도관모델에서는 통역사가 공정하고, 비가시적이며 단지 메시지를 전달하는 채널로서 기계적 특성을 지녔다고 보기 때문에 청각 장애인에게 훨씬 더 공평하게 통역해줄 수 있고, 궁극적으로 자율성을 부여해 준다고 한다.

게다가 이 모델이 지닌 간편성 때문에 의료 환경 커뮤니티 통역분야에서 우세한 이론으로 지속될 것으로 보인다. 이러한 주장은 연구자 및 컨설턴트로서 의료환경에서 일한 저자의 경험을 바탕으로 한 것이다(야콥슨, 2007). 그리고 이와 같은 모델에 수반되는 인프라가 변할 가능성이 있기 때문에 더욱 복잡한 언어 및 통역 모델은 의료 및 보건 연구에서 쉽게 받아들여지지 않을 수도 있다. 그러나 일화적 증거

(anecdotal evidence)가 분명히 충분하지 않고, 그리고 경험적 증거를 통해 보면 도관 모델에 취약점이 있음에도 불구하고 이 모델이 의료 및 보건 연구 또는 통역사 교육 프로그램에서 지속적으로 적용되는 이유를 알아내기 위해서는 경험적 연구가 필요하다. 이유가 무엇이든 도관 모델은 통역 훈련 교과과정 개발(로우트 외(Roat et al.), 1999 참조)이나 언어와 커뮤니케이션에 대해 제한된 전문성을 가지고도 평이하게 이행할 수 있는 테스트 및 시험(앞에서 언급한 의료 보건 연구 참조)을 가능하게 해주는 환원주의적 언어 및 통역 모델(reductionist model of language and interpreting)이라고 할 수 있다. 의료 및 보건 연구에서는 통역 수행이 상호 작용 목표 및 건강 관련 결과에 끼치는 영향을 결정하는데 있어서 단순히 단어 및 구문의 빈도 수 세기와 같은 방식을 배제하는 상호작용 규범은 고려하지 않는다(다음 절 참조). 언어 유창성 및 통역사 역량은 단지 단어 차원에서 측정될 수 없다. 그러나 현재 교육 및 평가를 개편해야 하기 때문에 저항에 부딪힌다 하더라도, 중재된 상호작용에 대해 더욱 복잡한 모델이 요구된다. 이는 결과적으로 시간 및 비용적 소모가 클 수도 있다. 도관 모델은 특히 의료 환경에서 더 문제가 될 수 있는데, 미국에서는 빈곤이나 보험이 없는 것보다 언어문제가 이민자들이 의료 서비스에 접근하는데 가장 큰 장벽이 되고 있기 때문이다(The Access Project, 2002; 플로레스, 애브로, 올리바 & 캐스트너(Flores, Abreu. Olivar & Kastner), 1998). 소수 언어 사용자들에게 동등한 의료 접근성을 보장해주는 것은 인간의 상호작용에 관한 연구를 바탕으로 효과적인 통역 평가 방법 및 도구를 개발하지 않는 한 달성하기 어렵다. 안젤렐리(Angelelli, 2001, 2003), 클리포드(2001, 2004, 2005a, 2007b), 데이비슨(Davidson, 1998, 2000), 메츠거(Metzger, 1999), 로이(Roy, 2000) 그리고 바덴스조(1998)와 같은 연구자들은 대안적 통역 모델이 필요하다고 말한다. 전통적인 도관 모델은 면대면 상호작용 시 나타나는 복잡한 언어 특성 중 단지 하나에 불과한 단어에만 초점을 맞추고 있어서

충분치 않다고 이 연구자들은 지적한다. 중재된 상호작용은 담화로서 분석하는 것이 필수적이다.

상호작용 사회언어학

상호작용 사회언어학(IS)은 통역을 통한 상호작용의 복잡성을 보여주는데 유용한 담화 분석 분야의 많은 연구 영역 중 하나이다. IS는 고프만(Goffman, 1981)과 검페레즈(Gumperz, 1977, 1982, 1984)의 연구에서 시작되어 태넌(Tannen, 1984, 1989)의 연구에서 더 발전된 담화 연구의 한 영역이 되었다. IS의 이론 및 방법론은 언어학, 사회학 및 문화(스키프린(Schiffrin), 1996)에 기반을 두고 있고, 이는 일상의 면대면 상호작용 과정에 관한 연구이다. IS는 의사소통 의도를 드러내는데 사용된 도구 및 대화 관리(검페레즈, 1984)에서 사용된 전략과 관련된 질문에 답을 제시하고자 한다. IS의 틀에서는 의사소통 역량에 단어 및 문법적 지식을 넘어서서 검페레즈(1982: 209)가 "문법과 상황적 요소 모두와 관련된 대화적 협력상황을 만들어 내고 유지하기 위해 화자가 가져야 하는 언어적, 의사소통적 관습에 관한 지식"이라고 정의하는 상호작용 역량도 포함된다. 의미는 상황 속에서 만들어지고 청자는 상황에 관한 지식, 상황적 단서(상호 언어적 변수를 보여주고 몸짓, 얼굴 표정, 멈춤과 같은 준언어적 특징 및 운율까지도 포함되는 것), 주제 전개에 대한 기대 그리고 문화적 전제(스키프린, 1996)를 기반으로 화자의 의미를 추측한다. 의사소통이 성공적으로 이루어지려면 참여자들이 동일한 해석 틀(상황에 대한 정의), 다양한 상황적 단서 그리고 사회문화적 지식 및 기대를 공유해야 한다. 이러한 것이 상호작용의 규범 또는 발화의 규칙을 만들어가는 변수들이고 이 변수들은 언어마다 다양하다.

IS는 특히 잘못된 의사전달이라는 측면에서 문화간 커뮤니케이션을 이해하고자 할 때 도움이 된다. 왜냐하면 커뮤니케이션 시 어디에서 문제가 발생했는지 결정하기 위해 성공하지 못한 면대면 대화에 초점을 맞추기 때문이다. IS 분야 연구에서는 한 언어의 발화 규칙이 다른 언어에 전가될 때 잘못된 의사전달이 발생 할 수 있다는 것을 보여준다(사빌르-트로이크(Saville-Troike), 1989). 즉, 사회문화적 지식, 언어 위주의 담화 전략 및 신호기제가 다른 언어에서 잘못된 방식으로 사용될 때 의사전달 시 오해가 발생할 수 있다.

중재된 상호작용에서 IS의 중요성을 살펴보기 위해서 상황적 단서를 살펴볼 수 있다. 상황적 단서에는 대화참여자들이 말하는 바에 특정 의미의 상황적 분위기(shades)를 더해주거나 강조해주는 준 언어적, 운율적 표지가 포함된다. 이 표지들은 강력한 언어적 도구이고 태도, 입장 및 권력 관계 등을 나타내기 위해 사용될 수 있다. 이러한 표지의 예로는 억양(예를 들어 소리의 고저, 리듬 및 음조 곡선 등, 검페레즈, 1982 참조), 바디 포지셔닝(예를 들어 화자로부터 가까이 또는 멀리 서 있기; 무생물체에 기대어서 또는 떨어져서 있기 등, 셰글로프(Schegloff), 1998 참조); 머리 및 눈 움직임(끄덕이기, 시선 등, 히스(Heath) 1992 참조); 침묵(휴지기, 휴지기 길이 등, 태넌 & 사빌르-트로이크 1985 참조) 등이 있다. 이러한 표지들은 언어마다 다른 의미를 지닌다. 이는 한 언어를 지속적으로 사용하면서 함께 습득된 것이다. 이와 같은 단서들을 인지하지 못하거나 이해하지 못하는 경우 심각한 오해가 발생할 수 있다. 스키프린(1994: 101)은 "…이와 같은 오해는 주요 자원에 제한된 접근성을 가진 소수민족들에게 엄청난 사회적 결과를 초래할 수 있는데, 이는 상호 작용 시 주요 게이트키핑 역할을 담당하는 이들이 의도된 의미를 추론하는데 있어 기반이 되는 타인의 상황적 단서를 정확하게 이해하지 못하는 것이 부분적(전체적인 것은 아님)인 이유이기도 하다"라고 지적한다. 데이비슨(1998, 2000)은 미국 의료 환경 맥락 내에서 수집된 데이터를 보여주며, 통역사들이 의료 환경에서 강력한 게이트 키퍼 역할을 담당하는데 종종 소수 언어 사용자인 환자의 의료 정보에 대한 접근성을 차단하기도 한다고 언급한다. 이는 의도적인 것이 아니고 상황적 단서 사용 및 전달을 포함하는 통역사의 제2언어(L2) 역량 중 상호작용 역량 부재 때문이다. 예를 들어 음조 곡선과 같은 운율적 표지와 관련된 L2 역량 부재로 인한 잘못된 의사 전달은 단조로운 음조의 통역으로 이어질 수 있고 이는 몇몇 언어권에서는 지루함, 업무에 대한 관심 부족, 대화참여자에 대한 존중 부재로 인식될 수 있다. 의도치 않게 "부정적 태도"를 보여주게 되면 "올바른 용어"를 사용하고 있다고 해도 이는 의료진과 환자 모두에게 산만함을 초래하는 요소로 작용할 수 있다. 이로 인해 환자는 무시당하거나 심지어 억압당한다고 느낄 수도 있고, 의료진은 자신의 진단이 필요한 만큼의 무게를 담고 전달되지 않는다고 느끼게 되는 감정적 반응을 초래하게 된다(야콥슨, 2007). 시선을 맞추지 않거나 적절치 않은 제스처를 사용하는 것이 의미 및 의도를 제대로 보여주지 못하는 준 언어적 표지의 예이고 궁극적으로는 의료 면담과 같은 특정 커뮤니케이션의 목표 달성에도 영향을 끼칠 수 있다.

상황적 단서 사용 및 전달 시 상호 작용 역량은 통역 수행 평가 시 간과할 수 없는 요소이고, 이 역량의 부족으로 인해 잘못된 의사전달이 발생할 수 있는 것 또한 의료분야 경험적 연구에서 무시할 수 없다. 그러나 담화 흐름을 관리하는 통역사의 능력 또한 효과적인 중재 및 긍정적 의료 결과를 도출하는데 필수적이다.

대화 분석(Conversation Analysis)

대화 분석(CA)은 중재된 상호작용에서의 담화 관리에 초점을 맞춘 담화 분석 영역이다. CA는 민속방법론(ethnomethodology)이라는 연구 방법에서 도출된 것으로 대화 및 담화가 어떻게 구성되는 지와 관련된 분야이다(스키프린, 1994). 특히 순서 바꾸기(turn-taking), 즉 대화 시 무엇이 먼저 등장하고 무엇이 나중에 나오는지를 보여주는 순서를 구체적으로 조사함으로써 대화가 구성되는 방법을 보여준다(로이, 2000; 스키프린, 1994). 연구자들은 순서 바꾸기가 구체적인 규범(스키프린, 1994; 클리포드, 2005)에 의해 정해지고, 이 규범들은 각 언어별로 다르다는 것(태넌, 1984; 밸리 & 루카스(Valli & Lucas), 1992)을 증명해왔다.

커뮤니티 통역사들은 대화 흐름 관리라는 벅찬 과제를 안고 있는데, 이것이 힘든 이유는 통역사들은 "비가시적"이 되어야 한다는 인식이 중재된 상호작용에서는 지켜지기 힘들 수 있다는 생각 때문이다. 중립적이고 비개입적 방식으로 진행되기 힘든 통역을 하는 경우에는 주요 대화참여자와 같은 입장에 서서 대화의 흐름을 관리하고 역할을 계속해서 바꾸는 적극적이고 직접적인 대화참여자로서의 통역사 역할이 필요하다. 통역사가 순서를 만들고 바꾸고, 대화가 중첩되는 것을 관리하고, 대화를 시작하기도 한다(메츠거(Metzger), 1999; 로이, 2000). 양 언어를 모두 구사할 줄 아는 유일한 대화참여자로서 통역사는 대화 관리의 주요 책임을 맡을 것으로 기대된다. 따라서 양 언어의 순서 바꾸기 규범을 숙지하는 역량이 필수적이다. 순서 바꾸기 역량과 관련된 것에는 양 언어에서 대화가 겹치는 것이 허용되는지 아닌지, 한 차례에 허용되는 적절한 시간은 어느 정도 인지(적절한 대화의 양), 잠시 멈춤(pause)의 중요성(예를 들어 잠시 멈춤이 상대방에게 발언권을 주는 것을 의미하는지 아니면 말을 계속 이어가기 전에 잠깐 쉬는 것을 의미하는지), 순서 바꾸기 관리 시 사용된 기타 준 언어적 표지 또는 표면적 단서(예를 들어 응시하기, 제스처, 몸의 위치)를 잘 파악하는 것이 있다. 또한 통역사는 자신의 차례를 잘 관리할 줄도 알아야 한다. 종종 통역이 중단되는 것을 피해야 하고, 이전에 잘못 전달되거나 중단된 것을 다시 거슬러 올라가 통역해야 하기도 하고, 정확한 설명을 위해 추가적으로 순서를 더해야 할 필요도 있다.

통역을 통한 상호작용 시 담화 관리의 중요성을 살펴보기 위해서는 순서 바꾸기 규칙 또는 규범을 위반하였을 경우 초래되는 영향에 대해 먼저 생각해보아야 한다. 통역사가 담화 관리를 잘못하여 결과적으로 의사소통이 잘못되는 경우는 적어도 세 가지가 있다. 이 경우들은 야콥슨(2007)이 수집한 대화에서 추출한 것으로, 야콥슨은 미국 대도시의 의료 클리닉에서 학생 통역사들과 함께 질적 연구를 진행한 바 있다. 첫 번째 경우는 메모리와 관련된 것으로, 단어나 구문이 아닌 상당한 양의 정보를 들었을 때 한 번에 기억할 수 없는 것과 관련된다. 두 번째 경우는 단어나 내용이 익숙하지 않은 경우이다(따라서 의료 관련 용어 및 주제에 관해 충분한 사전 공부가 필요하다는 이전의 주장을 뒷받침 해준다). 세 번째 경우는 통역사의 L2 사용 시 순서 바꾸기 역량이 부족한 것과 관계 있다. 이 세 가지 중 어떠한 경우라도 등장할 때, 예를 들어 의료 면담 중 질문-답변이 연속되는 중에 통역사는 발화참여자의 순서에 끼어들 수 있다. 이는 통역사가 한숨을 쉬거나 크게 숨을 들이마시거나(공포 및 긴장감으로 인해) 통역이 뒤쳐지거나 익숙하지 않은 내용으로 고군분투할 때 발생할 수 있다. 또 다른 문제 발생 상황은 통역사가 담화를 중단하기 위해 손바닥을 펴서 대화참여자 쪽으로 손을 지나치게 자주 들 경우 발생할 수 있다(수화통역 및 일반구어통역 모두에서 일반적으로 사용된다). 야콥슨(2007)은 일반적인 순서 바꾸기가 연속되는 중간에 학생 통역사들이 지나치게 자주 이처럼 통역을 중단하는 것은 의료진이 진단을 하기 위해 환자로부터 정보를 제공받으려고 하거나 환자가 치료 과정을 들으려고 할 때 굉장히 문제가 될 수 있다고 지적한다. 표면적으로 대화 순서를 중단하는 신호를 과도하게 사용하게 되면 통역사가 담화를 지배하게 되고 대화 참여자의 인지적 프로세스를 끊게 되어 상호작용 목표 달성을 어렵게 만든다.

담화 관리자로서 통역사의 역할을 더 잘 이해하기 위해서는 추가적인 연구가 필요하다. 또한 통역 역량들, 예를 들어 의료 지식, 메모리 기술, 노트테이킹 전략, L2 순서 바꾸기와 같은 역량들을 서로 구별하는 것이 쉽지 않다는 점이 대두된다. 이는 경험적으로 조사되어야 한다. 중재된 담화가 관리되는 방식은 상호작용 목표 달성, 궁극적으로는 의료 결과에 영향을 끼치기 때문에 통역사 수행 평가에 필수적인 부분을 차지한다.

통역 연구

상호작용 역량이 통역 수행에 필수적이고 결과적으로 평가에도 매우 중요하다는 것은 새로운 사실이 아니다. 최근 수십 년간 다수의 언어학자들은 경험적 연구를 통해 통역의 상호작용적 특성에 관해 집중적으로 연구해왔고 커뮤니티 환경에서 통역사들이 실제로 어떻게 통역을 하는 지 분석해왔다. 바덴스조(1998)는 처음으로 커뮤니티 통역사를 대화에 적극적으로 기여하고 대화를 진행하는데 책임이 있는 대화 참여자로 설명한 연구자들 중 한 명이다. 의료 분야를 포함하여 다양한 커뮤니티 환경에서 수집한 데이터를 보면 통역사가 비가시적이고 관여하지 않는 "비참여자"로서 역할을 하는 것으로 밖에 해석되지는 않는다. 바덴스조의 연구는 바흐틴의 대화이론 틀을 기반으로 한다. 이와 유사한 메츠거(1999)의 연구에서는 통역사가 담화를 관리하는 방식과 정보 흐름을 조절하기 위해 자신의 대화 참여 정도를 줄이거나 늘리거나 하는 것을 볼 수 있다. 메츠거의 연구는 부분적으로 대화 분석 이론 틀을 기반으로 한다. 안젤렐리(2001, 2003) 또한 의료 환경에서 통역을 통한 상호작용 시 통역사의 가시성에 대한 연구를 진행하였다. 역시 담화이론을 기반으로 한 안젤렐리 연구에서도 통역사를 중재된 상호작용에서 의미를 함께 구축하는데 관여하는 적극적인 참여자로 설명한다. 클리포드(2001, 2005a), 데이비슨(1998, 2000), 네피어(Napier

2006)와 로이(2000)같은 연구자들도 통역의 사회언어학적 측면에 대해 상세히 조사해왔고, 통역사가 단지 단어를 전달하는 것 이상의 일을 하며 상황적 변수에 따라 복잡한 결정을 내려야 한다는 것을 보여준다. 이들의 연구에서는 경험적 연구를 통해 구어 및 수화 통역의 상호작용 특성을 설명하고 있다. 그러나 이들의 연구 결과 및 시사점은 의료 및 보건 분야 연구와 관련된 통역사 수행 테스트 및 평가에서 대부분 간과되어 왔다.

통역사의 상호작용역량에 대한 테스트 및 평가

통역 수행에 대한 테스트 및 평가에 관한 연구가 점점 활발해지고 있다(본고에서 이 분야 연구자들의 연구 사례를 소개함). 그러나 단어-의미적 차원을 넘어서 담화 차원의 통역 수행 평가와 관련된 연구는 거의 없다. 즉, 연구자들이 통역의 담화적 복잡성을 지적하는 경험적 연구를 진행하기는 하였지만, 아직까지 통역사가 평가되는 방식에 지대한 영향을 끼치지는 못하고 있다. 클리포드(2001, 2005a)는 담화 이론을 기반으로 통역사 평가를 제안해 온 몇 안 되는 연구자들 중 한 명이다. 2001년 논문에서, 클리포드는 통역사 평가 시 고려해야 할 담화적 역량의 세 가지 예를 보여주고 있는데, 여기에는 직시(deixis)(수화 통역에서 역할 바꾸기와 특히 관련 있음), 양태(modality)(음조 곡선에 초점을 맞춤) 그리고 발화 행위(목표언어로 적절한 전환)가 포함된다. 클리포드는 담화 역량 평가를 위해 평가기준표 사용을 제안한다. 또한 박사 논문에서 클리포드(2005a)는 통역의 담화 모델을 기반으로 한 인증 테스트를 개발하였다. 테스트 아이템의 심리측정(psychometric) 요소를 결정하고 테스트의 타당도 및 신뢰도를 결정하기 위한 분석도 진행하였다. 그 결과 담화 이론을 기반으로 한 평가 도구 개발의 필요성을 효과적으로 입증하고 있다.

다음 절에서는 의료 환경에서 통역사의 담화적 역량을 평가하는 분석적 평가기준표 개발에 대해 소개한다. 이 평가기준표는 앞서 살펴본 IS와 CA의 이론적 틀을 기반으로 설계되었다. 이 평가기준표를 사용하여 통역사 및 학생 통역사에게 중간 과정 피드백을 줄 수 있고, 전문가 인증 시 기말시험과 같은 총괄 평가를 시행할 수도 있다. 또한 의료 환경에서 통역 수행 개선 여지가 있는 부분을 파악하는 품질 평가 연구 진행 시 평가기준표를 사용하여 잘못된 의사소통의 근원적 요인을 더 잘 이해할 수 있게 된다.

의료 통역사의 상호작용적 역량 측정

도구 개발

평가기준표 활용

평가기준표는 언어 생산 역량 및 언어 생산의 주요 특징 또는 다수의 특징을 측정하기 위한 언어 테스트 및 평가에서 활용된다(코헨(Cohen), 1994). *특징(trait)*이라는 용어는 측정되는 특정 능력 또는 역량을 의미한다. 이와 같은 도구는 작문의 소통적 역량 측정 시 일반적으로 사용되는 것이지만 구어의 소통적 역량 측정 시에도 사용될 수 있다. 평가기준표가 특히 유용한 이유는 형성 및 총괄 평가 모두에서 사용될 수 있기 때문이고, 척도(scales)(수치(numerical), 달성 수준(levels of achievement)은 평가기준표의 목적에 따라 조정하여 적용할 수 있기 때문이다. 특징 및 하위 특징을 개별적으로 채점하는 분석적(analytic) 평가기준표를 개발할 수도 있고, 특징 및 하위 특징을 함께 채점하는 총괄적(holistic) 평가기준표를 개발할 수도 있다(클리포드 2007a에서 인용한

머틀러(Mertler), 2001; 아르터 & 맥티그(Arter & McTighe), 2001 참조).

수행능력을 기반으로 한 통역사 평가에서 분석적 평가기준표를 개발할 때 효과적인 통역 수행에 핵심적인 역량들을 파악하고 정의하고 조작화(operationalized)하는 연구도 진행되었고(바흐만 & 팔머, 1996), 평가척도는 이 역량들을 개별적으로 점수화하는데 사용되었다(머틀러, 2001). 척도는 구체적인 특징을 나타내는 수행 성취 정도를 차별화하여 보여주는데(클리포드, 2007에서 클리포드, 2001; 아르터 & 맥티그, 2001 참조), 예를 들면, 탁월(Superior), 우수(Advanced), 보통(Fair), 노력요망(Poor)으로 구분하거나, 평가의 목적에 따라 다른 척도를 사용할 수도 있다. 평가기준표를 활용한 평가가 권장되는 이유는 통역사의 특정 능력에 대해 좀 더 상세한 피드백을 제공할 수 있고, 어떤 부분에서 잘못된 의사전달이 일어나는지 정확하게 파악하기 쉽기 때문이다. 따라서 통역사 교육 시 형성 평가, 진단 목적(예를 들어 품질 보증), 전문가 인증과 같은 고부담(high-stakes) 상황 그리고 의료 환경에서의 연구와 같이 다양한 배경에서 이행될 수 있다.

클리포드(2001)와 코헨(1994)이 지적하였듯이 수행 기반 측정은 전형적인 수행능력을 기반으로 하는 것이 필수적이다. 즉, 수행능력은 통역사가 실제로 매일매일 직면하는 상황과 유사한 상황에서 유도된 능력을 말한다. 평가기준표의 타당도는 "테스트가 특정 배경에서 기대하는 바에 기반을 둘 때"(코헨, 1994: 322) 가장 잘 구축될 수 있다.

통역 수행의 작용화 특징

분석적 평가기준표 개발 시 측정할 역량들을 명확하게 정의하고 이론을 바탕으로 하는 것이 필수적이다. 테스트 개발자는 수립된 이론적 틀에 따라 각 역량을 파악하고 이들을 하부 특징 또는 하부 역량으로 세분화 한다. 이 책에서 안젤렐리는 미국 번역가 협회(American Translators Association) 인증 시험에서 1점에서 5점까지 세분화한 평가

기준표 개발에 대해 논의하고, 안젤렐리의 연구에서 번역 품질을 결정하는 하부 요소는 소통 및 소통적 역량 틀을 기반으로 하고 있다. 클리포드(2001)도 통역 역량 평가를 위해 유사한 방법을 제안하는데, 측정해야 할 세부 특징을 파악하는 기반으로 직시, 양태 그리고 화행과 관련된 담화적 틀을 사용한다.

요컨대 평가기준표 개발을 위해는 고려해야 할 세 가지 주요 요소가 있다. (1) 측정해야 할 역량 선택은 이론에 기반을 두어야 한다. (2) 특징과 하부 특징들은 조작화(operationalized)되어야 한다. (3) 평가는 실제 수행에 관한 것이거나 가능한 한 실제에 근접한 역량을 평가해야 한다. 다음의 두 절에서는 통역 수행에서 상호작용 측면을 평가하는 평가기준표 개발에 대해 상세히 다루고 있다. 측정할 역량은 IS 및 CA의 이론적 틀을 기반으로 측정되고, 그 하부 역량들이 정의 및 설명되며, 실제적 환경에서 사용되도록 평가기준표를 설계 한다. 앞서 강조하였듯이, 이 역량과 하부 역량이 모든 것을 다 고려하는 것은 아니다. 중재된 담화에서 상호작용을 더 잘 이해하고 평가 시 특징 및 하부요소를 설명하기 위해서는 아직 많은 연구가 더 진행되어야 한다.

상황적 신호

앞서 살펴본 IS에 대한 논의에서는 상황적 신호 또는 의미를 내포하는 준 언어적 특징들을 적절하게 전달하는 역량 평가의 필요성에 대해 지적하였다. 예를 들어 음조 곡선, 시선, 몸 위치 및 기타 준 언어적 특징들을 말한다. 미숙한 상황적 신호 사용 및 전달은 잘못된 의사소통으로 이어질 수 있다는 것을 단조로운 통역(적절한 운율적 특징이 부재한)의 예에서 살펴보았다. 또한 상황적 신호는 평가기준표에서 다수의 특징들 중 하나로 포함되어야 한다. 측정해야 할 역량 선택이 이론에 기반을 두어야 하는 것처럼 "상황적 신호"를 보여주는 역량은 IS의 이론적 틀을 기반으로 파악되어야 한다는 것을 명심해야 한다. 다음 단계는 이 역량을 구성하는 하부 역량을 파악하는 것이다. IS의 이론적 틀과 학생 통역사에 대한 야콥슨(2007)의 데이터를 기반으로 통역사에게 기대되는 것은 다음과 같다. (1) 주요 대화참여자의 발화에 수반되는 양 언어의 성량, 어조, 운율 및 기타 준 언어적 특징을 보여주는 신호에 대한 의미를 이해하는 능력, (2) 목표언어로 이와 같은 신호를 효과적이고 자연스럽게 전달하는 능력, (3) 정보의 정확성 및 상호작용 특징 모두를 조화롭게 보여주는 능력, (4) 목표언어로 적절한 음조 곡선에 따라 역동적으로(단조롭지 않게) 일관되게 전달하는 능력. 이 네 가지 하부 역량은 총괄적인 평가에서는 하나로 합쳐질 수도 있고, 각 하부요소와 관련된 통역사의 역량을 각각 평가하는 분석적 평가에서는 이 네 역량이 개별적으로 평가될 수도 있다. <표 1>에서는 이 네 가지 하부 역량을 설명한다.

통역사가 할 수 있어야 하는 것에 대한 설명(최상위 단계(the highest level))에 뒤이은 다음 단계는 역량과 관련하여 최하위 단계(the lowest level)에서 기대되는 것에 대한 설명이다. 예를 들어 가장 하위 단계에서 통역사는 (1) 주요 대화 참여자의 발화에 수반되는 성량, 어조, 운율 및 기타 준 언어적 특징들을 한 언어 또는 양 언어 모두에서 이해할 수 없고, (2) 이와 같은 신호를 목표언어에서 효과적이고 자연스럽게 통역할 수 없으며, (3) 정보의 정확성 및 상호작용적 표지를 동시에 전달할 수 없고, (4) 목표언어로 전달 시 부적절한 어조를 사용하거나 또는 과도한 되풀이 및 말 더듬기를 하며 단조로운 톤으로 일관한다.

평가기준표 개발에서 다음 단계는 사용될 척도(scale) 또는 연속선(continuum)을 정의하는 것이다. 이 경우(표 1 참조) 네 단계의 성취도를 사용하는데, 탁월(최상위 단계), 우수, 보통, 노력요망(최하위 단계)으로 구분한다. 이와 같은 구분은 전문적 맥락에서 사용되는 평가에 적절한데, 예를 들어 현장 직원이 통역을 진행한 경우 통역 수행 정도를 평가할 수 있고 또는 이 평가기준표가 IEP 졸업 시험 채점에 사용될 수도 있다(그러나 의료 환경에서 어떠한 테스트 도구 사용을 널리 권장하기 전에 그에 대한 타당도 및 신뢰도가 우선 검증되어야 한다. 이에 대한 상세 내용은 결론 부분에서 논의하겠다). 그 외 다른 종류의 척도를 사용할 수도 있다. 예를 들어 IEP시험 지원자들의 사전 테스트 진행 시에는 초급(beginner)에서 고급(advanced)단계까지 구분한 척도(초급-고급, 초급-중급-고급)를 사용할 수도 있다.

<표 1>은 상황적 신호 전달 및 사용과 관련된 상호작용적 역량이 어떻게 평가되는 지를 보여주는 평가기준표다. 요구되는 세부사항 및 피드백 정도에 따라 단계 수는 조정될 수 있다. 각 단계에 대한 설명에서 보여주듯이, 각 단계는 서로 구별되어야 한다. 또한 설명에서 구별하고 있는 상황 신호의 하부 요소들은 특히 형성 평가에서 피드백 제공 시 각각 독립적으로 채점할 수 있다.

〈표 1〉 상황 신호 사용 및 전달 역량에 대한 분석적 평가기준표 사례

	상황 신호
탁월 (Superior)	주요 발화 참여자의 발화에 수반되는 상황 신호(성량, 어조, 운율 및 준 언어적 표지)의 의미를 이해하는데 탁월한 능력을 보임
우수 (Advanced)	주요 발화 참여자의 발화에 수반되는 상황 신호(성량, 어조, 운율 및 준 언어적 표지)의 의미를 이해하는데 우수한 능력을 보임; 이 신호들을 목표언어로 통역 가능하지만 때때로 정보의 정확한 전달과 상호작용 표지 전달 모두에 일관되게 초점을 맞추기 어려울 때도 있음
보통 (Fair)	주요 발화 참여자의 발화에 수반되는 상황 신호(성량, 어조, 운율 및 준 언어적 표지)의 의미를 이해하는 데 지속적으로 어려움을 보임; 정보의 정확한 전달과 상호작용 표지 전달 모두에 일관되게 초점을 맞추는 능력 부재로 종종 이러한 신호를 목표언어로 통역할 수 없음; 통역 시 빈번한 되풀이를 하며 단조롭고 지루한 어조를 유지하는 경향을 보임
노력요망 (Poor)	주요 발화 참여자의 발화에 수반되는 상황 신호(성량, 어조, 운율 및 준 언어적 표지)의 의미를 이해하는 능력이 명백히 부재함; 정보의 정확한 전달과 상호작용 표지 전달 모두에 일관되게 초점을 맞추는 능력 부재로 이러한 신호를 목표언어로 통역할 수 없음; 통역 시 지나치게 되풀이하고 말을 더듬으며 단조롭고 지루한 어조를 일관되게 유지함

담화 관리

앞서 CA와 순서 바꾸기에 관한 논의에서 살펴보았듯이, 효과적인 담화 관리는 통역사의 상호작용 역량 평가를 위한 분석적 평가기준표에 포함되어야 할 또 다른 영역의 상호작용 역량이다. 야콥슨(2007)에 따르면, 담화관리를 위해서는 대화 중첩 및 끼어들기 관리, 순서 바꾸기와 관련된 정보를 나타내는 준 언어적 표지 이해, 순서 바꾸는 시기 및 통역사가 순서를 바꾼다는 것을 나타내는데 사용되는 신호를 숙지하는 것이 필요하다. 또한 중재된 상호작용 내용이 주제 밖으로 벗어나면 다시 초점을 잡아주는 것도 필요하다. 학생 통역사 관찰 시 야콥슨이 주목한 것은 의료진과 환자가 시선을 맞추고 서로 직접 이야기 할 때 관계가 개선되고(담화 흐름 및 인터뷰를 통해 획득한 데이터를 기반으로 보면), 통역사는 끄덕이기, 응시하기, 손을 약간 움직이기와 같은 효과적인 준 언어적 신호(이는 향후 연구 주제임)를 사용하여 주요 대화참여자들 간에 직접 상호작용을 촉진하는 핵심적인 역할을 할 준비가 되어있어야 하다는 것이다.

전통적으로 유능한 담화 관리자는 어떻게 담화 관리가 이루어질 지에 대해 대화참여자에게 명확하게 설명하기 위해 간결하면서도 정확하게 소개하는 세션(가능한 경우)을 가지도록 해야 한다. 예를 들어 의료 통역을 위해 로우트 외(1999: 56)가 개발한 간극 줄이기(Bridging the Gap) 훈련 모듈(앞에서 도관 모델을 기반으로 한 훈련의 한 예로 언급함)을 보면, 통역된 세션의 "흐름 관리"의 일환으로 효과적인 사전 세션을 이행하는 연습이 제공되고 있다. 그러나 이와 같은 사전 세션을 항상 필요하다고 인식하는 것은 문제가 될 수도 있다. 캘리포니아 의료 통역사 협회(California Healthcare Interpreters Association, CHIA)(2002: 34) 및 국제 의료 통역사 협회(International Medical Interpreters Association)(1998)와 같은 기관에서는 시간 제한, 상황, 시급성에 따라 사전 세션과 같은 표준화된 통역 프로토콜을 설명하는 가이드라인을 수립해 두었다. 따라서 평가기준표의 구두 설명부분에 가능한 경우 적절한 소개 세션을 진행하는 것이 좋다고 구체적으로 언급하는 것이 중요하다. 유능한 담화 관리는 또한 1인칭과 3인칭을 적절히 사용하는 것과도 연관이 있지만, 보트(Bot, 2002: 38)는 인칭 변화가 전통적으로 생각하는 것만큼 상호작용 대화에 큰 영향을 끼치지는 않는다고 한다. CHIA 가이드라인(2002: 38)에서는 통역사가 "관계적 추론에 기반한 언어(languages based on relational inferences)"를 위해 3인칭을 사용한다고 언급한다. 비록 효과적인 커뮤니케이션 흐름을 위한 1인칭 사용과 3인칭 사용의 영향을 더 잘 이해하기 위해서는 추가 연구가 필요하기는 하지만, 여기에서 제시된 평가기준표에서는 1인칭과 3인칭을 일관되게 사용하는 것이 포함되어 있다.

담화 관리는 <표 2>의 평가기준표에서 설명하고 있는 특징 또는 역량이다. 하부 요소는 순서 바꾸기와 연관된 CA의 이론적 근간으로부터 도출된 것이다. 그러나 앞서 언급하였듯이, 메모리 기술 부족 및 의료 용어에 대한 미숙함과 같은 다른 요인들도 담화 관리에 부정적인 영향을 끼칠 수 있다. 따라서 순서 바꾸기 및 기타 상호작용적 전략을 효과적인 노트테이킹 전략 및 메모리와 같은 그 외 역량과 구분하여 살펴볼 수 있을 지에 대한 추가 연구가 필요하다. 여기에서는 메모리 및 노트테이킹 기술은 담화 관리와 관련된 기타 역량으로 범주화 하였다.

<표 2>에서 제시하고 있는 평가기준표를 살펴보면, CA 이론적 틀과 야콥슨(2007)의 연구를 기반으로 볼 때 최상위 단계 통역사의 경우, (1) 가능하면(예를 들어 비상사태 혹은 그 외 통제불능 요소로 인해 할 수 없을 때가 아닌 경우) 담화 관리 시 주요 대화참여자에게 통역사의 역할에 대한 사전 세션을 명확하고 간결하게 제공함, (2) 통역 시 일관되게 1인칭을 사용하고 명확한 설명이 필요한 경우 3인칭으로 전환함(보트 2005 참조), (3) 구두로 또는 그 외 준 언어적 신호를 사용하여 주요 대화참여자(의료진 및 환자) 간에 시선 맞추기와 같은 상호작용을 유도함, (4) 명확한

설명을 요구하기 위해 끼어들지 않고 발화자가 자신의 순서를 마무리함, (5) 탄탄한 메모리 및 노트테이킹 기술을 보여줌, (6) 중첩되는 상황을 해결하기 위해 효과적인 전략을 사용함과 같은 행동이 기대된다.

최하위 단계 통역사의 경우, (1) (가능한 경우에도)담화 관리 시 통역사의 역할에 대해 주요 대화참여자에게 사전 세션을 제공하지 않음, (2) 통역 시 1인칭과 3인칭을 일관되지 않게 사용하여 발화참여자 간 혼란을 초래함, (3) 주요 대화참여자 간 상호작용을 유도하지 않음, (4) 발화참여자가 자신의 순서를 마무리하지 않았는데 종종 명확한 설명을 요

〈표 2〉 담화 관리 역량에 대한 분석적 평가기준표 사례

	담화 관리
탁월 (Superior)	가능하면 주요 대화참여자에게 통역사의 역할에 대한 명확하고 간결한 사전 세션을 제공함; 통역 시 일관되게 1인칭을 사용하고 명확한 설명이 필요한 경우 3인칭으로 전환함; 구두로 또는 그 외 준언어적 신호를 사용하여 주요 대화참여자 간에 시선 맞추기와 같은 상호작용을 유도함; 탄탄한 메모리 및 노트테이킹 기술을 바탕으로 발화자가 자신의 순서를 마무리 하도록 함; 중첩되는 상황을 해결하기 위해 효과적인 전략을 사용함
우수 (Advanced)	가능하면 주요 대화참여자에게 통역사의 역할에 대한 명확하고 간결한 사전 세션을 제공함; 통역 시 일관되게 1인칭을 사용하고 명확한 설명이 필요한 경우 3인칭으로 전환함; 대체적으로(usually) 구두 또는 그 외 준 언어적 신호를 사용하여 주요 대화참여자 간 상호작용을 유도함; 대체적으로 명확한 설명을 위해 끼어들지 않고 발화자가 자신의 순서를 마무리 하도록 하지만, 메모리, 노트테이킹, 어휘력을 좀 더 발전시켜야 할 필요가 있음; 일반적으로(generally) 중첩되는 상황을 조용하고 효과적으로 해결하지만, 추가 연습이 좀 더 필요함
보통 (Fair)	대부분의 경우 주요 대화참여자에게 통역사의 역할에 대해 명확하고 간결한 사전 세션을 제공하지만 적어도 주요 사항 하나 또는 두 가지가 대게 생략됨; 통역 시 1인칭 사용에 있어서 일관성이 떨어지고(inconsistent) 3인칭을 과도하게 사용하여 어색한 통역으로 이어짐; 종종(often) 구두 또는 그 외 준 언어적 신호를 사용하여 주요 대화참여자 간 상호작용을 유도하지 않음; 메모리, 노트테이킹, 어휘력을 좀 더 발전시켜야 하는 필요성으로 인해 종종(often) 명확한 설명을 요구하며 순서 중간에 끼어듦; 중첩되는 상황에 직면했을 때 긴장하고, 이를 해결하기 위한 추가 연습이 명백히 필요함

	담화 관리
노력요망 (Poor)	주요 대화참여자에게 통역사의 역할에 대해 명확하고 간결한 사전 세션을 항상 제공하지 않음; 통역 시 1인칭 사용에 있어서 일관성이 떨어지고 거의 대부분 3인칭을 사용하여 어색한 통역으로 이어짐; 구두 또는 그 외 준 언어적 신호를 사용하여 주요 대화참여자 간 상호작용을 유도하지 않음; 발화자가 순서를 마무리하지 못하게 빈번하게(frequently) 끼어들며 명확한 설명을 요구하여 결과적으로 담화가 끊어짐; 노트테이킹 및 메모리 관련 노력이 요망됨; 중첩되는 상황을 효과적으로 해결하지 못하여 대화 시 방해가 되거나 과도한 생략이 발생함

구하며 끼어듦, (5) 노트테이킹 및 메모리 기술이 취약함, (6) 중첩되는 상황을 효과적으로 해결하지 못해서 대화 시 끼어들거나 과도하게 생략함 등의 행동이 예상된다.

담화 관리 역량을 위해 사용된 척도는 '우수'에서 '노력 요망'까지 있으며 상황적 신호 사용에 관한 평가기준표에서 사용한 척도와 동일하다. 또한 상황적 신호에서처럼, 담화 관리의 하부 역량들도 세분화되고 별도로 채점될 수 있다.

통역 수행 평가를 위한 포괄적 평가기준표에는 <표 1>과 <표 2>가 모두 포함되며 상황적 신호 사용 및 전달 그리고 담화 관리와 같은 상호작용 역량을 평가하게 된다. 다시 언급하자면, 평가 시 고려해야 할 다른 영역의 상호작용도 있는데, 본고에서는 다양한 변수들에 접근하기 위한 기본적인 가이드라인을 제시하고자 하였다. 좀 더 포괄적인 평가기준표를 통해 지금까지 "정확성(단어-의미적)"이라고 분류해온 것과 같은 다른 영역의 역량도 평가할 수 있다. 중요한 점은 통역 수행 평가가 이론 및 경험적 연구를 기반으로 하여야 하며 중재된 상호작용에서 담화적 요소를 간과해서는 안 된다는 것이다.

결론

본고에서는 의료 환경에서 상호작용 역량에 초점을 맞춘 통역 수행 평가에 관해 집중적으로 살펴보았다. 평가 시 단어 평가 수준을 넘어 상호작용 사회언어학 및 담화 분석 틀 내에서 담화 역량을 살펴보는 것이 목적이었다. 정확성 또는 충실성에 기인한 것이 아닌 준 언어적 표지의 사용, 전달 역량 부족 및 효과적인 담화관리 부족에 기인한 잘못된 의사전달이 발생하는 상황들을 사례로 제시하였다.

상호작용 역량을 평가하기 위해 분석적 평가기준표 사용을 제안하였다. 평가기준표는 단계적 과정을 거쳐 수행 기반 평가를 하기 위해 개발되었고 여기에 포함되는 것은 (1) 이론적 틀을 기반으로 평가해야 할 다수의 역량 파악하기, (2) 각 역량의 하부 특징 파악하고 명확하게 정의하기, (3) 평가의 목적(형성평가, 총괄평가 등)에 맞게 척도 및 연속선 개발하기이다. 또한 평가기준표는 가능한 한 실제 상호작용과 유사한 상황에서 도출된 통역 수행을 채점하는데 사용되어야 한다는 것을 유념해야 한다.

연구의 한계점도 있다. 우선, 앞서 설명하고 평가기준표 사례에서 사용한 역량 및 하부 요소들은 의료환경에서 학생 통역사들을 대상으로 연구를 진행한 야콥슨(2007)의 연구 결과를 바탕으로 한 것이다. 이 연구는 실험적 특성이 있기 때문에 어떻게 통역사를 통해 커뮤니케이션을 좀 더 효과적으로 진행할 것인가에 대한 추가 연구가 더 필요하다. 결과적으로 특정 의사소통의 상호작용 목표가 완전히 이해되고 제시되지 않는 한 어떻게 효과적으로 중재된 상호작용이 발생할 수 있을지 파악하는 것은 불가능하다. 의료 통역사의 역할 및 그에 맞는 역량을 구축하기 전에 많은 연구가 선행되어야 한다. 게다가 평가기준표와 같은 테스트 도구들은 역동적으로 개발 중이고 경험적 연구의 결과에 따라 수정될 수 있다.

두 번째로 의료 환경에서의 질적 평가나 자격인증(credentialing)과 같이 광범위한 규모로 이행되기 전에 평가 도구의 신뢰도 및 타당도가 검증되어야 한다. 이는 다시 특정 맥락에서 통역사의 역할 및 관련 역량 정의와 수립의 필요성 문제로 거슬러 올라가게 된다. 평가기준표가 측정해야 할 구인(통역사 역량)을 제대로 반영하지 못한다면 그 테스트를 기반으로 도출된 어떠한 결정이나 추론도 잘못된 것(faulty)일 수 있다(맥나마라(McNamara), 1996). 뿐만 아니라 평가 도구는 실제 수행 평가(경험적 및 통계적 검증)를 통해 획득한 데이터를 바탕으로 *경험적 방식으로(a posteriori)* 검증되어야 한다(바흐만 & 팔머, 1996). 평가기준표와 그 결과가 일관성이 있는지 결정하기 위해서는 신뢰도 요소도 고려해야 한다. 진단 도구로 또는 그 외 총괄 평가 시 사용될 평가기준표는 주먹구구식으로 개발해서는 안되며 이론에 근거하여 개발되어야 한다.

본고에서는 담화 이론과 통역 수행의 연관성에 초점을 맞추어 연구하였고 상황적 신호 및 순서 바꾸기를 집중적으로 살펴보았다. 통역에서는 그 외에도 다양한 상호작용 표지가 있기 때문에 이를 정의하고 이 표지들이 어떻게 중재된 담화에 영향을 끼치는지 더 잘 이해하기 위해서는 많은 연구가 진행되어야 한다. 이와 같은 연구는 통역사 교육 및 수행 기반 테스트와 평가에 필수적인 연구가 될 것이다.

참고문헌

American Institutes for Research. 2005. *A Patient-Centered Guide to Implementing Language Access Services* in *Healthcare Organizations.* National Standards for Health Care Language Services Contract, Contract No. 282-98-0029, Task Order No. 48. Washington, DC.

Angelelli, Claudia. 2001. "Deconstructing the Invisible Interpreter: A Critical Study of the Interpersonal Role of the Interpreter in a Cross-Cultural/Linguistic Communicative Event." (Doctoral dissertation, Stanford University). *Dissertation Abstracts International,* 62, 9, 2953.

Angelelli, Claudia. 2003. "The Visible Collaborator: Interpreter Intervention in Doctor/Patient Encounters." In *From Topic Boundaries to Omission: New Research on Interpretation,* Melanie Metzger, Steven Collins, Valerie Dively and Risa Shew (eds), 3-25. Washington, DC: Gallaudet University Press.

Bachman, Lyle F, and Palmer, Adrian S. 1996. *Language Testing in Practice.* New York: Oxford University Press.

Bernstein, Judith, Benrstein, Edward, Dave, Ami, Hardt, Eric, James, Thea, Linden, Judith, Mitchell, Patricia, Oishi, Tokiko, and Safi, Clara. 2002. "Trained Medical Interpreters in the Emergency Department: Effects on Services, Subsequent Charges, and Follow-Up." *Journal of Immigrant Health,* 4(4): 171-176.

Bot. Hanneke. 2005. "Dialogue Interpreting as a Specific Case of Reported Speech" *Interpreting*, 7(2): 237-261.

California Healthcare Interpreters Association. 2002. *California Standards for Healthcare Interpreters: Ethical Principles, Protocols, and Guidance on Roles* & *Intervention.* Retrieved on January 20, 2009 at http://www.chia.ws/standards.htm.

Clifford, Andrew. 2001. "Discourse Theory and Performance-Based Assessment: Two Tools for Professional Interpreting" *Meta,* 46(2): 365-378.

Clifford, Andrew. 2004. "Is Fidelity Ethical? The Social Role of the Healthcare Interpreter" *TTR: traduction, terminologie, redoction.* 17(2): 89-114.

Clifford, Andrew. 2005a. "A Preliminary Investigation into Discursive Models of Interpreting as a Means of Enhancing Construct Validity in Interpreter Certification:' (Doctoral Dissertation, University of Ottawa). *Dissertation Abstracts International,* 66, 5. 1739.

Clifford, Andrew. 2005b. "Putting the Exam to the Test: Psychometric Validation and Interpreter Certification" *Interpreting* 7, 1: 97-131.

Clifford, Andrew. 2007a. "Grading Scientific Translation: What's a New Teacher to Do?" *Meta,* 52(2): 376-389.

Clifford, Andrew. 2007b. "Healthcare Interpreting and Informed Consent: What Is the Interpreter's Role in Treatment Decision-Making?" *TTR: traduction terminologie, redaction,* 18(2), 225-247.

Cohen, Andrew D. 1994. *Assessing Language Ability in the Classroom. (2nd Edition).* Boston: Heinle & Heinle Publishers.

Davidson, Brad. 1998. *Interpreting Medical Discourse: A Study of Cross-Linguistic Ccmmunication in the Hospital Clinic.* Unpublished doctoral dissertation, Stanford University.

Davidson, Brad. 2000. "The Interpreter as Institutional Gatekeeper: The Social-Linguistic Role of Interpreters in Spanish-English Medical Discourse." *Journal of Sociolinguistics,* 4(3): 379-405.

Elderkin-Thompson, Virginia, Cohen Silver, Roxane and Waitzkin,

Howard. 2001. "When Nurses Double as Interpreters: A Study of Spanish-Speaking Patients in a US Primary Care Setting." *Social Science & Medicine*, 52: 1343-1358.

Fagan, Mark J., Diaz, Joseph A., Reinert, Steven E., Sciamanna, Christopher N. and Pagan. Dylan M. "Impact of Interpretation Method on Clinic Visit Length." *Journal of General Internal Medicine,* 18: 634-638.

Flores, Glenn, Abreu, Milagros, Oliver, M. A. and Kastner B. 1998. "Access Barriers to Healthcare for Latino Children." *Archives of Pediatrics and Adolescent Medicine,* 152, 11: 1119-25.

Flores, Glenn, Laws. M. Barton, Mayo, Sandra J., Zuckerman, Berry, Abreu, Milagros, Medina, Leonardo and Hardt, Eric J. 2003. "Errors in Medical Interpretation and Their Potential Clinical Consequences in Pediatric Encounters" *Pediatrics* 111: 6-14.

Garcia. Estevan A., Roy, Lonnie C., Okada, Pamela J., Perkins, Sebrina D. and wiebe, Robert A. 2004. "A Comparison of the Influence of Hospital-Trained. Ad Hoc, and Telephone Interpreters on Perceived Satisfaction of Limited English -Proficient Parents Presenting to a Pediatric Emergency Department. " *Pediatric Emergency Care,* 20(6): 373-378.

Goffman. Erving. 1981. *Forms of Talk.* Philadelphia: University of Pennsylvania Press.

Gumperz. John J. 1977. "Sociocultural Knowledge in Conversational Inference." In *The 28th Annual Roundtable on Language and Linguistics,* Muriel Saville-Troike (ed) , 225-258. Washington DC: Georgetown University Press.

Gumperz, John J. 1982. *Discourse Strategies.* Cambridge: Cambridge University Press.

Gumperz, John J. 1984. "The Retrieval of Sociocultural Knowledge in Conversation." In *Language* in *Use: Readings* in *Sociolinguistics.* John Baugh and Joel Sherzer (eds), 127-137. Austin. TX: University of Texas Press.

Hampers. Louis C. and McNulty. Jennifer E. 2002. "Professional Interpreters and Bilingual Physicians in a Pediatric Emergency Department." *Archives of Pediatrics* & *Adolescent Medicine,* 156: 1108-1113.

Heath. Christian. 1992. "Gesture's Discreet Tasks: Multiple Relevancies in Visual Conduct and in the Contextualtsatton of Language" In The *Contextualization of Language.* Peter Auer and Aldo Di Luzio (eds), 101-128. Amsterdam: john Benjamins.

International Medical Interpreters Association. 1998. *Medical Interpreting Standards of Practice.* Retrieved on January 20. 2009 at http://www.imiaweb.orglstandards/standards.asp.

Jacobson, Holly E. 2007. April. *Mediated Discourse and the Role of the Interpreter. What Can Be Learned from Foregrounding the Profile of the Mediator?* Paper presented at the meeting of the American Association of Applied Linguistics, Costa Mesa, CA.

Jacobs. Elizabeth A., Lauderdale, Diane S., Meltzer, David, Shorey, Jeanette M., Levinscn, Wendy and Thisted, Ronald A. 2001. "Impact of Interpreter Services on Delivery of Health Care to Limited-English-Proficient Patients." *Journal of General Internal Medicine.* 16(7): 468-474.

Lee, Linda J., Batal, Holly A., Maselli, Judith H. and Kutner, Jean S. 2002.

"Effect of Spanish Interpretation Method on Patient Satisfaction in an Urban Walk-In Clinic." *Journal of General Internal Medicine.* 17: 641-646.

McNamara, Tim F. 1996. *Measuring Second Language Performance.* London: Longman.

Mertler, Craig A. 2001. "Designing Scoring Rubrics for Your Classroom." *Practical Assessment, Research & Evaluation,* 7(25). Retrieved November 15. 2008 at http://PAREonline.net/gelvn.asp?v=7&n=25.

Metzger, Melanie. 1999. *Sign Language Interpreting: Deconstructing the Myth of Neutrality.* Washington DC: Gallaudet University Press.

Moreno, María R., Otero-Sabogal, Regina, Newman, Jeffrey. 2007. "Assessing Dual-Role Staff Interpreter Linguistic Competency in an Integrated Healthcare System." *Journal of General Internal Medicine,* 22 (Suppl 2): 331-335.

Napier, Jemina. 2006. "Effectively Teaching Discourse to Sign Language Interpreting Students." *Language, Culture and Curriculum,* 19(3): 251-265.

Pöchhacker, Franz. 2004. *Introducing Interpreting Studies.* London: Routledge.

Roat, Cynthia E., Gheisar, Bookda, Putsch, Robert and SenGupta, Ira. 1999. *Bridging the Gap:* A *Basic Training for Medical Interpreters (3rd Edition).* [Training Guide] Cross Cultural Health Care Program: Seattle.

Roy,Cynthia B. 2000. *Interpreting as a Discourse Process.* Oxford: Oxford University Press.

Saville-Troike, Muriel. 1989. *The Ethnography of Communication.*

Oxford: Blackwell Publishers.

Schiffrin, Deborah. 1994. *Approaches to Discourse.* Oxford: Blackwell Publishers Inc.

Schiffrin, Deborah. 1996. "Interactional Sociolinguistics." In *Sociolinguistics and Language Teaching;* Sandra McKay and Nancy H. Hornberger (eds), 307-328. Cambridge: Cambridge University Press.

Schegloff, Emanuel A. 1998. "Body Torque." *Social Research* 65(3): 535-596.

Taveras, Elsie M. and Flores, Glenn. 2004. "Appropriate Services to Children in the Emergency Department." *Clinical Pediatric Emergency Medicine,* 5: 76- 84.

Tannen, Deborah. 1984. Conversational Style: Analyzing Talk among Friends. Norwood, NJ: Ablex.

Tannen, Deborah. 1989. *Talking Voices: Repetition, Dialogue, and Imagery in Conversational Discourse.* Cambridge: Cambridge University Press.

Tannen, Deborah and Saville-Troike, Muriel. (1985). *Perspectives on Silence.* New Jersey: Ablex.

The Access Project. 2002. *What a Difference an Interpreter Can Make: Healthcare Experiences of Uninsured with Limited English Proficiency*. Boston: National Health Law Program.

Valli, Clayton and Lucas, Ceil. 1992. *Linguistics of American Sign Language: A Resource Text for*

ASL Users. Washington DC: Gallaudet University Press.

Wadensjö, Cecilia. 1998. *Interpreting as Interaction.* New York: Addison Wesley Longman.

Woloshin, Steven, Bickell, Nina A., Schwartz, Lisa M., Gany, Francesca, and Welch, H. Gilbert. 1995. "Language Barriers in Medicine in the United States." *Journal of the American Medical Association,* 273(9): 724-728.

Woloshin, Steven, Schwartz, Lisa M., Katz, Steven J., and Welch, H. Gilbert. 1997. "Is Language a Barrier to the Use of Preventive Services?" *Journal of General Internal Medicine,* 12(8): 472-427.

John Benjamins Series

17

Testing and assessment in translation and interpreting studies

제 2 부

평가 도구 개발
경험적 접근 방식

규준지향적 번역 평가의 장점

준 아이크만(June Eyckmans), **필립 앤케어트**(Philippe Anckaert),
비니베르 시게르스(Winibert Segers)

본고에서는 기존의 기준에 근거하여 평가자가 번역 품질을 판단해 온 전통적인 방법과 다른 번역 평가 방법을 제안해보고자 한다. 이분항목 교정(Calibration of Dichotomous Items, CDI)은 언어 테스트 이론 및 실제에서 잘 알려진 "항목(item)" 개념을 가져와서 번역 평가에 적용하여 번역 역량을 평가하는 방법이다. 여기에서는 총괄적(holistic)(직관적-전반적) 방법, 평가기준표(assessment)를 활용한 분석적 방법, 그리고 CDI 방법 이 세 가지 평가 방법에 대해 비교해보고 통제된 경험적 설계 결과를 소개한다. 주요 연구 질문들을 하나하나 비교해보며 이 방법들의 신뢰도에 초점을 맞추어 진행한다.

1. 서론

최근 번역학 분야에서는 번역 테스트의 품질을 위해 좀 더 경험적 증거가 필요하다는 목소리가 높아지고 있다(와딩톤(Waddington), 2004; 앤케어트 & 아이크만, 2006; 앤케어트 외(Anckaert et al.) 2008). 전문기관 및 교육기관에서는 번역 테스트 결과를 바탕으로 번역에 대한 인증을 제공하고는 있지만, 이 테스트들의 신뢰도 및 타당도는 충분히 검증되지 않은 상태이다. 전반적으로 번역 평가가 경험적 연구보다는 실제 번역 규범(codes of practice)에 의존하고 있는 상황이다.

비록 언어를 테스트하는 평가자들은 번역 테스트를 통해 언어능숙도를 평가하는 것을 반대해오기는 했지만(클라인-브랠리(Klein-Braley), 1987), 전 세계 학교 및 대학에서는 오랜 기간 번역 테스트 결과를 언어능숙도를 파악하는 지표로 사용해왔다. 제2언어 습득에서 대조적 접근방식(contrastive approach)이 부활(쿠이켄(Kuiken), 2001; 로퍼(Laufer), 2005)함에 따라 외국어 능력 측정을 위해 번역을 활용하는 것이 다시 활기를 띠기 시작했다고까지 말하는 이들도 있다. 역설적으로, 1960년대 로버트 라도(Robert Lado)는 "언어능숙도 테스트 시 널리 활용되는 번역 테스트를 번역 능력 테스트로 활용하기는 힘들다"(라도, 1961: 261)고 하였다. 우리가 아는 한, 심리측정상(psychometrically) 통제된 방식으로 번역 역량을 보여주는 어떠한 방법도 개발되거나 배포되지는 않았다(앤케어트 외, 2008). 번역 능력 평가 시 심리측정상으로 타당한 테스트 개발이 잘 이루어지지 않은 것에 대해 적어도 두 가지 설명을 할 수 있다. 우선, 어학 교육에서 소통적 접근방식이 활발했던 기간 중에는 언어능숙도 평가로서 번역 테스트의 타당도가 떨어지기 때문에 이 포맷이 널리 사용되지 못하였다(위도우슨(Widdowson), 1978). 번역 테스트가 언어능숙도 측정을 위해 타당한 테스트 포맷으로 간주되지 못했기 때문에 언어 테스트 포맷이 심리측정상 엄격한 통제(예를 들어 빈칸 채우기(cloze) 또는 c-테스트)하에 진행되었던 것과 달리 번역 테스트는 그 과정을 거치지 않았다. 두 번째 이유는 자연 과학(생물학, 화학 등) 주창자들과 인문학자들(문학, 언어학, 통번역학 등) 간 경험한 인식론적(epistemological) 차이와 관련이 있다. 통계 사용에 대해서는 두드러지게 주저하는 문화 내에서 번역 교수자 및 어학 교수자들 사이에서는 어떤 핵심적인 것을 포기하지 않으면서 어학 지식 또는 번역 품질을 객관화 한다는 것이 불가능하다는 인식이 만연해왔다(앤케어트 외, 2008). 번역 및 통역 기술 교육 및 테스트를 주로 연구자가 아니라 실제 통번역사가 담당해 왔다는 사실도 이와 같은 인식을 보여주는 것이다. 심리측정학 도입 덕분에 어학 테스트의 타당도 및 신뢰도에 관한 수많은 연구가 어학 평가 분야에서는 진행되었지만, 통번역학 분야에서는 아직도 그렇지 못한 상태이다. 오늘날 번역 평가 관행은 여전히 목표 지향적(criterion-referenced) 방법을 추구하는 것이다. 교육 및 현장(professional world) 양쪽 모두에서 평가기준표(assessment grid)를 사용하여 좀 더 일관되고 신뢰도 있게 평가하고자 한다(와딩톤(Wadington), 2001; 하우스(House), 1981; 홀튼(Horton), 1998; 알-키나이(Al-Qinai), 2000; 슈미트(Schmitt), 2005). 이 평가기준표에는 평가자(또는 기관)가 번역 품질 결정 시 필수요소라고 생각하는 것들이 포함되어 있다. 전통적으로는 각 카테고리(주요 또는 사소한 실수)에 따른 상대적 가중치가 합쳐진 다양한 종류의 실수 그리고/또는 보너스(즉, 문법성, 텍스트 응결성, 단어 선택 등)를 상세하게 분류하여 평가기준표를 구성해왔다. 비록 평가자가 다양한 측면의 번역 역량을 평가하고자 하는 의도 하에 평가기준표를 활용하는 것이기는 하지만, 평가기준표가 평가의 주관성을 적절하게 줄여주고 있다고만 주장하기는 힘들다. 왜냐하면 다양한 측면의 번역 역량을 파악하는 것 자체만으로도 이미 주관성이 들어가 있기 때문이다(앤케어트 외, 2008). 번역 역량을 구성하는 하부 요소 결정 시 주관성이 개입될 수 밖에 없는 것 외에도 테스트의 신뢰도를 위협할 수 있는 요소들이 있다. 우선 주어진 시간 내에 수십 개의 번역을 채점해야 하는 경우 어떻게 평가를 일관되게 할 수 있을지 하는 평가자의 과제에 대해 논의해보도록 하자. 평가 시 순서 효과(order effects)(대비 효과(contrast effects) 및 후광 효과(halo effects) 즉, 의도치 않은, 무의식적인 선입견과 약한/강한 평판을 지닌 학생들)도 영향을 끼칠 수 있고, 또한 매우 잘한 번역과 매우 못한 번역을 구별해 내는 것뿐만 아니라 '평균'에 해당하는 상당수의 번역 내에서 차별화하여 평가해야 하는 가운데 타당한 방식으로 일관되게 하기란 쉽지 않다. 게다가 모든 점수에 대해 정당화하여야 하고, 요즘에는 학생들이 공정한 평가에 대한 권리를 행사하기도(행사해야만)한다.

다행히, 응용언어학 연구자들(앤케어트 외, 2008)과 번역학 연구자들(팍테(Pacte), 2000; 와딩톤, 2001; 콩데 루아노(Conde Ruano), 2005)이 번역 평가 시 평가자 간(inter-rater) 그리고 평가자 내(intra-rater) 신뢰도 및 번역 테스트의 구인 타당도와 같은 이슈에 대해 논의하기 시작하였다(에센(Essen)에서 열린 2008 AILA World Congress of Applied Linguistics에서 헬렌 슬래타이어(Helen Slatyer), 클라우디아 안젤렐리(Claudia Angelelli), 캐서린 엘더(Catherine Elder) 그리고 마리안 하그리브스(Marian Hargreaves)가 주최한 "다언어 맥락에서 테스트: 경험 기반 통번역 테스트로의 변화(Testing in a multilingual context: The shift to empirically-driven interpreter and translator testing)" 심포지엄 참조). 타당하고 신뢰할 수 있는 방법으로 번역 역량을 측정하기 위해 점차 언어 테스트 이론의 시사점을 바탕으로 한 교육 측정 방법이 통번역학 분야에 소개되고 있다.

이러한 배경 하에서 번역 평가를 위한 규준 지향적 방법을 제시하고자 한다. 이는 번역 평가 시 분석적(즉, 사전에 고안된 기준에 따라 평가하는 것) 그리고 총괄적(즉, 소위 "전반적 인상" 또는 "보편적 직관"을 바탕으로 번역수행을 전반적으로 평가하는 것) 평가에서 야기될 수 있는 무관 변인(construct-irrelevant variables)을 제거하고자 하는 목표 하에 개발된 방법이다. 이 방법은 전통적 언어 테스트 이론 및 실제 분야에서 주로 잘 알려진 "항목(item)" 개념을 번역학 및 번역 평가 영역에 도입하는 것으로 구성된다. 이는 곧 전통적인 번역 평가 방식으로부터의 분리를 의미하는데, 전통적으로는 평가자가 사전에 수립된 일련의 기준에 따라 번역 품질을 판단하였다. 규준 지향적 방법은 원천 텍스트와 관련해서 또는 번역 할때 어려운 점에 대한 주관적, 선험적 판단에서 독립적인 방법이다. 그 대신 학생군의 대표적인 샘플을 사용하여 학생 평가 시

차별화할 수 있는 텍스트 구역을 파악한다. 번역 능력의 차이를 측정하는데 기여하는 텍스트의 모든 요소가 "항목"이 되는 것이다. 항목들은 사전 시험 과정을 거쳐 선별된다. 그 다음 이 항목들을 중심으로 실제 총괄/진단 테스트를 통해 번역 수행능력을 평가한다. 언어 테스트의 경우처럼, 규준 지향적 방법은 텍스트 구역에 대한 이분법적인 방식을 전제로 한다. 즉, 번역된 구역이 수용 가능하거나 또는 그렇지 않다(맞거나 틀리거나)는 것이다. 실수를 차등화 하거나 또는 대안적 표현에 대한 보너스를 주거나 하지 않는다. 그렇다고 시험 대상인 텍스트 구역에 대한 적절한 번역이 단 하나만 있다고 암시하는 것은 아니다. 각각의 번역에 대해 평가자들 간에 어떠한 대안이 수용가능하고 가능하지 않은지에 대한 합의가 있다는 것을 의미한다. 이 방법은 번역의 구역들에 대한 교정을 바탕으로 하기 때문에 이를 이분항목 교정(Calibration of Dichotomous Items, CDI) 방법이라고 부른다. 항목 교정 및 테스트(사전 테스트, 차별화 요소 수립 및 테스트 신뢰도 추정, 구체적인 사항은 이후 4절에서 논의)를 거쳐 표준화 된 번역 테스트(여러 언어 별)를 구축하게 된다. 이는 테스트 시간을 절약하는 방법은 아니기 때문에 총괄 평가에서(테스트를 바탕으로 결정을 내려야 하는 고부담(high stake)상황) 사용하도록 권장한다. 이 규준 지향적 방식의 긍정적 측면은 언어 테스트 이론과 번역학의 역학적 특성 간의 간극을 채워줄 수 있는 안정적이고 평가자 독립적인 방식이라는 것이다. 이러한 긍정성 때문에 이 방식을 바탕으로 경험적 연구를 진행해보고자 한다. 본고에서는 총괄적(holistic) 방법, 분석적(analytic) 방법(목표 지향적 방법(criterion-referenced approaches)) 그리고 CDI 방법(규준 지향적 방법) 이 세 가지 번역 평가 방식에서 심리측정 특성을 통제한 경험적 설계를 바탕으로 비교해보고자 한다.

본고에서는 교육적 맥락 하에서 데이터를 수집할 것이지만, 번역 역량 구인 평가와 관련된 분석 결과 및 함의는 전문적 맥락에도 적용될 수 있다.

2. 연구 가설

본 연구의 주요 연구 문제는 세 가지 다른 방법의 신뢰도에 초점을 맞추어 비교해보는 것이다. 신뢰도 계수는 테스트 및 방법이 일관된(그 결과 신뢰할 만한) 결과를 보여주는 정도를 설명하는 것이다. 번역 평가에서는 번역물 또는 번역 수행에 대해 동일한 평가 방법을 사용하였을 때 다른 평가자 간에 유사한 평가결과가 도출되면 신뢰할 만하다라고 말할 수 있다. 좀 더 쉽게 말하자면, 어떤 평가 방법을 적용하더라도 또는 누가 평가하더라도 평가 결과가 유사할 것이라고 학생 또는 번역가가 확신할 수 있으면 그 방법 및 테스트는 신뢰할 수 있는 것이다.

테스트가 별도의 항목들(선다형(Multiple Choice) 언어테스트 또는 빈칸 채우기(Cloze Test)와 같은 항목)로 구성될 경우 신뢰도를 측정하는 전통적인 방법은 크론바하 알파(Cronbach's Alpha) 값을 계산하는 것이다. 따라서 CDI 방법을 통해 도출된 번역 점수의 신뢰도는 크론바하 알파 신뢰도 지수를 통해 직접적으로 산출될 수 있다(바흐만 2004). 총괄 평가 및 분석적 평가에서처럼 딱히 구별되는 항목이 없는 경우에는 상관 계수(correlation coefficient)를 통해 간접적으로 신뢰도를 추정할 수 있다. 이 상관 계수는 다른 평가자들의 점수가 서로 유사한 정도를 보여준다. 특히, 상관 계수는 번역가 수행 평가에 대한 평가자의 점수 순위가 중복되는 것을 고려한다. 총괄 평가 및 분석적 평가의 신뢰도는 각기 다른 채점자 점수의 스페어만 순위 상관 계수(Spearman rank correlation coefficients)를 통해 간접적으로 추정할 수 있다(바흐만, 1990; 바흐만 & 팔머, 1996).

각기 다른 연구 가설로 간주할 수 있는 연구 질문은 다음과 같다.

1. 총괄 평가 방법의 경우 평가자간 신뢰도가 가장 약할 것이다.
2. 분석적 방법의 경우 평가자간 신뢰도는 총괄 평가의 신뢰도와 CDI 방법의 신뢰도(테스트 점수가 교정된 항목 선택을 기반으로 하기 때문에 이 경우 신뢰도는 최대가 될 것임) 중간에 해당할 것이다.
3. 총괄 평가와 분석적 평가 모두 신뢰도가 부족할 수 있기 때문에 이 두 평가는 학생들의 수행능력을 가려낼 만한 변별력이 충분히 없을 것이다. CDI 방법의 경우 "항목"(번역 구역)이 rit-값에 따라 선별되기 때문에 변별력이 극대화 된다.

3. 연구 방법

3.1 참여자

총 113명의 학생이 본 연구에 참여하였다. 이들은 벨기에에서 프랑스어 번역 과정이 있는 네 개의 대학(브뤼셀 대학(University College Brussels), 프란시스코 페레 대학(University College Francisco Ferrer), 레오나르도 다빈치 대학(University College Leonardo da Vinci), 몽스-에노 대학(University Mons-Hainaut)) 학생들로, 네덜란드어-프랑스어 번역 학부과정 1학년(BA 1st, 22명), 2학년(BA 2nd, 39명), 3학년(BA 3rd, 38명) 학생과 네덜란드어-프랑스어 번역 석사과정 학생(14명)으로 구성되어 있다(대학별 상세 참여자 수는 표 1 참조). 네 개의 번역 대학을 대상으로 학부생 및 석사과정 학생 번역 결과물을 수집하기 위해 벨기에 네덜란드어-프랑스어 번역과정 학생 전체를 조사한 것이다. 연령대는 18세부터 25세까지이고 번역 과제는 연구자 중 한 명과 번역 교수자의 감독 하에 수업 중 이행되었다.

〈표 1〉 학년별, 대학별 참여자 수

	학부 1학년	학부 2학년	학부 3학년	석사	총계
브뤼셀 대학	7	13	21	8	49
프란시스코 페레 대학	4	1	2	1	8
레오나르도 다빈치 대학	0	13	15	5	33
몽스-에노 대학	11	12	0	0	23
총계	22	39	38	14	113

참고: 데이터 수집 중 현실적 제약으로 인해(질병 및 결석) 몇몇 칸은 참여자 수가 거의 없거나 전혀 없음

3.2 자료 및 과정

네 개의 번역대학 번역학과 학생들은 비교적 짧은(346단어) 텍스트를 네덜란드어(B언어)에서 프랑스어(A언어)로 번역하는 과제를 수행하였다(첨부 1 참조). 해당 텍스트는 광고 분야 텍스트이고 일반적인 저널리스트적 스타일의 비전문적 텍스트이다. 전문 용어로 인한 어려움은 없고, 언어적 난이도는 평균이고 내용은 쉽게 찾아볼 수 있는 것이다(광고 및 마케팅에 대한 사전 지식 필요 없음). 이처럼 텍스트의 길이, 종류, 난이도를 보면 학생들을 대상으로 번역 수업을 할 때 사용될 만한 텍스트이다. 텍스트의 어역 및 주제 선택 시 고려한 것은 과제가 학부 1학년 학생에게 너무 어렵지 않으면서도 석사과정 학생들의 번역과는 차별화 될 수 있을 정도의 난이도여야 한다는 것이었다.

번역물에 대해 두 명의 평가자에게는 총괄 평가 방법으로 교정해달

라고 부탁하였고(첨부 2 참조), 두 명의 평가자에게는 구체적으로 명기된 분석적 방법에 따라(첨부 3 참조) 수정해달라고 부탁하였다. 평가자들이 오랜 기간의 번역 평가 경험 그리고/또는 그에 상응하는 전문성을 바탕으로 선별되었기 때문에 이 연구와 관련해서 구체적으로 평가자들을 교육시키거나 하지는 않았다. 반면 연구진은 규준 지향적 CDI 방법에 따라 번역 결과물을 평가하였다. 우선, 교정된 번역 테스트의 항목이 될 수 있는 모든 텍스트 구역(즉, 모든 번역 오류)을 파악하였다. 항목이 될 수 있는 텍스트 구역 파악 방법은 다음과 같다. 우선, 연구진 중 두 명(네덜란드어/프랑스어 이중언어구사자 및 경험 많은 번역 교수자)이 각각 모든 학생 번역을 살펴보고 실수(잘못된 의미파악, 문법적 실수, 적절치 않은 단어 선택, 생략, 추가, 철자법 오류, 직역, 맞지 않는 어역 사용, 숙어 사용 부족 또는 스타일 상 실수)로 간주될 수 있는 모든 번역 구역을 등록하였다. 두 번째 단계에서는 번역 실수를 보여주는 하나의 긴 리스트를 도출한다는 목표 하에 평가 결과를 서로 비교하였다. 이 리스트는 누적된 절차를 거쳐 만든 것으로 각 평가자가 번역 실수라고 올려놓은 모든 텍스트 구역을 다 더한 것이다. 그 결과 113명의 학생 번역에서 추출된 모든 번역 오류가 그 리스트에 기재된 것이다. 두 번째 단계에서 이 모든 번역 오류의 변별력(rit 값)은 교정된 항목을 결정하기 위해 계산된다(즉, 변별력이 낮은 항목과 변별력이 높은 항목을 구별하기 위한 것). 그리고 테스트의 내적 일관성은 크론바흐 알파를 이용해 계산된다.

번역을 위해 학생들에게 주어진 시간은 90분이었다. 번역 시 학생들은 종이와 연필을 사용하였고, 학생들은 컴퓨터를 비롯한 어떠한 전자기기도 사용할 수 있었다. 왜냐하면 탐색적(heuristic) 역량도 번역 수행 시 포함되어야 하고 이 역량이 번역 작업에 필수적인 일부라고 생각했기 때문이다.

번역 중 학생들이 서로 상의하는 것은 금지되었다. 번역에 관한 지시사항은 학생들의 모국어(프랑스어)로 주어졌고(첨부 1참조), 데이터 수집은 일반 번역 교수자와 연구자들 중 한 명의 감독 하에 진행되었다.

3.3 데이터 프로세싱

평가자들은 참여하겠다고 동의하기 전에 유사실험(quasi-experimental) 설계에 대한 정보를 받았다. 그리고 모든 번역 평가를 위해 소요되는 시간에 대한 합리적인 사례비를 받았다. 연구자들은 평가자들의 프로필을 바탕으로 평가자를 선발하였고 평가 시 평가자들이 선호하는 교정 방법(총괄 평가 방법이든 분석적 방법이든)을 택할 재량권을 주었다. 그 결과 네 명의 평가자가 선발되었다. 그 중 두 명은 대학에서 학생 번역 수행 평가 관련 20년 이상의 경력이 있는 번역 교수자(1명은 남성, 1명은 여성)이다. 나머지 두 명(1명은 남성, 1명은 여성)은 벨기에 국무회의 문서 검증국(Concordance Service of the Belgian Council of State)에서 오랜 기간 일한 경력이 있다. 문서 검증국(Concordance Service)은 법률, 공식 문서의 원본과 번역본이 일치하는지 검증하는 최고 당국기관이다. 여기에서 근무하는 번역가들은 교정자(revisers)라고 부른다. 평가자들의 연령은 44세에서 63세 사이이다.

연구자들은 평가자들을 대상으로 따로 교육을 하지는 않았다(평가자 교육에 대한 장점 및 단점에 대한 정보는 비어(Weir), 1994 & 2005 참조). 이 네 명의 평가자들은 번역 품질 평가와 관련하여 오랜 기간 경험이 있어서 선발되었기 때문이다. 평가자들은 자신들에게 익숙한 평가 방법을 적용하도록 하였다. 실험에 참가한 평가자들의 프로필은 다음과 같다.

평가자1('교수자-분석적 방법 적용'의 경우이기 때문에 "교수자-분석"이라고 함)은 경력 기간 내내 분석적 방법을 사용해온 번역 교수자이다. 평가자1의 평가지(scoring sheet)는 분석적 방법을 사용하여 학생 번역을 평가하기로 한 평가자3이 검사하고 승인하였다.

평가자2('교수자-총괄적 방법 적용'의 경우이기 때문에 "교수자-총괄"이라고 함)는 번역 평가 시 총괄적 방법을 사용해온 번역 교수자이다. 이 여교수자는 총괄적 방법의 장점에 대해 확신을 갖고 있다.

평가자3('교정자-분석적 방법 적용'의 경우이기 때문에 "교정자-분석"이라고 함)은 분석적 평가지를 선호하는 전문 교정자이다. 평가자1의 평가지를 승인하였다.

평가자 4('교정자-총괄적 방법 적용'의 경우이기 때문에 "교정자-총괄"이라고 함)는 총괄적 방법으로 번역 평가를 진행해 온 전문 교정자이고 본 연구에서도 총괄적 방법을 적용하여 평가하기로 동의하였다.

4. 결과 및 토론

테스트 교정 과정 중 연구진 중 두 명이 모든 번역(113개)의 모든 번역 오류를 파악하기 위해 긴밀하게 공조하였다. 두 연구자 모두 교육 및 전문 번역 환경에서 번역 평가를 한 경력이 15년 이상이다. 두 연구자 간에 특정 번역 '항목'에 대해 수용가능한지 아닌지에 대한 이견이 있을 때마다 그 항목은 포함이 되었다. 이는 곧 평가자들이 대안적 번역에 대한 의견차이를 해소했다는 것을 의미한다. 대신 평가자의 주관성이라고 간주할 수 있는 분산값(variance)은 추가 분석을 위해 포함시켰다. 번역 수행의 모든 사례는 항목으로 간주될 수 있다(단어 선택, 문법적 실수, 철자법, 구두점, 어역, 스타일 등). 논의 결과 170개의 항목을 추출하였다. 모든 항목을 포함하는 매트릭스를 개발하였고 각 항목에 대해 모든 학생들은 0점에서 1점까지의 점수를 받았다. 이 매트릭스를 바탕으로 전통적인 언어 테스트 이론에서 가져온 기본적인 심리측정 방법을 적용하였다.

170개 항목 중 변별력이 높은 번역 항목과 변별력이 낮은 항목을 구별하기 위해 교정 항목 총 상관관계(corrected item-total correlations)를 계산하였다. 이 교정 항목 총 상관관계(이하 rit값)는 그 항목을 척도(scale)의 일부라고 간주하지 않고 항목과 나머지 척도간의 상관관계를 계산한 것이다. 만약 상관관계가 낮으면 그 항목은 나머지 테스트가 측정하고자 하는 것을 실제로 잘 측정하지 못하는 항목이라는 것을 의미한다. rit값이 변별력이 높은 항목으로 간주되는 것의 임계치인 0.3보다 높은 항목(에벨(Ebel), 1979)을 기준으로, 77개의 번역 항목을 교정 번역 테스트에 포함될 항목으로 선별하였다(첨부 4 참조). 이 항목들을 기반으로 테스트 신뢰도를 계산하였을 때 크론바흐 알파 값이 0.958이었다. 이는 매우 높은 신뢰도 계수이고 항목들의 변별력에 따라 선별한 항목들이기 때문에 이 정도가 나오리라 예상했던 수치이다.

이제 평가자들이 평가를 총괄적으로 또는 분석적으로 진행하면서 신뢰도와 관련하여 어떻게 평가하였는지 살펴보도록 하자. <표 2>는 네 명의 평가자 간의 스페어만 순위 상관 계수를 보여준다. 상관계수는 0.635에서부터 0.780까지 범위에 있다. 첫 번째 연구 가설과 관련하여, 참여자 순위에 관해 총괄 방법 평가자들의 합이 분석적 방법의 평가자들 보다 낮은 것을 확인할 수 있었다(r =0.669 vs. r=0.740). 이는 분석적 평가 방법을 사용하는 것이 총괄 평가 방법을 사용하는 것 보다 더 높은 평가자간 신뢰도를 볼 수 있다는 것을 의미한다. 그러나 신뢰도 추정 시 스페어만 순위 상관 계수가 0.740인 것은 CDI방법(크론바흐 알파: 0.958)을 사용한 것 보다 훨씬 낮다. 이는 두 번째 연구가설을 뒷받침해 준다. 즉, 분석적 방법을 사용한 평가자 간 신뢰도는 총괄 방법을 사용한 평가자의 평가자간 신뢰도와 CDI 방법을 사용한 평가자 간 신뢰도 중간에 해당한다는 것이다.

〈표 2〉 평가자 간 스페어만 순위 상관 계수(N = 113)

	교수자-분석	교수자-총괄	교정자-분석	교정자-총괄
교수자-분석		.735**	.740**	.720**
교수자-총괄			.780**	.669**
교정자-분석				.635**
교정자-총괄				

** 상관관계는 0.01수준에서 유의미함(양측검정)

또한 스페어만 순위 상관 계수가 통계적으로 유의미한 것으로 나타났다 하더라도 이 특정 평가 맥락에서 충분한 만큼의 평가자간 신뢰도를 보여주지는 못한다는 것에 대해 주지해야 한다. 평가자간 상관계수가 가장 높은 경우(r=0.780)에도 평가자간 분산값(variance)은 단지 61%(r^2 = 60.84) 밖에는 되지 않는다. 다시 말해, 한 평가자의 점수를 통해 다른 평가자의 점수 결과를 예측해보는 예측 값은 제한적이라는 것이다. 이는 곧 평가자들이 동일한 번역 결과물에 대해 부과하는 순위 순서가 상당히 다를 수 있다는 것이다. 이는 네 명의 평가자가 동일한 번역 결과물에 대해 다른 점수를 준 것만 보아도 추정해볼 수 있다. 예를 들어 44번 참여자의 번역은 교수자-분석 평가자로부터는 0점을, 교수자-총괄 평가자로부터는 20점 중 4점을, 교정자-분석 평가자로부터는 20점 중 3점을, 교정자-총괄 평가자로부터는 20점 중 14점을 받았다. 94번 참여자의 번역은 전반적인 점수는 훨씬 높지만, 앞에서와 마찬가지로 각 평가자 간 점수차는 앞의 평가처럼 꽤 크다(9.5/20, 18/20, 11.5/20, 15/20). 따라서 교수자 평가자와 교정자 평가자 모두 양심적인 채점 과정을 거쳐서 평가하였음에도 불구하고, 총괄 평가 방법을 택한 평가자와 분석적 평가 방법을 택한 평가자 간 상호 신뢰도는 신뢰할 만하지 않다. 여기서 도출할 수 있는 결론은 이러한 데이터를 현실적인 배경, 즉 교육 과정 중에 번역 테스트 또는 전문 번역가 선발하는 상황에 대입한다면 테스트에서 참여자의 성공 여부는 특정 평가자에 달려 있을 가능성이 크다는 것이다.

네 평가자가 준 점수의 기술 통계학(descriptive statistics)을 살펴보면, 분석적 방법을 사용한 교수자를 제외하고는(20점 중 평균 2.58, 나머지는 평균 9.77, 8.34, 9.62), 평균 값의 차이가 적은 것을 볼 수 있다(표 3 참조). 데이터를 추가로 분석해보면, 앞서 말한 교수자-분석 평가자의 경우 학생 번역에 대해 0점을 준 경우가 많고, 이 평가자의 중앙값(median)과 최빈수(mode)는 0이다. 또한 이 평가자의 점수 분포가 다른 평가자들보다 낮다는 사실은 이 평가자가 준 점수의 변별력이 비교적 약하다는 것을 암시하는 것일 수도 있다. 비록 이 평가자의 평가 경향이 다른 평가자들에 비해 훨씬 엄격하지만, 이것이 평가자간 신뢰도에 막대한 영향을 끼치지는 않았다(표 2참조). 그러나 평가척도가 낮은 쪽에서는 명백하게 바닥 효과(bottom effect)가 있고, 결과적으로 해당 평가자의 평가표에서 0점을 받은 다수의 번역 결과물들은 서로 구별되는 기회도 없게 된 것이다. 주목할만한 점은 동일한 평가표를 사용하여 동일한 번역물들을 분석적 방법으로 평가한 교정자-분석 평가자는 앞의 교수자-분석 평가자보다 훨씬 더 높은 점수를 주었다.

본 연구의 세 번째 연구 가설은 평가 방법의 변별력과 관련된 것이다. 가설 수립 시 가정한 것은 "항목"의 rit 값(항목이 테스트의 전체 신뢰성에 영향을 끼치는 정도)에 따라 항목을 선정하여 변별력을 최대화 한 CDI 방법과 달리 총괄 방법과 분석적 방법 모두 신뢰도가 부족할 수 있다는 것이다. 이 가설을 검증하기 위해 CDI방법을 통해 도출된 점수를 총괄, 분석적 방법을 통해 도출된 점수와 비교해 보았다. 교정된 항목을 바탕으로 점수를 결정하기 위해 원점수(raw scores)를 바탕으로 테스트 점수를 계산하는 전통적 절차(((원점수-평균)/표준편차)*희망 표준편차)+희망 평균)에 따라 계산하였다. 다시 말해, 참여자의 테스트 점수는 원점수(총 77개의 교정 항목에 대한)에서 평균(이 경우 59.38)을 뺀 값을 표

〈표 3〉 평가자 점수의 기술 통계학(N=113)

	교수자-분석	교수자-총괄	교정자-분석	교정자-총괄
평균(Mean)	2.58	9.77	8.34	9.62
중앙값 (Median)	.00	11.00	8.00	10.00
최빈수(mode)	.00	12.00	.00	10.00
표준 편차 (Standard deviation)	3.82	4.92	4.99	4.57
범위(Range)	13.00	18.00	17.00	16.00
최소 (Minimum)	.00	.00	.00	2.00
최대 (Maximum)	13.00	18.00	17.00	18.00

준편차(14.95)로 나눈 것과 같다. 그 결과 나온 값에 선택한 표준편차를 곱하고, 그 결과에 0이 아닌 선택한 평균을 더한다(이 경우 14.63). 이는 점수의 범위를 극대화하기 위한 것이다. 전통적 절차에 따라 점수를 도출한 이유는 총괄 그리고 분석적 방법을 택한 평가자들(전통적 방식으로 0에서 20점 사이 점수를 주도록 부탁 받음)의 점수와 비교하기 위한 것이다.

각기 다른 방법으로 평가한 점수가 충분히 변별력 있는 점수인지 확인하기 위해 교육 수준이 다른 참여자로 구성한 것이다(학부 1, 학부 2, 학부 3 그리고 석사 과정). <표 4>와 <그림 1>은 세 방법을 통해 도출된 점수 분포를 보여준다.

〈표 4〉 각 수준별 세 방법에 의거한 점수 분포

	분석적 방법(평균)	총괄적 방법(평균)	CDI(평균)
학부1(n=22)	2.40	6.80	11.67
학부2(n=39)	5.19	9.55	14.92
학부3(n=38)	6.20	10.20	15.23
석사 (n=14)	9.02	12.93	16.88

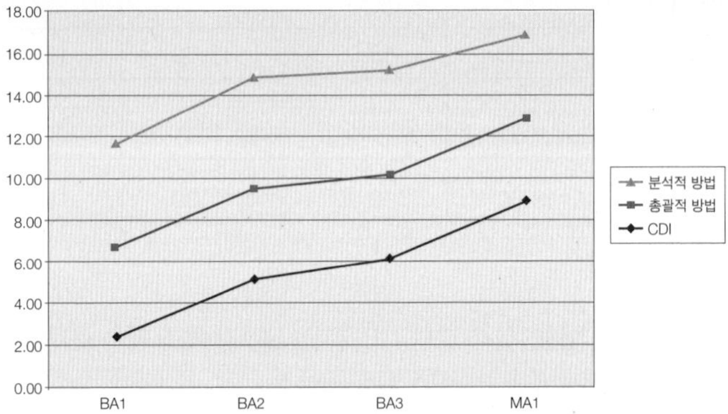

〈그림 1〉 세 방법에 의거한 점수 분포표

비록 평균값에 있어서는 비교적 큰 차이를 보이지만, 점수 분포는 세 방법 모두 유사하다. 이는 곧 세 방법 모두 취약 학생, 중간 학생, 탁월한 학생을 구별하는 기능을 수행한다는 것을 암시한다. 그러나 이 평균값은 그룹의 전체 결과를 나타내고 두 평가자가 준 점수의 결과라는 것을 주목해야 한다. 이는 결론 서두에서 지적한 개별 평가자간 분산에 있어서 큰 차이를 감추는 것이다. 다른 평가자들의 개별 점수 분포를 살펴보면(그림 2에서부터 그림 5), 평가자에 따라 그리고 특정 방법을 사용함에 따라 점수 차이가 큰 것을 명확하게 볼 수 있다.

<그림 1>에서부터 <그림 5>까지를 살펴보면 각기 다른 평가자가 학

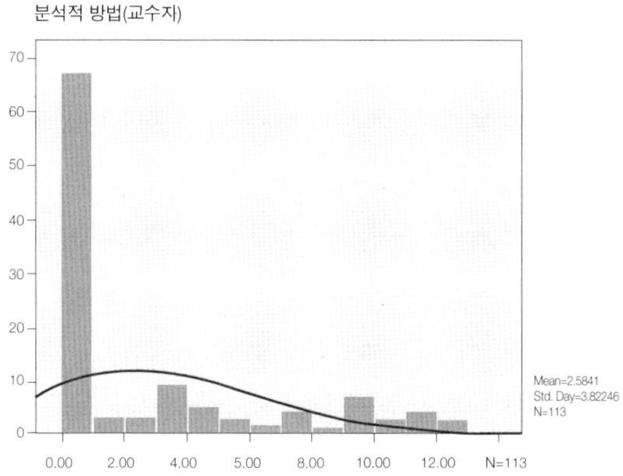

〈그림 2〉 분석적 방법에 의거한 교수자 평가자의 점수 분포표

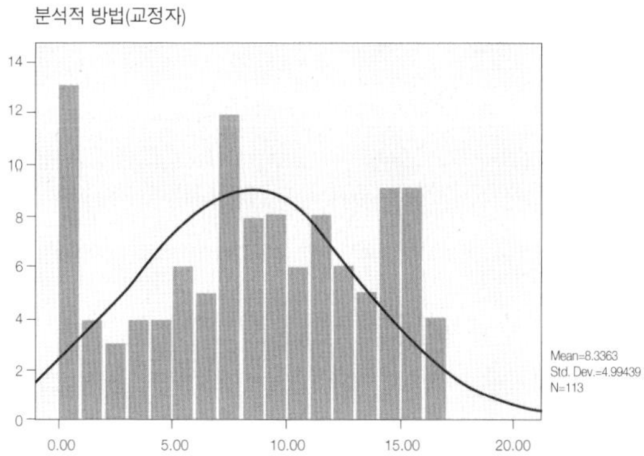

〈그림 3〉 분석적 방법에 의거한 교정자 평가자의 점수 분포표

생 수행능력을 구별해내는데 있어서, 심지어 동일한 교정 방법을 적용하는 경우에도, 큰 차이가 있다는 것을 <표 4>의 평균값이 어떻게 감추고 있는지 알 수 있다.

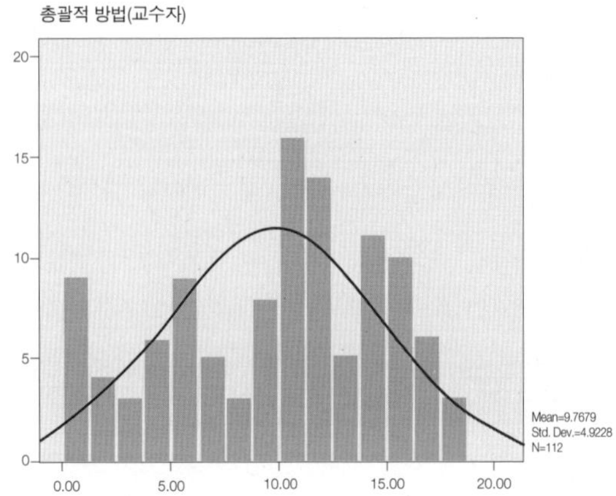

〈그림 4〉 총괄 방법에 의거한 교수자 점수 분포표

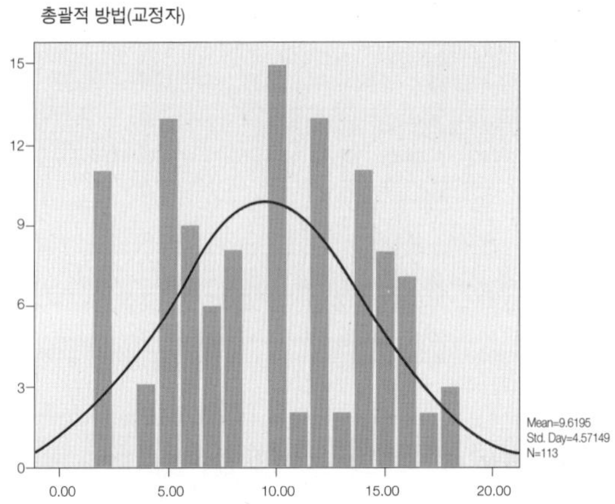

〈그림 5〉 총괄 방법에 의거한 교정자 점수 분포표

5. 결론: 연구 함의 및 한계

5.1 연구 함의

113명을 대상으로 한 연구 결과를 바탕으로 내린 결론은 본 연구에서 평가자들이 사용한 총괄 방법과 분석적 방법이 테스트 신뢰도 및 분별력에 있어서 부족하다는 점이다. 분석적 방법은 총괄 방법 보다는 평가자 간 상호 주관적 합의 수준이 더 높은 듯 하지만 개별적 점수 분포를 상세히 살펴보면 여전히 너무 분산이 크다. 두 방법 모두 번역 수행에 관한 형성 평가 시 장점이 있지만, 평가 시 사용되는 기준의 안정성이 흔들리기 때문에 일관되게 적용하는 데에는 어려움이 있다. 그러나 분석적 평가 방법뿐만 아니라 총괄 방법도 종합 평가(교육 상황 및 전문 번역 기술 인증 상황 시 번역 테스트)시 많이 활용되고, 활용 시 주의해야 할 점도 있다. 이 두 방법은 기본적으로 번역 평가에 대해 주관적 방법을 기반으로 하기 때문에 신뢰도에 있어서는 의심의 여지가 있고, 점수에 대해 정당화하고자 하는 것이 문제가 되기도 한다(벨기에에서는 이미 수 차례 진행되었듯, 정당화 결여는 심지어 소송으로 이어지기도 한다).

CDI 방법은 변별력 있는 항목 또는 번역 일부를 선택하여 평가하기 때문에 좀 더 신뢰할만하고 일관된 방식으로 수행 지표와 기본 번역 역량을 연관 지어 설명해준다. 그러나 샘플의 대표성은 번역 테스트 시 변별력 있는 항목을 선정할 때 매우 중요하다. 이는 곧 방법 이행 시 끊임없는 모니터링이 필요하다는 것을 의미한다. 따라서 이 방법은 종합 평가(평가 결과를 기반으로 결정을 내려야 하는 고 부담상황)에서 활용하는 것이 좋다. 이 방법의 주요 장점은 유럽에서 번역 역량 인증 시 신뢰할 만하고 타당성 있는 인증을 제공하기 위해 테스트 표준화를 요구하는 경향과 잘 부합한다는 것이다.

5.2 한계점

본 연구의 한계점 중 하나는 학부 1년생과 석사과정생의 수가 비교적 많지 않다는 것이고 번역을 종이와 펜을 이용한 지필고사 형태로 진행한 것이다. 좀 더 큰 규모의 연구로 발전시키기 위해서는 참여자들이 컴퓨터로 번역 시험을 보도록 하여 실제 전문 번역 과제를 수행하는 환경을 마련하도록 해야 할 것이다.

CDI 방법이 적용하기 어려운 것은 아니지만, 모든 가능한 번역 오류를 철저하게 분석해야 하고 심리측정의 기본에 대한 최소한의 이해가 필요하다. 번역 평가가 더욱 과학적이 되기 위해서는 언어 테스트에 관한 근본적인 원칙을 번역 교수자에게 소개해주어야 한다. 본 연구에서는 언어 테스트 이론과 번역학의 구체적인 인식론적 특성 간에 존재했던 간극을 메우며 '번역 평가 이해력'에 기여하고자 하였다.

이미 수집한 데이터를 기반으로 점수 분포와 평가자들의 전문적 프로필의 관련성을 심도 깊게 조사하여 후속 연구를 진행할 것이다. 본 연구에서 수집된 데이터를 보면, 특정 텍스트 타입과 특정 참여자의 상호작용이 번역 능력의 각기 다른 측면을 보여주는 것으로 이어진다면 CDI 방법이 번역 능력의 가능한 모든 측면을 포괄적으로 측정할 수 있는 방법이라는 이론적 가정과 잘 맞아떨어지는 듯 하다. 이에 대해서는 후속 연구에서 다룰 것이다. 마지막으로, 향후 연구 프로젝트에서는 모든 언어에 적용될 수 있는 번역 역량을 측정하기 위해 동일한 기준을 수립하는 방법론적 문제와 CDI 방법을 좀 더 유사성이 떨어지는 언어 쌍에 적용하는 문제에 대해 다루도록 하겠다.

Al-Qinai, Jamal. 2000. "Translation Quality Assessment. Strategies, Parameters and Procedures." *Meta* 45(3): 497- 519.

Anckaert, Philippe and Eyckmans, June. 2006. "IJken en ijken is twee. Naar een ncrmgerelateerde ijkpuntenmethode om vertaalvaardigheid te evalueren" In *Verlalingen objectief evalueren. Matrices en ijkpunten.* Van de Peel, Chris and Segers, Winibert (eds.), 53- 67. LouvainlVoorburg: Acco.

Anckaert, Philippe, Eyckmans, June and Segers. Winibert. 2008. "Pour une évaluation normative de la compétence de traduction." *ITL International Journal of Applied Linguistics* 155: 53-76.

Bachman, Lyle F. 1990. *Fundamental Considerations in Language Testing.* Oxford: Oxford University Press.

Bachman, Lyle F. & Palmer, Adrian S. 1996. *Language Testing in Practice.* Oxford: Oxford University Press.

Bachman, Lyle F. 2004. *Statistical Analyses for Language Assessment.* Cambridge: Cambridge University Press.

Conde Ruano, Tomás. 2005. *No me parece mal. Comportamiento y resultados de estudiantes al evaluar traducciones.* University of Granade: Unpublished doctoral dissertation.

Ebel, Robert L. 1979. *Essentials of Educational Measurement.* Englewood Cliffs, NJ: Prentice Hall.

Horton, David. 1998. "Translation Assessment: Notes on the Interlingual Transfer of an Advertising Text." *IRAL* 36(2): 95-119.

House, Juliane. 1981. *A Model for Translation Quality Assessment.* Tübingen: Gunter Narr.

Klein-Braley, Christine. 1987. "Fossil at Large: Translation as a Language Testing Procedure." In *Taking Their Measure: The Validity and Validation of Language Tests.* Grotjahn, Rüdiger, Kletn-Braley, Christine and Stevenson Douglas K. (eds.). 111-132. Bochum: Brockmeyer.

Kuiken, Folkert. 2001. "Contrastief en taakgericht: een contrast." In *Perspectieven voor de international neerlandistiek in de 21ste eeuw: handelingen Veertiende Colloquium Neerlandicum, Katholieke Universiteit Leuven, 27 August-2 September 2000 / IVN, Internationale Vereniging voor Neerlandistiek,* Elshout, Gerard et al.{eds.). 353-362. Münster: Nodus-Publ.

Lado, Robert. 1961. *Language Testing. The Construction and Use of Foreign Language Tests. A Teachers Book.* London: Longmans.

Laufer, Batia. 2005. "Focus on Form in Second Language Vocabulary Learning." In *EUROSLA Yearbook Volume 5*, Poster-Cohen Susan H., Garcia -Mayo María and Cenoz, Jasone (eds.). 223-250. Amsterdam/Philadelphia: John Benjamins Publishing Company.

Pacte. 2000. "Acquiring Translation Competence: Hypotheses and Methodological Problems in a Research Project." In *Investigating Translation.* Beeby, Allison, Ensinger, Dons, Presas, Marisa (eds.). 99-106. Amsterdam: John Benjarnins.

Schmitt , Peter A. 2005. "Qualitätsbeurteilung von Fachübersetzungen in der Übersetzerausbildung. Probleme und Methoden." Paper presented at Vertaaldagen Hoger Instituut voor Vertalers en Tolken, 16-17 March 2005, http://www.hivt.be/onderzoeklvertaaldagen200S_verslag.htm.

Waddington, Christopher. 2001. "Different Methods of Evaluating

Student Translations: The Question of Validity" *Meta* 46(2): 331-325.

Waddington. Christopher. 2004. "Should Student Translations be Assessed Holistically or through Error Analysis?" *Lebende Sprarhen* 49(1): 28-35.

Widdowson, Henry G. 1978. Teaching Language as Communication. Oxford: Oxford University Press.

Weir, Cyril. 1994. "Effects of Training on Raters of ESL Compositions." *Language Testing* 11(2): 197-223.

Weir, Cyril. 2005. L*anguage Testing and Validation.* Basingstoke/New York: Palgrave Macmillan.

첨부1. 번역 과제 및 지시사항

번역 지시사항

프랑스인 에디터는 최근 상업 광고의 비효과성에 관한 비전문적 글을 네덜란드어에서 프랑스어로 번역하는 일을 당신에게 맡기고자 하고 있습니다. 이 기회를 얻기 위해서는 다음의 샘플 텍스트를 프랑스어로 번역해서 제출해야 합니다. 텍스트 포맷에 대해서는 신경 쓰지 않아도 되지만, 모든 언어적 측면(문법적 오류, 단어의 정확성, 구두점, 톤 등)에 대해서는 세심한 주의를 기울여야 합니다.

필요하다고 생각되는 어떠한 번역 도구(참고자료, 온라인 자료)도 사용 가능합니다. 이 샘플 번역을 완성하기 위해 주어진 시간은 90분 입니다. 행운을 빕니다!

첨부 2. 총괄 평가자를 위한 지시사항

번역 평가 전에 학생들이 번역 할 텍스트 위에 있는 번역 지시사항을 주의 깊게 읽어보기 바랍니다.

총괄 평가방식에 따라 평가를 하면서 '옳지 않은(not sound right)' 모든 부분에 밑줄을 그으시기 바랍니다. 번역 오류의 특징에 대한 구체적인 정보는 기입하지 않아도 되고, 특정 평가 척도(parameter)를 적용하지 않아도 됩니다. 끝으로, 번역을 전체적으로 보았을 때 받은 느낌에 부합되는 점수를 0점에서 20점 중 부여하면 됩니다.

첨부 3. 분석적 평가자를 위한 지시사항

번역 평가 전에 학생들이 번역 할 텍스트 위에 있는 번역 지시사항을 주의 깊게 읽어보기 바랍니다.

분석적 평가방식 적용 시 이하 제공되는 평가표에 따라서 번역을 평가하시기 바랍니다. 평가자는 모든 오류(언어적 오류 그리고/또는 번역적 오류)에 밑줄을 그으시고, 오류의 특징에 대한 설명을 기입하시기 바랍니다(예를 들어, 내용 오류 또는 해석 오류에 대해서는 'CT(content errors)'라고 적고, 문법적 오류에 대해서는 'GR(grammatical errors)'이라고 기입). 끝으로, 각각의 오류를 바탕으로 총점 20점에서 점수를 하나씩 차감해주시기 바랍니다(예를 들어, 하나의 CT 오류 당 2점 감점, 하나의 GR 오류 당 0.5점 감점).

뜻 또는 의미 오류	지시적 의미가 잘못된 모든 경우: 잘못된 정보, 맞지않는 의미, 주요 생략.	-1
해석 오류	학생이 원천 텍스트가 의미하는 바를 잘못 해석하는 경우: 원천 텍스트에서는 부정적인 느낌에서 전달된 정보가 번역 시 긍정적인 느낌으로 전달된 경우, 행위를 한 인물과 행위를 당한 인물의 혼동.	-2
단어 오류	부적절한 단어선택, 관용적 표현의 잘못된 사용.	-1
모사 오류	원천 텍스트 구조를 그대로 적용한 경우, 프랑스어가 아닌 말로 번역한 경우.	-1
어역 오류	지나치게 (비)격식체이거나 단순하거나 텍스트의 특성에 맞지 않은 경우.	-0.5
문체 오류	어색한 어조, 반복, 부적절한 모음운(assonances).	-0.5
문법 오류	텍스트의 주된 의미에 변형을 주지는 않는 프랑스어에서의 문법적 오류(예를 들어, 과거 분사의 잘못된 일치, 남성형/여성형 혼동, 형용사와 명사의 잘못된 일치..)나 원천 텍스트의 문법에 대한 잘못된 이해(예를 들어, 과거 시제를 현재 시제로 번역..).	-0.5
생략	뜻 또는 의미 오류 참조.	-1
추가	원천 텍스트에는 없는 정보 추가(문체적 추가는 이 카테고리에서 제외).	-1
철자법 오류	텍스트의 주된 의미에 변형을 주지 않는 철자법 오류.	-0.5
구두점 오류	구두점 생략 및 잘못된 구두점 사용의 경우. 주의사항: 쉼표를 생략해서 원천 텍스트와는 다른 의미해석으로 이어지는 경우, 뜻 또는 의미 오류로 간주함.	-0.5

첨부 4. 굵은체의 교정 항목을 포함한 번역 과제

Media **en amusement** trekken alle aandacht naar zich toe

Een van de grootste misvattingen die ik bij de meeste mensen heb vastgesteld **over reclama, is dat zij ervan uitgaan dat al het geïnvesteerde reclamegeld** van bedrijven terechtkomt in de 'reclamewereld', **waarmee zij** de wereld van reclamebureaus en reclamemakers **bedoelen**. Dat is niet zo. **Het overgrote deel van de reclama-investeringen** van het bedrijfsleven gaat naar de aankoop van ruimte in de media, en komt dus terecht **op de bankrekeningen** van de media-groepen met hun tijdschriften, karanten, radiozenders, **tv-stations**, bioscopen, **billboards**… Be-drijven zijn immers op zoek naar een publiek om hun producten ten minste eens te proberen. **Dat publiek** wortdt **geleverd** door de media. De bedrijven kopen dus pagina's of zendtijd, en kunnen zo in contact treden met het publiek **van die media. Op die manier ontstaat** er een miljardenstroom van reclamegeld (in België meer dan 1,75 miljard euro per jaar), **die van de bedrijven** naar de **media** stroomt.

De reclamebureaus staan slechts aan de oevers daarvan. **Zij zijn de kleine vissers, hengelend naar een opdracht** van de bedrijven die er vooral **in bestaat de aangekochte ruimte** te vullen met inhoud. **De reclamebureaus zorgen dus voor** de ontwikkeling van de boodschap **van het merk** en voor de verpakking van die boodschap. In ruil daarvoor krijgen ze een percentage van dereclame-investeringen: vroeger **ging dat** om 15%, nu is het meestal minder dan 10%. Steeds meer **worden deze percentages afgeschaft en vindt de betaling plaats** via **een maandelijks nonorarium, dat door de bedrijven zwaar onder druk wordt gezet. Zij moeten immers** steeds meer betalen voor hun mediaruimte en willen die meerkosten **zo veel mogelijk terugverdienen, onder meer** via de reclamebureaus. Deze worden verplicht steeds **sneller te werken voor steeds minder geld. Dat wil niet zeggen dat** de reclamebureaus armoedezaaiers zijn. Veel reclamemakers **verdienen goed**. Door meet te surfen op de golven van de reclama-in-vesteringen zijn er **multinationale en beursgenoteerde reclamenetwerken** ontstaan. **Maar de échte reclamewereld**, waarin het grote reclamegeld **omgaat, is eigenlijk** de mediawereld.

캐롤의 척도 적용

엘리자벳 티셀리우스(Elisabet Tiselius)
스톡홀름 대학(Stockholm University)

본 예비연구는 기계 번역을 평가하기 위해 캐롤(1966)이 고안했던 척도(scales)를 적용하여 진행한 통역 평가를 보여준다. 연구 참여자(통역사, n=6; 비통역사, n=6)는 캐롤의 척도를 바탕으로 경력을 세 부류로 분류할 수 있는 국제회의 통역사들(n=9)의 동시통역을 평가하였다. 평가는 통역 결과 전사물(transcripts)을 바탕으로 하였다. 비록 평가자 수와 평가 대상 통역의 수는 적지만, 이 데이터를 통해 통역의 명료성(intelligibility) 및 정보성(informativeness)에 대한 평가가 통역사나 일반인 모두 일치하는 것을 볼 수 있다.

1. 서론

티셀리우스(2008)는 영어-스웨덴어 전문 동시통역의 과정과 결과물 모두에 대해 종적(longitudinal) 연구를 진행하였다. 통역 수행 또는 통역 "최종 결과물"에 대한 평가가 종적 연구의 주요 연구 주제였기 때문에 타당하고 신뢰할 만한 평가 도구를 찾기 위해 선행 연구를 조사하였다(안젤렐리(Angelelli), 2004, 2007; 모저(Moser), 1995; 질(Gile), 2003). 종종 통역 분야 평가를 비전문가가 해온 것을 고려하여, 비전문가가 통역 수행 평가를 할 수 있도록 도와주는 도구를 찾아내는 것이 목적이었다(안젤렐리, 2007).

캐롤의 척도는 적용하기 쉽고, 일반인 또는 비전문 통역사도 평가자 역할을 할 수 있도록 조정가능하기 때문에 이를 선택하였다. 그러나 이 척도를 사용하여 통역 수행 평가를 하는 것이 적절한지, 비전문가에게 평가자 역할을 부여는 것이 적절한지 결정하기 위해서는 추가 연구가 필요하였다. 이 척도는 기계 번역 품질을 측정하기 위해 개발되었고, 원천 텍스트와 비교하여 목표 텍스트의 명료성 및 정보성을 측정한다. 대규모 통역 평가 시에는 적용되지 않았다. 그럼에도 불구하고 두 명의 통역 연구자(거버(Gerver), 1971 & 앤더슨(Anderson), 1979)가 이 척도를 사용하였고, 미국 법정 통역 인증 시험(FCICE)[1] (문제가 제기된 적 있는 인증시험, 클리포드(Clifford), 2005 참조) 개발의 기반으로 사용되었다. 평가척도는 연구 및 교육 두 분야에서 통역을 평가하는 다수의 도구들로 구성되어 있고(리(Lee) 2008 참조), 캐롤의 척도는 통역 연구에서 사용되기 시작한 첫 번째 도구였다.

캐롤의 척도를 통역 수행평가에 적용하는데 있어서 장점은 이 척도가 비구성적 특성(non-componential potential)을 갖고 있다는 점이다. 동시 통역에서 사용자 기대 설문조사로 사용된 대부분의 도구들은 1983년 질이 제안한대로 구성되어 있다(질, 2003). 즉, 유창성, 적절성 등과 같은 각각의 요소에 대해 개별적인 질문을 하는 것이다. 이는 전반적인 평가에 있어서 각기 다른 요소의 가중치를 측정하기 위해 사용하는 경우에는 분명 장점이 된다. 그러나 2008년 종적 연구 시에는 비통역사가 평가자 역할을 하였기 때문에 총괄적인 관점에서 수행 측정 도구를 사용하는 것이 더 적절해 보였다. 따라서 통역 수행의 총괄적 평가를 위해 캐롤의 척도를 적용하여 연구를 진행하였다. 다음에 설명할 통역 수행 평가를 위한 캐롤의 척도 적용에 관한 연구는 엄격하게 국제회의 동시 통역과 영어(C)에서 스웨덴어(A)[2] 로의 언어 조합에 국한된 것이다.

1.1 연구 목적 및 질문

본 연구의 목적은 캐롤의 척도가 총괄적인 수준에서 동시통역 수행을 평가하는데 적절한가, 그리고 비전문가가 사용하기에 타당하고 사용하기 쉬운가 살펴보기 위한 것이다. 본 연구에서 사용하는 "비통역사"라는 용어는 통역과 관련해서 지식이 없는 일반인을 말하고, 일반적으로 교육받은 개개인, 즉 학사학위 소지자, 학부 학생 또는 그에 상응하는 교육을 받은 개개인을 말한다.

본 연구 목적에 따른 두 개의 연구 질문은 다음과 같다.

(1) 통역 수행 평가 시 캐롤의 척도를 적용하였을 경우 타당한 결과가 도출되는가?

이 첫 번째 질문은 통역 평가 시 사용된 척도의 타당성과 관련된 질문이다. 이 척도는 애초에 기계 번역을 평가하기 위해 고안된 것이다. 이 척도가 개발된 이후 통역 연구 및 테스트 연구 분야는 많이 변하였다. 게다가 이 척도에 대해 앤더슨(1976) 및 클리포드(2005)는 문제를 제기하였다. 따라서 이 척도가 통역 맥락에서도 유용할 것이라고 생각되기는 하지만, 이 척도를 적용하는 것이 통역 품질 평가에도 적절한 것인지 살펴보는 것이 중요하다. 본 연구의 앞 부분은 이 척도의 개정본을 사용하는 것이 통역에서 명료성 및 정보성을 측정하는데 타당한지에 관해 초점을 맞추고 있다. 연구에서는 전문적 통역 경력이 매우 많은 전문 통역사, 예를 들어 유럽 학회(European Institutions)측의 인정을 받았거나 AIIC(세계국제통역사협회, the International Association for Conference Interpreters) 회원인 통역사들이 경력이 짧은 통역사보다 더 높은 점수를 받을 것이라고 가정하고 있다. 만약 이 가정이 확인된다면, 적어도 이 척도가 안면 타당도는 있는 것으로 간주할 수 있다.

(2) 비전문가가 통역을 평가할 때에도 이 척도가 사용될 수 있는가?

두 번째 질문은 누가 평가하는가와 관련된 질문이다. 전문 통역사는 보통 통역 평가 시 관련 경험이 있어서 이 과제를 수행할 수 있을 것으로 가정한다. 그렇다면, 동일한 연수 및 교육(통역 교육 외에)을 받고 동일한 과제가 주어졌을 경우 비통역사도 통역을 평가할 수 있는가? 통역 서비스를 받는 사람들은 대부분 일반인들이고, 이와 같은 최종 사용자의 평가는 연관성이 있을 것으로 예상된다. 일반인들도 통역 품질에 대한 의견을 묻는 질문을 받고는 하지만(예를 들어 모저, 1995 또는 SCIC 고객 설문조사, 2008), 이들이 통역에 대해 평가하고 채점하는 것은 연구되지 않았다. 본 연구 두 번째 부분의 목적은 전문 통역사와 일반인들이 동일한 척도를 사용하여 평가할 경우 차이가 있는지 없는지 살펴보는 것이다.

2. 연구배경

2.1 캐롤의 척도

존 B. 캐롤은 언어 적성 테스트를 개발한 미국 심리학자였고 언어 테스트를 위한 유용한 평가 도구 개발에 관한 주요 연구를 진행하였다(스탠스필드 & 리드(Stansfield & Reed), 2003). 기계 번역은 캐롤의 연구 분야 중 하나였고, 1966년 기계 번역 평가를 위해 그는 두 개의 척도를 개발하였다(캐롤, 1966). 논문에서 캐롤은 언어 테스트에서 개별 포인트 이론(Discrete Point Theory)에 대해 문제를 제기하였다(스탠스필드 & 리드, 2003). 개별 포인트 방식은 언어 테스트에 관해 분석적 접근을 하는 방식이고 각 테스트 질문이 하나로 분리된 콘텐트 포인트를 측정하도록 구성되어 있다. 캐롤은 통합적인 테스트 설계를 선호하였고 각 질문을 통해 응시자가 한 번에 지식 일부 또는 하나의 기술 이상을 사용하도록 요구하였으며, 이러한 방식이 응시자의 언어에 관한 지식을 좀 더 자연스럽게 보여준다고 주장하였다. 이와 같이 그가 종합적 테스트 설계를 선호한 것은 기계 번역 테스트 방법 설계를 어떻게 할 것인지에 대한 설명에서도 볼 수 있다.

비록 캐롤은 "번역 적절성에 대한 평가는 궁극적으로 주관적 판단, 즉 인간이 인지하는 바와 직관에 따른 판단에 의거하는 것"(1966: 55)이라고 가정하기는 하였지만, 충분히 세심한 주의를 기울인다면, "만족할만한 결과를 보여주는 수용할만한 수준의 신뢰도 및 타당도 또는 그 척도를 바탕으로 측정한 결과가 보고되는 것"(ibid.)이 가능하다고 그는 생각하였다. 이를 달성하는 방법 중 하나는 "품질에 있어서 충분히 다양한(heterogeneous) 번역 단위 묶음을 제공하여 평가척도에 관한 판단이 각기 다른 주관적 기준에 의해 영향 받는 정도 차이를 최소화 하는 것이다"(Ibid.). 캐롤은 평가를 위한 몇몇 요건들을 구성하였고, 이를 바탕으로 그의 척도를 설계하였다. 처음에 설계한 척도는 3.1절에서 다시 설명하고 있다(1966: 55-56). 그는 번역이 완벽하게 명료하지만 원본에 대한 충실성은 부족할 수 있고, 반면 또 다른 번역은 전혀 명료하지 않지만 원문에 대한 충실성은 매우 뛰어날 수 있다고 주장하며, 두 가지 척도(명료성과 정보성이라는 두 개의 구인(constructs)에 기반한 것)의 필요성을 언급하였다. 캐롤에 따르면 앞서 언급한 두 종류의 번역 모두 좋은 번역이라고는 할 수 없다(1966: 57).

척도 설계 당시 캐롤은 러시아어-영어 기계 번역과 인간 번역에서 문장을 무작위로 추출하였다. 그 다음 원문과 비교하여 얼마나 명료하거나 또는 정보성이 있는지, 명료성을 기준으로 9개의 다른 그룹으로 분류하였고, 정보성을 기준으로 9개의 다른 그룹으로 분류하였다. 그리고 각 척도 별로 9가지로 구분한 점수에 대해 설명을 하였다. 이에 대한 정의는 3.1절에 소개되고 있는 <표 1>과 <표 2>에서 설명하고 있다.

다음, 이 척도를 활용하여 SAT(미국 대학입학 표준 테스트) 점수 상위권자인 18명의 영어 사용자 학생들과 18명의 러시아어-영어 전문 번역가들이 번역된 문장들을 원문과 비교해가며 평가하였다.

이 척도가 일반적으로 이해 가능한가라는 관점에서 번역물을 평가하도록 설계된 것이기 때문에 전체적인 것을 살펴보는 특징이 있다. 번역은 총괄적으로(holistically) 평가되었고, 평가 시 원문의 정보를 번역이 모두 담고 있는 지 하는 것과 번역된 문장의 이해도에 초점을 맞추었다.

2.2 통역에 평가척도 적용

앞서 언급하였듯이, 앤더슨(1979)과 거버(1971)는 캐롤의 척도를 사용하여 통역을 평가하였다. 두 연구자 모두 두 명의 평가자가 통역 전사물을 평가하도록 하여 연구를 진행하였다. 앤더슨은 전체 전사물(즉, "잘못된 시작, 주저함, 반복, (잘못된) 단어 엮음 등이 포함된 것, 1979: 27")을 사용하였고, 반면 거버는 이러한 세부사항을 제외한 전사물을 사용하였다. 거버는 캐롤의 척도 적용에 대한 어떠한 비판적 분석도 하지 않지만, 앤더슨은 이에 대해 의구심을 제기하였다. 앤더슨은 첫 두 실험연구에서 어떠한 유의미한 처치 효과(treatment effects)도 얻어내지 못했고, 결과적으로 이 척도가 통역 결과물을 측정할 수 있을 만큼 충분히 세밀하게 조정된 것인지에 대해 의문을 제기하였다. 그러나 앤더슨과 거버 모두 통역에 적용하기 위해 이 척도를 세부적으로 변형하지는 않았고, 대규모 연구에서 사용하지도 않았다.

리(2008) 또한 통역 평가를 위한 평가척도(캐롤의 척도가 아닌 자신이 설계한 것)에 관해 연구를 진행하였고, 연구 결과 그 척도의 평가자간 신뢰도가 높으며 평가자가 생각하기에 사용하기 쉽다고 설명하였다. 그러나 이 연구 결과에서 어떠한 결론을 도출하기 위해서는 추가 연구가 필요하다. 리는 자신이 설계한 세 개의 분석적 평가척도를 사용하였고, “통역 수행 평가 시에는 철저한 분석을 할 시간이 별로 없기 때문에 평가자들은 선별된 기준을 바탕으로 통역 수행 품질을 평가해야 한다. 이러한 실제적인 이유로 평가척도를 사용하는 것이 통역 수행 평가를 위해 유용한 방법으로 생각된다”(2008: 170)고 한다.

앞서 설명하였듯이, 캐롤의 척도는 지필 번역 평가를 위해 개발된 것이다. 사실, 지필로 작성된 번역 평가를 위해 개발한 도구를 통역 평가 시 사용한다는 것이 불합리해 보일 수도 있다. 통역 평가에 적용하기 위해서는 통역과 번역의 차이를 명확하게 구분해야 한다. 푀히하커(Pöchhacker)는 통역을 “원천언어의 발화를 **한 번 들은 것**을 기반으로 **첫 번째이자 마지막 통역**이 이루어지는 번역의 한 형태”(2004: 11, 원문에서도 굵은체 사용)라고 정의하였다. 번역에 대한 상세한 정의를 더 살펴보지 않아도(정의를 살펴보기 위해서는 투리(Toury, 1980), 구트(Gutt, 1991) 또는 핌(Pym, 2004) 참조), 번역과 통역의 주요 차이점이 위의 푀히하커의 정의에서와 같이 명료하게 지적되고 있는 것을 알 수 있다. 대부분의 경우 첫 번역이 마지막 번역이 되기는 힘들다. 번역가는 몇 번의 과정을 거쳐 목표 텍스트를 수정한다. 대부분 번역가는 계속해서 참고하도록 원천 텍스트에 대한 접근이 허용된다. 캐롤의 척도를 통역에 적용할 때에는 이러한 차이점을 고려해야만 한다.

캐롤의 명료성과 정보성이라는 구인이 통역 구인에도 적용가능한지 알아보기 위해 슐레진저(Shlesinger, 1997)가 언급한 구인과 비교해 보았다. 캐롤이 말하는 명료성은 슐레진저가 사용한 *내적텍스트성(intratextual)*(즉, 결과물 그 자체로 평가함)이라는 용어와 유사하고, 캐롤의 정보성은 슐레진저의 *상호텍스트성(intertextual)*(즉, 원천 텍스트와 목표 텍스트 간의 비교 후 유사점과 차이점을 바탕으로 평가함)과 유사하다(슐레진저, 1997: 128). 이 용어들을 선택한 이유는 이들이 통역을 활동으로서가 아닌 텍스트로서의 결과물이라고 보고 그 초점을 맞추기 때문이다. 슐레진저는 또한 목표 텍스트의 유용성 및 이해성을 바탕으로 세 번째 용어인 도구성(instrumentally)이라는 단어를 제안하며, 결과적으로 통역의 소통적 측면을 포괄하는 통역의 소통적 행위에 관해 설명한다. 여기에서 비교되고 있는 두 구인은 통역을 매개로 한 소통의 모든 요소들을 고려하고 있지는 않다(바덴스조, 1999 & 안젤렐리, 2004 참조). 그러나 본 연구에서는 동시 통역의 전사물을 평가하는 데 있어서 효과적이고 총괄적(holistic)인 접근방식을 알아내고자 하기 때문에, 소통의 모든 요소들을 고려하지 않은 것이 중요하다고는 판단하지 않았다.

특히 평가자가 텍스트 전체가 아닌 일부만을 바탕으로 통역을 평가할 때 이 척도를 사용하는데 있어서 제기될 수 있는 문제점은 평가자가 소통을 위한 발화를 평가하고 있다는 것을 간과하는 리스크가 발생할 수 있다는 점이다. 뿐만 아니라, 화자가 통역사를 통해서 청자와 소통을 한다는 화자의 책임성에 대해서 캐롤의 척도에서는 다루고 있지 않다는 점이다. 부오리코스키(Vuorikoski, 2002)가 지적하였듯이, 성공적으로 통역을 통해 소통하는 데에는 통역사의 책임만 있는 것은 아니다. 본 연구에서는 캐롤이 앞서 언급한 것(어떤 번역은 원문에 대한 충실성은 부족하더라도 매우 명확할 수도 있고, 어떤 번역은 원문에 대해서는 매우 충실하지만 명확도는 매우 떨어질 수 있으며, 이 두 경우 모두 좋은 번역으로 간주되지는 않는다는 것)이 통역에도 적용될 수 있다는 것을 가정하고 있다. 구술 담화에서 의미는 공동으로 구성 되는 것이지만 본 연구 설계에서는 이 특성을 반영하고 있지는 않다는 것을 밝힌다. 이 점이 여기에서 제시하는 척도의 취약점이라고 할 수 있다.

게다가 FCICE 테스트의 타당도에 관한 연구에서 클리포드(2005)는 명료성과 정보성이라는 두 척도의 연관성이 매우 높아서 각각 별개의 구인이 아니라는 의구심이 들 수도 있다고 밝혔다(2005: 122). 클리포드는 이를 기대한 것은 아니지만, 결론에서 "이 이론에 대해 추후 다시 살펴보고 가정하는 바에 대해 의심해보고자 한다. 그러나 적어도 지금

당장은 이 테스트가 계획한 바를 달성하지는 못하고 있다"(ibid)라고 언급한다. 본 연구의 목적을 고려해볼 때, FCICE 척도는 캐롤의 원래 척도와 유사하지 않다는 것을 밝히는 바이다. 또한 클리포드 테스트에서 적용했던 방식과 동일한 방식으로 적용되는 것도 아니다. 따라서 본 연구의 목적을 위해서는 두 구인이 다르다는 것을 가정한다. 그러나 두 척도의 상관성에 대해서는 향후 조사해보아야 할 필요가 있을 것이다.

결론적으로, 국제회의 동시통역에 적용할 경우 캐롤의 척도는 통역된 발화의 중심적인 측면을 설명하지만 소통을 위한 발화로서 전체를 설명하는 것은 아니라고 가정해볼 수 있다. 이를 포함한 다른 반대 의견들을 고려해본다 할지라도, 이 척도는 동시 통역 전사물을 평가하는데 있어서 일반인들도 사용할 수 있을 정도로 사용하기 쉽고 접근성이 좋아야 한다는 본 연구의 목적에 부합하는 것으로 생각된다. 따라서 이 척도의 적용가능성에 대해 조사해보도록 하겠다. 다음 절에서 이 척도가 어떻게 적용되는지에 대해 설명하겠다.

3. 데이터 및 방법

본 연구에서는 9명의 통역사를 통역 경력을 기준으로 세 부류(무경력, 단기 경력, 장기경력)로 나누어 10분간 각각 통역하도록 하였다. 그리고 그 통역에 대해 캐롤의 척도를 수정하여 적용하였다. 9개의 통역(추출된 자료) 전사물을 더 작은 부분으로 나누어 무작위로 섞은 후 캐롤의 척도에 따라 두 그룹의 훈련된 평가자(통역사와 비통역사, n=12)가 평가하였고 두 그룹의 평가자들이 도출한 결론을 서로 비교해보았다.

3.1 척도 수정

이미 언급하였듯, 캐롤의 척도는 구어적 특성을 고려하지 않고 있다. 구어적 특성을 반영하도록 하기 위해 통역에 맞게(즉, 구어에 맞게) 척도를 수정하였다. 척도를 수정해가며 전반적인 용어와 관련된 것을 변경 및 적용하였다. 수정작업은 크게 세 가지로 구성된다. (1) 문어 텍스트 및 번역과 관련된 척도 단계(steps)와 설명 삭제, (2) 구어 및 통역과 관련된 설명 추가, (3) 몇몇 단계에 관한 어구(formulation) 수정(표 1과 표 2 참조)이 수정사항이다.

첫째, "일반적으로 말하는 스웨덴어와 같이" 라는 표현처럼 구어(본 연구에서는 스웨덴어)와 통역에 대한 언급이 정의에 추가되었다. 또한 '유창한,' '일관된,' 그리고 '명확한'과 같은 용어들을 척도에 추가할지에 대해 고려해 보았지만, "일반적으로 말하는 스웨덴어"라는 표현이 유창성, 일관성, 명확성을 다 포괄한다고 결정하였다. 따라서 그 밖의 요소들이 추가되지는 않았다.

〈표 1〉 *명료성* 척도, 수정본 및 원본 척도(캐롤, 1966: 58)

명료성 척도(원본)	명료성 척도(본 연구를 위해 수정됨)
9. 매우 확실하고 명료함. 원본처럼 읽힘; 스타일 상 부적절한 부분 없음	6. 통역이 매우 확실하고 명료함. 원래 스웨덴어로 말한 것 같고, 스타일 상 부적절한 부분 거의 없음
8. 완벽하게 또는 거의 명확하고 이해할 수 있으나 사소한 문법적 또는 스타일 상 오류가 있음. 그리고/또는 단어 사용 시 일반적이지 않은 특징이 있으나 쉽게 "수정될 수 있는" 것임.	5. 일반적으로 명확하고 이해할 수 있으나 사소한 문법적 또는 스타일 상 특이한 점이 있거나 일반적이지 않은 단어 선택을 하고 있지만 이해하는데 방해가 되지는 않음.
7. 일반적으로 명확하고 이해할 수 있으나 스타일 및 단어 선택 그리고/또는 통사적 배열이 8등급에 비해 다소 서툼.	—

명료성 척도(원본)	명료성 척도(본 연구를 위해 수정됨)
6. 일반적 아이디어는 거의 즉각적으로 이해가능 하지만, 서투른 스타일, 서투른 단어 선택, 대안적 표현, 번역되지 않은 단어 및 부정확한 문법 사용으로 인해 완전히 이해하기에는 방해되는 요소가 있음. 사후 편집을 통해 거의 수용 가능한 형태가 될 수 있음.	4. 일반적 아이디어는 이해가능 하지만 서투른 단어 선택, 서투른 스타일, 특이한 단어 및 부정확한 문법 사용으로 인해 완전히 이해하기에는 방해되는 요소가 있음. 청자는 그 발화를 이해하기 위해서 노력을 기울여야 할 것임.
5. 상당히 고심을 한 후에야 일반적인 아이디어가 이해가능 하지만 고심 후에는 이해할 수 있음. 서투른 단어 선택, 일반적이지 않은 통사적 배열, 번역되지 않은 단어 및 유사한 현상이 보이지만, 단지 "잡음(noise)"을 구성하는 것이기에 주요 아이디어는 여전히 인지 가능함.	—
4. 명료한 문장처럼 보이지만, 실제로는 더욱 불명료함. 그럼에도 불구하고, 아이디어는 희미하게나마 이해가능함. 단어 선택, 통사적 배열 그리고/또는 대안적 표현들이 일반적으로 특이하고 주요 단어가 번역되지 않은 경우가 있음.	3. 명료한 발화처럼 보이지만 실제로는 더욱 불명료함. 그럼에도 불구하고, 아이디어는 이해 가능함. 단어 선택, 통사적 배열 및 표현이 일반적으로 특이한 면이 있고 이해에 중요한 영향을 끼치는 단어가 빠짐.
3. 일반적으로 불명료함; 의미 없는 문장처럼 보이는 경향이 있지만, 상당한 고민과 연구 끝에 적어도 문장에 의도하는 아이디어에 대해 적어도 추론을 해볼 수는 있음.	—
2. 고민과 연구를 하여도 거의 이해하기 힘듦. 그럼에도 불구하고 완전히 말이 안 되는 것은 아님.	2. 거의 이해하기 힘듦. 완전히 말이 안 되는 것은 아니고 청자가 상당한 노력 끝에 의미를 어느 정도 파악할 수 있음.
1. 완전히 이해 불가함. 어떠한 고민과 연구를 하여도 문장의 의미를 파악하기 힘듦.	1. 완전히 이해하기 힘들고 어떠한 의미도 전달되지 않음.

〈표 2〉 정보성 척도, 수정본 및 원본 척도(캐롤, 1966: 58)

명료성 척도(원본)	명료성 척도(본 연구를 위해 수정됨)
9. 굉장히 정보적임. 의도된 의미를 이해하는데 있어서 "세상의 모든 차이"를 다 보여줌. (원본이 완전히 바뀌거나 번역 시 의미가 완전히 뒤바뀔 때 9등급임)	6. 원본을 읽으면 전체 이해된 의미가 바뀜. (원문과 통역 후 의미가 완전히 바뀔 때 6등급 부여함)
6. 원본을 읽으면 전체 이해된 의미를 바뀜. (원문과 통역 후 의미가 완전히 바뀔 때 6등급 부여함)	5. 원본을 읽으면 이해된 의미를 명확하게 알 수 있음. 통사구조, 단어 및 구문에 있어서 원문과의 차이로 인해 의미에 대한 청자의 인상이 어느 정도 바뀜.
7. (6과 8 사이)	—
6. 명확히 정보적임. 문장 구조 및 개별 단어에 대한 상당한 정보가 추가되고 의도된 의미에 대해 독자를 "명료하게(on the right track)" 인도함.	—
5. (4와 6 사이)	4. 원문을 읽으면 통사구조 및 단어에 대한 추가 정보를 얻을 수 있음 또한 통역 시 발생하는 사소한 오해를 명확하게 해 줌.
4. 3등급과 대조적으로 문장 구조 및 통시적 관계에 대한 정보를 어느 정도 제공하기는 함. 문장의 일반적인 의미 또는 개별 단어의 의미에 대한 사소한 오해를 수정할 수 있음.	—
3. 주로 단어 차원에서 한 두 개의 주요 의미를 수정함으로써 번역이 제공하는 의미에서 약간의 "변형(twist)"을 줌. 그러나 문장 구조에 대한 새로운 정보를 추가하지는 않음.	3. 주로 단어 차원에서 한 두 개의 의미를 수정함으로써 통역 시 의미의 사소한 차이가 생기는 것을 원문읽기를 통해 알 수 있음.
2. 단어 차원 또는 문법 차원에서 원문에 의해 새로운 의미가 추가되는 것은 아니지만, 독자는 의도한 의미를 이해한다고 어느 정도 확신 함.	2. 단어 차원 및 문법 차원에서 원문 읽기를 통해 새로운 의미가 추가되는 것은 아니지만 청자는 의도한 의미를 이해한다고 어느 정도 확신 함.
1. 전혀 정보적이지 않음. 어떠한 새로운 의미도 추가되지 않고, 독자도 이해도가 증진되었다고 확신하지 않음.	1. 어떠한 새로운 의미도 원문을 통해 추가되지 않고, 통역에 대한 청자의 이해도 또한 증진되지 않음.
0. 원문이 번역문 보다 정보성이 덜함. 번역가는 그 단락이 더욱 이해 가능하도록 하기 위해 특정 의미를 추가함.	0. 원문이 번역보다 더 적은 정보를 갖고 있음.

〈표 3〉 평가지의 명료성 척도

1. 완전히 불명료함	2. 일반적으로 불명료함	3. 명료해 보임	4. 일반적 아이디어는 명료함	5. 일반적으로 명료함	6. 완전히 명료함

〈표 4〉 평가지의 정보성 척도

0. 원문이 통역보다 더 적은 정보를 가짐	1. 새로운 정보 없음	2. 새로운 정보 없고, 의도된 의미 강화시킴	3. 의미의 사소한 변경	4. 새로운 정보 어느 정도 추가	5. 원문에 대해 설명하고 원문 개선함	6. 오직 새로운 정보만 있음

게다가 코헨 외(1996: 224)에서 언급하였듯이 평가척도에는 그 기저에 여러 가지 측면이 있고, 이 경우 *명료성*에는 유창성, 명확성, 적절성과 같은 측면이 포함된다. 만약 척도가 다측면적 척도라면, 한 측면 이상이 평가자의 반응에 영향을 끼칠 수 있다. 둘째, 상당히 빨리 구어를 채점해야 하는 상황에서 9개의 등급보다는 6개의 등급이 좀 더 다루기 쉽다고 예비연구에서 나타났기 때문에 등급 수를 6개로 줄였다. 물론, 이는 다양성을 제한하는 요인이 될 수도 있다. 그러나 구두 채점 척도 또는 구두 설명 척도(즉, 무언가(여기서는 통역에 대한 것)에 대한 경험을 측정하는 척도에서 "완전히 명료함" 또는 "완전히 불명료함"과 같은 구두 설명을 제시하는 경우)에서 각 등급은 의미 있는 설명을 제시할 수 있어야 하고, 6개 또는 7개의 등급을 넘어서는 경우 이는 쉽지 않다. 그리고 척도에서는 중간 단계(middle value)를 포함시키지 않는 것이 좋다(건날슨(Gunnarson), 2002).

그러나 위와 같이 척도를 수정하였을 때 각각을 구성하는 성분 요소들이 많이 있고, 각 단계는 내재적으로뿐만 아니라 명시적으로 통역 수행의 측면들을 다루고 있다. 예를 들어 통사적 차원 또는 단어 차원에서의 적절성 같은 것이다. 따라서 평가자들은 각 평가지에 <표 3>과

<표 4>처럼 좀 더 짧은 구두 설명 척도를 받게 된다. <표 1>과 <표 2>와 같이 수정된 척도는 평가자 연수 시 배경 정보로 사용하지만, 실제 평가는 <표 3>과 <표 4>와 같은 구두 설명 척도를 통해 진행한다.

또한 강조하고자 하는 것은 명료성 척도에서 6등급이 최고 점수이고 1등급이 가장 낮은 점수인 반면, 정보성 척도에서는 그 반대라는 것이다. 정보성 척도의 경우 1등급은 원문에 가장 일관되게 전달된 것을 말하고 따라서 가장 높은 점수이며, 6등급은 원문과 가장 일관되지 않은 경우이고 따라서 가장 낮은 점수이다. 평가자에게 제시된 척도의 스웨덴어 버전은 첨부 1을 참조하기 바란다.

3.2 자료 수집

3.2.1 연설문

평가를 위한 샘플을 모으기 위해 사용한 원천 텍스트는 유럽 의회(European Parliament) 연설문으로, 바이른 위원장(Commissioner Byrne)이 유럽 의회에서 영어로 10분간 연설한 것이다. 연설문 선정 기준은 진정성, 특별한 용어가 거의 없는 일반적 토픽, 그리고 길이이다. 다른 화자가 연설을 재 녹음하여서 속도 및 억양으로 인한 어려움은 줄였다. 원래 연설 속도는 분당 평균 141단어(words per minute, wpm)였으나, 다시 녹음한 연설에서는 119 wpm이었다. 유럽 의회 연설의 전사물은 세션 종류 후 바로 공개된다. 또한 유럽 의회 영상 서비스를 통해 녹음된 것을 들을 수도 있다. 전사물의 공식 번역은 유럽 의회 웹사이트[3] 에 게재된다.

3.2.2 통역사

통역경력 수준이 세 단계로 구분되는 9명의 통역사들이 영어에서 스웨덴어로 통역하였다. 참여 통역사들은 스톡홀름 대학과 유럽 의회에서 모집하였다. 세 단계로 구분한 통역경력 기간은 다음과 같다.

i. 무경력; 동시 통역의 원리에 대해서는 익숙하지만 전문적인 통역 경력은 없는 학생들.

ii. 단기경력; 학부에서 정식 통역 훈련은 받았지만 전문 통역 경력은 짧은 통역사들(2년 이하).

iii. 장기경력; 학부에서 정식 통역 훈련을 받고 오랜 기간 전문 통역을 한 통역사들(20년 이상)

<표 5>를 통해 통역사들의 연령과 경력 기간을 알 수 있다. 훈련 받은 통역사들은 모두 스웨덴어가 모국어이다. 이들은 영어가 C언어(AIIC의 언어 분류 정의에 의하면 C언어의 경우 그 언어에 대해 완전히 이해할 수는 있지만 그 언어로의 통역은 일반적으로 잘 하지 않음)이고,[4)] 그리고 훈련 받지 않은 통역사들은 학부에서 영어를 배운 학생들이다.

〈표 5〉 통역사 연령 및 경력

	연령대	학부 교육 기간(년)	통역 학교	경력(년)
i그룹 n=3				
무경력	20-30	4	무	0
ii그룹 n=3				
단기경력	30-40	4	유	2년 이하
Iii 그룹 n=3				
장기경력	50-60	4	유	25년 이상

3.2.3 전사물 준비

우선, 10분동안의 통역 9개를 .ca 포맷으로 Childes 소프트웨어를 이용하여 조심스럽게 전사하며 휴지기(pauses), 발음 및 억양을 표시하였고, 억양에 따라 구두점을 더하여 전사물을 완성하였다. 즉, 평가를 위한 전사물에서 휴지기, 발음, 억양과 같은 메타 텍스트적 표시는 생략되었고, 마침표 및 쉼표와 같은 전통적인 표시만 남겨두었다.

각 통역의 전사물 텍스트는 18개의 통역 단위로 나뉘었다. 이와 같이 구분한 기준은 다음과 같다. 애초 캐롤의 연구(1966)에서 평가자들은 문장 단위로 평가하였는데, 그 이유에 대해 캐롤은 번역 단위를 쪼개어 "충분히 작은 부분(번역 단위)으로 측정해야 어떠한 번역에 대해서도 비교적 독립적인 판단을 할 수 있고, 이와 같은 샘플링을 통한 측정별 차이를 명확하게 할 수 있다"(1966: 55)고 주장하였다. 그러나 본 연구의 경우 억양 패턴을 통해 문장을 파악할 수는 있지만, 통역은 문장 단위에서 평가하기에는 너무나 복잡한 현상이라는 것을 고려하였다(이는 물론 번역의 경우에도 주장할 수 있는 것이다). 의미 단위(레더러(Lederer), 1978: 330) 또는 번역 단위(질, 1995: 101)를 이용하여 통역사들의 발화 단위(pieces of utterance)를 설명하기도 하였다. 질(1995: 102)은 한 단위를 구성하는 것이 한 단어일 수도 있고 또는 긴 시퀀스(sequence)일 수도 있다고 하였다. 또한 이 단위의 내용 및 범주를 결정하는 것은 통역사라고 강조하였다. 본고에서는 빅-투오비넨(Vik-Tuovinen, 2002: 22)의 설명에 따라 통역 단위라는 용어를 사용하겠다. 하나의 통역 단위를 구성하는 것에 대해 설명하기 위해 억양과 아이디어, 이 두 가지 기준을 고려하였다. 통역사의 억양을 통해 단위의 끝을 알 수 있고, 아이디어는 끊어지지 않고 제시된다. 통역 단위에 대한 예는 다음과 같다(영어 원문 연설). *우리는 공공 보건을 수호하는데 있어서 질적 진보라고 할 수 있는 이 지침을 개발하고 제안하는 바입니다. 이는 내부 시장 완성을*

위한 법적 테두리 안에서 만들어진 것입니다. 오늘 여러분 앞의 이 지침은 우리의 현 법적 지위를 상당히 개선시켜 줄 것이고, 현 규칙들을 비효과적으로 만든 많은 간극을 채워줄 것입니다(We have developed and proposed this directive, which we consider a qualitative step forward in protecting public health. This work has been done within the legal framework for completion of the internal market. The directive before you today will represent a significant improvement or our current legislative position and fill many of the gaps, which have made the current rules ineffective). 각 단위는 20에서 45초로 구성된다. 이 과정을 거쳐 총 162개의 통역 단위로 나누었다.

각 통역 단위는 별도의 페이지에 옮겨두었는데, 통역 전사물은 위쪽에 원문은 아래쪽에 배치하였다. 명료성 척도(표 3)는 각 페이지 가장 위에, 정보성 척도(표 4)는 각 페이지 가장 아래에 배치하였다. 평가지는 첨부2를 참조하기 바란다. 총 9개의 통역에서 도출된 통역 단위에 대해 각 평가자가 평가를 위해 각 단위에 코드를 붙인 후 무작위로 섞었다. 당연히, 모든 담화에서 한 단위의 통역은 그 이전 단위 통역과 관련 있다. 그러나 통역 단위로 연설을 나눌 때 아이디어가 끊어지지 않고 유지되었기 때문에, 각 단위는 적어도 명료성과 정보성 측면에서는 앞 뒤 단위와 독립적으로 평가되기에 충분한 것으로 생각한다. 각 통역 단위를 연대순으로 정렬하지는 않았다. 각 통역 단위에 대한 평가를 위해 학생 그룹에서 두 명, 통역사 그룹에서 두 명을 선발하였고, 이는 캐롤이 "각 번역 단위에 대해 한 명 이상으로부터 평가를 받아야 평가자 측정 별 차이가 명확해질 수 있다"(캐롤, 1966: 56)고 가정한 바와 일맥상통한다. 평가할 통역 단위는 총 54개이다.

통역사 평가자는 영어 원문과 전사물을 같이 제공받았고, 비통역사 평가자는 영어 원문에 대해 유럽 의회 번역 서비스에서 제공한 스웨덴어 번역문을 제공 받았다. 비통역사들은 모국어인 스웨덴어를 살펴보기 위해 선발된 것이지 영어 구사능력 때문은 아니므로 번역을 제공하였다. 이와 같은 개입으로 인해 평가가 더 복잡해 질 수 있다는 주장이 제기될 수도 있다. 원문이 번역가에 의해 번역되면서 이미 한 번 처리되었기 때문이다. 그러나 번역이라는 행위가 발화 자체에 포함된 정보 및 의미를 변화시키거나 다르게 한다고 볼 수는 없다. 게다가 본 연구의 초점은 평가척도 및 이 척도를 사용하는 평가자의 능력을 시험해 보기 위한 것이므로 실험 시 번역문을 사용하고 추가 평가자 스크리닝(screening)을 피하고자 하였다.

평가자들이 전사물을 갖고 평가하도록 한 주된 이유는 연구에 참여한 통역사들 중 몇몇은 평가자들의 동료이기 때문에 목소리를 알아채는 것을 방지하고자 한 것이다. 전사물 텍스트 또한 본 연구 목적에 비추어 볼 때 충분히 투명한 것으로 생각되었다.

3.3 평가 절차

3.3.1 평가자

본 연구 평가자들은 스웨덴어 모국어 사용자들로 두 그룹으로 나뉘었다. 첫 번째 그룹은 대학생들(n=6, 남학생 2명과 여학생 4명)이고 통역훈련을 받지 않았으며, 통역의 잠재적 청자/사용자와 유사한 그룹이다. 이들은 스톡홀름 대학 재학생이다. 두 번째 그룹은 동시통역사들(n=6, 모두 여성)이고, 모두 통번역 교육 및 평가를 포함하여 적어도 8년이상 전문 경험이 있는 평가자들이다. 따라서 이들은 통역 전문 평가자들이라고 가정할 수 있다. 이 두 번째 그룹 평가자들은 유럽 의회에서 선발하였다.

3.3.2 평가자 연수

평가 세션 초기에 평가자들은 이 평가를 위해 연수를 받았다. 학생(비통역사) 평가자 연수 및 평가는 정규 수업시간 중에 진행되었다. 두 번의 평가 세션이 있었고, 각 세션당 세 명의 학생이 참여하였다. 통역사 평가자의 경우 평가자 연수 및 평가가 직장에서 진행되었고, 점심시간 또는 업무 종료 후 진행되었다. 세 명의 통역사가 한 세션에 참여하였고, 나머지 세 명의 통역사는 개별적으로 세션을 진행하였다.

평가자 연수 시 <표 2>와 <표 3>에서 제시한 척도를 소개하였다. 각 척도 별 단계를 살펴보고 예시를 제시하였다. 척도 소개 후, 테스트 리더(본고의 저자)와 함께 세 개의 모의 통역 단위 평가를 진행하였다. 여기서 평가자들은 각 척도의 단계 및 평가에 관해 질문하고 명확히 이해할 수 있었다. 소개 및 연수 세션은 약 10분 정도 소요되었다.

3.3.3 평가

평가자 연수 세션 직후 평가자들은 평가 과제를 시행하였다. 개별적으로 평가하였으며 평가 중 누구와도 상의하지 않도록 요구하였다. 각 평가 세션은 약 1시간 소요되었다.

평가자들은 총 54개의 통역 단위를 받았고, 각 페이지는 접혀있어서 처음에는 스웨덴어로 통역된 부분만을 읽고 명료성에 대해 평가하였다. 그 다음 평가자들은 접힌 종이를 펴고 스웨덴어 통역과 영어 원문을 비교하거나(통역사 평가자의 경우) 또는 통역과 스웨덴어 번역을 비교하였고(비통역사 평가자의 경우) 정보성, 즉 원문과의 일치성에 대해 평가하였다.

3.4 유의미한 차이 및 평가자간 신뢰도 측정하기

평가를 마친 후 모든 단위들을 원래 통역과 같이 정렬한 뒤 각 통역에 대한 두 개의 평균 점수를 계산하였다. 비통역사 평가자와 통역사 평가자의 점수를 합산하여 평균을 낸 것이다. *p*값을 계산하였고, 그 결과를 바탕으로 장기경력 통역사들의 통역과 단기경력 통역사들의 통역, 무경력 통역사들의 통역 간에 평균점수가 크게 차이가 나는지 살펴보았다. 또한 *p*값을 사용하여 비통역사 평가자와 통역사 평가자 간 평가에서 큰 차이가 있는지 살펴보았다.

*p*값이 적으면 귀무가설(null hypothesis, *두 집단을 대상으로 실험을 했을 때 각 집단에서 동일한 결과가 나올 것이라는 가설, 역주*)에 반하는 강력한 증거가 된다. 이 경우 귀무가설은 다른 통역사 그룹에서 평가한 점수 간에 차이가 없다는 것이다. 그리고 *p*값이 적으면 평가 시 관찰된 차이가 동일한 상황에서 적어도 다시 반복될 것이라는 사실을 보여주는 강력한 증거가 된다. 본 연구에서 *p*값은 이분산성(unequal variance)이 있는 양방 *t*검정을 통해 얻어낸 값이다. 차이에 대한 평가는 하지 않고, 차이가 있는지 없는지에 대해 조사하므로 양방 검정이고, 다른 그룹에 대해 평가하기 때문에 이분산성이 있다. 비교 시 *p*값을 사용하는 이유는 원시 데이터(raw data)에서 관측된 차이가 통계적으로 유의미한지 아닌지 결정하기 위한 것이다. 통역사 평가자와 비통역사 평가자 간 평가 시 차이는 또한 *p*값(위에서 말한 t검정을 통해 나온 값)을 사용하여 비교하였고, 이는 평가자 그룹 간 유의미한 차이가 있는지 결정하기 위한 것이다. 0.05 미만의 *p*값($p < 0.05$)은 유의미한 차이를 의미하고 0.05를 초과하는 *p*값($p > 0.05$)은 유의미한 차이가 없다는 것을 의미한다. 몇몇 비교 결과 0.01보다 낮은 *p*값($p < 0.01$)이 산출되었고, 이는 유의미한 차이가 있다는 주장을 뒷받침 하는 결과이다.

평가자간 신뢰도는 피어슨 적률 상관계수(Pearson product-moment

correlation coefficient) r을 이용하여 검정하였고, 이는 순서대로 배열된 척도를 이용하여 평가자간 쌍별 상관관계(pair-wise correlation)를 측정한 것이다. 완전한 상관관계일 경우 값은 -1 또는 1이고 상관관계가 없을 경우 값은 0이다.

4. 결과

이 장은 9개의 통역 전사물에 대해 12명의 평가자가 캐롤의 척도를 이용하여 통역 전사물의 명료성과 원문 대비 정보성을 평가한 결과에 대한 설명이다.

4.1 평가자간 신뢰도

평가자간 신뢰도 검정에서 통역사 평가자의 경우 명료성 평가 시 r 0.6이 나왔고, 정보성 평가 시 r 0.65가 나왔다. 비통역사 평가자의 경우 명료성 평가 시 r 0.3, 정보성 평가 시 r 0.5가 나왔다.

4.2 명료성

<표 6>은 다른 통역들의 명료성에 대한 점수에서 유의미성을 보여주는 p값에 대한 것인데, 장기경력, 단기경력, 무경력 통역사들의 통역에 대한 비통역사 평가자의 평가이다. 각 통역에 대한 평균 점수가 통역과 함께 제시되었다.

<표 7>은 다른 통역들의 명료성에 대한 점수에서 유의미성을 보여주는 p값에 대한 것인데, 장기경력, 단기경력, 무경력 통역사들의 통역에 대한 통역사 평가자의 평가이다. 각 통역에 대한 평균 점수가 통역경력

과 함께 제시되었다.

예상한 대로 평가자들은 장기경력 통역사의 통역에 가장 높은 점수를 주었다. 비통역사 평가자의 점수에서 장기경력 통역사의 통역에 대한 평가와 무경력 통역사의 통역에 대한 평가 간에 통계적으로 유의미한 차이가 나타났다. 이는 비통역사 평가자가 단기경력 통역사의 통역과 무경력 통역사의 통역을 평가한 경우에도 동일하였다. 비통역사 평가자의 점수에서는 장기경력 통역사와 단기경력 통역사 간 유의미한 차이는 보이지 않았다. 통역사 평가자의 점수에서도 장기경력 통역사의 통역과 무경력 통역사의 통역 간에는 유의미한 차이가 있었다. 또한 단기경력 통역사와 무경력 통역사 간에도 유의미한 차이가 있었다. 그러나 통역사 평가자 점수에서 장기경력 통역사와 단기경력 통역사 간에는 유의미한 차이가 없었다.

〈표 6〉 비통역사 평가자의 명료성 평가 유의미성(n=6)

통역	명료성		
	무경력 3.79	단기경력 5.25	장기경력 5.42
무경력 3.79	—	0.001**	0.001**
단기경력 5.25	0.001**	—	0.1
장기경력 5.42	0.001**	0.1	—

**p 〈 0.01

〈표 7〉 통역사 평가자의 명료성 평가 유의미성(n=6)

통역	명료성		
	무경력 3.16	단기경력 4.88	장기경력 5.11
무경력 3.16	—	0.001**	0.001**
단기경력 4.88	0.001**	—	0.1
장기경력 5.11	0.001**	0.1	—

**p 〈 0.01

4.2.1 비통역사 평가자와 통역사 평가자의 명료성 평가

<표 8>은 9개의 통역에 대해 통역사 평가자와 비통역사 평가자가 명료성에 대해 평가한 평균 점수를 보여준다. 또한 통역사 평가자와 비통역사 평가자 간 평가에서 유의미성을 나타내는 *p*값을 볼 수 있다.

비통역사와 통역사의 평가에서 유의미한 차이를 설명하는 *p*값을 각 경력 별로 제시하였다. <표 8>에서 볼 수 있듯이 비통역사 평가자와 통역사 평가자 간에는 장기경력 통역사와 무경력 통역사를 평가하는데 있어서 유의미한 차이가 있다. <표 8>의 원시 데이터를 보면 통역사 평가자가 평가 시 다소 더 엄격하다는 것을 보여주고, 이는 유의미성을 통해 뒷받침되고 있다. 단기경력 통역사의 통역에 대한 평가에서는 유의미성이 보이지 않는다.

<그림 1>을 보면 두 그룹의 평가자들이 약간 다르기는 해도 동일한 방식으로 차이를 보여주는 것을 알 수 있다.

〈표 8〉 9개 통역에 대한 비통역사 평가자(n=6)와 통역사 평가자(n=6)의 명료성 평가 평균 점수

통역	명료성		유의미성
	비통역사 평가자	통역사 평가자	
무경력	3.79	3.16	0.018*
단기 경력	5.25	4.88	0.078
장기 경력	5.42	5.11	0.015*

*p 〈 0.05

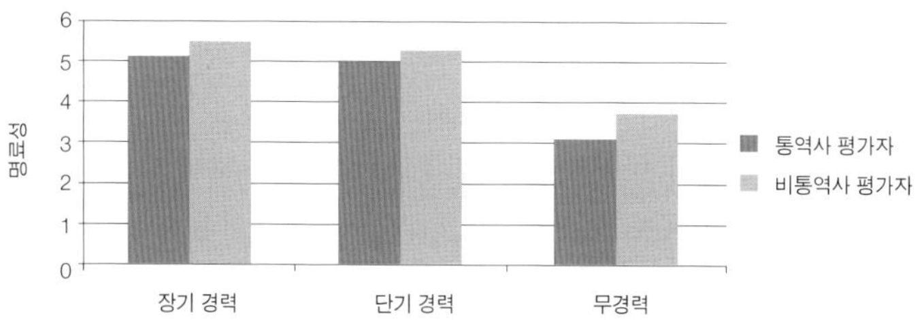

〈그림 1〉 통역사 평가자(n=6)와 비통역사 평가자(n=6)의 명료성 평가 평균 점수

〈표 9〉 비통역사 평가자의 정보성 평가 유의미성 (n=6)

통역	정보성		
	무경력 4.42	단기경력 3.15	장기경력 2.31
무경력 4.42	—	0.001**	0.001**
단기경력 3.15	0.001**	—	0.001**
장기경력 2.31	0.001**	0.001**	—

**p 〈 0.01. 참고. 점수가 낮을수록 더 잘된 통역임

〈표 10〉 통역사 평가자의 정보성 평가 유의미성 (n=6)

통역	정보성		
	무경력 5.13	단기경력 3.42	장기경력 2.60
무경력 5.13	—	0.001**	0.001**
단기경력 3.42	0.001**	—	0.001**
장기경력 2.60	0.001**	0.001**	—

**p 〈 0.01. 참고. 점수가 낮을수록 더 잘된 통역임.

4.3 정보성

<표 9>는 정보성과 관련하여 장기경력, 단기경력, 무경력 통역사의 통역에 대한 비통역사 평가자의 평가 유의미성 *p*값을 보여준다. 정보성에 대한 각 통역 평균 점수는 해당 경력 옆에 제시하였다.

<표 10>은 장기경력, 단기경력, 무경력 통역사의 통역에 대한 통역사 평가자의 평가 유의미성 *p*값을 보여준다. 정보성에 대한 각 통역 평균 점수는 해당 경력 옆에 제시하였다.

장기경력 통역사와 단기경력 통역사에 대한 비통역사 평가자와 통역사 평가자의 평가 점수 간에는 현격한 차이가 있고, 이는 단기경력 통역사와 무경력 통역사에 대한 평가에서도 마찬가지이다. 유의미성 검

증 결과를 바탕으로 정보성과 관련해서는 통역 경력과 더 나은(낮은) 점수가 일관되게 나타나는 원시 데이터를 다시 한번 확인할 수 있었다.

4.3.1 비통역사 평가자와 통역사 평가자의 정보성 평가

<표 11>은 비통역사 평가자와 통역사 평가자가 정보성, 즉 원문과의 일치성에 대해 평가한 점수를 보여준다. 9개의 통역에 대한 평균 점수 값이다. 또한 통역사 평가자와 비통역사 평가자 간에 유의미한 차이를 나타내는 *p*값도 제시되고 있다.

〈표 11〉 비통역사 평가자(n=6)와 통역사 평가자(n=6)의 정보성 평가 유의미성

통역	정보성		비통역사와 통역사 간 평가 유의미성
	비통역사 평가자	통역사 평가자	
무경력	4.42	5.13	0.001**
단기경력	3.15	3.42	0.20
장기경력	2.31	2.60	0.17

**p 〈 0.01. 참고. 점수가 낮을수록 원문과의 일치성 더 높음.

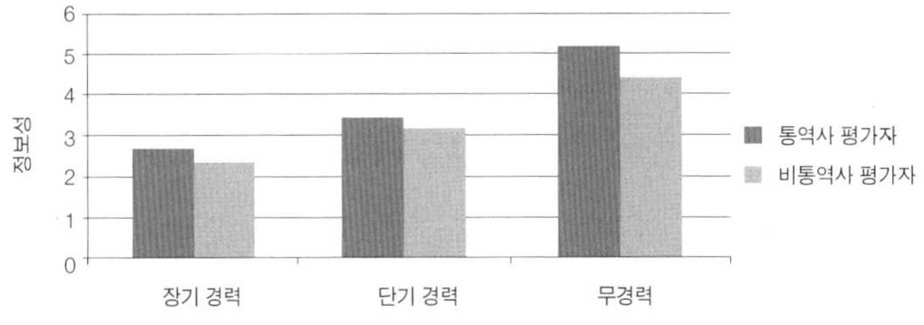

〈그림 2〉 통역사 평가자(n=6)와 비통역사 평가자(n=6)의 정보성 평가 평균 점수

단기경력 통역사와 장기경력 통역사의 통역에 대한 평가에서는 유의미한 차이가 없다. 양 그룹의 *p*값은 0.05를 훨씬 상회한다. 이 데이터를 통해 앞서 관찰한 것, 즉 비통역사 평가자가 통역사 평가자 보다 점수를 더 후하게 준다는 것을 다시 한 번 확인할 수 있다. 그런데 무경력 통역사 평가 시에는 양 그룹 간에 유의미한 차이가 있다. 이는 비통역사 평가자가 평가 시 점수를 더 잘 준다는 가정을 뒷받침 해주는 것이다.

<그림 2>를 통해 두 그룹의 평가자가 완전히 일치하는 것은 아니지만, 동일한 방식의 차이와 동일한 경향을 보이는 것을 알 수 있다.

4.4 평가자의 추가 의견

평가 세션 이후, 몇몇 평가자를 대상으로 평가 과정에 대한 인터뷰(비공식)를 진행하였다. 전반적으로, 평가자들은 이 척도 사용이 용이하고 평가 시 문제가 없다고 하였다. 몇몇 평가자(3)는 평가 세션이 끝나갈 무렵 "평가 피로(grading fatigue)"를 언급하기도 하였다.

5. 논의

본고에서는 캐롤의 척도가 동시통역 수행 평가에도 적용될 수 있는지에 관해 조사해보았다. 또한, 전문 통역사가 아닌 평가자들도 이 척도를 사용할 수 있는지 살펴보았다. 5장에서는 이 경험적 연구의 결과와 한계점에 관해 논의해보고 후속 연구 영역에 관해 제시해 보았다.

5.1 한계점

본 연구에 관해 언급해야 할 여러 가지 한계점이 있다. 우선, 본 연구의 규모로 인해 일반화된 결론을 도출하는데 있어서 제약이 있다는 것이다. 본 연구는 탐색적 연구 특성을 지니고 있기 때문에, 결과 해석 시 주의해야 한다. 모든 평가자가 경력이 있는 통역사(통역사 평가자와 비통역사 평가자의 점수가 동일한 경향을 보임)의 통역에 가장 높은 점수를 주었고, 비통역사 평가자에 비해 통역사 평가자는 평가 시 더욱 엄격했다. 그러나 참여 평가자 수가 너무 적기 때문에 이러한 경향이 대규모 샘플에서도 동일하게 나타날 지는 확실하지 않고, 이러한 경향이 나타나는 이유에 대해 추측해보는 것도 쉽지 않다.

두 번째, 연구 이행 방식 중 다음 두 가지 측면에 있어서 본 연구는 맥락에서 벗어난 의사소통 통역을 다루고 있다.

A. 통역사들은 실제 청중을 대상으로 통역하지 않았고 실제 연사의 연설을 들은 것이 아니다. 이는 실제 맥락에서 벗어난 것이고 이것이 통역에 영향을 끼쳤을 수 있다.

B. 평가자들은 하나의 전체 연설에 대해 한 통역사의 통역을 들은 것이 아니고 새로운 의사소통 방식으로 통역을 들은 것이다. 통역은 통역 단위로 구분되었고, 뿐만 아니라, 평가자들은 전사물을 바탕으로 평가하였다.

게다가 2.2절에서 언급하였듯이, 통역된 의사소통의 모든 측면을 다 고려한 것은 아니다. 그러나 이와 같은 인위적 설계에 대해 정당성을 부여해 보자면, 이를 통해 평가자의 평가 능력과 평가척도의 타당도에 초점을 맞출 수 있다는 것이고, 이는 본 연구 맥락에 적절한 것으로 생각된다.

세 번째, 평가척도를 적용하기 위해, 평가지에 등장하는 통역결과물에 대한 조정이 필요하였고, 평가 샘플에 가능하면 평가척도의 모든 단계를 보여주는 통역 단위를 포함하도록 하였다. 따라서 하나의 개별 통역 단위가 이에 해당하는 척도 단계에 따라 평가될 수 있도록 한 것이다. 본 연구에서는 실제 통역을 사용하였기 때문에 장기경력 통역사부터 무경력 통역사까지 다양한 레벨의 통역사를 대상으로 한 것이 모든 척도 단계를 보여줄 수 있을 것이라고 가정하였다. 또한 본 연구에서 평가자들은 모든 척도 단계를 다 활용한 것을 볼 수 있었다. 충분히 이질적인(heterogeneous) 자료를 사용하는 것에 대해 캐롤은 다음과 같이 언급하였다. "충분히 이질적인 수준의 번역 단위 묶음을 제공하여 평가 척도에 대한 판단이 다양한 주관적인 기준에 의해 영향 받는 것을 최소화 해야 한다"(1966: 55).

5.2 결과 논의

척도를 사용하여 평가한 결과 평가자의 경력과 무관하게 명확한 결과가 도출되었다. 모든 평가자의 평가는 유럽 위원회 인증 또는 AIIC 회원과 같은 높은 수준의 전문 역량을 지닌 장기경력 통역사의 통역이 단기 경력 통역사 또는 무경력 통역사의 통역보다 높은 점수를 받을 것이라는 초기 가정과 일치하였다. 평가척도는 다른 수준(유경력 통역사의 점수는 무경력 통역사의 점수 보다 나을 것임)의 통역 단위 및 통역을 기반으로 설계된 것이고 척도에서 그 차이를 보여주기 때문에 연구 결과는 평가척도의 타당도를 뒷받침해준다. 그러나 다른 평가자 그룹에서 나온 점수가 서로 일치하는 것을 보면 척도 또는 구인에서 결함이 있을 수도 있다는 것을 말해준다. 따라서 후속 연구에서는 클리포드(2005)의 연구와 같이 구인들의 상관관계를 다루어볼 수 있겠다. 게다가 통역 품질 예측 시 경력만이 유일한 요소는 아니다. 장기 및 단기 경력 통역 모두 샘플의 편리성을 바탕으로 한 것이다(즉, 꼭 대규모 그룹 또는 참여자를 정확하게 구분하여 보여주는 샘플은 아닐 수 있음). 따라서 샘플 내에서도 점수는 상당히 다양할 수도 있다. 다시 말해 한 참여자의 통역이 다른 참여자의 통역보다 훨씬 뛰어나거나 또는 못할 수도 있다. 연구 결과, 모든 평가자 그룹의 평가에서 경력이 많을수록 더 나은 점수를 받는 것으로 나타났다. 경력 및 고득점 가능성 예측에 대한 주요 결론을 도출하기 위해서는 좀 더 큰 샘플을 바탕으로 연구해야 할 것이다.

평가자간 신뢰도는 양 그룹 모두 안정적이다. 통역사 평가자 그룹에서 그 상관관계는 더 높았고, 이는 평가자들이 유사한 배경을 지니고 있기 때문일 것이다. 그러나 정보성 평가 시 비통역사 평가자들도 충분한 상관관계를 보여주었다.

이와 같은 척도가 통역 품질의 다양한 면을 평가하는 데 있어서 타당성 있는 도구가 될 수도 있지만, 좀 더 큰 규모의 샘플을 연구할 필요가 있다. 그러나 본 연구의 샘플 규모는 평가자 연수 및 연구 결과 분류를 명확하게 진행할 수 있다는 점에서 연구 편리성을 제공한다는 사실에 주목할 필요가 있다.

본 연구에서 진행한 통역 타입 및 방법은 기술 지원 동시 통역이다. 이와 같은 평가척도는 순차통역과 같은 다른 타입의 통역에도 적용될 수 있다. 그러나 본 연구에서 이 척도를 사용한 방식은 실제 평가에서는 적용이 힘들 수도 있어서 이것이 하나의 연구 허점이 될 수 있다. 본 연구에서는 평가를 위해 전사물을 이용하였고, 본 연구 결과와 실제 사운드 파일을 바탕으로 한 평가를 비교해 보는 것도 흥미로울 것이다.

이처럼 한계가 있는 연구에서 결론을 도출한다는 것이 무리일 수도 있지만, 이 연구 결과를 통해 잠정적인 아이디어를 도출해볼 수는 있다. 통역사가 평가 시 좀 더 엄격하게 되는 여러 요인 중 두 가지가 교육 및 경험일 수 있다는 것이다. 교사 및 평가 업무를 막 시작한 평가자와 같이 훈련 받지 않은 통역사들도 교육의 일환으로 동료 및 스스로를 평가하도록 배울 수 있다. 연사로부터 들은 정보를 가능하면 전부 다 청자에게 전달하도록 하는 것이 통역사의 책임이다. 청자는 통역의 정보성이나 원문과 통역의 일치성을 체크해볼 수 있는 가능성이 거의 또는 전혀 없다. 그러나 이 테스트와 같이 그 가능성이 주어진 경우 도출할 수 있는 결론은 비통역사와 통역사 동일하게 통역 수행에서 같은 특성에 대해 중요하게 생각한다는 것이다. 흥미로운 점은 이 결과가 질(1999)의 연구 결과와 상충된다는 것이다. 질은 통역의 충실성 평가 시, 특히 전사물을 통해 평가할 경우 통역사가 더 관대한 편이라고 언급하였다.

통역사 평가자와 비통역사 평가자 간에 유사한 경향을 보이고 있기 때문에 적어도 특정 맥락에서는 비통역사 평가자를 통역 평가자로 활용하는 것도 가능하다. 본 연구에서는 비통역사 평가자의 통역 수행 평가를 장기간 통역 실력 발전 연구의 일환으로 활용하거나 연구 맥락에서 다른 통역사 그룹 간의 차이점을 연구하는 방안으로 활용할 수도 있다고 제안하는 바이다.

마지막으로, 연구 설계 시 각 통역이 소단위로 나뉘고 무작위로 섞였다는 것은 한 통역을 여러 다른 평가자가 비교적 쉽고 직접적으로 평가할 수 있었다는 것을 의미한다. 각 평가자가 9개의 통역을 평가하려면 시간 소모가 많고 분명히 "평가자 피로"가 생긴다. 만약 통역 전체를 다 평가하라고 준다면 경험이 없는 평가자는 통역의 한 특징, 예를 들어 통역 수행이 끝날 무렵 좋은 인상을 남긴다면 전체 통역에 대해 높은 점수를 주는 것과 같은 리스크가 있다. 향후 연구에서는 동일한 도구를 사용하여 전체 통역을 평가한 것과 본 연구 결과를 비교해 보는 것도 흥미로울 것이다. 통역을 작은 단위로 나눈 것과 각 평가자가 각기 다른 통역에서 취합한 통역을 평가하게 함으로써 앞에서 언급한 리스크를 줄일 수 있다. 이와 같은 비성분적(non-componential), 구두 묘사 척도를 사용하는 것의 또 다른 이점은 적어도 이 실험에서는 평가자들이 쉽게 사용할 수 있었다는 점이고, 과제에 적용시키기도 쉬웠다는 점이다.

5.3 결론

통역 전문성에 관한 프로젝트를 위해 통역 전문가가 아닌 평가자도 통역 수행 평가 시 활용할 수 있는 도구가 필요했다. 그 이유는 연구자가 동료의 통역을 평가하거나 혹은 다른 통역사 동료에게 이 과제를 부탁하였을 경우에 생길 수 있는 편견을 피하기 위한 것이다. 본 연구 결과에서는 이 도구를 계속 사용하는 것에 대한 타당성을 어느 정도 뒷받침해주고 있다.

이 척도가 다른 맥락에서 사용될 수 있을지 아닌지에 대한 고민은 본 연구 범위를 넘어서는 것이지만, 이 연구를 바탕으로 다른 연구자들이 좀 더 큰 규모의 연구를 진행해볼 수 있기를 희망해본다.

미주

1) http://www.ncsconline.org/D_Research/Consort-interp/fcice_exam/index.htm

2) C언어 - AIIC의 언어 분류에 따르면 C언어의 경우 이 언어에 대해 완전히 이해할 수는 있지만, 일반적으로 통역사가 C언어로 통역하기를 기대하지는 않는다. AIIC의 언어 분류에 따르면 A언어는 모국어 수준임. http://www.aiic.net/ViewPage.cfm?page_id=199#langclassif

3) http://www.europarl.europa.eu/activities/plenary/cre.do?language=SV#

4) http://www.aiic.net/ViewPage.cfm?page_id=199#langclassif

Anderson, Linda. 1979. *Simultaneous Interpretation: Contextual and Translation Aspects.* (psychology). Unpublished Masters Thesis. Concordia University.

Anderson, Linda. 1994. "Simultaneous Interpretation: Contextual and Translation Aspects" In *Bridging the Gap: Empirical Research in Simultaneous Interpretation.* Sylvie Lambert and Barbara Moser-Mercer (eds), 101-120. Amsterdam. John Benjamins.

Angelelli, Claudia V 2004. *Revisiting the Interpreter's Role: A Study of Conference, Court and Medical Interpreters in Canada, Mexico, and the United States.* Amsterdam/Philadelphia: John Benjamins.

Angelelli, Claudia V. 2007. "Assessing Medical Interpreters. The Language and Interpreting Testing Project." *The Translator* 13 (1): 63-82.

Byrne, Padraig. 2002. *Debate in the European Parliament on the Tobacco Products Directive.* European Union.

Carroll, John, B. 1966. "An Experiment in Evaluating the Quality of Translations." *Mechanical Translations and Computational Linguistics* 9 (3-4): 55-66.

Clifford, Andrew. 2005. "Putting the Exam to the Test: Psychometric Validation and Interpreter Certification." *Interpreting* 7 (1): 97-131.

Cohen, Ronald Jay, Swerdlik, Mark, E., Phillips, Suzanne, M. 1996. *Psychological Testing and Assessment: An Introduction to Tests and Measurement.* Mountain View, CA: Mayfield.

Gerver, David. 1971. *Simultaneous Interpretation and Human Information Processing.* (psychology). Unpublished Doctoral Dissertation, Oxford University.

Gile, Daniel. 1995. *Basic Concepts and Models for Interpreter and Translator Training.* Amsterdam: John Benjamins.

Gile, Daniel. 1999. "Variability in the Perception of Fidelity in Simultaneous Interpretation." *Hermes-Journal of Linguistics* 22: 51-79.

Gile, Daniel. 2003. "Quality Assessment in Conference Interpreting: Methodological Issues." In *La Evaluación de la Calidad en interpretación: Investigación,* Angela Collados Aìs, Manuela Fernández, Angela Sánchez and Daniel Gile (eds), 109-123. Granada : Editorial Comares.

Gunnarson, Ronny. *Skattningsskalornas Statistik.* Department of Primary Health Care. Göteborg University, Research methodology web site. http://infovoice.se/fou. (3/25/2009).

Gutt, Ernst-August. 1991. *Translation and Relevance. Cognition and Context.* Oxford: Basil Blackwell.

Lederer, Marianne. 1978. "Simultaneous Interpretation: Units of Meaning and Other Features." In *Language Interpretation and Communication.* David Gerver and H. Wallace Sinaiko (eds), 323-333. New York/London: Plenum Press.

Lee. Jieun. 2008. "Rating Scales for Interpreting Performance." *The Interpreter and Translator Trainer* 2:2: 165-184.

Mac Whinney, Brian. 1991. The *CHILDES Project: Tools for Analyzing Talk.* Hillsdale, NJ: Lawrence Erlbaum.

Maser. Peter. 1995. *Survey on Expectations of Users of Conference Interpretation.* Genève. AIIC.

Pym. Anthony. 2004, "Propositions on Cross-Cultural Communication and Translation." *Target* 16(1): 1-28.

Pöchhacker, Franz. 2004. *Introducing Interpreting Studies.* London & New York: Routledge.

SCIC. *Customer Satisfaction Survey.* European Commission, Directorate General for Interpretation. http://scic.ec.europa.eu/europa/upload/docs/application/pdf/2008-02/scicnetcustomer-satisfaction-survey-results-nov2007.pdf.

Shlesinger, Miriam. 1997. "Quality in Simultaneous Interpreting." In *Conference Interpreting: Current Trends in Research.* Yves Gambier, Daniel Gile, and Christopher Taylor (eds), 123-131. Amsterdam/Philadelphia: John Benjamins.

Stansfield, Charles W. and Reed, Daniel J. 2003. "The Story Behind the Modern Language Aptitude Test: An Interview with John B. Carroll (1916-2003)." *Language Assessment Quarterly* 1 (1): 43-56.

Tiselius. Elisabet. 2008. "Exploring Different Methods for Studying Expertise." In *Proceedings of the 49th Annual Conference of the American Translators Association.* Nicholas Hartmann(ed), 119-148. Alexandria: ATA.

Toury, Gideon. 1995. *Descriptive Translation Studies and Beyond.* Amsterdam/Philadelphia: John Benjamins.

wadensjö, Cecilia. 1999. *Interpreting as Interaction.* London : Longman.

wadensjö, Cecilia. 2000. "Co-constructing Yeltsin - Explorations of an Interpreter-Mediated Political Interview?" In *Intercultural Faultlines,* Maeve Olohan. (ed.), 233- 252. Manchester: St Jerome.

Vik-Tuovinen, Gun-Viol. 2006. *Tolkning på Olika Nivåer av Professionalitet.* Vasa: Acta Wasaenisia.

Vuorikoski, Anna-Riitta. 2004. *A Voice of its Citizens* or *a Modern Tower of Babel?:* The *Quality of Interpreting as a Function of Political Rhetoric in the European Parliament.* Tampere: Tampere University Press.

부

첨부 1. 캐롤의 척도(스웨덴어)

명료성 척도	정보성 척도
6. 번역이 완벽하게 명확하고 명료함. 일반적인 구어체 스웨덴어와 같고 문체적 오류 거의 없음.	6. 원문을 읽으면 이해된 전체 의미가 달라짐(원문을 읽었을 때 이해된 의미와 완전히 다르다면 6점 부여).
5. 전체적으로 명확하고 명료하지만 사소한 문법적 또는 문체적 오류나 어울리지 않는 단어 선택이 있음. 그러나 이해하는데 어려움은 없음.	5. 원문을 읽으면 이해된 의미를 명확하게 알 수 있음. 원문의 문장구조, 단어 및 구를 살펴보면 청자가 받은 의미에 대한 느낌이 어느정도 달라짐.
4. 전체적인 아이디어는 명료하지만, 부적절한 단어선택, 부적절한 문체, 특이한 단어 및 잘못된 문법으로 인해 완전히 이해하는데 지장이 있음. 청자가 노력을 기울여야 발화를 이해할 수 있을 것임.	4. 원문을 읽으면 문장구조 및 단어에 대한 추가적인 정보를 얻을 수 있고, 통역 시 야기된 사소한 오해를 명확히 할 수 있음.
3. 명료한 발화처럼 들리지만, 사실은 불명료한 경우임. 그렇지만, 아이디어는 이해 가능함. 단어 선택, 문장구조 및 표현이 전체적으로 이상하고 이해하는데 있어 중요한 단어가 생략되기도 함.	3. 주로 단어 차원에서 하나 또는 두개의 의미를 수정하면, 원문의 의미와 통역 된 의미 사이에 사소한 차이밖에는 없음.
2. 거의 완전히 불명료함. 완전히 의미 파악이 불가한 것은 아니지만, 청자가 의미를 파악하기 위해서는 많은 노력을 기울여야 함.	2. 원문을 읽어도 단어차원에서나 문법적인 차원에서 새로운 의미가 추가되지는 않음. 청자는 의도된 의미를 제대로 이해하고 있다고 어느정도 확신함.
1. 완전히 불명료하고 의미가 전혀 전달되지 않음.	1. 원문과 청자가 통역을 바탕으로 이해한 것 사이에 차이가 없음.
	0. 통역이 원문보다 더 많은 정보를 담고 있음.

첨부 2. 평가지 예시

명료성

1	2	3	4	5	6
완전히 불명료함	일반적으로 불명료함	명료한 편임	전반적 아이디어 명료함	전체적으로 명료함	완전히 명료함

(통역: *We have developed and proposed this directive, which we consider really is a qualitative step forward in order to protecting public health and this work was done within the legal framework to then complete the internal market and the directive that you have before you today will make a clear improvement when it comes to the legislation and fill many gaps, which have made that the current rules have proven ineffective*.)

(연설 원문: *We have developed and proposed this directive, which we consider a qualitative step forward in protecting public health. This work has been done within the legal framework for completion of the internal market. The directive before you today will represent a significant improvement on our current legislative position and fill many of the gaps, which have made the current rules ineffective*.)

명료성

0	1	2	3	4	5	6
통역이 원문보다 많은 정보 포함	새로운 정보 없음	새로운 정보 없음, 의도된 의미 강화	의미에서 사소한 변화	새로운 정보 제공	원문을 보면 설명과 이해가 제고됨	원문이 새로운 의미 전달

의미 중심 번역 평가

체계기능 언어학 및 형성평가 적용

김미라(Mira Kim)
맥쿼리 대학교(Macquarie University)

번역 평가 분야에서 주요 이슈 중 하나는 번역 평가 시 보편적으로 사용될 수 있는 체계적인 기준이 없다는 것이다. 이는 학생들의 번역을 평가하고, 건설적이고 상세한 피드백을 주어야 하는 번역 교수자들에게 있어 큰 난제이다. 본고에서는 맥쿼리 대학에서 수년간 영어-한국어 번역 강의를 진행하며 어떻게 의미 중심 번역 평가 기준을 적용하여 번역 평가의 난제를 해결하고자 하였는지 논의해 보겠다. 이 의미 중심 기준은 체계 기능 언어학(systemic functional linguistics, SFL)을 기반으로 한 텍스트 분석을 바탕으로 수립하였다. 이 평가 도구의 교육적 효용성에 대해 질적 및 양적 데이터를 바탕으로 논의해보겠다.

서론

번역 평가 영역은 연구가 많이 진행된 분야가 아니라서(카오(Cao), 1996: 525; 하팀 & 메이슨(Hatim & Mason), 1997: 197) "그 주제적 특성"(바우커(Bowker), 2000: 183)때문에 어려운 영역(a problematic area)(바스넷-맥과이어(Bassnett-McGuire), 1991; 맴캐어(Malmkjaer), 1998; 스넬-혼비(Snell-Hornby), 1992)으로 간주되어 오고는 했다. 그 결과, 번역 평가 시 보편

적으로 사용할 수 있는 체계적 기준이 없는 듯 하다(바스넷-맥과이어, 1997; 회니그(Hönig), 1998; 세이저(Sager), 1989). 이는 학생들의 번역에 대해 형성(formative) 및 총괄(summative) 평가를 진행하고 학생 번역에 대해 건설적이고 상세한 피드백을 주어야 하는 번역 교수자들에게 있어 특히 어려운 점이었다. 본고에서는 맥쿼리 대학에서 수년간 영어-한국어 번역 강의를 진행하며 어떻게 체계 기능 언어학을 기반으로 텍스트를 분석하고 이를 통해 번역 교육 및 평가의 난제를 해결하고자 하였는지 논의해보고자 한다.

선행 연구에서 필자는 SFL을 기반으로 한 텍스트 분석을 통해 학생 번역 오류를 다양한 의미 범주로 구분해 보았다(김(Kim), 2003, 2007a). 그 연구에서는 번역 오류를 각각의 의미 범주로 나누는 것이 가능하다는 것에 대해 살펴보았고, 또한 번역 교육도구로서 텍스트 분석 방법을 사용하는 것이 교육적으로 많은 이점이 있다는 것을 소개하였다. 그 이후, 필자는 수업 중 번역에 대해 논의하고, 학생 번역에 대해 피드백을 주고, 번역 시험에 대해 평가할 때 텍스트 분석을 주요 도구로 삼아 진행하였다. 따라서 본고는 텍스트 분석을 형성 평가의 도구로 사용하고, 그 교육적 효용에 대해 살펴보는 후속 연구에 해당한다고 할 수 있다.

비록 텍스트 분석은 기초 번역 수업에서부터 심화 수업까지 모든 레벨에서 활용할 수 있지만, 본고에서는 구체적으로 *번역 실습(Translation Practice)* 과목 2학기 수업에서 형성 평가의 도구로 텍스트 분석을 어떻게 활용할지에 초점을 맞추어 논의해 보겠다. 호주에서는 이 번역 실습 과목을 이수할 경우 전문 번역가로서 인정받을 수 있다. 이 과목을 논의의 초점으로 삼은 이유는 형성 평가 도구로 텍스트 분석을 기반으로 한 의미 중심 번역 평가 기준을 활용할 때 그 교육적 효용은 양적 데이터(기말 번역 시험의 학생 번역 수행물)와 질적 데이터(학생의 학습 저널)를 통해 좀 더 명확하게 알 수 있기 때문이다. 다음 절에서는 본 연구가 진행된 배경에 대해 설명하고, 의미 중심 평가 기준에 대해 소개한 뒤, 이 기준의 기반이 된 이론에 대해 간략하게 설명하도록 하겠다. 그 다음, 지난 5년간 수집한 설문 조사 결과, 학생 학습 저널 및 기말 시험에서 학생 번역 수행물을 바탕으로 이 평가기준을 사용하는 것이 어떠한 교육적 효용이 있을지에 대해 논의해보고자 한다.

배경

맥쿼리 대학에는 통역 번역 석사 프로그램이 있다. 또한 통·번역 "준 석사 과정(Postgraduate Diploma)"(풀타임 1년 과정)과 석사과정(1년 반 과정)이 있고, 이는 호주통번역사인증협회(National Authority of Accreditation for Translators and Interpreters, NAATI)의 인증을 받은 것이다. NAATI 인증은 호주에서 통·번역가로 일하기 위한 최소 요건에 해당한다.

맥쿼리 대학 통·번역과정에 등록한 학생들은 특정 요건을 충족시켜야만 NAATI 인증 번역가[1])가 된다. 이 요건 중 하나는 학생들이 2학기 과정인 *번역 실습* 과목의 지필 기말 고사를 통과해야 한다는 것이다. 이 시험은 NAATI 인증 시험과 동일한 방식으로 이행되고, 동일한 수의 텍스트(세 개의 텍스트 중 두 개 텍스트 완성), 동일한 주제 분야(사회, 경제, 보건 등), 동일한 길이(각 텍스트는 약 250단어), 동일한 시험 시간(2시간 반, 텍스트 읽기 20분 추가) 및 동일한 평가 방법 및 기준을 적용한다.

번역 과정 교수자들의 난제 중 하나는 번역 평가이다. *번역 실습* 과목의 기말 시험은 NAATI 평가 기준에 따라 채점하도록 요구하고 있기 때문에 대부분 교수자들은 NAATI 기준을 형성 평가 도구로 사용하여 과제 및 평가를 진행하고 일관된 기준을 적용하고자 한다. 그러나 필자는 총괄평가 및 형성평가를 위해 NAATI 번역 평가 기준을 사용하는 것이 그리 쉽지 않다고 생각하였다. 그 이유는 다음 절에서 상세히 설명하도록 하겠다.

번역 테스트를 위한 NAATI 평가 기준

앞서 언급하였듯이, 2학기 번역 실습 수업에 등록한 학생들은 NAATI 인증을 받고자 하는 학생들이다. 따라서 번역 수업은 학생들이 비 전문 영역의 짧은 텍스트(250단어)를 번역하는데 필요한 지식 및 기술을 개발하도록 설계되었다. 수업 중 반복적으로 하는 활동 중 하나는 학생들이 과제로 짧은 단락을 번역해 오고 수업시간에 제출한 후 교수자가 NAATI 시험 평가 가이드라인에 따라 번역에 대한 피드백을 제공하는 것이다.

과거 30년간 NAATI에서는 번역 평가 시 오류 감점(error deduction) 방식을 채택해왔다. 각 텍스트 당 최대 45점에서 점수를 차감해 가는 것이다. 한 오류 당 오류의 "심각성" 정도에 따라 0.5점에서 5점까지 차감한다. NAATI 웹사이트(http://www.naati.com.au/at-deduction.html)에서 언급하였듯이, 오류의 심각성에 대한 결정은 평가자의 몫이다. 또한 평가자는 번역에 대한 전반적인 느낌을 바탕으로 5점까지 차감할 수 있다. NAATI 평가 기준은 다음에 소개하는 오류 범주를 바탕으로 적용된다.

a. 특정 부분에서 지나치게 의역(free)한 경우
b. 특정 부분에서 지나치게 직역(literal)한 경우
c. 스펠링
d. 문법
e. 통사구조

f. 구두점

g. 단락 번역 마무리 하지 못함

h. 정당하지 않은 생략

i. 오역

j. 비관용적(non-idiomatic) 표현 사용

k. 직업 윤리 강령에 대한 불충분한 이해[2)]

(NAATI 번역 핸드북: 테스트 준비 가이드, 1997: 14)

형성 평가 도구로서 이 기준의 실효성은 상당히 제한적이다. 우선, 오류 범주 설명 시 "지나친 의역", "지나친 직역" "정당하지 않은 생략" 및 "오역"과 같은 표현을 사용하고 있는데, 이는 지나치게 광범위하고 이 기준을 정의할 수 있는 세부 가이드라인이 없다. 교수자가 이와 같은 대략적인 기준을 바탕으로 언제 그리고 왜 번역이 "지나친 의역" 또는 "지나친 직역"인지, 언제 그리고 왜 생략이 정당한지 또는 정당하지 않은지 설명하지 못한다면 학생들은 번역 시 나름대로의 선택을 하기 어려울 것이다. 번역 시 무언가를 추가 또는 생략할 경우 점수가 차감될 것을 두려워하여 학생들은 가능하면 원천 텍스트와 흡사한 번역을 하려고 할 것이고, 결국 이는 지나치게 직역을 하게 되어 목표언어에서 자연스러운 텍스트로서 기능하지 못하는 결과를 초래하게 될 것이다.

게다가 NAATI 기준은 지나치게 한 가지 측면의 의미에만 초점을 맞추고 있는 듯 하다. 즉, 단어 및 문장차원에서의 경험적(experiential)(즉, 누가, 무엇을, 누구에게, 왜, 언제, 어떻게) 의미만을 중시하는 것이다. 그러나 대인적(interpersonal) 의미(즉, 격식 또는 개인의 태도) 및 텍스트적 의미(즉, 정보 흐름의 일관성)와 같은 다른 측면의 의미를 전달하는 데 있어서 정확하거나 자연스러운지 아닌지를 살펴보는 다른 주요 카테고리는 이 기준에 포함되지 않고 있다. 이와 같은 카테고리 부족으로 인해 교수자들 또한 단어 및 통사적 오류에만 초점을 맞추는 경향이 있다. 예를 들어 이 기준에 따르면 절 또는 문장 차원에서 "통사구조", "문법" 및 "관용적 표현" 관련해서는 오류가 없지만, 텍스트 차원에서는 자연스럽게 수용되지 않는 번역 평가는 효과적으로 하기 힘들다. 이와 같이 번역 및 의미에 관한 제한된 견해를 담고 있는 기준은 스코포스 이론 및 기능주의(라이스 & 페르미어(Reiss & Vermeer), 1984; 노르트(Nord), 1997; 회니그, 1998)와 같이 번역 브리프에 맞게 번역을 하고 번역가의 창의성을 중시하는 최근 번역학 연구의 흐름과 상충되는 것이다. 이와 같은 모순적 기준은 번역의 이론과 실제간에 간극이 존재한다는 것을 보여주는 것이고, 학생들 또한 이론 상 배운 것을 실제 번역 과정에 어떻게 적용해야 할 지 종종 혼란스러워 한다.

비록 자연스러움에 관한 기준이 정확성에 대한 기준보다 덜 엄격하다[3]는 일반적인 지침은 있지만, 점수 차감(0.5점에서 5점까지)에 관한 구체적인 가이드라인 부재로 인해 이 기준을 형성 평가 도구로 사용하는데 있어서 어려움이 있다. 교수자가 이 기준을 적용할 때, 단어 차원의 오류가 각기 다른 정도의 "심각성" 때문에 다르게 취급될 때가 많다. 어떤 경우에는 교수자가 전반적인 느낌을 바탕으로 점수를 차감하거나 더하고자 하는 경우도 있고, 이는 NAATI 가이드라인에 의거 허용된 것이다. 그러나 전반적인 느낌을 체계적으로 뒷받침하는 증거를 제시하기 전에는 굉장히 주관적 판단이 될 수 있는 위험이 있다. 이와 같은 주관성 때문에 전문적으로 판단하고 전반적 느낌을 바탕으로 어느 정도 점수를 더하거나 차감하는 이유를 설명하는 것은 쉽지 않다. 그 결과, 교수자는 점수 차감 시마다 매우 적은 점수를 차감하고 사소한 오류에 대해 반복적으로 점수를 차감하게 된다. 이와 같은 방식의 평가 때문에 학생들은 번역 시 창의적으로 선택을 하지 않으려 하게 되고 교수자의 번역 스타일을 모방하고자 하게 된다. 그 결과 낮은 점수를 받게 되면 번역 시 자신의 선택이 왜 오류로 간주된 것인지 분석하려 하기 보다는 교수자의 번역 스타일을 따르지 않았기 때문에 낮은 점수를 받았다고 생각하는 경향이 있다.

NAATI 기준의 허점을 보완하기 위해 필자는 맥쿼리 대학의 필수 과목인 *텍스트 분석 입문(Introduction to Text Analysis)* 수업 시간에 가르쳤던 SFL 기반 텍스트 분석을 바탕으로 의미 중심 평가 기준을 개발 및 활용하고자 한다. 다음 절에서는 이 의미 중심 평가 기준의 근간이 되는 이론을 간략하게 소개하도록 하겠다.

의미 중심 평가 기준의 기저 이론

본고에서 소개하는 의미 중심 평가 기준은 번역학의 스코포스 이론 및 기능주의(라이스 & 페르미어, 1984; 노르트, 1997)에서뿐만 아니라 체계 기능 언어학자들(할리데이(Halliday), 1978; 할리데이 & 매티슨(Halliday & Matthiessen), 2004)이 제안한 의미 분석을 기반으로 하는 것이다. 사실, 언어학 이론과 번역 이론 간의 호환성(compatibility)에 대한 연구가 많이 진행되지는 않았지만, 이 두 영역간에는 근본적으로 호환성이 있는 듯 하다. 이 절에서는 그 기저이론에 대해 차례로 소개해보겠다.

체계 기능 언어학 이론

SFL 이론은 수립 초기 단계부터 사회적 방향성(social orientation)을 담고 있었다. 초기 고안 단계에는 퍼스(Firth 1957)의 언어 모델 영향을 받았고, 할리데이 및 그 외 SFL 학자들이 이를 이론으로 집대성 하였다. SFL의 가장 괄목할만한 특징은 말리노우스키(Malinowski, 1935)의 연구를 바탕으로 상황적 맥락 및 문화적 맥락을 언어 모델에 함께 포함시켜 고려한 것이다. 말리노우스키는 파퓨아 뉴기니(Papua New Guinea)

의 트로브리안드 섬(Trobriand Islands)에서 사는 주민들의 문화를 연구한 인류학자였다. 그는 현장에서 수집한 몇몇 텍스트를 번역하면서 번역 속 상황 및 문화적 맥락에 대한 이해 부재로 인해 목표 영어권 독자들이 번역을 이해하기 어렵다는 것을 깨달았다.

SFL은 다수의 언어 관련 연구분야에 대한 이론적 틀을 제공해준다. 번역학 분야에서 할리데이의 체계 기능 모델은 캣포드(Catford, 1965), 하우스(House, 1977/1997), 하팀과 메이슨(Hatim & Mason, 1990, 1997), 벨(Bell, 1991), 베이커(Baker 1992), 먼데이(Munday, 1997), 트로스보그(Trosborg, 2002) 및 스타이너(Steiner, 2002, 2004)와 같은 연구자들[4)]의 탄탄한 이론적 기반이 되었다. 특히, 하우스(1977/1997)는 번역 평가 분야에 지대한 공헌을 하였고, 트로스보그(2002)는 번역가 훈련에서 담화 분석의 역할에 대해 논의하였다. 이 두 학자들은 모두 할리데이의 SFL이론을 연구의 주요 틀로 활용하였다. 의미 중심 그리고 의미에 대해 공유하는 견해가 SFL과 번역학을 이어주는 주요 연결고리인 듯 하다. 뉴마크(1987: 293)는 다음과 같이 설명한다.

> 번역가는 전적으로 그리고 지속적으로 의미와 씨름을 하기 때문에 언어를 의미잠재력(meaning potential)으로 보는 할리데이 학파 언어학자들이 원천언어 텍스트의 구성 요소와 번역과의 네트워크 관계를 결정하는 유용한 도구를 제공하였다는 것은 놀랄만한 것이 아니다.

체계 기능 언어학자들은 언어는 의미를 만드는 자원이라고 간주하고, 인물은 주어진 상황 및 문화적 맥락 속에서 이 언어를 통해 서로 상호작용 하는 것으로 생각한다. 이들은 어떻게 언어를 사용하여 의미를 파악하는지에 주로 관심을 갖는다. 따라서 언어를 이해하려면 협의(local)의 맥락뿐만 광의의 맥락과 관련된 것도 이해해야 한다. 매티슨(1992)이 제시하였던 <그림 1>과 같은 도표를 통해 알 수 있듯이, 언어에 대한 근본적인 견해는 SFL 이론의 몇몇 층(strata) 또는 단계(levels)

를 통해 표현된다.

<그림 1>에서 묘사하는 단계는 상황적 그리고 문화적 맥락을 포함하는 맥락(context), 담화 의미론(discourse semantics), 단어-문법(lexicogrammar), 그리고 음성학(phonology)/필적학(graphology)을 포함한다.

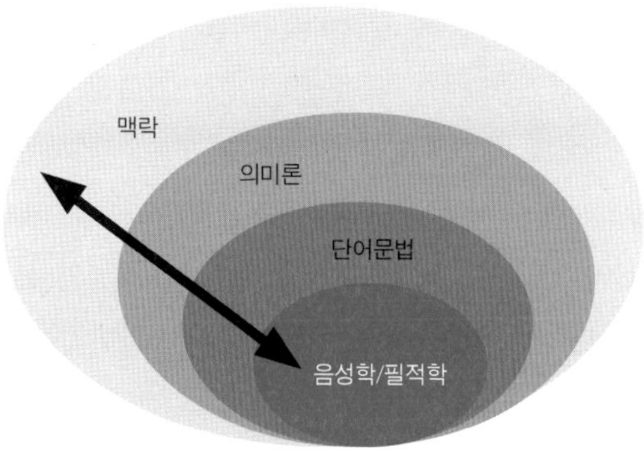

〈그림 1〉 언어 단계

상위 단계는 하위 단계의 맥락을 제공하고, 하위 단계 없이 상위 단계가 존재할 수는 없다. 예를 들어 구어나 문어 형태로 단어가 표현되지 않으면, 상위 단계인 문법에 대해 논할 수 없다. 단어문법 차원에서 발화가 생성되지 않으면 의미론적 차원에서 텍스트 혹은 담화를 만들 수 없다. 따라서 SFL에서는 단어문법에 관해 연구하는 것이 일반적이고, 이는 주로 절(clause) 층위에서의 의미에 관한 것이며, 의미론과 관련해서는 주로 텍스트 또는 담화 차원에서의 의미에 관한 것이다. 이러한 이유로 SFL이론과 번역학은 긴밀한 연관성이 있다고 할 수 있다. 번역가들은 절 층위에서의 의미를 파악하지 않으면 텍스트를 만들 수 없고, 텍스트 층위에서 의미를 파악하지 않으면 일관된 텍스트를 만들 수 없다.

SFL에서 문법은 일련의 문법 *규칙(rules)*을 제시하는 것이 아니라 단어 및 문법적 *선택(choices)*에 관해 설명하는 일종의 방식이다. 이 선택들은 그 언어 화자가 의미를 구현하기 위해 사용하는 언어적 자원(linguistic resources)으로 해석된다. 할리데이(1994)는 다음과 같이 말하였다.

> 기능적 문법을 설명하는 한 가지 방식은 … 그것이 담화 의미론(discourse semantics)을 지향하는 문법 이론이라는 것이다. 다시 말해, 우리가 문법을 기능적으로 해석한다고 하면, 이는 곧 의미를 파악하기 위한 자원으로서 그 역할을 우선시한다는 것을 의미한다.
>
> (할리데이, 1994: 15)

할리데이(1994: 35)는 특정 의미가 세 가지의 다른 의미를 통해 형성된다고 주장한다. 첫 번째는 관념적(ideational) 의미인데 이는 경험적(experiential) 자원과 논리적(logical) 자원을 모두 포함하는 것이다. 두 번째와 세 번째는 대인적(interpersonal) 의미와 텍스트적(textual) 의미이다. 경험적 의미는 우리가 세상에 대해 경험하는 것, 즉 누가(참여자 1), 무엇을(프로세스), 누구에게(참여자 2), 어떻게, 언제, 그리고 왜(상황) 하는 것인가를 설명하는 의미이다. 논리적 의미는 경험들 간 논리적 관계를 말한다. 대인적 의미는 화자 및 청자 간 상호작용 및 관계 또는 개인적 태도를 표현하는 것이다. 텍스트적 의미는 관념적 그리고 대인적 의미를 하나의 일관성 있는 합으로 구성하여 정보 흐름을 보여주는 것이다. 각 의미의 추상적 기능은 동사성(TRANSITIVITY), 서법(MOOD), 그리고 주제부(THEME)[5] 라는 특정 언어 시스템을 통해 발현된다. 또한 이와 같은 의미 모드는 어역의 상황적 측면과 관련이 있다(할리데이, 1978, 1994). 할리데이의 어역 이론은 기본적으로 어떠한 상황에든 언어적 결과를 가져오는 세 요소가 있다고 설명하는데, 그 세 요소는 필드(field), 테너(tenor), 그리고 모드(mode)이다. 필드는 우리 활동의 초점이 되는 것(즉, 무슨 일이 일어나고 있는가)을 말하고, 테너는 화자가 다른 사람과 관계 맺는 방식(예를 들어 권력과 관계된 지위)에 대해 말하고, 모드는 소통 채널(예를 들어 말 또는 글)을 말한다(상세 설명은 마틴(Martin), 1992 & 에긴스(Eggins), 2004 참조).

의미의 각 측면은 절 층위에서 언어적 자원의 증거를 바탕으로 해석된다. 따라서 체계 기능 문법(systemic functional grammar, SFG)은 절에서 언어적 특성을 살펴본다는 차원에서는 다른 문법과 동일하다. 그러나 SFG는 언어적 특성을 일련의 규칙으로 설명하지 않고 의미의 다른 측면을 설명하는 자원으로 본다는 점에서 다른 문법과 확연히 다르다. 게다가 맥락과의 관계 속에서 의미를 본다. 이 상관관계는 <그림 2>에서 도표를 통해 제시하고 있다.[6)]

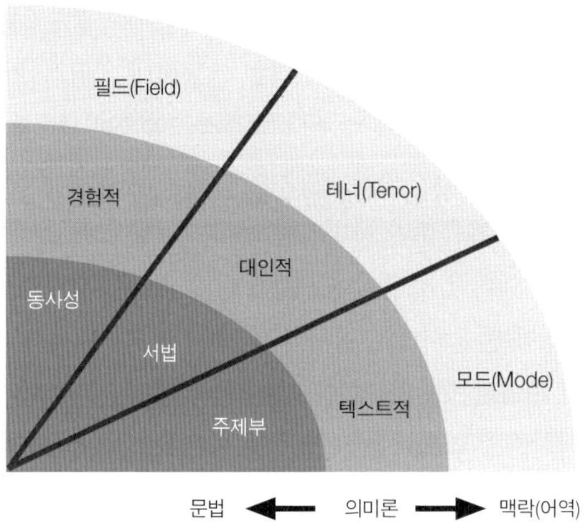

〈그림 2〉 문법, 의미론 및 맥락 간 상관관계

관념적 의미는 텍스트의 필드와 연관된 동사성(TRANSITIVITY)을 통해 실현되고, 대인적 의미는 텍스트의 테너와 연관된 서법을 통해 실현되며, 텍스트적 의미는 텍스트의 모드와 연관된 주제부(THEME)를 통해 실현된다. 마틴(2001: 54)은 이 상관관계의 중요성에 대해 다음과 같이 설명한다.

> 문법에서 어역 범주와 기능적 구성요소간의 상관관계는 매우 중요하다. 이를 통해 체계기능언어학자(systemicists)는 이와 같은 맥락을 바탕으로 화자가 어떠한 선택을 하는지 예측할 뿐만 아니라 문법의 어떤 영역과 관련 있는 지 또한 파악할 수 있게 된다. 역으로, 특정 문법적 선택을 보고 이와 같은 선택이 문장의 맥락적 의미 형성에 어떠한 기여를 하고 있는 지도 파악할 수 있다.
> *이와 같은 필드, 모드, 테너에 관한 문법적 증거를 바탕으로 체계기능언어학자들은 자신들의 주장을 전개할 수 있고, 이 증거들을 통해 사람들이 살면서 언어를 사용하는 방식과 관련하여 왜 언어가 이와 같은 형태를 보이는지에 대해 설명하는 방법을 보여준다.* (필자 강조)

마틴이 설명하는 맥락적 변수(어역)와 문법적 선택 간의 상관관계는 광범위하게는 번역을 할 때, 특히 번역 평가 시 매우 중요하다. 특정 어역(필드, 테너, 모드)에서 기능하는 번역을 만들어내기 위해, 번역가는 양 언어의 언어적 지식과 "문화적 필터"(하우스, 2001: 141)를 사용하여 이 모든 차원에서 원천 텍스트를 "정당하게 조작"(하우스, 2001: 141) 해야 한다. 따라서 번역가들뿐만 아니라 번역 교수자들도 목표 텍스트의 어역을 고려하여 언어적 자원(단어문법)이 어역 내에서 각기 다른 의미(의미론)를 적절하게 만들어내고 있는지 평가해야 한다. 이와 같은 평가 방식은 번역에 문법적 오류가 없어도 요구되는 어역을 바르게 옮기지 못한다면 부적절한 번역으로 간주할 수도 있다는 점에서 번역이 어떠한 문법적 오류를 포함하고 있나 없나에 초점을 맞추는 평가 방식과는 현저히 다르다.

학부 이상의 고등 교육에서 영어를 제2언어로 학습하는 학습자의 담화 평가 시 이와 유사한 주장을 할 수 있다. 학술적 읽고 쓰기 능력(academic iteracy)평가에서 필수적인 부분이라고 할 수 있는 원인-결과 설명에 대한 평가에 관해 모한과 슬레이터(Mohan & Slater, 2004)가 조사한 것을 살펴보자. 연구 결과 제2언어 역량 평가를 위해 설계된 현재 모델은 학생이 언어의 기본 규칙을 위반하였는지 아닌지 만을 체크하는 경우에만 효율적이라는 것이다. 연구에 참여한 평가자들은 직관적으로 어느 한 번역이 다른 번역 보다 '더 낫다'라고 평가했지만, 평가 도구가 그 두 번역의 차이를 설명하지는 않는다고 인정하였다(ibid.: 265). 대부분의 번역 평가자들은 이와 같은 경험을 자주는 아니더라도 적어도 한두 번은 하였을 것이다. 모한과 슬레이터는 다음과 같이 주장한다.

> 전통 문법 및 언어를 규칙으로 보는 관점에서 담화 평가가 보여주는 바는 언어 규칙이 위반되었는지 아닌지를 보기 위해 형태의 정확성을 평가하는 것이다. 담화의 의미에 관한 판단을 동시에 할 수도 있지만, 대체적으로 이는 전체적인 인상을 바탕으로 한 것이며, 도관(conduit)에 비유하는 은유적 표현과 일관적이며, 형태에 대한 평가와는 독립적이다. 할리데이의 견해에서 평가에 대해 설명하는 것은 이와는 상당히 다르다. 학습자가 할 수 없는 것에서 학습자가 할 수 있는 것에 초점을 맞춘다. 이와 같은 견해를 바탕으로 담화는 맥락 속에서 언어적 자원을 사용하여 의미를 만드는 것으로 평가한다. 글 쓰는 이는 어떻게 형태와 의미를 연관 지을 것인가? (ibid.: 258)

이러한 관점에서 번역 평가와 관련하여 본고에서 제안하듯이 SFL을 사용하는 이유를 찾을 수 있다. 즉, 문법, 의미론 및 어역 간의 상관관계를 이론화 한 SFL이 번역 평가를 개선하는데 있어 지대한 공헌을 할 수 있는 것이다.

번역: 결과물 vs. 과정

번역을 체계적으로 평가하기 위해, 번역이 생산되는 과정을 이해할 필요가 있다. 다음 <그림 3>에서 볼 수 있듯이, 번역가는 원천 텍스트에 대한 자신의 이해를 바탕으로 목표 텍스트를 생산한다. 이 번역가의 이해는 번역가의 언어 기술, 텍스트 분석 기술, 문화적 지식 및 배경지식을 기반으로 하는 것이다. 목표 텍스트 생산을 위해 번역가는 ST의 다양한 의미를 TT의 적절한 형태로 전달하기 위한 방식을 고르기 위한 선택을 하게 된다. 이 선택 과정에서 의미에 대한 협상은 불가피하다. 즉, 번역가는 다양한 종류의 의미를 이해하고 있다 할지라도 TT에서 이 의미의 모든 측면을 전달하기는 불가능 하다. 왜냐하면 의미의 다른 측면을 구성하는 문법적 자원이 언어마다 다르게 작동하기 때문이다. 따라서 번역가는 TT의 어역을 결정하는 맥락을 고려한 후 의미의 어떠한 측면이 가장 중요할 지 결정해야 한다.

번역의 목적에 초점을 맞춘 스코포스 이론에 따르면 번역가는 번역물이 그 기능적 역할을 수행하도록 하기 위해 그에 맞는 번역 방법 및 전략을 선택해야 한다고 한다(라이스 & 페르미어(Reiss & Vermeer), 1984). TT의 기능적 역할은 TT의 목적 및 그 외 관련 정보를 담고 있는 "번역 브리프(translation brief)"를 통해 결정된다(노르트, 1997: 30). 다시 말해, 브리프는 TT의 맥락을 결정하는 원천이고 이를 바탕으로 번역가는 "공개적(overt)" 번역을 할 것인지 "내재적(covert)" 번역을 할 것인지 결정한다(하우스, 1997: 66). 공개적 번역은 만들어진 텍스트가 번역물이라는 것을 명시적으로 또는 명확하게 드러내는 것을 말하고, 내재적 번역은 "목표 문화권에서 원래 원천텍스트로서의 지위를 누리는 번역"(ibid.: 69)을 말한다. 내재적 번역의 기능은 "번역된 텍스트가 언어문화적 틀과 담화 세계에서 원문과 같은 기능을 하도록 재창조, 재생산 또는 재현된 것"(ibid.: 114)이다. 그러나 하우스가 지적하였듯이 "공개적"인 것과 "내재적"인 것의 차이는 양립될 수 없는 배타적인 것이 아니라 일련의 연속선상(cline)에 있는 것과 같다. 이 개념과 번역 평가간의 관계는 번역가가 특정 맥락(어역)에 맞는 텍스트를 생산하도록 요구된다는 사실에서 찾을 수 있다. 따라서 어떠한 번역 평가자라 할지라도 텍스트 맥락에 관한 정보를 사전에 숙지하고 있어야 하고 번역에 필요한 내재성(covertness) 또는 공개성(overtness)의 정도에 대해 판단하고 있어야 한다. 뿐만 아니라 언어적 자원이 번역 시 얼마나 적절하게 사용되고 있는지도 평가해야 한다.

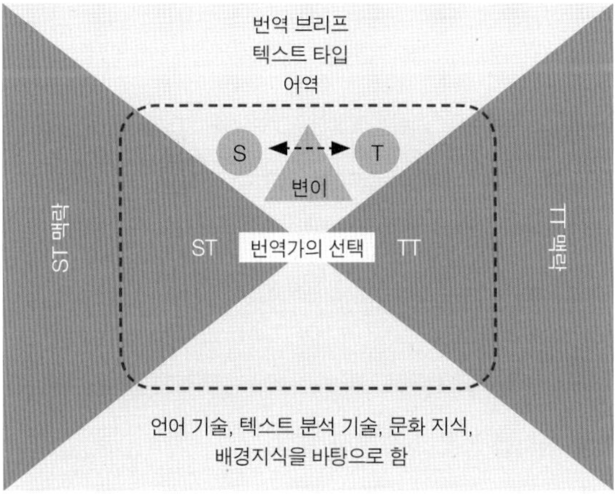

〈그림 3〉 번역 결과물, 과정 및 기술

이렇듯 번역 방식이 연속선상에서 놓여있다는 것을 통해 번역 변이(translation shift)가 왜 중요한 지 알 수 있다. <그림 4>에서는 앞에서 간략하게 언급하였던 의미가 타협되는 지속적인 과정을 보여준다. 타협 과정은 번역 변이를 통해 발생한다. 이 "번역 변이"라는 용어는 캣포드(Catford)의 *A Linguistic Theory of Translation*(1965: 73-83)에서 처음 사용되었고, 이는 "원천언어에서 목표언어로 바뀌는 과정에서 형식적인 대응에서 벗어난 것"(ibid.: 73)을 의미한다. 번역의 내재성 정도에 따라 번역가는 번역 중 선택이 얼마나 단어-대-단어 등가에서 벗어날 수 있는지 결정한다. 직역은 단어-대-단어 등가에 더 근접하는 경향을 띄고, 의역은 그것에서 더 멀어지는 경향이 있다. 다시 말해 번역 평가 시스템을 활용하는 평가자는 주어진 상황적, 문화적 맥락 내에서 의미가 어떻게 타협되는 지 고려해야 한다.

매티슨(2001: 79)은 번역 환경과 연관 지어 의역과 직역 간의 차이를 다음과 같이 설명한다.

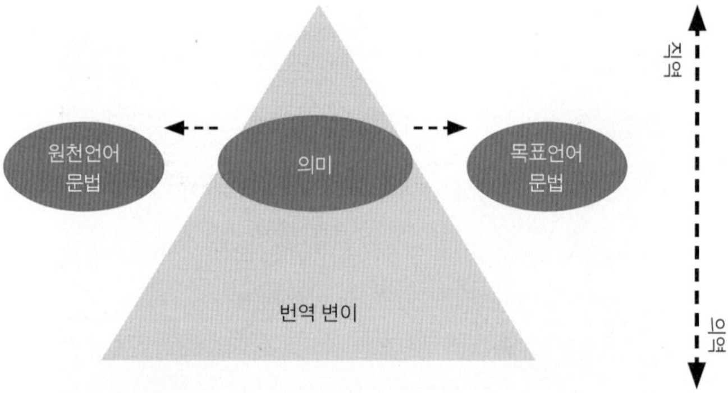

〈그림 4〉 번역 변이를 통한 의미 협상 과정

> 번역 환경이 더 좁을수록 번역은 더 "직역"이 된다. 즉, 의미 번역(의미론) 보다는 단어-대-단어 번역(절 단위의 번역이 아닌) 또는 표현 번역(단어-문법)이 되는 것이다. 기본적으로는 아마 "의역"이 가장 효과적인 형태로 선호될 지도 모른다. 그러나 번역 시 자유는 정도(degree)의 문제이다. 아마 번역의 가장 자유로운 형태는 만화 번역일 것이다. 인그리드 에몬드(Ingrid Emond)는 도널드 덕(Donald Duck)을 이태리어에서 스웨덴어로 번역하였는데, 번역가는 이 과정이 즐거웠다고 말한다. 왜냐하면 번역 시 맥락적으로 타당하고 묘사하는 그림과 조화를 이루기만 한다면 꽤 자유롭게 번역할 수 있었기 때문이라고 하였다. 물론 "직역"이 더 중요한 맥락도 있다. 예를 들어 언어학 및 번역학에서 특정 언어의 특정 표현이 어떻게 기능하는 지를 설명하고자 할 때이다.

앞서 설명한 SFL과 번역학의 개념 및 지식은 번역 평가에 대해 많은 것을 시사한다. 첫째, 번역은 특정 맥락 내에서 그 기능을 수행하는 담화로 취급되어야 한다. 따라서 둘째, 번역 평가자는 단지 번역에 문법적 오류가 있는지 없는지를 떠나서 텍스트 또는 담화로서 그 번역이 주어진 맥락의 목적을 달성하고 있는지 살펴보는 것이 더 중요하다. 샘플 텍스트를 사용하여 SFL 기반 의미 중심 평가 기준을 소개하는 다음 절에서 어떻게 SFL 이론을 적용하여 번역을 평가할 수 있는지 살펴보도록 하겠다.

의미 중심 평가 기준

여기서 제시하는 의미 중심 평가 기준은 형성평가 도구로서 NAATI 평가 기준의 한계점을 보완하고자 개발한 것이다. 이 새로운 평가 기준은 여전히 NAATI 기준의 틀 안에서 만들어진 것이고, 총점 45점에서 점수를 차감하는 방식이기는 하다(NAATI 번역 시험에서 각 번역에 대한 만점은 45점이다). 점수 차감 범주에 대한 설명은 다음과 같다. 평가자는 번역 브리프 및 어역과 같은 맥락적 요소를 고려하여 다양한 모드의 의미 안에서 적절한 범주의 번역 변이를 결정해야 하고 이는 필수적인 과정이다. 이러한 과정을 거쳐 에세이를 평가할 때 각기 다른 평가자들이 다른 점수를 주는 것과 같이 번역을 평가할 때에도 여러 평가자들이 점수에 대해 항상 의견이 일치할 것이라고 보장할 수는 없다. 그러나 다음에서 제시하는 범주에 따라 평가자들이 평가 결과의 차이를 파악한다면, 평가자들의 개인적 선호도 또는 인상을 기반으로 하는 것보다 훨씬 더 효율적으로 평가 결과 차이를 해소하기 위한 논의가 진행될 수 있을 것이다. 1-2, 1-3 및 3-5와 같은 평가척도에 관한 결정은 다년간 필자와 다른 평가자들이 이행한 번역 평가에서 차감한 점수 분석을 바탕으로 한 것이다.

의미 중심 평가 기준에서(표 1 참조), 번역 오류는 주요 오류와 사소한 오류로 범주화 된다. 주요 오류는 의미의 하나 혹은 그 이상의 측면에 영향을 끼친 경우이고 사소한 오류는 ST 의미 전달에 거의 영향을 끼치지 않는 간단한 실수를 말한다. 주요 오류는 의미의 다양한 측면(경험적, 논리적, 대인적 및 텍스트적 의미)을 기반으로 분석되고, ST 의미의 정확한 전달에 영향을 끼치는 오류인지(정확성) 또는 TT로 의미 전달이 자연스러운지(자연스러움)를 바탕으로 분석된다. 이와 같이 분류한 범주에 대해서는 다음 절에서 예시와 함께 설명하겠다.

NAATI 기준과 달리 새로이 제시하는 기준은 첨가, 생략 및 부적절한 등가와 같은 오류의 종류에 대해 구체화하지는 않는다. 왜냐하면 의미의 다양한 측면을 정확하고 자연스럽게 전달하느냐를 판단하는 것이 중요한 것이기 때문이다. 첨가 및 생략은 특정 상황에서는 합리적인 번역 전략으로 채택될 수도 있다. 따라서 이와 같은 범주화는 어떠한 첨가나 생략도 잘못된 것이라고 학생 번역가들을 오도할 수도 있고, 결과적으로 원천 텍스트 구조에 지대한 영향을 받으며 직역을 하는 것으로 이어지는 경향이 있다.

〈표 1〉 의미 위주 평가 기준

<table>
<tr><th colspan="3"></th><th>단어</th><th>절</th><th>텍스트</th></tr>
<tr><td rowspan="8">주요 오류</td><td rowspan="2">경험적</td><td>정확성</td><td>1-2 점</td><td>2-3점</td><td></td></tr>
<tr><td>자연스러움</td><td>1-2점</td><td>2-3점</td><td></td></tr>
<tr><td rowspan="2">논리적</td><td>정확성</td><td></td><td>1-3점</td><td></td></tr>
<tr><td>자연스러움</td><td></td><td>1-3점</td><td></td></tr>
<tr><td rowspan="2">대인적</td><td>정확성</td><td>1-2점</td><td></td><td>3-5점</td></tr>
<tr><td>자연스러움</td><td>1-2점</td><td></td><td>3-5점</td></tr>
<tr><td rowspan="2">텍스트적</td><td>정확성</td><td></td><td>1-2점</td><td>3-5점</td></tr>
<tr><td>자연스러움</td><td></td><td>1-2점</td><td>3-5점</td></tr>
<tr><td rowspan="2">사소한 오류</td><td colspan="3">철자법과 같은 필적상 실수</td><td colspan="2">0.5</td></tr>
<tr><td colspan="3">의미에 영향을 끼치지 않는
사소한 문법 실수</td><td colspan="2">0.5</td></tr>
</table>

샘플 텍스트를 통한 사례

이 절에서는 샘플 텍스트(첨부 1 참조)를 통해 앞서 언급한 의미 기반 평가 기준을 적용해본 사례를 살펴보겠다. 왜 특정 오류 또는 이슈가 선정이 되는지 그리고 몇 점이나 감점되고 그 이유는 무엇인지 살펴보도록 하겠다. 사례를 보여주기 위해서 영어 원천 텍스트와 한국어 목표 텍스트 한 쌍을 살펴볼 것이다. 적용 방식을 좀 더 쉽게 보여주기 위해 소개하는 다음의 번역은 2007년 번역 실습 과목을 수강한 여러 학생들의 잘못된 번역 일부를 조합한 것이다. 굵은 글씨체로 된 부분은 오류 및 문제가 되는 부분을 보여주는 것이고 이탤릭체로 된 부분은 불가피 했거나 정당화 할 수 있는 번역 변이를 보여주는 부분이다. 수업 중 학생들에게 영어로 된 텍스트를 주고 1시간 동안 번역 하도록 하였다. ST의 출처, 의도된 TT 독자, 번역 텍스트가 공개되는 곳을 포함한 번역 브리프를 학생들에게 제공하였다. 따라서 학생들은 제공된 맥락적 정보를 바탕으로 공개적 번역 방식과 내재적 번역 방식 중에서 적절한 지점을 선택해야 했다.

번역할 영어 텍스트 제목은 "*The Indian Exception*"이다. 번역 브리프에서는 이것이 *이코노미스트(The Economist)*의 인쇄판에서 발췌한 것이고, 한국에서 발간되는 동일 잡지의 번역본을 요구하였다. 필드와 관련하여 이 텍스트의 사회-기호학적 기능은 보고이다. 텍스트 내용은 인도로 우라늄 수출 금지를 해제하는 호주의 새로운 우라늄 정책에 관한 것이다. 테너와 관련하여 기관으로서의 역할은 전문가(기자)가 현 국제 정세에 관해 지식과 관심이 있는 지식인을 대상으로 하고 있다는 것이다. 번역을 위해 편집된 이 보고 텍스트는 결론 부분으로 가면서 높은 가능성을 암시하는 조동사 would를 사용하며 상황에 대한 명확한 의견을 제시하고 있다. 모드와 관련하여 살펴보면, 이는 1명의 필자(monologic)가 인터내셔널 주간지에 글을 통해 이야기를 전달하는 텍스트이다. 절 단위의 주제부 분석을 살펴보면, 촘촘하게 응결성 있는 패턴을 보이고 있는데, 이전 담화의 새로운 정보를 다음 담화 주제부에서 받아 전개하고 있다.

ST의 어역과 번역 브리프를 고려해 볼 때, TT는 ST와 동일한 어역과 기능을 가져야 한다. 따라서, TT는 상당히 내재적 번역 방식을 택하여 목표 독자가 번역된 기사를 읽으며 큰 어려움 없이 호주에서 어떤 일이 일어나고 있는지 이해할 수 있도록 할 필요가 있다. 내재적 번역 방식을 이행하기 위해 번역가는 맥락 차원에서 예상되는 TT의 어역과 단어-문법 차원에서 이것이 어떻게 실현되는 지를 고려하여 번역 시 바꿔주어야 한다. 이 경우 번역가는 현 이슈를 다루는 보도문에 드러나는 특정 단어 선택 패턴을 반영해야 한다. 예를 들어 한국어 보도문에서는 대부분 명사화된 구문을 사용(field)하고, 상당한 격식(formality)을 갖추어야 하며(tenor), 중국 한자어를 사용한다. 또한 한국어는 영어보다 대명사와 정관사를 덜 사용하고 이들의 응결적 기능은 명사 상당어군(nominal group)의 반복 및 생략이라는 방식(mode)을 통해 수행된다. 번역가는 기대되는 어역을 보여주는 목표 텍스트를 생산하기 위해 단어 선택 시 이와 같은 특징들을 고려해야 한다.

경험적으로 부정확한 번역

예1에서는 영어 ST, 여러 학생들의 번역을 모아 엮은 한국어 TT, 그리고 각 문장의 경험적 의미에 대해 의미 중심 평가 기준을 바탕으로 하여 차감한 점수를 볼 수 있다.

TT의 첫 번째 문장은 ST의 경험적 의미를 정확하게 전달하지 못하고 있다. ST의 주된 경험적 의미는 *호주 오지 사막지역은(Australia's outback deserts)* (참여자 1) *보충하다(make up for)*(프로세스) *물이 부족한 것을(what they lack in water)* (참여자 2) *우라늄에서(in uranium)*(상황: 어떻게)이다. 그런데 TT에서는 참여자 2를 *물 부족으로 야기된 문제(problems caused by the lack of water)*로, 프로세스인 *보충하다(make up for)*를 *해결하고 있다(solve)*로 번역하였다. 그 결과 TT에서는 *호주의 오*

S. no.	English source text	Korean target text	Back translation	E A	N
1	What Australia's outback deserts lack in water they make up for in uranium.	호주 오지 사막에서는 물부족으로 오는 문제를 우라늄으로 해결하고 있다.	In Australia's outback deserts (people) solve the problems caused by the lack of water with uranium.	3	
7	But on August 16th, Australia's prime minister said he would **lift a ban on selling uranium to India,** *which refuses to sign the NPT, has tested nuclear weapons and does not rule out testing more.*	그러나 지난 8월 16일, 호주 총리는 인도에 **우라늄을 수출하는 것을 금지할 수도 있다는** 가능성을 시사했다. *인도는 핵확산 방지 조약에 서명하기를 거부하고, 핵무기를 시험했던 적이 있으며 앞으로의 핵무기 실험 가능성도 배제하지 않고 있다.*	But on August 16th, Australia's prime minister said he would **ban exporting uranium to India.** India refuses to sign the NTP, has tested nuclear weapons and does not rule out testing more.	3	
10	Howard first **flagged** the change of Australia's nuclear policy during a visit to New Delhi in early 2006.	하워드 총리가 호주의 핵 성책에 처음으로 변화를 **가져온 것**은 2006년 초 뉴델리 방문 기간 중이다.	It was during a visit to New Delhi in early 2006 when Howard first **brought in** the change of Australia's nuclear policy.	2	

예1. 경험적으로 부자연스러운 번역

*지 사막에서는 물 부족으로 오는 문제를 우라늄으로 해결한다*고 하고 있고, 매크로-주제부(즉, 텍스트 차원에서 주제부)가 남은 문장과 상당히 다른 방향성을 보인다. 경험적 의미 오류가 텍스트적으로 중요한 문장(즉, 매크로-주제부)에서 일어나는 것을 고려하여, 2점 대신 3점이 감점된 것이다.

문장 7은 심각한 경험적 오류를 담고 있다. 비록 오류가 *금지를 해제한다(lift a ban)*는 것을 *금지하다(ban)*라고 하여 프로세스에 국한되어 발생하기는 하였지만, 문장 1에서의 오류만큼 심각하다. 왜냐하면 목표 독자에게 정 반대의 메시지를 전달하기 때문이고 그 외 TT 부분도 모순적으로 번역되었기 때문이다. 그 결과 3점이 감점되었다. 문장 10에서 오류 또한 프로세스 번역이 부정확하여 발생한 오류이다. 즉, *시작하였다(flagged)*는 프로세스를 *가져왔다(brought in)*라고 하였다. 그러나 2점만 감점한 것은 문장 10에서의 정보가 문장 7에서의 정보보다 텍스트 전반적 의미에 끼치는 영향이 크지 않기 때문이다. 즉, 오류의 영향이 그 만큼 심각하지 않다는 것이다.

경험적으로 부자연스러운 번역

예2는 TT가 부자연스럽게 느껴지는 부분이 포함된 것을 보여준다. 목표 독자들이 번역된 문장의 의미는 이해하겠지만, 이 번역이 적절치 않은 단어-대-단어 번역이라는 것을 확실히 알 수 있을 것이다.

이 사례는 한국어와 영어의 다른 동사성 체계와 관련된 것이다. 한국어에서는 대부분의 프로세스 타입(즉, 물질적(material), 정신적(mental), 태도적(behavioral), 구두적(verbal), 그리고 소유격 관계적(possessive relational))에서 무생물체가 참여자가 되는 경우는 드물다. 반면, 영어에서는 어떤 프로세스에서도 무생물 물체가 참여자가 될 수 있다. 따라서 문장 2에서 무생물 물체가 소유격 관계 절에서 참여자로 사용되고 있고, 문장 4와 13에서 무생물 물체가 물질적 프로세스에서 참여자 역할을 하고 있기 때문에 자연스러운 번역을 위해서는 번역 변이가 불가피 하다. 자연스러운 번역과 관련된 이슈는 정확한 번역과 관련된 것보다 심각성이 덜하다는 NAATI의 기준에 따라 문장 2와 4에서는 1점씩만 차감하였다. 물질적 프로세스에서 무생물 물체를 사용하는 것은 굉장히 드물고, 그 결과 목표 독자의 이해에 방해가 될 가능성이 크다는 것을 고려하여, 문장 3에서는 2점을 감점하였다.

S. no.	English source text	Korean target text	Back translation	E A N
2	**They contain** almost 40% of the world's known low-cost reserves of the nuclear fuel.	호주 사막은 세계에 알려진 저가 핵연료의 40%에 가까운 양을 **비축하고 있다.**	**In Australian deserts**, almost 40% of the world's known low-cost reserves of the nuclear fuel **is reserved**	1
4	And **ore** from Australia's three operating mines **supplies** about a quarter of the world's uranium-oxide exports.	또한 현재 가동 중인 호주의 탄광 세 곳에서 나는 광석은 세계 산화 우라늄 수출량의 4분의 1 가량을 **공급한다.**	And ore from Australia's three operating mines **accounts for** about a quarter of the world's uranium-oxide exports.	1
13	**Uranium mining has always divided Australians**, but more seem to be leaning towards an expansion of the industry in response to global warming.	**우라늄 광산업은 언제나 호주인들을 분열시켰지만** 근래에는 지구 온난화에 대한 관심으로 우라늄 채굴 사업의 규모를 늘리자는 방향으로 의견이 모아지고 있는 듯하다.	**Australians' opinions about uranium mining have been always divided**, but more seem to be leaning towards an expansion of the industry in response to global warming.	2

예2. 경험적으로 부자연스러운 번역

논리적으로 부정확한 번역

예3은 논리적으로 부정확한 번역을 보여주고 있다.

ST에서 *보장한다(guaranteeing)*는 단어로 시작하는 절은 비정형(non-finite) 절의 한 예이고 논리-의미적(logico-semantic) 관계가 항상 명확하지 만은 않을 수도 있다. 두 절간의 관계는 확장(extension)으로 분석될 수 있고, 이는 곧 두 번째 절이 *인도는 우선 서명해야 할 것이다(India will first have to sign)*라는 경험에 뒤이어 *인도는 보장해야 할 것이다(India will have to guarantee)*라는 경험을 구축하는 것을 의미한다. 아니면 *인도는 서명해야 할 것이다(India will have to sign)* … *보장하기 위해서(in order to guarantee)*와 같은 의미로 해석하여 상승 관계(enhancing relation)로 분석될 수도 있다. 그러나 번역에서 논리-의미적 관계는 부연설명(elaboration) 관계이고, 협정이 무엇을 의미하는 지에 대해 설명하고 있다. 이는 원천 텍스트에 대한 어떠한 설명과도 다른 것이다. 따라서 TT에서는 두 절 간의 논리적 연결고리를 잘못 보여주고 있고, 이에 대해 2점이 감점되었다. 왜냐하면 이 오류가 이 문장에서 나타내는 경험적 의미를 잘못 재현하고 있고, *보장하다(guaranteeing)*라는 프로세스의 참여자를 *인도(India)*에서 *협정(agreement)*으로 바꾸고 있기 때문이다.

S. no.	English source text	Korean target text	Back translation	L	
				A	N
9	India will first have to sign a safeguards agreement with Australia, **guaranteeing** that none of its uranium will be diverted to weapons.	인도는 우선 호주와 안전 보장 협정을 맺어야 하며, **협정은** 인도로 판매된 우라늄이 일정 무기로 변환되지 않을 것임을 **보장하는 것이다.**	India will first have to sign a safeguards agreement with Australia, **and the agreement will be what guarantees** that none of its uranium will be diverted to weapons.	2	

예3. 논리적으로 부정확한 번역

논리적으로 정당한 번역 변이

예4는 논리적으로 정당한 번역 변이에 대해 보여준다. 앞서 경험적 의미 오류와 관련하여 3점이 감점되는 것을 예1에서 논의한 바 있다.

이 부분에는 한 문장이 두 문장으로 번역되면서 논리적 의미의 번역 변이를 보여준다. 한 문장으로 번역될 수도 있었지만, 그럴 경우 TT 구조가 너무 복잡해지게 된다. 이는 TT에서 *핵확산 방지 조약에 서명하기를 거부하고, 핵무기를 시험했던 적이 있으며 앞으로의 핵무기 실험 가능성도 배제하지 않고 있다(which refuses to sign the NPT, has tested nuclear weapons and does not rule out testing more)*는 한 문장이 *인도(India)* 앞에 번역 되어야 하기 때문이다. 게다가 두 번째 문장의 논리-의미적 관계는 *인도(India)*에 대한 부연 설명이고 이에 해당하는 ST 내에서의 관계를 바꾸지 않는다. 따라서, 이는 정당한 번역 변이로 간주한다.

S. no.	English source text	Korean target text	Back translation	L A N
7	But on August 16th, Australia's prime minister said he would **lift a ban on selling uranium to India**, which refuses to sign the NPT, has tested nuclear weapons and does not rule out testing more.	그러나 지난 8월 16일, 호주 총리는 인도에 **우라늄을 수출하는 것을 금지할 수도 있**다는 가능성을 시사했다. 인도는 핵확산 방지 조약에 서명하기를 거부하고, 핵무기를 시험했던 적이 있으며 앞으로의 핵무기 실험 가능성도 배제하지 않고 있다.	But on August 16th, Australia's prime minister said he would **ban exporting uranium to India**. India refuses to sign the NPT, has tested nuclear weapons and does not rule out testing more.	

예4. 논리적으로 정당한 번역 변이

대인적으로 부정확한 번역

다음 예5에서는 대인적으로 부정확한 번역에 대해 제시하고, 왜 하나의 단어 오역이 다른 것보다 더 심각한 오류로 간주되는지 설명해보도록 하겠다.

어떤 이들은 *would*를 *might*로 번역하는 오류를 단순한 단어 차원의 오류로 생각하고 간과할 수도 있다. 왜냐하면 경험적 의미를 전달하는 것이기 때문이다. 그러나 이것이 텍스트의 마지막 문장에 등장하고, 거시적 주제부(macro New)로서 텍스트적 중요성을 띄고 있으며, *would*를 사용하여 상황에 대한 의견을 제시하고 있기 때문에 상당히 심각한 부분이라고 할 수 있다. 따라서 단어적 오류가 심각한 대인적 오류가 되었고, 그 결과 2점이 감점되었다.

S. no.	English source text	Korean target text	Back translation	I A	 N
14	However, should India test another bomb, public outrage **would** kill uranium exports in a flash.	그렇지만 만일 인도가 또 다시 핵 무기 실험을 하게 되면, 호주 대중의 노여움으로 인도로의 우라늄 수출은 그 즉시 **중단될 지도 모른다**.	However, if India tests another bomb, *due to Australian public outrage, the uranium export* **might** *be stopped immediately*.	2	

예5. 대인적으로 부정확한 번역

대인적으로 부적절한 번역

예6에서는 대인적으로 부적절한 두 문장 번역을 보여준다. 이 부분과 관련된 대인적 이슈를 역번역(back-translation)을 통해 성공적으로 보여주기는 힘들기 때문에 역번역은 생략하도록 하겠다. 그 이유는 이 예에 등장하는 두 문장에서 필요한 특정 기대를 충족시키기 위해 번역 변이가 필요하기 때문이다.

문장 3과 5는 경험적 의미를 정확하게 전달하고는 있지만 격식 있는 단어를 선택하지 못하였는데, 한국판 이코노미스트는 영문판 *The Economist*와 마찬가지로 격식 있는 단어 사용이 기대되는 잡지이다. 이 사례에서 보여주는 단어는 비격식체에서나 어울리는 것이다. 위 사례에서 spending에 대해 좀 더 적절한 한국어 대응 단어는 *투자(investment)*이고, *has gone*에 대응되는 적절한 단어는 *수출했다(exported)*이다. 이 오류는 예5에 등장했던 오류에 비해 비교적 그 심각성이 약하기 때문에 각각의 오류에 대해 1점씩만 감점하였다.

S. no.	English source text	Korean target text	I A	I N
3	It is big business for Australia: exploration companies are at present **spending** ten times more **money** searching for deposits than they did three years ago.	우라늄은 호주에게는 큰 사업으로 우라늄 탐사 기업들은 현재 지장된 우라늄을 찾는데 3년 진보다 10배에 가까운 **돈을 쓰고 있다**.		1
5	Until now all this **has gone** to countries that have signed the Nuclear Non-Proliferation Treaty (NPT).	지금까지 모든 우라늄은 핵확산 방지 조약 가입국으로만 **팔려갔다**.		1

예6. 대인적으로 부적절한 번역

텍스트적으로 부정확한 번역[7)]

예7은 텍스트적으로 부정확한 번역을 보여주고 있다. 텍스트적 의미와 관련된 이슈들 중에서 응결성(cohesion)과 응집성(coherence)에 관한 이슈는 경험적 의미의 부정확한 번역으로 이어질 수도 있기 때문에 가장 중요하다. 문장 6에서 *This*는 *by signing the agreement* 가 아니라 *Until now all this has gone to countries that have signed the Nuclear Non-Proliferation Treaty (NPT)*인 문장 5를 받는 것이다. 이 경우 응결성이 떨어지면 경험적 의미 오류로 이어지기 때문에 2점 감점하였다.

문장 8에서의 오류 또한 응결성과 관련 있다. ST에서 판매(sales)는 대인도 우라늄 판매를 말하는 것이지만 TT에서는 전반적인 우라늄 판매를 말하는 듯 하다. 이와 같은 이슈가 등장한 이유는 한국어에서는 관사를 거의 잘 사용하지 않기 때문이다. 이러한 이슈를 해결하는 전략은 *대인도 우라늄 판매(Uranium sales to India)*와 같이 *판매*와 연관된 필요한 정보를 추가하는 것이다.

S. no.	English source text	Korean target text	Back translation	T	
				A	N
6	**This** ensures, in theory, that they will use it to produce electricity rather than bombs.	**조약을 맺음**으로 이론상으로는 수입된 자원이 폭탄 제조에 쓰이기 보다는 전기 생산에 쓰일 것이라는 것을 보장한다.	**By signing the agreement**, in theory, (they) guarantee that the imported resource will be used to produce electricity rather than bombs.	2	
8	**The** sales will be subject to “strict conditions”.	**우라늄 판매**는 앞으로 “엄격한 조건”에 한해 이루어질 것이다.	**Uranium sales** will be subject to “strict conditions”.	1	

예7. 텍스트적으로 부적절한 번역

위에서 제시한 번역 오류 및 변이를 통해 살펴본 것과 같이, 여기서 제안하는 의미 중심 기준은 오역, 정당화할 수 있는(없는) 생략, 부자연스러운 번역의 특성에 대해 분석하는데 있어서 유용하다. 앞서 소개한 사례들은 감점에 대해 결정하는 과정과 이러한 형식의 평가를 진행하

〈표 2〉 번역 오류 비교 평가

예	ST	TT(감점된 점수)	NAATI 기준	의미 중심 기준
1	lift a ban on selling uranium to India	ban exporting uranium to India (3)	오역	경험적 (A) 프로세스(무엇이 일어났는지) 잘못 전달
2	They (Australian desserts) contain	In Australian deserts (1)	비관용적?	경험적 (N) 한국어에서는 무생물 주어가 소유자로 오는 경우가 거의 없음
3	Guaranteeing that none of its uranium will be diverted to weapons	And the agreement will be what guarantees (2)	오역	논리적 (A) 논리적 관계(부연 설명 vs. 확장/상승) 잘못 전달
5	Would	Might (2)	오역	대인적 (A) 서법(확률) 잘못 전달
6	Spending ten times more money	돈을 쓰다 (1)	비관용적?	대인적 (N) 부적절한 격식
7	This	By signing the agreement (2)	오역	텍스트적 (N) 응결성

는 이유에 대해 보여준다. 다음에 소개하는 몇몇 사례들에서는 의미 중심 기준의 오류 카테고리와 NAATI 기준 오류 카테고리를 비교해 보았다.

<표 2>에서 볼 수 있듯이, "오역(mistranslation)"과 "비관용적 사용(non-idiomatic usage)"은 대부분의 오류에 잘 적용되는 NAATI 카테고리인 듯 하다. 그러나 여기에는 몇 가지 문제점이 있다. 우선, "오역"이 너무 남발되어 단지 번역이 잘못되었다는 것만 나타낼 뿐이다. 그러나 의미 중심 기준을 사용하면 평가자들이 의미의 어떤 부분이 오역이고, 왜 그런지 설명할 수 있다. 학생들이 이와 같은 분석적 도구를 통해 훈

련 받으면 학생들은 자신의 번역과 다른 사람의 번역을 평가할 수 있는 기술을 개발시켜 나갈 수 있다.

두 번째로, 예2와 6에서 보여준 "비관용적 사용"이라는 카테고리는 왜 두 번역이 어색하게 들리는지에 대해 설명해주지 못한다. 사실, 두 예에서 나타나는 어색함의 근본적 원인은 다르다. 예2는 경험에 대해 표현할 때 목표언어에서는 무생물 주어를 잘 사용하지 않는다는 것을 고려하지 않았기 때문에 어색한 번역이 되었다. 반면 예6은 목표언어에서 요구되는 테너(대인적 의미)에 대한 고려가 부족하기 때문에 어색하게 되었다.

세 번째로, 왜 동일한 오역이라는 카테고리로 분류되면서 예5에서 한 단어의 오역에 대한 감점이 다른 단어의 오역보다 더 큰지에 대해 정당화하기 힘들다. 그러나 ST와 TT에 대한 어역 분석과 관련하여 번역물을 평가할 때 의미의 각기 다른 측면을 고려해보면, 오류의 심각성 정도를 좀 더 명확하고 쉽게 판단할 수 있다. 앞서 예5를 통해 설명하였듯이 *would*에 대한 오역은 다른 개별 단어의 오역보다 더 심각한 것으로 평가되는데 그 이유는 텍스트적으로 중요한 문장 내에서 주요 대인적 역할을 담당하는 단어이기 때문이다.

이 장에서는 의미 중심 기준이 어떻게 번역 형성 평가 시 활용되는지 설명하였고 언어의 세 층(단어-문법, 의미론 및 맥락)을 연결하는 SFL 기반 텍스트 분석이 번역 평가를 위한 효율적인 도구가 될 수 있으며 또한 동시에 번역 품질의 미묘하고 복잡한 개념에 대해 설명하는데 필요한 기술적 용어를 제공한다는 것을 보여주었다. 다음 장에서는 의미 중심 평가 기준의 바탕인 텍스트 분석의 교육적 효과성에 대해 논의해 보도록 하겠다.

교육적 맥락에 적용

텍스트 분석을 통해 텍스트를 평가하는 방법은 맥락 내 의미의 여러 다른 모드와 관련된 두 언어간 단어 및 문법적 자원을 체계적으로 비교하는 분석적 도구와 같다. 따라서 이를 통해 학생과 교수자는 의미의 다른 측면을 나타내는 번역을 선택하고, 전략을 수립할 뿐만 아니라 번역 오류도 파악할 수 있다. 그리고 왜 이처럼 분석되었는지, 비판적 분석을 진행하는데 있어서 어떻게 단어 및 문법적 증거를 바탕으로 한 텍스트의 맥락적 정보를 활용하는지, 이 비판적 분석이 어떻게 번역 과제가 될 수 있는지 설명해준다.

테스트 자료 선정과 관련하여 텍스트 분석은 각기 다른 번역 난제를 담고 있는 다양한 텍스트 선정 시 도움이 되기 때문에 한 번에 의미의 한 측면만을 강조하여 좀 더 체계적으로 테스트 자료를 마련할 수 있다. 게다가 번역 과제 및 시험에서 개별 학생 번역 수행에 관한 건설적인 피드백을 제공하는데 큰 도움이 된다.

학생들이 번역 오류 분석 방법에 대해 학습하면서 자신들만의 오류 패턴을 분석하고 이를 피하는 전략을 개발하면서 점차적으로 원천 텍스트 구조에서 벗어나 좀 더 창의적인 방식으로 목표 텍스트를 만들어 내게 된다. 결국, 이 방법을 통해 학생들은 교수자의 직관에 의거한 피드백에 의존할 필요가 없게 되어 자기주도적 학습자가 되고 스스로의 번역 품질 통제자가 된다. 뿐만 아니라, 이론과 실제의 연관성을 경험하면서 연구에 있어서 흥미를 유발할 수도 있다.

다음 절에서는 학생 설문조사(두 개의 다른 상황에서 행해진 조사) 결과와 2004년에서 2008년까지 NAATI 추천 비율을 바탕으로 텍스트 분석의 교육적 효과에 관해 논해보도록 하겠다. 증거를 바탕으로 의미 중심 평가 기준 활용의 교육적 효과에 대해 논하는 것은 중요하다. 왜냐하면 이 기준은 학생들이 스스로의 번역을 분석하고 나름대로의 번역 전략을 개발하는데 도움이 되도록 일종의 형성 평가 도구로 설계된 것이기 때문이다. 사실, 형성 평가를 위해 텍스트 분석을 활용하기로 결정한 것은 두 가지 질적 데이터[학생들의 학습 저널 및 양적 데이터(설문조사 및 NAATI 비율)]를 바탕으로 하였다. 텍스트 분석을 번역 평가에 적용해보면 상당히 많은 것이 변하는 것을 볼 수 있다.

설문조사 결과

2006년 2학기 말, 번역 실습 시 텍스트 분석을 적용하도록 배운 한국 학생들을 대상으로 설문조사를 실시하였다.[8] 동일한 설문조사를 2008년 첫 학기말에도 실시하였다. 설문조사는 세 가지에 초점을 맞추었다. 새로운 접근 방식을 따르는 데 있어서 어려움의 정도, 번역 이슈에 대해 비판적 사고를 개발하는데 있어서 유효성, 그리고 번역 기술을 증진시키는데 있어서 유효성 이 세 가지이다. 이 설문조사 결과와 더불어 학생들의 학습 저널이 함께 제시될 것이다. 학습 저널 쓰기는 맥쿼리 대학 프로그램의 많은 과목에서 일반적으로 이행하는 것이다. 학생들은 자신들의 학습을 생각해보고 학습 저널에 질문을 하거나 제안을 하도록 지도 받는다. 이 절에서 논의하는 데이터는 *텍스트 분석 입문(Introduction to Text Analysis)* 및 *번역 실습(Translation Practice)* 과정에 등록한 한국학생들이 2008년 첫 학기의 마지막 주에 제출한 학습 저널에서 추출한 것이다. 마지막 저널에서 학생들은 해당 학기 텍스트 분석 수업에서 학습하는 과정 중 핵심적인 것에 대해 기술하였다.

번역 교육 및 자기 평가에 텍스트 분석을 적용하는데 있어서 주된 우려 사항은 학생들이 새로운 언어학적 패러다임을 다루어야 하고, 이전 교육에서는 배우지 못했던 새로운 개념 및 용어들을 배워야 한다는 것이고 이를 고려해 볼 때 SFL-기반 분석을 적용하는 것이 학생들에게 너무 어려운 것은 아닌지 하는 것이었다. 따라서 첫 번째 질문은 이 교수법의 적절성 정도와 관련된 것이다. 질문 및 설문조사 결과는 다음과 같다.

1. 본 강의에서 SFL-기반 텍스트 분석을 적용하는 것은 나에게 적당한 레벨이었다.

<표 3>에서 볼 수 있듯이 두 번의 설문조사에 응한 학생들 중 대다수가 이 텍스트 분석을 적용한 것이 자신들에게 적당한 레벨이었다고 답하였다. 첫 번째 설문조사에서는 87.5%가 이 문항에 동의(agreed)하였고, 두 번째 설문조사에서는 16%의 응답자가 매우 동의(strongly agree)하였다. "매우 동의"라고 응답한 학생 수가 약간 증가한 것은 한국어 주제부의 체계적인 기능에 관한 설명을 기반으로 양언어간 대조분석 분량을 좀 더 늘렸기 때문이다. 이 과정은 두 번째 설문조사가 끝날 무렵 수업 시간에 적용해 보았다. 대조 분석 방법이 2006년에는 극히 제한적이었는데, 그 이유는 체계 기능 관점에서 한국어를 설명할 만한 자료가 충분치 않았기 때문이다.

설문조사의 두 번째 질문은 비판적 사고를 위한 도구로서 텍스트 분석의 역할과 관련된 것이다. 흥미롭게도, 이 질문은 두 번의 설문조사에서 학생들이 가장 동의를 많이 한 것이다(표 4참조). 설문조사 결과는 다음과 같다.

2. 번역 이슈에 대한 의미 중심(경험적, 논리적, 대인적, 텍스트적) 분석은 번역에 대해 비판적으로 사고하도록 도와주었다.

〈표 3〉 질문1에 대한 학생 응답

	매우 동의	동의	확실치 않음	동의 안 함	매우 동의 안 함
2006/2 (8)		87.5%	12.5%		
2008/1 (12)	16%	67%	16%		

〈표 4〉 질문 2에 대한 학생 응답

	매우 동의	동의	확실치 않음	동의 안 함	매우 동의 안 함
2006/2 (8)	31.5%	62.5%			
2008/1 (12)	25%	75%			

학생들이 질문에 매우 긍정적으로 응답한 이유 중 하나는 텍스트 분석 수업 시간에 복잡한 번역 이슈들을 어떻게 설명할 지 그리고 실제 번역 시 이 지식을 어떻게 적용할 지 알게 되었기 때문이라는 것이다. 다음은 학생들의 학습 저널에서 발췌한 것이다.

> 이 수업시간에 배운 텍스트 분석 테크닉은 기능적 관점에서 텍스트를 분석하는 기본을 제공하여 왜 우리가 이러한 번역 선택을 해야 하고, 언어 특징 때문에 왜 특정 번역 변이가 불가피 한지, 어떠한 번역 변이가 부적절한지에 대해 체계적으로 설명할 수 있기 때문이다.
>
> 놀랍게도, 내 첫 번째 저널의 제목은 '번역가가 해야 하는 선택'이다. 내가 '번역 변이'에 대해 파악하기 시작한 것은 6주차 수업부터라고 생각했는데, 이미 그전부터 선택(변이)에 대해 파악하고 있었던 것 같다. 내 머릿속에 있기는 했지만 어떻게 말로 옮겨야 할 지 몰랐던 것이다. *이 수업, TRAN819(텍스트 분석 입문)을 통해 단어에 대해서 배우고 통번역을 배우기 시작한 이래로 머릿속에만 갖고 있었던 것을 설명할 수 있는 자신감을 갖게 되었다.* … 또한, 이와 같은 개념을 숙지하는 것이 탁월한 번역가가 되는 과정을 빠르게 앞당겨준다고 생각한다. 인간은 지적 능력, 개념화할 수 있는 능력을 갖고 태어나고 인간이 언어를 발명하면서 창의력을 기반으로 언어를 통해 개념을 발전시켜나갈 수 있게 되었다. 언어가 없으면 우리는 내적 세계와 소통하는 수단을 잃게 된다. 단지 설명할 수 없는 감정과 기본적인 개념

> 만 우리 머리에 있을 뿐이다. 같은 방식으로 SFG는 번역에 관한 내 아이디어를 발전시킬 수 있는 언어를 제공해 준다.

다음 발췌문을 보면 번역의 어떤 면이 개선되었는지 학생들이 SFL 용어를 사용하며 설명하는 것을 알 수 있다.

> 이 수업을 통해 내가 배울 수 있었던 것은 *경험적* 의미 구현이 취약하다는 것이고 이 부분에서 가장 오류를 많이 범하고 있다. 과거에는 주의 깊게 비판적으로 원천 텍스트를 살펴보지 않았고, 결국 완전히 다른 목표 텍스트를 만들어 냈다.
>
> *대인적* 의미에 대한 나의 생각은 목표 독자 타입과 연령에 따라 단어 및 공손성 정도를 적절하게 선택하는 단계에 제한되어 있었다. 그러나 이 수업을 통해 대인적 의미에 대한 이해를 넓힐 수 있었다. *서법, 인칭* 및 *양태*는 내가 그 중요성을 완전히 이해하지 못했던 부분이다. 번역 시 상호 작용하는 자(interactant)를 비상호 작용 자(non-interactant)로 대체하여 초래되는 결과에 대해서 생각하지 못했다.

다음 학생 학습 저널 발췌물을 보면 텍스트 분석이 비판적 사고를 위해 어떻게 유용한 도구로 사용되는지를 언급하고 있다.

> 전반적으로 이번 강의 및 지침을 통해 텍스트 읽기와 관련하여 어떻게 비판적으로 사고하는 지에 대해 배웠다. 이 분석적 방법을 배우기 전에는 텍스트를 읽은 후 저자의 의도 또는 목적을 완전히 이해하거나 정확한 의미를 파악하지 못하였다는 것을 깨닫지는 못했다. …이 방법은 나의 읽기 실력을 개선시키는데 상당한 도움이 되었다.
>
> 이 수업을 통해 번역된 텍스트를 비판적으로 보는 능력이 얼마나 향상되었는지 깨닫고 놀라지 않을 수 없었다. 마지막 과제를 수행하면서 굉장히 충실하게 번역되었다고 생각한 텍스트가 번역 변이로 가득한 것을 알 수 있었고, 이 텍스트 분석 기술을 적용하여 다양한 종류의 번역 변이를 파악할 수 있었다. 이 수업의 목적은 우리가 배운 텍스트 분석 기술을 활용하여 더욱 체계적이고 과학적으로 우리가 수행한 번역을 살펴보고 이를 개선시키도록 하자는 것이라는 것을 알 수 있었다.

세 번째 질문은 학생들이 번역 역량 및 기술에 있어서 어떠한 향상된 점이라도 인지하는지 아닌지에 대한 것이다. 두 설문조사 모두에서 이 질문에 대한 답변은 이전 두 질문에 대한 답변보다는 긍정성이 약했다. 세 번째 질문과 설문조사 결과는 다음과 같다(표 5 참조).

3. 텍스트 분석을 번역에 적용한 것이 나의 전반적 번역 역량 및 기술 향상에 도움이 되었다.

이에 대한 답변을 보면 학생들이 새로운 지식 및 기술을 내제화(internalize)하는데 있어서 어느 정도의 시간이 필요하다는 사실을 볼 수 있고, 이는 학생 저널에서도 언급되고 있다.

〈표 5〉 질문 3에 대한 학생 응답

구분	매우 동의	동의	확실치 않음	동의 안 함	매우 동의 안 함
2006/2 (8)	25%	25%	50%		
2008/1 (12)	8%	58%	25%	8%	

> 단어 기반을 확대하고, 문화적 이해도를 넓히며 주제에 대한 노출을 늘리는 것은 번역 실습에서 매우 중요한 것이다. 그러나 정규 교육의 도움을 받지 않을 경우 오랜 기간 경험을 통해 번역 기술을 습득하게 되는데 정규 교육을 통해서는 훨씬 짧은 시간 내에 습득할 수 있다. 부분적으로는 수업 중 배우는 것이 새로운 개념이기도 하고 또 다른 측면으로는 이 이론을 실제 번역 시 적용하는 데에는 좀 더 연습이 필요하기 때문에 실제 번역 시 즉각적인 효과가 없는 듯 해 보일 수도 있다. 그러나 확실히 말할 수 있는 것은 이 수업을 통해 고려할 필요가 있는 텍스트의 여러 측면에 대한 이해도가 증진되었고, 어떻게 이를 번역에 적용할 것인지 알 수 있게 되었다는 것이다.

학생들은 또한 자신들의 번역 과정에서 무엇이 변하였는지에 대해 되짚어 봄으로써 번역 역량이 어떻게 향상되었는지 설명하였고, 이에 대한 학생 저널 발췌문은 다음과 같다.

> 이 텍스트 분석 수업을 통해 무엇이 좋은 번역이고 더 나은 번역을 만들기 위해서는 텍스트를 어떻게 다루어야 하는지에 대해 생각해볼 수 있었다. 이 수업 수강 후 원천 텍스트를 번역할 때마다 실제 번역 시작 전에 필드, 모드 및 테너에 대해 파악하려고 노력한다. 이와 같은 개념에 대해 고급 쓰기 수업에서 배우기는 하였지만 번역 실습 때 적용하지는 않았고, 사실 번역 시 이러한 개념들의 중요성에 대해서 잘 파악하지 못했다. 텍스트 분석에 대해 배우기 전에는 많이 생각하지 않고 텍스트 번역을 시작하였고 단어 및 절의 의미만을 해석하려고 하였다. 자연스러운 번역이 좋은 번역이라고 생각은 하지만 자연스러운 번역이란 무엇인지에 대해 생각하지 않았다. 그러나 텍스트 분석을 배운 후 끊임없이 *왜* 내 번역이 자연스러운지 또는 자연스럽지 않은지에 대해 자문하게 되었다. 텍스트 분석을 배우기 전에는 어떤 준비과정 없이 번역을 시작하였으나 이를 배운 후에는 단계별로 번역을 시작하게 되었다. 이 텍스트 분석 수업을 통해 *번역 과정*에 있어 큰 변화가 생겼고 텍스트에 대해 끊임없이 생각해보게 되었다. 이 모든 과정을 통해 나의 번역 전략을 구축할 수 있게 된 것이다.

> 이 수업을 통해 깨닫게 된 또 다른 점은 번역 변이에 대해 배운 것이다. 과거에는 단지 사전을 통해 영어 단어에 대응되는 한국어 단어를 찾고자 하였다. 때로는 사전에서 찾은 표현이 부자연스러워 보이기도 했지만 그 외에는 해결할 방법이 없어서 그냥 그대로 갖고 와 사용해야 했다. … 이 개념을 처음 배웠을 때 나는 예상치 못했던 보물을 발견한 것 같았다. 이 방식은 번역 과정에 당연히 도움이 되지만, 내가 만든 번역 변이에 대해서는 *책임을 져야 한다*는 것도 깨닫게 되었다.

앞서 여러 발췌문에서 보았듯, 학생들은 번역 품질 측면에 대해 설명하고 이를 책임지는 언어적 자원에 대해 분석할 때 텍스트 분석이 특히 도움이 된다고 하였다. 번역 실습 수업의 시험 결과를 바탕으로 한 NAATI 추천 비율의 양적 데이터를 보면 알 수 있듯이, 번역 이슈를 분석하고 이를 비판적으로 바라보는 능력을 키우게 되면 스스로의 번역과 타인의 번역에 대해 평가해볼 수 있게 되고 번역 수행능력 또한 향상된다.

NAATI 추천 비율

텍스트 분석 및 의미 중심 평가 기준은 세 학기(2004년 1, 2학기와 2006년 1학기)를 제외하고는 매 학기 *번역 실제* 수업에서 형성 평가 시 사용되었다. <그림 5>에서 볼 수 있듯이, NAATI 인증(영어에서 한국어로 번역) 추천을 받은 학생 비율이 2004년 약 10%였는데, 텍스트 분석을 특정 수업의 학생 번역 평가 도구로 사용하기 시작한 2005년에는 30%(1학기) 그리고 40%(2학기) 이상으로 상당히 증가하였다. 이 비율은 계속해서 증가하여 2005년에는 45%(2학기)에서 2007년에는 60% 이상(1학기와 2학기)이 되었고, 2007년에는 텍스트 분석을 의미 중심 평가 기준에 더욱 통합시켰다. 모든 시험지는 내부 강의자와 외부 평가자가 NAATI 기준을 사용하여 평가하고 매 학기 동일한 출발 조건(entry conditions)이 적용되는 것을 고려해 볼 때, 이는 매우 놀라운 결과이고, 특히 과정 중의 다른 언어 그룹에서는 동 기간 이처럼 꾸준한 향상을 보이지는 않았다.

<그림 6>은 SFL 기반 텍스트 분석 및 의미 중심 평가 기준을 적용하지 않고 번역 실습을 연구한 그 외 언어 학생들의 추천 비율과 비교한 것이다. 한 언어 그룹(A)은 20%와 40%사이에서 비슷한 추천 비율을 보이고 있지만, 다른 그룹(B)에서는 때때로 향상되는 것이 보이기는 하지만 꾸준하게 보이지는 않는다. 두 가지 사실, 즉 다른 언어 그룹은 일관되게 향상되는 경향을 보이지 않는다는 것과 번역 실제 시험 시 사용되는 텍스트가 항상 NAATI의 승인을 받기 때문에 후반기에 사용된 텍스트가 번역하기에 더 쉽지만은 않은 것을 알 수 있다. 따라서 이 이유가 향상의 원인이 될 수는 없다는 것을 알 수 있다.

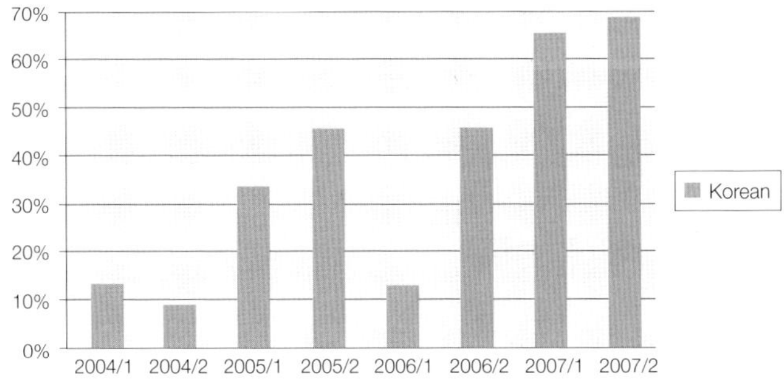

〈그림 5〉 한국어 그룹의 NAATI 추천 비율

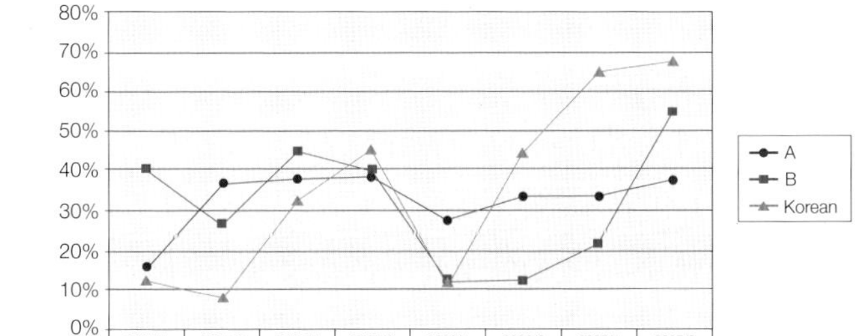

	2004/1	2004/2	2005/1	2005/2	2006/1	2006/2	2007/1	2007/2
A	16%	37%	38%	39%	28%	34%	34%	38%
B	40%	27%	45%	40%	13%	13%	22%	55%
Korean	13%	8%	33%	45%	12%	45%	65%	68%

〈그림 6〉 NAATI 추천 비율 비교

다년간 평가자로서의 경험에 미루어 볼 때 의미 중심 기준을 적용하는 것이 텍스트적 의미를 평가하고 감점 정도를 결정하는데 있어서 더 유용하기는 하지만, 이를 활용하여 파악한 번역 오류가 NAATI 기준에 따라 파악한 것과 근본적으로 다르지 않다는 것을 알 수 있다. 위에서 제시한 데이터를 보면 학생들이 번역 맥락과 연관된 단어 및 문법을 바탕으로 어떠한 번역을 선택 할지에 대해 학습할 때, 근거 있는 번역 선택에 대해 더욱 자신감을 갖고, 번역 품질을 통제하는 방법을 배우게 된다. 이 자신감이 결국 한 학기라는 제한된 시간 내에라도 더 나은 번역 수행으로 이어지게 된다.

한계점 및 향후 연구

본고에서는 단어 및 문법 선택 증거를 바탕으로 맥락 안에서 번역을 진행하였을 때 의미의 여러 다른 측면을 평가하는 접근 방식으로 의미 중심 평가 기준을 제시하였고 이 방식의 교육적 효과에 대해서도 논의하였다. 이 방법은 단어 및 절 단위에서 부적절한 선택에 대해 감점을 한다는 점에서 상향식 방식(bottom-up approach)이라고 할 수 있지만, 부적절성에 대한 판단이 맥락 영역을 포괄하는 어역 분석에 기인한다는 점에서는 하향식 방식(top-down approach)이라고도 할 수 있다.

또한 NAATI 평가 기준이 형성평가 도구로서 허점이 있는 것에 대해 간략하게 논의한 후 의미 중심 평가 기준을 형성평가 도구로 활용하는 데 있어서 장점에 대해 논의하였다. 기준에 대한 정의 및 감점 정도를 결정하는 명확한 가이드라인이 부족하다는 것과 다양한 측면의 의미를 평가하는 기준이 없다는 것은 평가해야 하는 번역의 복잡다단한 특성에 대한 철저한 연구가 충분히 진행되지 않았다는 것을 보여주기도 한다. 따라서 총괄 평가 도구로서 NAATI 기준이 개선되기 위해 해결해야 할 주요 이슈로 이와 같은 허점이 지적된 것은 놀랄만한 일이 아니다. 2005년도 NAATI 매뉴얼을 공동 개발한 터너(Turner, 2008)는 평가자들에게 전체적인 가이드를 제시하고 테스트 응시자들에게는 상세하고 일관된 피드백을 제공하기 위해서 이 기준이 개선되어야 할 필요가 있다고 제안하였다. 이는 번역이라는 분야가 하나의 직업 분야로 널리 인정받기 위해서는 시급하게 해결해야 할 중요한 문제이다. 브리셋(Brisset, 1990)은 다음과 같이 말하였다.

> 만약 번역가가 *전문적 용어*를 사용하여 자신의 일에 대해 설명할 수단이 없다면 그 사람은 번역가를 '전문직(professional)'이라고 할 수 있겠는가? […] 텍스트를 번역하기 위해서는 먼저 텍스트를 읽을 수 있어야 할 것이다. 읽기는 직관적으로 할 수도 있고 또는 다양한 개념 및 절차를 기반으로 한 분석을 통한 것일 수도 있다. 이론의 목적은 무엇보다도 번역가에게 이러한 개념 및 절차에 대해 숙지할 수 있도록 하는 것이다. 뿐만 아니라 어떠한 전문가라도 자신이 행하는 업무 및 수단에 대한 용어를 배우듯이 번역가도 자신의 수단에 대해 명명하도록 가르치는 목적이 있다.
>
> (브리셋, 1990: 378, 슬레타이어(H. Slatyer) 역; 필자 강조)

총괄 평가 도구로서 NAATI 기준을 개선시키는데 있어서 의미 중심 평가 기준을 활용하게 되면 상당한 기여를 할 수 있다. 그러나 이 기준을 단지 개인적 활용 차원을 넘어서서 업계 기준이 요구하는 수준까지 발전시키기 위해서는 본고의 한계점을 직시하고 다루어야 할 필요가 있다. 평가 시 이 의미 중심 접근 방식이 타당하고 신뢰도가 있을지는 좀 더 두고 보아야 한다. 이에 대한 후속 연구를 구상 중에 있고 각기 다른 언어의 NAATI 평가자들이 실제 번역 테스트 시 이 기준을 적용해보도록 할 것이다.

후속 연구 진행 시 예측되는 주된 어려움은 NAATI 기준을 적용하는 모든 언어들이 SFL을 통해 설명되지는 않는다는 것이다. 비록 영어 외에 다른 언어에 대해서도 SFL 관점에서 설명하고자 하는 시도가 점점 늘고 있지만(캐패럴(Caffarel) 외, 2004), 이를 위한 자료가 충분치는 않다. 따라서, 영어와 SFL을 통해 연구된 다른 언어 쌍에 대해 후속 연구를 진행할 것이다. 이 연구의 목표는 이 방법이 언어적 배경이 없는 이들에게 얼마나 효율적일지 알아보는 것이고, 이 방법을 통해 평가와 관련된 기존 이슈들, 예를 들어 평가자간 신뢰도와 같은 이슈를 어느 정도까지 해결할 수 있을 지 결정하는 것이다.

체계기능적 관점에서 언어적 설명을 하는 것이 모든 NAATI 언어에서 가능한 것이 아니라는 것은 번역 평가를 위해 SFL을 적용하는데 있어서 어려운 점인 것은 분명하지만 그렇다고 이를 포기하는 이유가 되어서는 안 된다. 오히려 언어학자들이 지금까지 잘 조사되지 않았던 다른 여러 언어들에 대해 연구해보도록 하는 실질적인 자극 또는 격려가 될 수 있다.

모한과 슬레이터(2004)는 "SFL이 담화 평가에 관한 주요 시사점을 보여 준다"(ibid: 255)고 한다. 필자는 번역 평가와 관련해서도 주요 시사점이 있다고 생각한다. 번역은 담화이고 맥락 내에서 특정 기능을 수행한다. 따라서 번역이 맥락과는 독립적으로 구성된 일련의 문장 집합체라기 보다는 맥락 내에서의 기능적 관점에서 평가되어야 한다. 여기서 소개한 SFL 기반 의미 중심 평가 기준은 번역 평가와 SFL간의 학제적 협력을 위한 진일보라고 하겠다.

주

1) 통역사로 인증 받을 수도 있으나 본 연구는 번역 평가와 관련된 것이기 때문에 번역 인증 요건에 국한하여 논의를 진행하겠다.

2) 윤리 강령과 관련된 이슈는 본고의 논지와 직접적인 연관이 있지는 않음.

3) 이 지침은 경험적 증거를 바탕으로 하는 것 같지는 않다. 이에 대해서는 철저한 경험적 연구가 필요한 분야이다.

4) 상세 내용은 스타이너(2005) 참조.

5) 체계 기능 문법(SFG)의 관행에 따라 언어적 시스템의 명칭을 대문자로 표기(예를 들어 system of THEME)하였고, 반면 구조적 기능의 이름은 첫 글자만 대문자로 표기(예를 들어 Theme and Rheme)하였다.

6) 이는 문법, 의미론 및 맥락의 상관관계를 보여주기 위해 간소화 된 도표이다. 물론 의미의 여러 측면을 구성하는 자원으로 사용되는 다른 시스템도 있다.

7) 주제부와 관련된 자연스러운 번역에 대한 논의는 김(2007b & 2008) 참고.

8) 설문조사 결과는 김(2007b) 참조.

참고문헌

Baker, Mona. 1992. In *Other Words.* London and New York: Routledge.

Bassnett-McGuire, Susan. 1991. *Translation Studies* (Revised edition). London: Routledge.

Bowker, Lynne. 2000. "A Corpus-Based Approach to Evaluating Student Translations" The *Translator* 6(2): 183-209.

Bell, Roger T. 1991. *Translation and Translating: Theory and Practice.* London and New York: Longman.

Brisset, Annie. 1990. "La théorte: pour une meilleure qualification du tradueteur." In *La Traduction au Canada: les acquis et les défis,* M. Cormier (ed.), 235- 243. Montréal: CTIC.

Caffarel, Alice, Martin, James R. and Matthiessen, Christian M. I. M. (eds). 2004 . *Language Typology: A Functional Perspective.* Amsterdam/ Philadelphia: John Benjamins.

Cao, Deborah. 1996. "Translation Testing: What Are We Measuring?" In *Translation and Meaning* (Part 3). Barbara Lewandowska-Tomaszczyk and Marcel Thelen (eds), 525-532. Maastricht: Universitaire Pers Maastricht.

Catford, John C. 1965. *A Linguistic Theory of Translation.* London: Oxford University Press.

Eggins, Susan. 1994. *An Introduction* to *Systemic Functional Linguistics.* London: Pinter.

Firth, John R. 1957. *Papers in Linguistics 1934-51.* London: Oxford University Press.

Halliday, Michael A. K. 1978. "Is Learning a Second Language like Learning a First Language All Over Again?" In *Language Learning in Australian Society,* D.E. Ingram and T. J. Quinne (eds), 3-19.

Melbourne: International Press and Publications.

Halliday, Michael A. K. 1994. *An Introduction to Functional Grammar.* London: Edward Arnold.

Halliday, Michael A. K., and Matthiessen, Christian M. I. M. 2004. *An Introduction to Functional Grammar.* London: Arnold.

Hatim, Basil and Mason, Ian. 1997. The *Translator as Communicator.* London and New York: Routledge.

Hatim, Basil and Mason, Ian. 1990. *Discourse and the Translator.* London and New York: Longman.

Hatim, Basil and Munday, Jeremy. 2004. *Translation: An Advanced Resource Book.* London and New York: Routledge.

Hönig, Hans. 1998. "Positions, Power and Practice: Functionalist Approaches and Translation Quality Assessment." In *Translation and Quality,* Christina Schätfner (ed.), 6-34. Clevedon: Multilingual Matters.

House , Juliane. 1977/1997. *Translation Quality Assessment.* Tübingen: Gunter Narr Verlag.

House , Juliane. 2001. "How Do We Know When a Translation is Good?" In *Exploring Translation and Multilingual Text Production : Beyond Content,* Erich 5teine r and Colin Yallop (eds), 127-160. Berlin and New York: Mouton de Gruyter.

Kim, Mira. 2003. *Analysis of Translation Errors Based on Systemic Functional Grammar: Application of Text Analysis in English/Korean Translation Pedagogy.* Minor dissertation, Macquarie University, Sydney.

Kim, Mira. 2007a. "Translation Error Analysis: A Systemic Functional

Gram mar Approach." In *Across Boundaries: International Perspectives on Translation Studies,* Dorothy Kenny and Kyongjoo Ryou (eds), 161-175. Newcastle upon Tyne: Cambridge Scholars Publishing.

Kim, Mira, 2007b. "Using Systemic Functional Text Analysis for Translator Education: An Illustration with a Focus on the Textual Meaning." *Interpreter and Translator Trainer* 1 (2): 223-246.

Kim, Mira. 2007c. *A Discourse Based Study on THEME in Korean and Textual Meaning in Translation.* Unpublished Doctoral Dissertation, Macquarie University, Sydney.

Kim, Mira. 2008. "Readability Analysis of Community Translation: A Systemic Functional Approach" *FORUM: International Journal of Interpretation and Translation* 6 (1): 105-134.

Malmkjaer, Kirsten. 1998. "Linguistics in Functionl and Through the Front Door: A Response to Hans G. Hönig" In *Translation and Quality,* Christina Schätfner (ed.), 70-74. Clevedon: Multilingual Matters.

Malinowski, Branislav. 1935. *Coral Gardens and Their Magic.* London: Allen & Unwin.

Martin, James. R. 1992. *English Text: System and Structure.* Amsterdam/Philadelphia: John Benjamins.

Martin , James. R. 2001. "Language, Register and Genre." In *Analysing English in a Global Context,* Anne Burns and Caroline Coffin (eds), 149-166. London: Routledge.

Matthiessen, Christian. M. C. 2001. "The Environments of Translation," In *Exploring Translation and Multilingual Text Production: Beyond Content,* E. Steiner and C. Yallop (eds), 41-124. Berlin: Mouton de Gruyter.

Mohan, Bernard and Slater, Tammy. 2004. "The Evaluation of Casual Discourse and Language as a Resource for Meaning." In *Language. Education and Discourse,* J-A. Foley (ed.). 255-269. London and New York: Continuum.

Munday, Jeremy. 1997. *Systems in Translation: A Computer-Assisted Systemic Analysis of the Translation of Garcia Marquez.* Unpublished Doctoral Dissertation, University of Bradford, Bradford.

Newmark, Peter. 1987. "The Use of Systemic Linguistics in Translation Analysis and Criticism." In *Language Topics: Essays in Honor of Michael Halliday,* R. Steele and T. Threadgold (eds), 293-304. Amsterdam/Philadelphia: John Benjamins.

Nord, Christiane 1997. *Translating as a Purposeful Activity* . Manchester: St. Jerome.

Reiss, Katharina and Vermeer, H. J. 1984. *Grundlegung einer Allgemeinen Translationstheorie.* Tübingen: Niemeyer.

Sager. Juan C. 1989. "Quality and Standards - the Evaluation of Translations." In The *Translator's Handbook* (2nd edition). Catriona Picken (ed.), 91-102. London: Aslib.

Snell-Hornby, Mary. 1992. "The professional Translator of Tomorrow: Language Specialist or All-round Expert?" In *Teaching Translation and Interpreting: Training, Talent and Experience.* C. Dollerup and A. Loddegaard (eds), 9-22. Amsterdam: John Benjamins.

Steiner, Erich. 2002. "Grammatical Metaphor in Translation - Some Methods for Corpus-based Investigation". In *Informational Structure in a Cross-Linguistic Perspective,* H. Hasselgard, S. Johansson, B. Behrens and C. Fabricius-Hansen (eds) , 213-228. Amsterdam: Rodopi.

Steiner, Erich. 2004. *Translated Texts: Properties, Variants. Evaluations.* Frankfurt/M.: Peter Lang Verlag.

Steiner, Erich. 2005. "Halliday and Translation Theory - Enhancing the Options, Broadening the Range, and Keeping the Ground." In *Continuing Discourse on Language: A Functional Perspective.* Ruqaiya Hasan, Christian M. I. M. Matthiessen and Jonathan Webster (eds). 481-500. London: Equinox.

Trosborg, Anna. 2002. "Discourse Analysis as Part of Translator Training." In *The Role of Discourse Analysis for Translation and in Translator Training,* Christina Schäffner (ed.), 9-52. Clevedon/Buffalo/Toronto/Sydney: Multilingual Matters.

s. no.	English source text	Korean target text	E		L		I		T	
			A	N	A	N	A	N	A	N
1	**What Australia's, outback deserts lack in water they make up for in uranium.**	**호주 오지 사막에서는 물부족으로 오는 문제는 우라늄으로 해결하고 있다.**	3							
2	**They contain** almost 40% of the world's known low-Cost reserves of the nuclear fuel.	호주 사막은 세계에 알려진 저가 핵연료의 40%에 가까운 양을 **비축하고 있다.**		1						
3	It is big business for Australia: exploration companies are at present **spending** ten times more **money** searching for deposits than they did three years ago.	우라늄은 호주에게는 큰 사업으로 우라늄 탐사 기업들은 현재 저장된 우라늄을 찾는데 3년 전보다 10배에 가까운 **돈을 쓰고 있다.**					1			
4	And ore from Australia's three operating mines **supplies** about a quarter of the world's uranium-exports.	또한 현재 가동 중인 호주의 단광 세 곳에서 나는 광석은 세계 산화 우라늄 수출량의 4분의 1가량을 **공급한다.**		1						
5	Until now all this has **gone** to countries that have signed the Nuclear Non-Proliferation Treaty (NPT).	지금까지 모든 우라늄은 핵확산 방지 조약 가입국으로만 **팔려갔다.**					1			
6	**This** ensures, in theory, that they will use it to produce electricity rather than bombs.	**조약을 맺음으로** 이론상으로는 수입된 자원이 폭탄 제조에 쓰이기보다는 전기 생산에 쓰일 것이라는 것을 보장한다.						2		

s. no.	English source text	Korean target text	E		L		I		T	
			A	N	A	N	A	N	A	N
7	But on August 16th, Australia's prime minister said he would **lift a ban on selling uranium to India**, *which refuses to sign the NPT, has tested nuclear weapons and does, not rule out testing more.*	그러나 지난 8월 16일, 호주 총리는 인도에 **우라늄을 수출하는 것을 금지할 수도 있다는** 가능성을 시사했다. *인도는 핵확산 방지 조약에 서명하기를 거부하고, 핵무기를 시험했던 적이 있으며 앞으로의 핵무기 실험 가능*	3							
8	**The** sales will be subject to "strict conditions".	**우라늄 판매는** 앞으로 "엄격한 조건"에 한해 이루어질 것이다.							1	
9	India will first have to sign a safeguards agreement with Australia, **guaranteeing that none of its uranium will be diverted to weapons.**	인도는 우선 호주와 안전 보장 협정을 맺어야 하며, **협정은** 인도로 판매된 우라늄이 일정 무기로 변환되지 않을 것임을 **보장하는 것이다.**			2					
10	Howard first **flagged** the change of Australia's nuclear policy during a visit to New Delhi in early 2006.	하워드 총리가 호주의 핵 정책에 처음으로 변화를 **가져온 것은** 2006년 초 뉴델리 방문 기간 중이다.	2							
11	Australia is also keen to build a solid regional relationship with India similar to those it already has with Japan and China.	호주는 또한 이미 호주와 굳건한 관계를 맺고 있는 일본, 중국과 마찬가지로 인도와도 탄탄한 지역 관계 맺는데 관심이 있다.					1			

s. no.	English source text	Korean target text	E		L		I		T	
			A	N	A	N	A	N	A	N
12	Relations with India soured after Australia strongly criticised its nuclear weapons test in 1998.	호주와 인도의 관계는 1998년 인도가 핵무기를 실험한 것에 대해 호주 정부가 강력히 비난한 후로 소원해졌다.								
13	**Uranium mining has always divided Australians**, but more seem to be leaning towards an expansion of the industry in response to global warming.	**우라늄 광산업은 언제나 호주인들을 분열시켰지만** 근래에는 지구 온난화에 대한 관심으로 우라늄 채굴 사업의 규모를 늘리자는 방향으로 의견이 모아지고 있는 듯하다.		2						
14	However, should India test another bomb, public outrage **would** kill uranium exports in a flash.	그렇지만 만일 인도가 또 다시 핵무기 실험을 하게 되면, 호주 대중의 노여움을 사게 되어 인도로의 우라늄 수출은 그 즉시 중단**될 지도 모른다**.				2				

응결성 평가

비교 코퍼스 기반 평가 도구 개발

브라이언 제임스 배르와 타티아나 비스트로바-매킨타이어
(Brian James Baer and Tatyana Bystrova-McIntyre)

번역 학자들은 오랫동안 번역 훈련의 주요 요소인 번역 평가가 임의적으로 진행된다는 것에 주목해 왔다. 그러나 언어쌍(language pairs)내에서 차이점을 기술하기 위해 코퍼스를 사용하게 되면 평가 도구 개발을 위한 경험적 근거를 제시할 수 있게 된다. 본고에서는 텍스트 타입에 따른 러시아어 및 영어 비교 코퍼스에서 수집한 데이터를 바탕으로 세 개의 독립적 요소에 대한 평가 도구 개발 사례 연구를 진행하고자 한다. 이 세 가지 요소는 구두점(punctuation), 문장길이(sentencing) 및 단락길이(paragraphing)로 이들은 텍스트적 응결성을 나타내는 지표이지만 종종 간과되고는 하는 요소들이다. 초보 번역가들은 단어 또는 구 차원에만 집중하고 문장 단위 이상의 텍스트적 요소는 간과하는 경향이 있기 때문에, 텍스트적 요소에 초점을 맞추어 평가한다면 초보 번역가들이 목표 텍스트를 좀 더 폭넓게 보고, 텍스트가 단어 이상의 다양한 특징으로 구성된 전문적 산물이라고 생각하도록 장려할 수 있다. 본고에서는 러시아어에서 영어로 번역된 텍스트의 구두점을 평가하는 구체적인 도구를 제공하고 있고, 이는 다른 언어쌍에 대해서도 똑같이 적용될 수 있다.

서론

카타리나 라이스(Katharina Reiss)는 1971년에 번역 평가와 관련하여 "일반적으로 비평가들은 임의로 기준을 적용하기 때문에 그들이 발표

하는 것은 번역 과정에 대한 탄탄한 이해를 보여주지는 못한다"(2000: xi)라고 언급하였다. 안타깝게도 전세계적으로 번역 훈련 프로그램이 유례없이 증가하였음에도 불구하고 번역 평가 관련해서는 변한 것이 별로 없다. 2003년 콜리나(Colina)가 지적하였듯이 "오늘날 번역 평가 및 테스트는 특별한 근거 없이 진행된다. 게다가 시중 발표된 수 많은 번역 교과서들은 오류 평가 및 평가 가이드라인에 대한 체계적 연구를 담고 있지는 않다"(2003: 128). 평가 교육(즉, 평가 작업을 어떻게 고안, 제시 및 평가하는가)과 관련하여 노르트(Nord, 1991) 그리고 하팀과 메이슨(Hatim & Mason, 1997)이 설명한 번역 테스트 및 평가 방법의 구체적인 문제점 외에도 많은 평가자들은 평가하는 언어쌍과 관련된 자신들의 주관적이고 실제적인 경험을 바탕으로 평가를 하거나 또는 지배적인 번역 규범에 따라 평가를 하는데, 이는 목표언어의 현재 문체 규범과 상당히 다를 수 있다(투리(Toury), 1999: 204).

번역 연구 맥락에서 진행하는 번역가 수행 평가도 이와 유사하다. 루이 로쓰-네비스(Rui Rothe-Neves)는 다음과 같이 지적한다.

> …연구자는 번역 규범이라고 알려진 것에 의존해야 하고 이를 위해 오류 계수(error counting) 이전에 적절한 경험적 조사가 선행되어야 한다. 그러나 일반적으로 이와 같은 방식으로 진행되지는 않는다. 연구자는 번역가로서 혹은 번역 교수자로서의 경험 및 지식을 활용하여 번역이 잘 구성되었는지를 평가할 것이다(예를 들어 노르트, 1999). 이 경우 모든 경험적 연구의 객관성이 전복되고, 수집한 데이터에 근거를 둔 이론을 만들어내게 된다. 여기서 문제점은 이 데이터가 합당한 변수를 기반으로 하지는 않는다는 것이다(2007: 133).

다시 말해, 좀 더 객관적인 평가 기준을 개발하기 위해 주어진 언어의 언어적, 문체적 규범에 대한 좀 더 객관적인 데이터를 갖추고 있어야 한다. 라이스가 지적하였듯이, "교육적 관점에서 번역 평가의 객관적 방법을 개발하면 언어에 대한 경각심을 일깨워주고 비평가의 언어적, 언어 외적 지평을 넓힌다는 점에서 훌륭하고 매력적이기 때문에 많은 이점이 있을 것이다"(2000: xi).

코퍼스 연구는 객관적이고 통찰력 있는 방식으로 언어적 차이점과 문체적 규범을 분석하는 강력한 도구가 된다. 이는 다양한 분야의 실제 쓰기에 대해 방대한 양을 체계적으로 측정하는 방법으로 단지 가정이 아닌 경험적 데이터를 바탕으로 평가를 뒷받침할 수 있다. 또한 언어쌍 간 구두점 사용과 같은 다소 미묘한 차이점도 명확하게 볼 수 있고 결과적으로 번역가가 더욱 자연스럽게 번역하고 원작자의 의도를 더 효과적으로 소통할 수 있게 된다. 뿐만 아니라 "숙련된" 번역가들의 개인적 선호에 대해 문제를 제기할 수도 있고, 번역 교육의 속도와 효능성을 제고할 수도 있다. 이와 같은 번역 교육에서 주요한 요소 중 하나가 번역 평가이다.

번역 평가 시 코퍼스 사용

최근 몇 십 년간 전자 자료 및 컴퓨터 프로그래밍의 빠른 발달로 인해 언어학의 다양한 영역이 상당한 영향을 받았다. 상당한 양의 텍스트를 저장하고, 검색하고, 분석하는 능력이 가능해 지면서 연구자들은 과거에는 가능하지 않았던 것들을 이행할 수 있게 되었다. "명백한 설계 기준에 따라 수집된 전자 텍스트 모음"이라고 종종 정의되는 코퍼스는 "더 광범위한 텍스트 표본을 대표한다(representing a larger textual population)"(자네틴(Zanettin), 2002: 11)는 목표 하에 편찬된 것이고 언어학자들에게 "이전보다 훨씬 더 견고한 경험적 근간"(그랜저(Granger), 2003: 18)을 제공한다. 올로한(Olohan, 2004: 1)은 *번역 연구를 위한 코퍼스 입문(Introducing Corpora in Translation Studies)*이라는 자신의 책 서문에서 그래미 케네디(Graeme Kennedy, 1998: 1)를 참고로 하며, 언어학자들이 전자 코퍼스를 사용한 지는 30년이 넘었지만, "번역 연구에서 코퍼스를 사용한 역사는 10년이 채 넘지 않는다"라고 말한다. 따라서 번역 연구와 실제에서 코퍼스를 사용하게 되면 번역 테스트 및 평가를 포함한 번역과 관련된 많은 영역에서 큰 발전을 이룩할 수 있다.

번역 평가는 번역 연구 및 실제에서 논의가 되어왔던 이슈이다(하우스(House), 1997; 노르트, 1991; 라이스, 2000; 샤프너(Schäffner), 1998; 윌리암스(Williams), 2001 참조). 번역 평가에서의 주관성 문제는 다양한 분야에서 번역을 평가하는 과정에 제기된 비판적 요소였다(파하르자드(Faharzad), 1992; 회니그(Hönig), 1998; 호르구에린(Horguelin), 1985 참조). 바우커(Bowker, 2001: 184)가 지적하였듯이, 객관적인 평가 방법을 개발하는 것은 쉽지 않다. 이 과정에서 코퍼스를 사용하게 되면 "주관성을 상당히 제거하게 되어 번역 평가 업무의 어려움을 경감시킬 수 있는데" 그 이유는 평가자가 "다양한 범주의 실제 텍스트를 바탕으로" 평가 시 접하게 되는 번역 선택에 대해 검증해볼 수 있게 되기 때문이다(바우커, 2001; 바우커, 2000b: 184).

번역 교육 영역에서 번역 평가를 위해 코퍼스 기반 접근방식을 생산적으로 적용하는 데에는 일반적으로 학생 번역을 평가하는 것(바우커, 2001; 바우커, 2003), 학생들의 오류를 기록하고 분석하는 것(우자르(Uzar), 2003), 그리고 학생들의 자기 평가 및 동료 평가 기술을 개발하는 것(바우커, 2000b; 바우커, 2003; 우자르, 2004; 로페즈-로드리게즈 외(López-Rodríguez et al), 2007)이 포함된다. 번역 교육 시 코퍼스 사용을 위해 많은 연구를 진행한 바우커는 코퍼스 기반 접근방식이 번역 평가를 위해 실질적이고 객관적인 방식이라고 한다. 특히 번역 교수자가 아주 익숙하지는 않은 분야의 특별한 번역 과제를 수행할 경우 그러하고(2001: 345), 번역 교수자는 코퍼스를 "여러 차원에서 학생들의 번역과 비교해 볼 수 있는 벤치마크"(2001: 345)로 사용할 수 있다고 하였다. 이와 같은 바우커의 의견에 더해 우자르(2004: 159)는 코퍼스 기반 접근방식을 사용하여 번역 평가자는 동일한 텍스트의 여러 번역을 비교해보고 "무엇이 적당한지, 적절한지, 부적당한지, 부적절한지" 정확히 집어내며 상세한 평가를 할 수 있다고 언급한다. 또한 이와 같은 방법을 통해 평가자들은 오류 타입을 범주화 할 수 있다고도 설명한다.

바우커가 지적하듯이 코퍼스 기반 접근방식의 주요 특징은 그 광범위한 범주와, 텍스트의 진정성, 그리고 기계로 읽을 수 있는 형태의 데이터라고 할 수 있다. 게다가 양적 그리고 질적 분석(다시 말해, 용어색인(concordances) 또는 빈도(frequencies)) 모두를 위한 방법이고 컴퓨터 도구 사용이 가능하기 때문에 더욱 경험적이고, 결과적으로는 객관적인 연구가 가능하게 된다(2001: 346). 바우커에 따르면 학생 번역 평가 시 코퍼스를 사용하면 교수자들이 학생들에게 더욱 객관적이고 건설적인 피드백을 줄 수 있다(2001: 361). 또한 코퍼스는 학생과 교수자 모두에게 "공통의 평가 틀"(2001: 361)을 제공하고 학생들이 교수자의 피드백을 더 잘 수용할 수 있도록 한다. 왜냐하면 "피드백이 단지 번역 교수자의 주관적 인상이나 불완전한 이해를 바탕으로 하는 것이 아니라 코퍼스 증거를 기반으로 한다는 것을 직접 보기 때문이다"(바우커, 2003: 180). 물론 학생들이 이러한 피드백을 정말 더 수용하는지에 대해서는 추가 연구가 더 필요하다.

바우커의 평가 코퍼스는 네 타입의 하위 코퍼스로 구성된다(2001: 350-354).

- 비교 원천 코퍼스, 이는 원천 텍스트(ST)의 "정상성"을 측정하기 위해 원천언어로 된 비교 텍스트 코퍼스이다.
- 정성 코퍼스, 이는 번역 평가자들이 주제에 대해 잘 이해하도록 돕기 위해 수작업으로 선별한 코퍼스이다.
- 정량 코퍼스, 이는 더욱 신뢰할 만한 정량적 분석을 제공하기 위한 더 큰 규모의 코퍼스이다.
- 부적절한 코퍼스, 이는 코퍼스 생성일, 일반성 또는 영역의 구체성 등의 기준으로 볼 때 번역 과제 수행을 위해서는 적절하지 않은 텍스트를 엮은 코퍼스

이다. 이 부적절한 코퍼스는 학생 오류의 근원을 결정하기 위해 사용된다.

평가 코퍼스 편찬은 많은 시간이 소요되는 일이기는 하지만 명백한 이점이 있고 번역 교육 교과과정에 포함되는 유용한 도구가 될 수도 있다. 학생들은 스스로가 책임지고 코퍼스를 편찬하기도 한다. 번역 수업 시 코퍼스를 사용하면 "특별 언어에 대한 학생들의 관심 및 경각심을 불러일으킬 수도 있고"(바우커, 2001: 362) 독립적인 학습자가 되도록 하는데 도움이 될 수도 있다. 본고에서는 텍스트 응결성 평가를 위한 평가 도구설계의 기본으로서 코퍼스를 사용할 경우 장점 및 어려운점에 초점을 맞추어 설명하겠다.

텍스트 응결성 분석

번역 연구에서 "텍스트적 전환(textual turn)"이 일어난 이래로 번역 연구자와 교수자들은 응결성과 같은 보편적인 텍스트적 특징들이 매우 중요하다는 것을 인식하기 시작하였는데(뉴버트와 슈레브(Neubert & Shreve), 1992) 그 이유는 개별적인 문장들에서 "텍스트"를 만들어내는 것이 바로 응결성이기 때문이다. 게다가 초보 번역가와 전문 번역가의 번역을 기록하여 연구한 것을 보면 응결성이 이 두 그룹을 구분 짓는 근본적인 요소라고 지적한다. 왜냐하면 초보 번역가는 단어, 구문 및 문장 차원에서 번역하는 경향이 있기 때문에 종종 문장 간 특성이라고 정의되는 응결성이 결여되고 어색하거나 초점이 없는 듯 보이기 때문이다. 그럼에도 불구하고 번역의 응결적 특성만을 독립적으로 추출한 연구는 거의 없다. 르(Le)가 언급하였듯이, "응결성이 어떻게 작용하는지(거시적 차원, 즉 문장보다 큰 단위간에)는 보통 많이 간과되고 결코 입증되지 않는다"(르, 2004: 260). 최근까지도 미국 번역가 협회(The American

Translators Association, ATA)의 오류 표기 프레임워크에 응결성에 대한 명백한 카테고리가 없었고, 문장 차원 이상의 현상을 명확하게 규정하는 카테고리도 거의 없었다(미국 번역가 협회 웹사이트)는 것은 크게 놀랍지도 않다. 그래서 전문 번역가는 텍스트 생성 시 전체적으로 접근하며 하향식(top-down) 접근 방식을 취하는데(쟈스킬레이넨(Jääskeläinen), 1990; 티르코넨-컨디트 & 쟈스킬레이넨(Tirkkonen-Condit & Jääskeläinen), 1991; 쿠스말(Kussmaul), 1995), 평가 시에는 초보 번역가처럼 상향식(bottom-up) 방식으로 문장 이하의 차원에 초점을 맞추어 이행한다.

이와 같은 상황은 응결성을 구성하는 특성들을 세부적으로 집어내거나 독립적으로 다루기 어렵다는 사실을 통해 설명할 수 있다. 윌슨(Wilson)(캘로우(Callow), 1974: 10-11에서 인용된 윌슨)은 성경을 다그바니(Dagbani)어로 처음 번역한 번역물과 관련하여 다음과 같이 언급하였다. "원어민이 이 번역에 대해 무엇이 잘못되었다고 설명하기는 어렵지만, '이국적(foreign)'이라는 느낌은 받는다. 그러나 비교해서 잘 살펴보면 그 이전 버전은 '담화 구조' 즉, 문장들이 잘 결합되어 하나의 단락으로, 더 나아가 하나의 잘 구성된 전체가 되는데 있어서 상당한 결함이 있다." 게다가 모나 베이커(1992: 125)가 지적하였듯이 번역된 텍스트에서 응결성을 구축하는 것은 통사구조와 주제적 패턴간의 갈등으로 인해 더 복잡해 지는데 이는 단지 의미를 위해서뿐만 아니라 응결성을 위해서도 다시 재배치 되어야 할 필요가 있기 때문이다. 그래서 르는 "번역가들이 목표언어로 번역 시 부자연스러움을 감수해야 하는 위험과 문장 및 단락의 형태를 존중해야 하는 것 사이에서 많은 고민을 한다"(2004: 267)라고 언급하였다.

본고에서는 텍스트 타입 별로 정리된 러시아어 및 영어 비교 코퍼스에서 수집한 데이터를 바탕으로 세 가지 쉽게 독립적으로 추출할 수 있는, 그러나 종종 간과되고는 하는 텍스트 응결성 특성에 대한 평가 도구의 타당성에 대해 살펴보고자 한다. 이는 구두점, 문장길이, 단락

길이이다. 학습 및 전문적 상황에서 평가는 학습 우선순위를 결정하는 데에 영향을 끼치기 때문에 중요하지만 쉽게 간과되고는 했던 텍스트적 특성에 초점을 맞춘 평가 도구를 사용하게 되면 초보 번역가가 목표 텍스트를 좀 더 큰 차원에서 바라보고 번역물을 단어 이상의 다양한 특성으로 구성된 산물, 번역가가 전문적으로 책임감을 갖고 구성해야 되는 산물로 볼 수 있게끔 도와준다. 구체적으로, 담화 구성 및 텍스트적 응결성과 같은 텍스트의 큰 차원을 보도록 하는데 있어서 입문 역할을 할 수 있는 것이다.

게다가 구두점, 문장길이 및 단락길이는 태깅하지 않은(untagged) 코퍼스(즉, 추가적인 언어적 정보로 태깅 하지 않은 그대로의 텍스트 코퍼스)를 통해 학습될 수 있고, 단순한 통계적 분석을 사용하면 되기 때문에 번역 교수자들은 학생들이 양 언어 코퍼스에서 수집한 경험적 데이터를 바탕으로 평가 도구를 직접 설계할 수 있도록 할 수 있다. 제안한 도구에 대한 논의 및 설명을 포함하는 이 간단한 과정을 통해 학생들은 가장 신뢰할만한 평가 기준이 전문 번역가 겸 교수자만이 만드는 것이 아니라는 것에 대해 눈을 뜰 수 있게 된다. 이 기준은 경험적 데이터를 기반으로 만들어지고, 이는 데이터를 수집하고 분석하고자 하는 모든 이들이 사용할 수 있는 것이다. 또한 학생들이 구두점 및 길이에 대한 연구를 위해 코퍼스를 설계하고 나면, 이 코퍼스를 통해 자신들이 관심 있고, 양 언어쌍에서 특별히 중요한 다른 언어적 그리고 텍스트적 현상을 조사할 수 있게 된다. 이와 같은 방식으로 번역 교육 과정에 코퍼스 연구를 포함시키면 경험적 데이터를 창출할 수 있는 번역가들을 양성할 수 있고, 이 기술을 통해 학습자들은 번역 실습자에서 번역 전문가로 발전할 수 있게 되며, 동시에 이론 및 실제 간의 오래된 간극을 연결하는 데에 도움이 될 수도 있다.

방법

코퍼스 설계

본 연구에서는 구두점, 문장길이, 그리고 단락길이에 대해 분석하고 있다. 구두점과 관련해서 두 개의 태그 하지 않은 러시아어와 영어로 작성된 사설 비교 코퍼스를 사용하였다. 이 코퍼스에 포함된 사설은 러시아와 미국에서 유명한 일간지인 *이즈베스티아(Izvestia)*와 *뉴욕 타임즈(The New York Times)*에서 가져온 것이다. 이 양 신문사는 무료 온라인 서비스를 제공하고 있어서 코퍼스를 편찬하기에 굉장히 용이했다. 2005년 모든 사설이 다 공개되어서 최근 이슈들을 양 언어로 보여줄 수 있었다. 코퍼스 구성에 포함된 코퍼스는 내용과 상관없이 무작위로 선별된 것이다. 각 코퍼스는 20,000 단어로 구성되어 있다(저자의 직위 및 이름은 단어 수에 포함되지 않았다). 두 코퍼스가 유사하기 때문에 본 연구의 전반적인 신뢰도를 강화할 수 있었다.

코퍼스 편찬이 수작업으로 진행되었고 시간 및 자료가 제한적이었기 때문에 각 코퍼스의 길이는 20,000 단어로 제한하였다. 만약 더 큰 규모의 코퍼스를 사용하였다면 통계적으로 좀 더 신뢰할 만한 결과를 얻을 수도 있었을 것이다. 따라서 20,000 단어의 코퍼스가 주어진 텍스트 타입에서 특히 모든 문장에 등장하는 구두점 사용과 관련하여 전반적인 경향을 보여주기는 하지만, 좀 더 큰 규모의 영어 및 러시아어 코퍼스에서 구두점 사용에 관해 조사하는 후속연구를 진행하는 것이 바람직할 것이다.

문장 및 단락 길이와 관련해서는 새로운 텍스트 타입을 추가하여 코퍼스를 좀 더 확장시켰다. 사설 외에도 해외 뉴스기사(*뉴욕타임즈*와 *이즈베스티아* 이 두 신문의 기사)와 동시대 문학 텍스트를 코퍼스에 추가하였다. 모든 사설 및 해외 뉴스 기사는 2005년-2006년에 발표된 것이다.

이 기사들은 내용과 상관없이 무작위로 선별한 것이다. 문학 코퍼스도 마찬가지이다. 2004년에서 2006년까지 온라인 상에서 볼 수 있는 책들 중 일부를 발췌하여 추가하였다. 각 카테고리 마다 다른 텍스트는 20개씩(즉, 120개 텍스트, 총 116,140 단어) 포함되어 있다. 텍스트 타입의 수가 증가할수록 코퍼스에서 추출한 데이터의 신뢰도는 높아진다.

데이터: 구두점

본고에서는 1,000 단어 당 모든 구두점의 수를 체계적으로 세는 연구를 진행하였다. 여기에는 쉼표(commas), 콜론(colons), 세미콜론(semicolons), 줄표(dash)/긴 줄표(em-dashes), 하이픈(hyphens)/엔대시(n-dashes) 및 괄호(parentheses)가 포함된다. 쉼표의 경우 쓰기에서 수를 표현하는데 사용되기도 하는데, 총 쉼표 개수에서 수에 사용된 쉼표의 수(numerical commas)를 빼는 방법을 통해 수에서 사용되지 않은 쉼표(non-numerical commas)의 개수와 총 쉼표의 개수를 모두 세는 것으로 하였다(수에 사용되는 쉼표는 쓰기에서 숫자를 나타내는 것으로, 예를 들어 러시아어: 13,4; 영어: $70,000와 같은 것이 있다).

수집한 데이터에 대해서는 다양한 통계적 방법을 적용하였다. 영어와 러시아어 샘플에서 구두점 사용과 관련된 전반적 특징을 분석하기 위해 기술적(descriptive) 통계학을 채택하였다. 유의미성 테스트를 진행하여 영어와 러시아어 구두점 사용 패턴에 있어서 통계적으로 유의미한 차이가 있는지 파악하였다.

본 연구에서 유의해야 할 점은 이 정량적 연구가 단 한 가지 텍스트 타입(사설)에서 구두점 사용만 조사하고 있어서 영어 및 러시아어의 다른 텍스트 타입에서는 유효하지 않을 수도 있다는 것이다. 사설이라는 장르는 항상 전문 기자가 작성하는 것은 아니지만 해설 또는 의견을 보여주는 장르적 특성 때문에 특별한 특징을 보인다. 그래도 러시아어와 미국 영어 사설에서 공통의 특징을 보이는 부분이 있어서 이 텍스트 타입에서 구두점 사용에 관한 비교 연구는 그 정당성을 갖는다. 향후 다수의 텍스트 타입을 포함하는 큰 샘플에서의 평균적인 구두점 사용을 도출해내는 것뿐만 아니라 다른 텍스트 타입 별 다양한 구두점 사용법을 비교해보는 연구를 진행하는 것도 바람직할 것이다. 또한, 더 큰 코퍼스를 사용하면 연구의 외적 신뢰도를 제고할 수 있을 것이다. 그러나 본고에서도 러시아어와 영어의 스타일 가이드를 비교하여 러시아어 구두점을 영어로 번역할 때 사용할 수 있는 전략을 제시하고 번역 시 구두점 사용에 대한 평가를 설계할 수 있는 충분한 근거를 제시하고 있다.

결과: 구두점

영어와 러시아어의 구두점 사용의 차이에 대해 조사하기 위해 구두점에 관한 양적 비교 분석을 실시하였다. 러시아어와 영어의 구두점에 관한 비교 분석 결과는 그래프 1에 소개되고 있다. 이 그래프는 1,000 단어 당 문장 끝 구두점(end punctuation)을 포함한 모든 구두점 평균 사용 정도를 요약한 것이다. 쉼표(commas), 콜론(colons), 긴 줄표(em-dashes) 및 괄호(parentheses) 사용에 있어서 두 언어간 차이가 크다. 문장 끝 구두점과 관련하여 보통 러시아에서는 느낌표, 물음표 및 생략과 같은 마침표가 아닌 구두점을 더 자주 사용한다.

쉼표, 세미콜론, 콜론, 줄표/긴 줄표, 하이픈/엔대시 및 괄호 사용에 대한 통계적 분석을 기술한 결과는 <표 1>에 제시되고 있다. 양 코퍼스 모두에서 총 쉼표 개수와 수에서 사용되지 않은 쉼표 개수를 구하기 위해 쉼표 분석 결과를 제시하였다.

평균적으로 러시아어 사설에서는 1,000 단어 당 총 88.00개의 쉼표를 사용한 반면, 영어 사설에서는 51.40개의 쉼표를 사용하였고, 그 차이의 유의미성이 p<.001 이다. 수에서 사용되지 않은 쉼표의 경우 러시아어와 영어에서 각각 87.90개와 50.75개가 사용되었다(p<.001). 러시아어 텍스트에서 1,000 단어 당 콜론의 평균 사용 수치는 5.70, 영어의 경우 1.00 이다(p<.001). 줄표/긴 줄표 평균 사용의 경우 1,000 단어 당 러시아어는 13.55, 영어는 5.15이다(p< .001). 세미콜론과 엔대시 사용의 경우 두 코퍼스 간 유의미한 차이가 없었다.

〈그래프 1〉 영어 vs. 러시아어 구두점: 1,000단어 당 평균 사용 개수

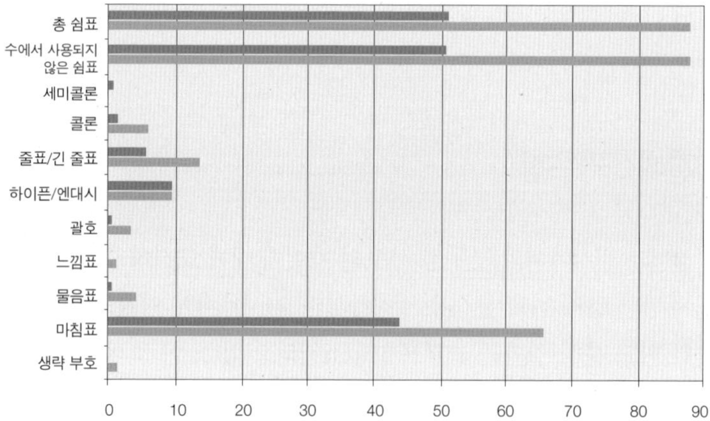

〈표 1〉 쉼표, 세미콜론, 콜론, 줄표/긴 줄표, 하이픈/엔대시 및 괄호(1,000 단어 당) 평균 사용 수 및 표준 편차와 해당 구두점의 유의미성 테스트 결과

	러시사어 (표준 편차)	영어 (표준 편차)	T-테스트
총 쉼표	88.00 (13.53)	51.40 (10.32)	P<.001
수에서 사용되지 않은 쉼표	87.90 (13.59)	50.75 (10.24)	P<.001
세미콜론	0.30 (0.66)	0.65 (0.81)	Ns

	러시사어 (표준 편차)	영어 (표준 편차)	T-테스트
콜론	5.70 (3.50)	1.00 (0.97)	P<.001
줄표/긴 줄표	13.55 (6.11)	5.15 (3.27)	P<.001
하이픈/엔대시	9.40 (3.78)	9.25 (3.37)	Ns
괄호	3.15 (3.25)	0.5 (0.76)	P<.01

결과: 구두점

분석 결과 쉼표, 콜론, 줄표/긴 줄표, 괄호는 영어 사설보다 러시사어 사설에서 훨씬 더 빈번하게 등장하는 반면, 세미콜론과 하이픈/엔대시 사용은 크게 다르지 않다는 것을 알 수 있다. 쉼표, 콜론, 줄표/긴 줄표, 괄호 사용에 있어서 영어와 러시아어 간에 차이가 크다는 것은 양 언어간에 구두점 사용 관련 문법적 그리고 문체적 원칙이 다르다는 것을 암시하기 때문에 번역 시 ST의 구두점을 단지 그대로 TT에서 유지하여 사용하기 보다는 좀 더 미묘한 차이를 반영하는 전략을 수립해야 할 것이고, 번역 구두점 평가 관련 개별적 항목에 따라 평가하는 방식을 개발해야 할 것이다. 러시아어에서 쉼표, 콜론, 줄표/긴 줄표, 괄호 사용이 더욱 빈번한데, 이것이 영어 번역 시 그대로 유지된다면 영어 독자들은 부적절하다고 생각할 수 있고, 영어의 구두점 규범과 모순된 "번역투"로 인해 혼란을 주는 결과를 초래할 수 있다.

ST의 언어적 특징을 번역할 때 목표언어의 규범을 고려하는 것이 자연스러운 일인데, 구두점과 관련해서는 그러지 않는 경우가 종종 있다. 이센코(Ishenko, 1998: 155)가 지적하듯이, 번역가들은 ST의 "시각적 특징들을 그대로 목표 텍스트에 전달하는 경향"이 있다. 슈왈츠(Schwartz)는 번역가들이 구두점을 "허구의 문법적 기재"(2006: 93)로 취급한다고 언급한다. 예를 들어 이반 투르게네프(Ivan Turgenev)의 "파우스트(Faust)"를 번역한 휴 알핀(Hugh Alpin)의 번역 발췌문을 살펴보자.

> Отречение, отречение постоянное - вот ее тайны смысл, ее разгадка: не исполнение любимых мыслей и мечтаний, как бы они возвышенны ни были, - исполнение долга, вот о чем следует заботиться человеку: не наложив на себя цепей, железных цепей долга, не может он дойти, не падая, до конца своего поприща: а в молодости мы думаем: чем свободнее, тем лучше, тем дальше уйдешь.
>
> (이반 투르게네프, 파우스트 1856)

> 금욕, 끊임없는 금욕—이것은 그 비밀스러운 의미, 그 해결책: 소중한 관념과 꿈의 이행이 아니라, 그 관념과 꿈이 얼마나 고양되어 있다 할지라도—그의 의무 이행, 이는 인간이 생각해야 하는 것; 그가 자신에게 사슬을 두르지 않는다면, 의무의 사슬, 그는 추락 없이 인생 여정의 끝에 도달할 수 없으나; 젊은 시절 우리는 생각한다; 더 자유로울 수록, 더 나은 것이고, 더 멀리 너희는 갈 것이다.
>
> (투르게네프 2003)

러시아어의 구두점을 그대로 차용해온 것을 보면 구두점을 다소 중립적이고, 규범에 따라 사용하는 것과 좀 더 독립적, 예술적인 동기를 갖고 사용하는 것을 구별하지 못하는 것을 볼 수 있다. 사례증거를 통해 보면, 초보 번역가들은 ST의 통사구조를 그대로 따르려는 경향을 보이고 결과적으로 구두점 사용 방법을 잘 인식하지 못하여 단지 러시아어의 구두점을 차용해온다.

분석 결과를 바탕으로 러시아어에서 영어로 번역할 때 구두점에 관해서는 TL의 규범을 고려해야 한다는 주장을 한 층 강화할 수 있다. 특히, 쉼표, 콜론, 줄표/긴 줄표 및 괄호 사용에는 더 주의해야 한다. 러시아어에서 영어로 구두점 번역을 위한 전략을 고안할 때에는 앞서 언급한 구두점이 영어보다 러시아어에서 더 빈번하게 사용되고 있다는 것에 주목해야 한다. 게다가 이 구두점들의 언어적 기능은 양 언어 간에 차이가 있다. 러시아어와 영어에서 쉼표, 콜론 및 줄표/긴 줄표의 언어적 특성 차이에 대해서는 별도의 연구가 필요하다. 본고의 양적 비교연구를 통해 볼 수 있듯이, 사설의 경우 영어보다 러시아어에서 구두점이 훨씬 더 빈번하게 사용된다.

이 결론이 사설이라는 텍스트 타입에만 국한되는지 살펴보기 위해서 기술적 통계연구를 통해 사설 코퍼스에 상응하는 길이(6,773 단어)의 러시아어, 영어 문학텍스트를 비교 분석해 보았다. 이 사전 분석을 위해 두 명의 현대 문학 작가 - 타티아나 톨스타야(Tatyana Tolstaya)("Perevodnye kartinki," 2001)와 존 업다이크(John Updike)(*Seek My Face*)를 선정하였다. 이 두 작가 모두 문장가(Stylist)로서 존경 받고 있는 문호이지만, 아방가르드 작가는 아니니다. 다음 표에서는 타티아나 톨스타야의 에세이와 업다이크의 소설 *Seek My Face* 발췌분(업다이크 소설의 발췌분 분량 또한 유사함)의 구두점 사용 비교를 제시하고 있다. <표 2>에서 보여주는 기술 통계연구 결과를 보면 톨스타야가 쉼표, 콜론 및 긴 줄표를 훨씬 더 빈번하게 사용하고 있는 것을 알 수 있다.

〈표 2〉 러시아어 및 영어 문학 코퍼스에서 구두점 사용 비교

	톨스타야	업다이크
쉼표	1,073	667
수에서 사용되지 않은 쉼표	1,073	667
세미콜론	27	26
콜론	84	12
줄표/긴줄표	180	56
하이픈/엔대시	86	92

러시아어에서 텍스트 타입이 달라지면 구두점 사용 빈도도 달라지는지 보기 위해서 타티아나 톨스타야의 에세이 *Perevodnye kartinki* (6,773 단어)와 동일한 분량의 이즈베스티아(*Izvestia*) 사설을 무작위로 선별하여 두 텍스트 타입에 있어서 구두점 사용 빈도 차이를 비교해 보았다. 톨스타야 작품에서 구두점 사용 빈도는 훨씬 높았고 그 결과는 <표 3>에 구체적으로 제시되고 있다.

〈표 3〉 동일한 분량의 러시아어 문학 텍스트 및 신문 사설에서 구두점 사용 비교

	톨스타야	*이즈베스티아*
총 쉼표	1,073	627
수에서 사용되지 않은 쉼표	1,073	626
세미콜론	27	1
콜론	84	17
줄표/긴줄표	180	82
하이픈/엔대시	86	52

다음, 영어에서 텍스트 타입이 달라지면 구두점 사용 빈도도 달라지는지 비교해 보았다. 업다이크의 소설 *Seek My Face*(6,773 단어)와 뉴욕 타임즈(*New York Times*) 사설에서 무작위로 선별한 코퍼스를 비교하여 <표 4>에 제시하였다. 톨스타야의 경우처럼 업다이크 소설에서 구두점이 훨씬 더 빈번하게 사용되고 있다.[1)]

〈표 4〉 동일한 분량의 영어 문학 텍스트 및 신문 사설에서 구두점 사용 비교

	업다이크	NYT
총 쉼표	667	312
수에서 사용되지 않은 쉼표	667	309
세미콜론	26	7
콜론	12	8
긴줄표	56	26

〈표 5〉 비교 연구: 텍스트 타입 별 문장 및 단락 길이(단어 수)(word/sent - 문장 당 평균 단어 수, char/sent - 문장 당 평균 글자 수, words/para - 단락 당 평균 단어 수, char/para - 단락 당 평균 글자 수)

	사설		문학 텍스트		국제 뉴스	
	영어	러시아어	영어	러시아어	영어	러시아어
Words/sent	25(3)	16(4)	20(6)	16(5)	25(4)	15(3)
Char/sent	149(20)	112(33)	111(36)	108(35)	149(25)	108(37)
Words/para	73(15)	72(20)	113(97)	73(33)	46(7)	60(14)
Char/para	443(83)	508(138)	625(525)	484(215)	278(42)	431(90)

비교적 적은 양의 코퍼스를 사용한 이 양적 비교 연구를 보면 두 텍스트 타입-사설과 문학텍스트-에서 구두점 사용이 러시아어가 영어에 비해 훨씬 빈번하다는 것과 또한 러시아어와 영어 양 언어에서 구두점이 신문 사설 보다는 분석 대상인 문학텍스트에서 더 빈번하게 사용된다는 것을 알 수 있다. 그러나 샘플 사이즈가 n=2 밖에 안되기 때문에 통계적 유의성 검사는 진행하지 않았다. 좀 더 큰 규모의 코퍼스에 대해 통계적 추가 분석이 요망된다.

데이터: 문장길이 및 단락길이

문장길이 및 단락길이와 관련된 연구에서 영어와 러시아어의 사설, 문학 텍스트 및 국제 뉴스기사로 구성된 코퍼스의 문장 및 단락 길이를 조사하였다. <표 5>에서 주어진 그룹의 평균 및 표준편차를 볼 수 있다(굵은 글씨체는 통계적으로 유의미한 결과임).

결과: 문장길이 및 단락길이

세 텍스트 타입 모두에서 영어의 문장 당 평균 단어 수가 가장 많았다. 이는 러시아어가 더 긴 문장을 사용한다는 고정관념에 반하는 결과이다. 영어 사설 및 영어 국제 뉴스의 경우 문장 당 평균 글자 수가 가장 많았고, 이 결과는 다시 한 번 러시아어 문장이 더 길다는 고정관념을 깨는 것이다. 글자수가 길이를 더 잘 보여주는 지표가 될 수도 있는데, 그 이유는 러시아어는 좀 더 종합적인 언어이고, 영어는 좀 더 분석적 언어이기 때문이다.

단락과 관련하여 한 단락 당 단어 수는 러시아 국제 뉴스의 경우 상당히 많았다. 영어 국제 뉴스 보도의 경우 1-2 문장으로 더욱 간결하고 집중적인 방식으로 작성되는 경향이 있다. 문학 텍스트의 경우는 분석 결과가 통계적으로 유의미하지는 않았다(몇몇 작가들이 극단적으로 긴 단락(예, 업다이크, 단락 당 728 단어)을 사용하여 표준편차가 높게 나타났음).

단락 당 글자수는 러시아어 단락이 영어 단락보다 1.6배 더 긴 것으로 나타났다. 텍스트 타입 별 하위 코퍼스에서 두드러지게 차이가 나는 경우는 영어 텍스트 중에서 국제 뉴스가 가장 짧은 단락인 반면 문학 텍스트가 가장 길다는 것이다. 표준 편차 분석(이는 일련의 사례들이 평균에서 얼마나 퍼져나가 있는지를 보여줌)을 보면, 영어와 러시아어 모두 문학 텍스트의 문장 및 단락의 길이가 사설 및 국제 뉴스와 비교해볼 때 가장 높은 표준 편차를 보였고, 이는 별로 놀랄만한 것이 아니다.

본 연구의 이중언어 코퍼스 분석을 보면 텍스트 타입 및 언어에 따라 문장 및 단락의 길이가 달라지는 것을 알 수 있으므로 번역 교수자는 동일한 텍스트의 학생 번역 길이의 평균(그리고 가능하면, 표준 편차)을 계산하고 평균과 달리 눈에 띄는 것은 없는 지 또는 모두 유사한 지 비교해볼 수 있을 것이다. 현대적 도구(예를 들어 엑셀, 액세스, SAS)를 사용하여 이와 같은 작업을 뒷받침할 수 있고, 심지어 통계적 수치를 계산하기 위한 공식을 기억할 필요도 없게 된다. 그러나 앞서 기술한 코퍼스 분석으로는 단지 부분적인 결론(예를 들어 문학텍스트가 문장 길이에 있어서 높은 변이를 보인다든지 또는 문장 길이와 관련하여 러시아 사설의 일관성이 더 떨어진다든지)만을 낼 수 있으므로, 분석 결과를 바탕으로 구체적인 평가 도구를 개발하는 것이 문제가 될 수도 있고, 어쩌면 불필요할 수도 있다.

논의

영어와 러시아어 사설 코퍼스와 영어와 러시아어 문학 텍스트 코퍼스를 비교한 결과를 바탕으로 일반적인 구두점 사용에 관해 논하자면, 우선 구두점과 관련한 두 개의 일반적인 카테고리가 있다는 것을 기억하는 것이 중요하다.

- 관습적인(conventional) 사용, 즉 특정 언어에서 허용하는 규범에 의해 처방되는 또는 의무적인 구두점. 예를 들어 영어 규범에 따르면 문장 서두에서 긴 수식어구 또는 절 다음에 쉼표를 사용해야 한다. "Some thirty-eight years later, the book bobbed up again in my life when Macmillan commissioned me to revise it for the college market and the general trade"(E.B. 화이트(E.B. White)의 *스타일 요소(The Elements of Style)* 1979년 판 "서문"에서 발췌).

- 강조를 위한(emphatic) 사용, 즉 문법적으로 불필요하거나 또는 심지어 부적절할 수 있지만, 작가의 개인적인 스타일 특성을 보여주는 구두점. 이러한 경우, 작가는 독자의 이목을 끌기 위해, 산문이나 시에서 리듬을 만들어 내기

위해, 문장의 초점을 구성하기 위해, 또는 텍스트에서 시각적 재현을 위해 기존의 문체적 규범을 위반하거나, 오용 또는 남용하거나, 그 방식에 따르지 않는 것이다. 예를 들어 메이(May)는 에이브램 터르츠(Abram Tertz)가 창의적이고도 아름답게 구두점을 사용한 예를 들고 있는데(필명은 안드레이 시냐브스키(Andrei Sinyavsky), 여기서 작가는 감옥 생활에 대한 부분에서 수 많은 대괄호(square bracket)를 "감옥의 벽을 묘사하는 수단으로" 사용하고 있다(메이, 1994: 130).

구두점의 관습적 사용 및 강조를 위한 사용은 구두점 사용법을 보여주는 일직선상의 양 극단이라고 할 수 있다. 의무적, 문법적 사용에서부터 문체적 효과를 위한 창의적 사용에까지 이른다. 후자의 경우 러시아어에서는 *avtroskie znaki*, 또는 '작가의 구두점'이라고도 부른다. 전적으로 규범에 의거한 구두점의 사례에는 직·간접 인용 및 열거와 같은 것이 있다. 이 일직선상의 다른 극단이 '작가의 구두점'이라고 부르는 것인데 이는 어떠한 언어 규범으로도 설명할 수 없다(드지아코비치(Dziakovich), 1999). 그러나 대부분의 작가들은 규범에 의거한 구두점 사용에서부터 심미적 사용까지 이 일직선의 전반을 넘나들며 문체적 효과를 창출하기 위해 규범을 조작하고 최대한 활용한다. 가장 적절한 번역 전략을 선택하는 것은 번역하고자 하는 부분의 구두점이 관습적으로 사용되는지 또는 강조하기 위해 사용되는지에 달려있다고도 할 수 있을 것이다.

구두점이 강조하기 위해 사용되었다면 번역가는 작가의 문체적 의도를 유지하고 보완해 주는 것이 타당하다. 메이는 "구두점과 관련해서, 번역가들은 편집자의 역할을 맡아" 원천 텍스트를 다듬고 명확하게 해주어야 한다고 불평한다(메이, 1997: 1). 메이는 번역가들이 구두점을 번역하는데 있어서 "해석적이며 창의적인 접근"을 해야 한다고 한다(1997: 10). 번역가에게 있어서 구두점의 예술적 활용을 인지하고 존중하는 것은 매우 중요하다. 그러나 때때로 이를 실제로 옮기는 것은 쉽지만은 않다. 구두점에 대한 창의적 해석이 어려운 이유는 다음과 같다.

1. 구두점의 예술적 사용에 대한 편집자의 오해 또는 어떻게 목표 시장에서 성공할 수 있는 번역물을 만들 수 있을지에 대한 그들의 견해로 인해 최종 번역물에 편집자가 개입한다(메이, 1994: 12).
2. 구두점 사용에 대한 TT 독자들의 기대가 다르고, 이는 번역물의 품질에 대한 판단에도 영향을 끼친다. 다시 말해, 독자들은 구두점의 창의적 사용을 번역가의 "실수"로 해석할 수 있다는 것이다. 게다가 작가 및 번역가의 전반적인 문체 및 개인적 특성에 대해 충분히 알지 못하는 독자들은 그들의 문체적 의도에 대해 제대로 이해하지 못할 수도 있다(메이, 1994: 139).
3. 작가가 구두점을 복잡한 방식으로 사용함에 따라 구두점이 관습적인 방식으로 사용되었는지 예술적인 방식으로 사용되었는지 결정하기 어렵다.
4. 마지막으로, 원문의 구두점 효과를 전달하기 위한 TL에서의 적절한 예술적 수단을 찾기가 쉽지 않다.

구두점에 관한 좀 더 세부적인(granular) 평가 도구를 통해 초보 번역가들은 규범에 따른 구두점 사용과 예술적 의도에 따른 구두점 사용을 구별할 수 있고, 이에 못지 않게 중요한 것은 평가하는 평가자들 또한 "구두점"이라는 포괄적인 분류로는 구별할 수 없는 언어 간 구두점 사용 차이를 인지할 수 있게 된다는 것이다.

이와 같은 분석 결과를 바탕으로 적절한 평가 도구를 설계하기 위해서는 왜 특정 구두점 사용이 영어에서 보다 러시아어에서 더 빈번한 지에 대해 이해하는 것이 중요하다. 여기서 본 연구 결과를 통해 알 수 있는 것은 러시아어에서 쉼표, 콜론, 줄표 및 괄호 사용이 영어에서보다 좀 더 문법에 의거한 사용이라는 것이다. 영어의 경우 좀 더 의미의 특정 부분 "불가분성(inseparability)" 개념과 밀접한 관련이 있는 듯

하다. 해네이(Hannay, 1987)는 두 가지가 한 유닛의 구성요소일 때 불가분성이 작용한다고 이야기 한다. 해네이에 따르면 한 유닛은 주술관계(predicational, 술부와 논거)이거나, 지시적(referential, 머리 명사구 및 제한적 수식이거나, 또는 메시지에 근거한(message-based, 선택적 주제부 및 초점) 이다. 예를 들어 영어에서는 동사를 목적어에서 분리할 수 없거나(예, he wanted to learn who is going to the party) 또는 제한절을 머리 명사에서 분리할 수 없다(예, The girl who brought the cookies is my niece). 그러나 러시아어에서는 이 두 경우에서 쉼표를 사용하는 것이 의무적이다(*Он хотел узнать, кто пойдёт на вечеринку. Девушка, которая принесла печенье, - моя племянница*). 첫 번째로, 러시아어에서는 동사-목적어 관계와 상관없이 모든 절이 다른 절과 분리되어야 하기 때문에 쉼표가 필요하다(등위 접속사가 있는 경우가 아니라면). 후자의 경우에도 동일한 규칙이 적용되는데, 영어 모국어 사용자에게는 이상하게 들릴 수도 있지만, 이는 러시아어가 제한절과 비제한절을 구분하지 않기 때문이다. 이 사례는 영어와 러시아어 구두점 사용에 있어서 다른 원칙들을 확인해주는 것이고, 러시아어 구두점은 좀 더 문법에 의거하여 사용하고, 영어는 좀 더 문체에 의거하여 사용한다는 것을 알 수 있다.

그러나 이를 뒷받침하고 영어와 러시아어 간 구두점 사용 시 차이가 발생하는 이유를 설명하기 위해서는 영어와 러시아어에서의 구두점 사용 차이에 대한 추가 연구가 필요하다. 이를 위해 (미국) 영어와 러시아어의 권위적인 스타일 가이드를 살펴보았다. 스트렁크와 화이트(Strunk and White's)의 *Elements of Style*과 Pravila russkoi orfografii I punktuatsii(러시아어 철자법 및 구두점), 그리고 산드라 로젠그란트(Sandra Rosengrant)의 *Russian in Use*이다. 이 스타일 가이드를 비교해 보니 러시아어와 영어에서 콜론, 쉼표, 그리고 긴 줄표(mupe[2]) 사용에 대한 기본 원칙이 다른 것을 알 수 있었다. 앞서 분석에서는 러시아어 사설에서 이 구두점들의 사용이 더 빈번한 것으로 나타났다. 비교 결과에 대해서는 <표 6-8>에 상세 설명하고 있다.

게다가 러시아어에서는 "*У них есть надобность-хранить железо, а надобности других людей- редколлегия, работа-они видали в гробу*"이 예문에서 볼 수 있듯이 한 문장에서 여러 개의 긴 줄표가 등장하는 것을 볼 때 영어에서보다 긴 줄표 사용을 더 허용하고 있는 듯 하다.

세미 콜론과 괄호의 사용 빈도는 다양한 종류의 코퍼스마다 다르지만, 세미 콜론은 영어 사설에서, 괄호는 러시아어 사설에서 훨씬 더 빈번하게 등장하는 것을 볼 수 있다. 그렇지만 이들의 기능에 있어서는 큰 차이를 찾기 힘들다. 양 언어에서 긴밀하게 연관된 문장들을 구분하기 위해 사용되는 세미콜론의 경우 러시아어 코퍼스에서는 빈도가 떨어진다. 왜냐하면 러시아어에서는 이 기능이 쉼표에 의해 수행되기 때문이다(표 8에서 1 참조). 괄호 사용의 경우, 러시아어는 영어보다 삽입된 정보를 보여주는 이 수단을 상당히 허용하고 또는 선호하기까지 한다.

〈표 6〉 러시아어와 영어에서 콜론 사용 예

러시아어	영어
1. 리스트 소개하기	
Прилетели музыканты-тоже все лауреаты: Юрий Башмет и Игорь Бутман со своими коллективами, детский хореографический ансамбль из Чечни «Зия», а еще профессора-итальяноведы, преподаватели русского языка и переводчики.	*Long Islanders can [⋯] choose to de-vote half or all of a monthly electric bill to buying power from marketers that sell energy from renewable sources: wind farms, hydro-electric plants and biomass operations, [⋯].*
1a. 리스트 소개하기(목적어에서 동사 분리)	
Читаем: повар, водитель, охранник, помощник посла.	*— 영어에서 콜론을 통해 동사를 목적어에서 또는 전치사를 목적어에서 분리하는데 사용해서는 안됨.*
2. 뒤따르는 절이 그 앞 절에 대해 해석하거나 강조하는 경우일 때 독립 절 다음에 사용	
Тут все как на футбольном поле: понятно, что надо делать, главное-исполнить.	*Electricity use, in fact, is climbing rapidly on Long Island: it is up more than 20 percent since 1997 [⋯].*

러시아어	영어
3. 뒤따르는 절이 상태 및 행동에 대한 이유를 설명할 때 사용	
У Сергея Иванова объяснение простое: недоработки командиров.	— 영어에서는 일반적이지 않음
4. 첫 번째 절에 **Видеть, слышать** 등과 같은 인지 동사가 있을 때(접속사 없음) 사용	
И тысячи юных дурочек искренне верят: стоит укоротить нов, увеличить губы и накачать силиконом грудь, как счастье и им улыбнется и они тоже станут персонажами светских хроник, за которыми день и ночь охотятся папарацци.	— 영어에서는 일반적이지 않음
5. 직접 인용 시작할 때 사용	
«[...] вы читали мой текст?» А они говорили: «Нет, не читали, потому что знаем-это греховный рассказ, это театр абсурда».	— 영어에서만큼 일반적이지는 않음: 인용문이 선행절에 기여하는 바가 있거나 이를 **지지할 때** 사용됨 *The squalor of the streets reminded him of a line from Oscar Wilde: "We are all in the gutter, but some of us are looking at the stars." (S&W)*
6. 격식 있는 편지에서 인사말 다음에 사용	
러시아어에서는 일반적이지 않음, 느낌표가 더 빈번하게 사용됨: *Уважаемый господин Президент!*	Dear Mr. Montague: (S&W)
7. 시간 표기에서 시와 분을 구분할 때 사용	
10:45 «*События. Время московское*». 10.45 «*События. Время московское*».	*The train departs at 10:48 PM.* (S&W)

〈표 7〉 러시아어와 영어에서 긴 줄표 사용 예

러시아어	영어
1. 주어와 서술부가 모두 주격에서 명사일 때 서술부가 부정형이 아니라면 주어와 서술어 사이에서 종종 쉼표와 함께 사용됨	
Россия, до Достоевскому, - страна, созданная для страдания.	— 영어에는 현재 시제에 명백한 "to be" 동사가 있기 때문에 영어에서는 계사(copula)로 사용되지 않음
2. 주어와 술부 둘 중 하나가 부정사(infinitive)일 때 주어와 서술어 사이에 사용됨	
Быть сотрудником посольства за рубежом -конечно, не самая "народная профессия".	— 영어에는 현재 시제에 명백한 "be" 동사가 있기 때문에 영어에서는 계사로 사용되지 않음
3. 주어와 술부 중 하나가 숫자일 경우 주어와 서술어 사이에 사용됨	
Из 547 тысяч американских сержантов 241,5 тысячи- простые сержанты, 168 тысяч - штабс-сержанты, 100 тысяч- сержанты 1 го класса, 26 тысяч- мастер-сержанты и 10, 6 тысячи- сержанты-майоры.	— 영어에서는 사용되지 않음
4. 열거 시 요약하는 단어 전 후에 사용(이 경우, 러시아어 구문에서 "*это*"는 주어와 술부를 연결하는 단어로 종종 사용됨	
Умный человек сказал: у престижа в современном мире три составляющие - количество нобелевских лауреатов, число спортивных наград и успехи в космонавтике.	*In the meantime, you have to feel sorry for the people in places like Arizona — the residents, the immigrants and the border police.*
5. 뒤 따르는 절 또는 부분에 갑작스레 반대하거나 또는 선행 부분과 갑자기 연결되는 부분이 포함되어 있을 때 절에서 동일한 부분 및 절을 연결하기 위해 사용	
А за углом дежурит эвакуатор, "завеваешься - он хвать и тикать!"	— 영어에서는 허용 가능하지만, 영어 코퍼스에서 사용 예를 찾지 못함

러시아어	영어
6. 뒤따르는 절에 결과, 요약 또는 선행절에 대한 설명이 포함되어 있을 때, 접속사로 연결되지 않는 절을 연결하기 위해 사용	
В ответах президента звучала серьезная уверенность - темпы экономического роста сохраняется на достаточный отрезок времени и это позволит решать социальные проблемы.	*In this and other ways, the administration is manipulating information — a tacit, yet devastating, acknowledgement, we believe, that an informed public would reject privatizing Social Security.*
7. 종속 접속사가 생략되었을 때 두 절을 연결하기 위해 사용	
Шокировать публику- так уж по полной программе!	— 영어에서는 사용되지 않음
8. 문장 중간에 삽입절 또는 구문을 표시하기 위해 사용	
В ряду примеров он привел случай, когда "идиот-командир- извините, другого слова не подберу - после бани вывел солдат на улицу и полчаса пересчитывал их на морозе."	*Donations for Acehnese relief from the rest of Indonesia — where Aceh is not popular — have run high.*
9. 강조하기 위해 사용	
Спасать своих рядовых Райанов должно и государство, и общество. Иначе - не получится, не научимся мы это делать.	*The rebels announced a unilateral ceasefire, but this was not matched by the military — long indifferent to how its actions turn Acehnese citizens against the government.*
10. 직접 인용 표시하기 위해 사용	
."Да-да, мы поняли, и лобио больше не будет, кстати, ваши казино закроем", - отвечают в Москве.	— 영어에서는 사용되지 않음

〈표 8〉 러시아어와 영어에서 쉼표 사용 예

러시아어	영어
1. 접속사 없이 독립절 연결하기 위해 사용	
Они вышагивают по подиумам, их берут Замуж заморские принцы, они тусуются в светских компаниях, а телекамеры охотно и подробно фиксируют эту сладкую жизнь.	영어에서는 접속사가 반드시 있어야 함 *Working together in times of human disaster can help build confidence between the two sides, and foster a feeling of solidarity among ethnic groups.*
2. и, а, но, и...и, ни...ни, или...или, то...то 접속사를 사용하여 독립절 연결하기 위해 사용	
Осень - пора плодово-овощных революций, но всему должно быть хоть какое-то объяснение.	영어에서 쉼표는 선택사항임. 쉼표가 사용되지 않은 경우: *Breast cancer was controllable if caught in the early stages but Lynn may have waited too long.* 쉼표가 사용된 경우: *They would have sympathized, but that was not the same thing.*
3. 주절과 종속적을 연결하기 위해 사용	
В "Кредо сержанта," которое каждый сержант армии США знает наизусть, говорится: "Я - сержант, лидер солдат.	영어에서 쉼표는 비제한절[3]에서만 사용된다
4. 하나의 접속사 "и" 또는 "или"로 연결되지 않는 한 리스트에서 항목을 구분하기 위해 사용	

러시아어	영어
Он снимал Марчелло Мастроянни, Софи Лорен, самого Феллини...	영어에서 쉼표는 선택사항이지만 “and” 또는 “or”와 같은 접속사 앞에도 필요할 수 있음. *“In keeping with his chilling comment that Western democracy is a “blind alley,” Mr. Hu has already made it clear that the government is ready to crack down on journalists, scholars and protesters who cross his unmarked line.” And how lovely it was, a bike ride around the forest preserve on a Sunday in May with our mountain bikes, water bottles, and safety helmets.*
5. 비교구문 나타내기 위해 사용(예외는 있음)	
Никогда еще после распада СССР отношениеполитического истеблишмента США к России не менялось так резко, как в 2004 году.	— 영어에서는 필요하지 않음 *And while I was still looking toward him there was another roll of drums, suddenly silenced, and then the thud of the ax, first once, then again and a third time: a sound as domestic as chopping wood.*
6. 삽입구문 및 기술구문 나타내기 위해 사용(예외는 있음)	
В сцене прибытия нового комбата именно сержант-майор Пламли, седовласый верзила, командует офицерам батальона “Стройся!”	*The Indonesian province of Aceh and the country of Sri Lanka, united today by the ravage of a tsunami, previously had in common histories of man-made destruction.*
7. 삽입어(parenthetical words) 나타내기 위해 사용	
Много лет кремлевские обитатели возмущались тем, что Москва подвергается критике за то, что легко сходит с рук, например, Китаю.	*For example, as a teenager in the early 1950's I belonged to the Peter Pan Magic club, which was sponsored by the Parks Department.*
8. 분사구문 및 동사적 부사(verbal adverbs)가 포함된 절 나타내기 위해 사용	

러시아어	영어
Учитывая обогащенность вызывающего всеми сокровищами культурного знания, нас ждет впечатляющее зрелище.	분사구문이 길지 않은 한 의무적인 것은 아님(보통 7단어 이상이면 길다고 간주함)
9. 직접 호칭을 부르는 경우 사용	
Граждане, ау!	러시아어에서보다는 덜 빈번하게 사용되지만 개인 및 비즈니스 편지에서는 널리 사용됨
10. 감탄사 나타내는 경우 사용	
Граждане, ау!	*Oh, how sad, how perfect.*
11. 확인, 부정, 및 의문사 다음에 사용	
Много лет кремлевские обитатели возмущались тем, что Москва подвергается критике за то, что легко сходит с рук, например, Китаю.	*For example, as a teenager in the early 1950's I belonged to the Peter Pan Magic club, which was sponsored by the Parks Department.*
12. 참고: 러시아어에서는 쉼표가 문장의 도입구문을 나타내기 위해 사용되지는 않음	
	In Aceh, where at least 100,000 people have died so far from the tsunami, rebels have fought since 1976 to free the province, which was an independent nation for centuries, from Indonesian rule.

구두점 사용에 있어서 오류 표기서 (R〉E)

통계적 차이에 대한 분석이 마무리되면 평가 결과 오류에 대한 설명을 부연할 수 있고 평가 업무이행 시 가이드가 될 수 있는 적절한 세부 평가 도구를 고안할 수 있다. 수집한 경험적 데이터(표 9)를 바탕으로 개발한 샘플 평가 도구를 통해 각 구두점과 연관된 오류를 제시하고 있고, 의무적인 사용에서부터 문체적 의도에 기반한 사용의 순서로 정렬하였다.

〈표 9〉 구두점 사용에 있어서 샘플 오류 표기서 (R〉E)

콜론		의견/제안:
	- 리스트를 시작하고 동사를 목적어와 분리할 때 사용됨 - 진술 또는 행동에 대한 이유를 설명하는 절을 시작할 때 사용됨 - 첫 번째 절에 접속사 없이 인지동사('보다' 또는 '듣다')가 있을 때 사용됨	
긴 줄표		의견/제안:
	- 하이픈 또는 엔대시 대신 사용됨 - 긴 줄표 자리에 하이픈 또는 엔대시 사용됨 - 직접 인용 시작 시 사용됨 - 주어와 술부 사이에 사용됨 - 종속 접속사가 생략되었을 때 두 절을 연결하는데 사용됨 - 여러 번 사용됨(즉, 한 문장에 긴 줄표가 다수)	
쉼표		의견:
	- 숫자에서 소수점으로 사용됨 - 접속사 없이 독립절 연결하는데 사용됨 - 제한절과 같이 사용됨 - 비교 구문 시작할 때 사용됨 - 여러 번 사용됨(개방식 구두점이 규범인 상황에서 폐쇄식 구두점으로 사용됨)	
괄호		의견:
	- 삽입 정보를 표시하기 위해 여러 번 사용됨	
물음표		의견:
	- 수사학적 도구로서 여러 번 사용됨(즉, 설명 도입)	

결론

본고에서 제안한 구두점, 문장길이 및 단락길이에 대한 평가는 번역평가에서 오랫동안 논의되어 왔던 두 축, 즉 전체적 평가 대 세부항목 평가 그리고 형성평가 대 총괄평가에 관한 논의의 틀을 넘어선 것이다. 이들을 서로 상호 배타적인 카테고리로 본다기 보다는 연속선상의 한 부분으로 보고자 한다. 예를 들어 미국 번역가 협회(ATA) 인증 시험과 같은 시험은 주로 총괄평가 이지만, 응시자가 피드백을 요청하면 그 시험은 형성평가가 된다고 할 수 있는데, 그 이유는 향후 응시자의 수행능력을 향상시킬 수 있도록 정보를 제공해야 하기 때문이다. 이와 유사하게 번역 트레이닝 수업 중, 대부분의 평가들은 총괄평가, 즉 학습자의 최종 성적을 결정하는 것이기도 하고 또한 형성평가, 즉 학습자의 수행능력을 향상시키도록 설계된 것이기도 하다. 이러한 맥락에서, 번역 오류를 집어낼 수 있다면 학습자가 정확하게 어디에서 번역 오류가 발생했는지 보는 것이 유용할 것이다. 그러나 초보 번역가는 전체적인 텍스트적 특성을 인지하고 자신들의 번역물을 전문적 산물로 보는 것도 중요하기 때문에 전체적인 평가를 통해 목표를 좀 더 효과적으로 달성할 수 있다. 게다가 이 평가방식은 더 광범위한 도구의 일부가 될 수도 있고, 그 자체로 사용될 수도 있다. 왜냐하면 코비와 배르(Koby & Baer, 2005)가 지적하였듯이, 번역 트레이닝 과정에서는 초보 번역가들이 특정 부분, 전형적으로 간과되기 쉬운 텍스트적 특성에 주목할 수 있도록 평가 시 이 요소들을 독립적으로 보는 것이 필요할 수 있기 때문이다.

참고

문장 끝 구두점 사용에 대한 데이터도 수집하였고, 그 결과 러시아어 코퍼스에서 문장 끝 구두점이 훨씬 더 많이 사용되는 것을 알 수 있었으며 이는 곧 문장 수가 더 많다는 것을 의미한다. 이는 영어와 러시아어에서 문장 분리 및 분리와 응결성의 관계에 대한 추가 연구의 필요성을 보여준다.

주

1) 이는 영어 신문에서는 "개방식 구두점(open punctuation)"을 사용하여 특히 쉼표와 같은 불필요한 구두점은 모두 제거하는 경향, 그리고 문학 작품의 경우 "폐쇄식 구두점(closed punctuation)"을 사용하는 경향을 보여준다.

2) 러시아어에서 *тире*와 *дефис*는 각각 영어의 긴 줄표 및 하이픈/엔대시에 해당한다. 구체적으로, 영어에는 세 개의 줄표가 있다. 하이픈은 가장 짧은 줄표이고 복합어에서 사용된다. 엔대시는 약간 더 긴데 수적 범주를 나타낼 때 사용된다. 긴 줄표는 가장 긴 줄로 위의 표에서 볼 수 있는 것이다.

3) 비제한절은 "선행 명사를 정의하거나 확인하는 기능을 하지 않는 것을 말함"(스트렁크와 화이트, p. 6)

참고
문헌

American Translators Association. [cited 7 Jan. 2009]. Available from http://www.atanet org/certification/aboutexarns_error.php.

Pravila russkoi orfografii i punktuatsi. [cited 5 Sept. 2008). Available from http://www.gramota.ru/spravka/rules/.

Bowker, Lynne. 2000a. "Towards a Methodology for Exploiting Specialized Target Language Corpora as Translation Resources." *International Journal of Corpus Linguistics* 5 (1): 17-52.

______ 2000b. "A Corpus-Based Approach to Evaluating Student Translations." In *Evaluation and Translation. Special Issue of the Translator* 6 (2). Carol Maier (ed.), 183- 210.

______ 2001. "Towards a Methodology for a Corpus- Based Approach to Translation Evaluation" *Meta* 46 (2): 345-364.

______ 2003. "Corpus- Based Applications for Translator Training." In *Corpus-Based Approaches to Contrastive Linguistics and Translation Studies.* Sylviane Granger, Jacques Lerot and Stephanie Petch -Tyson (eds.), 169-183. Amsterdam & New York, NY: Rodopi.

______ 2004. "Corpus Resources for Translators: Academic Luxury or Profession al Necessity?" *TradTerm* 10: 213-247.

Bowker, Lynne and Peter Bennison, 2003. "Student Translation Archive: Design. Development and Application." In *Corpora in Translator Education.* Federico Zanettin, Silvia Bernardini and Dominic Stewart (eds.), 103-117. Manchester, UK & Northampton, MA: St. Jerome.

Bowker, Lynne and Jennifer Pearson. 2002. *Working with Specialized Language: A Practical Guide to Using Corpora.* London: Routledge.

Callow. Kathleen. 1974. *Discourse Considerations in Translating the Word of God.* Michigan: Zo ndervan.

Colina, Sonia. 2003. *Translation Teaching: From Research to the Classroom. A Handbook for Teachers.* Boston: McGraw Hill.

Dziakovich, E. V. 1999. "O Vyraziteinykh Sredstvakh Punktuatsii." *Russkii iazyk v shkole* September-October: 76-78.

Granger, Sylviane. 2003. "The Corpus Approach: A Common Way Forward for Contrastive Linguistics and Translation Studies" In *Corpus-Based Approaches to Contrastive Linguistics and Translation Studies.* Sylviane Granger, Jacques Lerot and Stephanie Petch-Tyson (eds.), 17- 29. Amsterdam & New York, NY: Rodopi.

Halliday, Michael and Ruqaiya Hassan. 1976. *Cohesion in English.* London: Longman.

Hannay. Mike. 1987. "English Comma Placement: A Function al View." In *One Hundred Years of English Studies* in *Dutch Universities.* G. H. V. Bunt, E. S. Kooper, J. L. Machenzie and D. R.M. Wilkinson (eds.), 81-92. Amsterdam: Rodopi.

Hatim, Basil and Ian Mason. 1990. The *Translator as Communicator.* London and New York: Routledge.

Hönig, Hans G. 1998. "Positions. Power and Practice: Functionalist Approach and Translation Quality Assessment." In *Translation and Quality.* Christina Schäffner (ed.), 6-34. Clevedon: Multilingual Matters.

Horguelin, Paul. 1985. *Pratiquede la Révision.* Montréal: Linguatech.

House, Juliane. 1997. *Translation Quality Assessment: A Model Revisited.* Tübingen: Gunter Narr Verlag.

Ishenko, Michael. 1998. "Translating Punctuation Marks: Punctuating and Formatting Issues in English-Russian Translation." *Proceedings of the 39th Annual Conference of the American Translators Association:* 155-174.

Jääskeläinen, Riita . 1990. *Features of Successful Translation Processes: A Think-Aloud Protocol Study.* Licentiate Thesis. University of Joensuu, Savolinna School of Translation Studies.

Kussmaul, Paul. 1995. *Training the Translator.* Philadelphia and Amsterdam: John Benjamins.

Le, Elisabeth. 2004. "The Role of Paragraphs in the Construction of Coherence - Text Linguistics and Translation Studies." *International Review of Applied Linguistics in Language Teaching* 42 (3): 259-275.

López-Rodríguez, Clara Inés, Bryan J. Robinson and María Isabel Tercedor-Sánchez. 2007. "A Learner-Generated Corpus to Direct Learner-Centered Courses." In *Translation and Meaning.* Marcel Thelen and Barbara Lewandowska Tomaszczyk (eds.), 197-211. Maastricht: Zuyd University.

López-Rodríguez, Clara Inés and María Isabel Tercedor-Sánchez, 2008. "Corpora and Students' Autonomy in Scientific and Technical Translation Training." The *Journal of Specialized Translation* 9: 2-19.

May, Rachel. 1994. The *Translator in the Text: On Reading Russian Literature in English.* Evanston, IL: Northwestern University Press.

______ 1997. "Sensible Elocution: How Translation Works in and Upon Punctuation." The *Translator* 3 (1): 1-20.

Neubert, Albrecht and Gregory M. Shreve. 1992. *Translation as Text.* Kent, OH: Kent State University.

Nord, Christiane. 1991. *Text Analysis in Translation: Theory,*

Methodology, and Didactic Application of a Model for Translation-Oriented Text Analysis. Amsterdam&Atlanta: Rodopi.

______ 1999. "Translating as a Text- Production Activity." *On-Line Symposium* on *Innovation in Translator and Interpreter Training.* <http://www. fut.es/~apym/symp/nord.html> (accessed 1/28/2009).

Olohan, Maeve. 2004. *Introducing Corpora in Translation Studies.* London; New York; Routledge.

Reiss, Katharina. 2000. *Translation Criticism* - The *Potentials and Limitations: Categories and Criteria for Translation Quality Assessment.* Trans. Erroll F. Rhodes. Manchester (UK): St. Jerome Publishing.

Rosengrant, Sandra. 2006. *Russian* in *Use: An Interactive Approach to Advanced Communicative Competence.* New Haven: Yale University Press.

Schäffner, Christina (ed.). 1998. *Translation and Quality.* Philadelphia: Multilingual Matters.

Schwartz, Mirian. 2006. "Marks of Punctuation as False Grammatical Cognates." In *Translating Russia: From* Theory *to Practice* [Ohio Slavic Papers 8]. Brian James Baer (ed.), 93-102.

Strunk, William and E. B. White. 2005. *The Elements of Style.* New York: The Penguin Press.

Tirkkonen-Condit, Sonja and Riita Jääskeläinen. 1991. "Automatised Processes in Professional vs. Non- Professional Translation: A Think-Alound-Protocol Study." In *Empirical Research in Translation and Intercultural Studies.* Tirkonnen-Condit, Sonja, (ed.), 89-109. Tübingen: Gunter Narr.

Toury, Gideon. 1999. "The Nature and Role of Norms in Translation." In *The Translation Studies Reader.* Lawrence Venuti (ed.), 198-211. London: Routledge.

Turgenev, Ivan. 2003. *Faust*. Trans . Hugh Alpin. London: Hesperus.

Uzar, Rafal 2004. "A Toolbox for Translation Quality Assessment." In *Practical Applications in Language and Computers.* Barbara Lewandowska-Tomaszczyk (ed.). Vol. 9, 153-162. Frankfurt: Peter Lang.

Uzar, Rafal and Jacek Walinski . 2001. "Analyzing the Fluency of Translators." *International Journal of Corpus Linguistics* 6, 155-166.

Williams, Malcolm. 2001. "The Application of Argumentation Theory to Translation Quality Assessment." *Meta* 46 (2): 326-344.

Zanettin, Federico. 2002. [cited 30 Apr. 2008]. "Corpora in Translation Practice" *First International Workshop on Language Resources for Translation Work and Research Proceedings.* Available from http://www.ifiunizh.ch/cl/yuste/postworkshop/repository/proceedings.pdf (accessed 1/28/2009).

소프트웨어 로컬라이제이션의 평가

유효한 접근을 위하여

카이란 던 (Keiran Dunne)

본 장의 목적은 로컬라이제이션의 품질 및 로컬라이제이션된 제품의 품질 평가에 관해 비판적 논의를 촉발하는 데에 있다. 로컬라이제이션 품질 관리에 대한 필자의 선행연구를 근간으로 하여 로컬라이제이션 품질 평가에 현재 사용되는 도구와 방법을 검토하고자 한다. 현재의 제품 기반 접근법에 내재한 제반 문제을 고려할 때, 로컬라이제이션 품질 평가는 로컬라이제이션된 최종 제품보다는 그에 대한 고객의 요구사항과 기대에 보다 맞춰져야 할 것이다. 프로젝트의 기획 단계에서 고객의 니즈, 선호, 기대를 파악하고 고객의 품질 관련 요구사항을 면밀히 기록하며 요구사항에 대한 준수 정도를 측정하는 것은 로컬라이제이션된 제품의 품질을 실증적으로 측정하는 유효한 기초가 된다.

개념과 이슈가 불명료한 상태에서 정확한 방법을 적용하는 것은 무의미하다.
존 폰 노이만(John Von Neumann), **오스카 모르겐슈테른**(Oskar Morgenstern)

계산 가능하다고 모두 유의미하지는 않으며,
유의미하다고 하여 모두 계산이 가능한 것은 아니다.
알베르트 아인슈타인(Albert Einstein)

서론

지난 20년간 로컬라이제이션은 전문적인 비즈니스 서비스로 부상하여 수십억 달러 규모의 산업으로 성장하였다. 그럼에도 "로컬라이제이션은 고객과 그 분야의 종사자들로 이루어진 비교적 폐쇄적인 집단의 외부에서는 여전히 잘 알려지지 않고 제대로 이해되지 못하는 현상"이며, 로컬라이제이션의 이해당사자 간에도 "정확히 무엇을 두고 로컬라이제이션으로 규정할까에 대한 합의는 존재하지 않는다"(던(Dunne), 2006a:1). 이러한 견해는 로컬라이제이션 품질 평가에 대한 근본적인 질문을 여럿 제기한다. 무엇을 두고 로컬라이제이션으로 규정할 것인가에 대한 합의가 부재하다면 로컬라이제이션된 제품의 품질은 어떻게 평가할 수 있는가? 표준, 지식, 혹은 유효성이 실증적으로 검증된 최선의 관행이 부재한 상황에서 고객, 해당 분야 종사자, 교육자는 어떻게 공통의 프레임워크를 발견하고 그 안에서 로컬라이제이션의 품질에 관한 토론, 평가, 측정을 수행하며 품질을 개선할 수 있는가?

본 장의 목표는 이러한 질문에 대한 기본적인 답을 제시하고, 로컬라이제이션의 품질 및 로컬라이제이션된 제품의 품질 평가에 관한 비판적 논의를 시작하는 데에 있다. 또한 현재 로컬라이제이션된 소프트웨어의 품질 평가에 사용되는 도구 및 방법을 검토하고자 한다. 그 과정에서 로컬라이제이션 평가에 대한 현 접근법이 암묵적으로 기반을 두는 품질의 개념뿐 아니라 현재의 접근법에 내재된 한계 또한 살펴보게 될 것이다. 마지막으로는 제기된 몇 사안에 대한 해법을 고찰하고자 한다. 다양한 로컬라이제이션 유형에 대한 평가를 살펴보는 것은 본 장의 주제와 어긋나기에, 현재의 시장 상황을 토대로 논의를 한정하고자 한다. 데스크톱 운영체제의 90.5%는 윈도우즈 제품군이며(W3C Schools, 2008) 기업의 87%는 번역과 로컬라이제이션의 전부 혹은 대부분을 아웃소싱하므로(드 팔마와 베니나토(DePalma & Beninatto), 2003:11), 논의는 아웃소싱된 로컬라이제이션 프로젝트 중 32비트 윈도우용 데스크톱 어플리케이션의 로컬라이제이션에 초점을 맞추도록 한다.

로컬라이제이션: 적응화의 과정

소프트웨어 로컬라이제이션의 품질 또는 품질 평가에 대한 논의를 시작하기에 앞서 '로컬라이제이션'이라는 용어를 정의할 필요가 있다. 우리가 사용할 정의는 다음과 같다.

> 어떤 로케일(locale: 지리적 범위, 언어, 문화 등으로 정의됨)에서 개발된 디지털 컨텐츠 및 제품이 다른 로케일에서의 판매 및 사용을 위해 적응화되는 과정. 로컬라이제이션은 다음을 포함한다: (1) 텍스트 컨텐츠를 타겟 로케일의 언어 및 텍스트 관습으로 번역, (2) 타겟 로케일의 문화, 기술, 규제 관련 조건을 반영하여 비텍스트적 컨텐츠(색, 아이콘, 비트맵, 포장, 폼 팩터 등)는 물론 인풋, 아웃풋, 딜리버리 메커니즘을 적응화.
>
> (던, 2006a:4)

논의에 있어 중요한 점은 로컬라이제이션이란 새로운 제품이 '창조'되는 과정이라기보다는 이미 존재하는 제품이 '적응화'하는 과정에 가깝다는 사실이다. 이를 고려할 때, 로컬라이제이션 품질 평가의 범위는 무엇이며, 어떻게 규정되어야 하는가? 평가는 원천언어로 작성된 오리지널 버전에 대한 참고 없이(목표언어를 쓰는 최종사용자의 관점에서) 로컬라이제이션된 제품 자체만을 초점으로 삼아야 하는가? 혹은 오리지널 버전과 로컬라이제이션된 버전의 주요 특징을 비교하여 적응화된 품질에 초점을 맞춰야 하는가? 아니면 두 가지가 모두 필요한가? 로컬라이제이션 프로세스에 인풋 역할을 하는 원천자료를 참고하지 않은 채로컬라이제이션이 이해되고 그 품질이 측정 가능한가?

이러한 질문을 맥락화하기 위해 우선 소프트웨어란 무엇이며 어떻게 설계 및 개발되는지, 또한 소프트웨어의 품질은 어떻게 규정 및 평가되는지 간략히 검토해 보자.

소프트웨어란 무엇이며 어떻게 개발되는가?

소프트웨어란 인간이 컴퓨터를 사용해 실재하는 문제를 해결하고 목표를 실제로 달성하도록 해주는 프로그램을 일컫는다. 소프트웨어 개발은 어떤 아이디어나 "이런 것이 필요하다"는 진술에서 비롯되며(가령 "마우스를 펜처럼 사용해 메모를 하거나 그림을 그리고 추후 참고하도록 저장되었으면 한다"), 개발자는 이를 사용자가 표현한 (인간의) 자연언어에서 컴퓨터가 이해할 수 있는 언어로 번역하여 일련의 지시체계를 만든다(그림 1 참조). 개발자가 자연언어로 된 요구사항을 컴퓨터가 구동하는 소프트웨어 코드로 변환하는 일련의 프로세스를 두고 소프트웨어 개발 라이프사이클(SDLC, Software Development Life Cycle)이라고 한다(그림 2 참조).

소프트웨어 엔지니어링의 측면에서 가장 먼저 접하는 최대 과제 중 하나는 이후에 이어질 개발 작업의 기초가 될 수 있는 개념적 모델의 형태로 소프트웨어의 '아이디어'를 재생산하는 것이다.

따라서 SDLC의 첫 단계 목표인 분석은 사용자의 니즈를 정식 요구사항으로 도출, 분석, 포착하는 것이다. 분석을 통해 시스템이 해결해야 하는 특정 영역 문제의 맥락을 정의한다. 분석 단계의 아웃풋으로 문서 혹은 소프트웨어 요구사항 명세서(SRS, Software Requirements

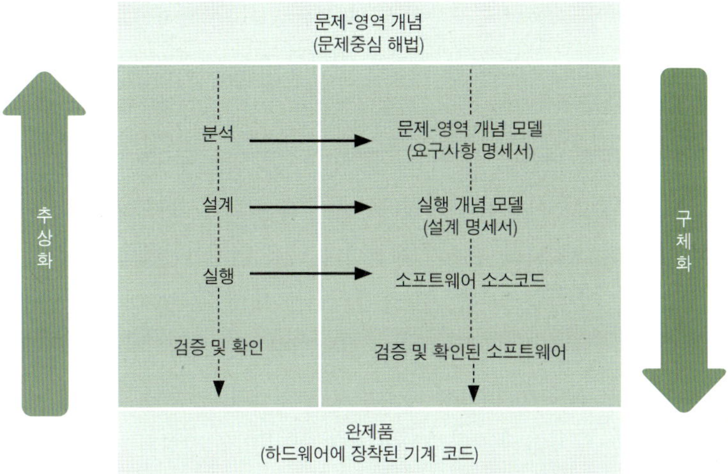

〈그림 1〉 소프트웨어 개발은 추상에서 구체로 이동하면서 각 단계마다 점차 구체화의 정도가 높아지는 일련의 프로세스를 거친다.

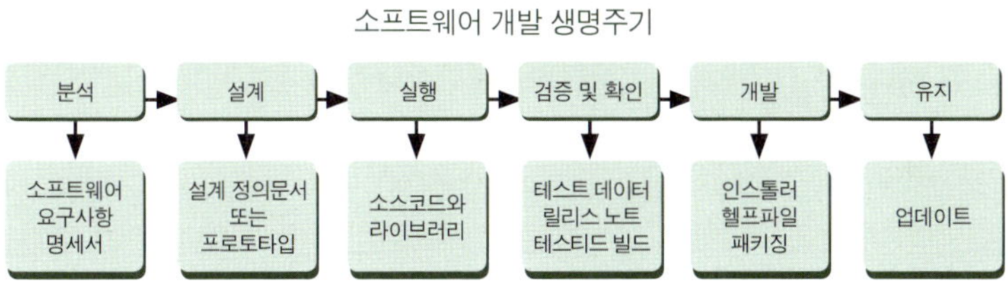

〈그림 2〉 소프트웨어 개발 라이프사이클의 다양한 단계 및 아웃풋을 보여주는 일반적인 모델

Specification)라는, 문서와 흡사한 기록물이 탄생한다. SRS에는 최종 제품의 적합성 평가의 궁극적 기준이 되는 기본 내역이 담긴다. 그러므로 SRS는 반드시 최대한 명료하고 완전하며 정확하게 작성되어야 한다. 또한 프로젝트의 범위를 정의할 때는 "명시적으로 포함되지 않았다면 암묵적으로 배제된 것"(PMI, 2000:56)이라는 점도 유념해야 한다. 따라서 오리지널 제품의 요구사항 명세서가 로컬라이제이션을 다루지 않을 경우, 로컬라이제이션의 품질은 정의상 오리지널 프로젝트의 범위를 벗어난다.

분석의 다음 단계는 설계이다. 분석에서 앞으로 무엇이 이루어져야 할지에 대한 요구사항이 제시된다면 설계에서는 이러한 요구사항을 어떻게 충족할지에 관한 구조가 제시된다. 다음 단계인 실행 단계에서 프로그래머는 설계 명세서를 바탕으로 소프트웨어 프로그램이라는 형태로 설계를 실행한다. 프로그래밍이 완료되면 어플리케이션의 디버깅이 이루어지고, 검증 및 적합성 테스트로 넘어간다. 검증이 "객관적 근거 제시를 통한 구체화된 요구사항의 충족 확인"으로 정의되는 반면, 적합성 확인은 "객관적 근거 제시를 통한 특정 사용 또는 응용을 위한 요구사항의 충족 확인"으로 정의된다(ISO/IEC, 2008:8). 검증 및 적합성 확인이 완료된 프로그램은 설치되거나 고객에게 전달된다. 다음으로 프로그램은 유지보수 단계에 들어가며, 사용자의 변화하는 니즈를 충족하기 위해 수정된다. 한편 새로운 기능이 요구되거나 가용해짐에 따라 간헐적 업그레이드가 제공된다.

소프트웨어의 품질이란 무엇인가?
평가 및 측정은 어떻게 이루어지는가?

개발자 및 요구사항을 제시하는 사용자의 시각에서 보자면 소프트웨어 제품의 품질은 프로그램이 최초 모델, 즉 이해당사자들이 프로그램 개발 전에 구상한 개념을 얼마나 잘 준수하는가를 기준으로 평가된다.

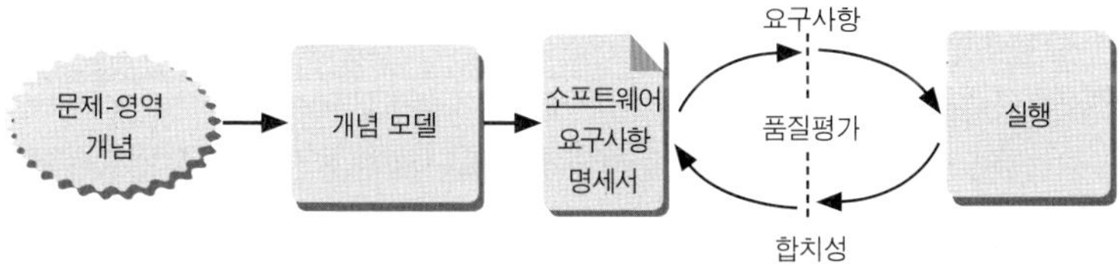

〈그림 3〉 소프트웨어의 품질은 개발 도중, 적합성 테스트로 평가된다.

품질은 SDLC의 검증 및 적합성 확인 단계에서 제품이 SRS에 제시된 정식 기준을 충족하는 정도를 측정함으로써 평가된다(그림 3 참조). 따라서 품질 평가는 궁극적으로 요구사항이 최종 제품에서 얼마나 정확하고 충분하게 포착, 소통, 표현되었는가를 반영한다. 이러한 요구사항이 맥락에 - 따라서 문화에 - 기속된다는 사실에 유념할 필요가 있다. 다시 말해 소프트웨어는 그것이 탄생하는 문화의 산물이자 거울이다(마커스(Marcus), 2005). 그러므로 이론적으로 로컬라이제이션은 해당 프로그램에 내재한 문화의 여러 차원을 다뤄야 하는 것이다(홀과 홀(Hall & Hall), 1990; 호프스테드(Hofstede), 1991).

로컬라이제이션된 소프트웨어의 품질: 관점의 문제

지금까지 소프트웨어가 무엇인지, 그 설계 및 개발 그리고 품질 평가 및 측정은 어떻게 이루어지는지를 검토하였다. 다음으로 로컬라이제이션된 소프트웨어를 살펴보도록 하자. 현재 로컬라이제이션 프로세스의 품질 또는 제품의 품질에 대한 기준은 법률적으로나 실제적으로 부재하다. 드 팔마와 베니나토(2004: 5)가 밝혔듯 "업계의 어떠한 공식 혹은 임시 기구도 일반적으로 수용되는 판매자 인증 메트릭스, 품질보장 기준, 제안요청서(RFP)는 물론 표준 관행조차 개발하지 못하였다".

실제로 아웃소싱된 로컬라이제이션 프로젝트 모델에서 품질의 개념은 제품 평가의 시점, 평가 수행의 주체, 평가의 근거가 되는 기준(혹은 기준의 부재)에 따라 매우 상이한 경향이 있다. 아웃소싱된 일반적 로컬라이제이션 프로젝트에서 제품의 품질에 대한 다양한 관점을 고찰하고자 로컬라이제이션 프로세스, 프로세스에서 품질이 평가되는 지점 및 이때 사용되는 도구와 방법을 검토해 보도록 하자. 먼저 로컬라이제이션 작업을 수행하는 판매자와 프로젝트 팀의 관점에서 품질 평가를 검토한다. 이어 품평 고객, 즉 최종 제품을 평가하는 사람 또는 팀의 관점에서 품질 평가를 검토한다. 마지막으로 평가에 대한 접근법을 전반적으로 논의하고, 현재의 접근법을 둘러싼 사안에 대해 해법을 제안한다.

로컬라이제이션된 소프트웨어의 품질과 품질 평가: 판매자(종사자)의 관점

오늘날의 업계 관행에 따르면 로컬라이제이션된 소프트웨어 제품의 품질은 "품질보장" 또는 "테스트"를 실시하여 평가된다(르엉 외(Luong et al.), 1995:61-87, 181-195; 우리엔, 하워드, 페리노티(Urien, Howard, Perinotti, 1993:87-91; 에세링크(Esselink), 2000:145-164; 시먼스 (Symmonds), 2002:328-330; 라흐즈만과 더 영(Rätzmann & De Young), 2003:239-305; 챈들러(Chandler), 2005:197-233; 롬멜과 레이(Lommel & Ray), 2007:24-26; 스미스-페리어 (Smith-Ferrier), 2007:487-536). 현실에서와 마찬가지로 문헌에서도 "품질 보장"과 "테스트"라는 용어는 소프트웨어의 소스 버전을 고려해 타겟 버전에 존재하는 결함을 조사, 발견, 교정하는 프로세스를 칭하며, 이들 용어는 서로 간에 혼용되는 경향이 있다. 명료성을 위해 여기에서는 이 프로세스를 "로컬라이제이션 테스팅(localization testing)"이라 칭하기로 한다.

로컬라이제이션 테스트는 일반적으로 품질 특성의 세 가지 범주, 즉 언어, 외관, 기능에 초점을 둔다(에세링크, 2000:150-154; 키리모토(Kirimoto), 2005; LISA, 2008; Lionbridge Technologies, 2009; Tek Translation, 2009). 언어 테스트의 목표는 번역가능한 텍스트 일체가 실제로 정확히 번역되도록(또한 수정을 요하는 그래픽 일체가 실제로 수정되도록) 하는 것이다. 외관 테스트의 목표는 모든 텍스트와 그래픽이 어플리케이션의 타겟 버전에서 정확하고 완전하게 표시되도록 하는 것이다. 한편 기능 테스트의 목표는 로컬라이제이션으로 인해 소프트웨어가 깨지거나 기능적 문제가 발생하지 않도록 하는 것이다. 기능 테스트에서는 (원칙적으로) 소프트웨어의 소스 버전에서 수행된 테스트 절차가 그대로 반복되며, "로컬라이제이션된 어플리케이션의 기능과 특성이 소스 어플리케이션을 그대로 반영"하는지를 시험하도록 설계된다(에세링크, 2000:152).

소프트웨어에서 텍스트는 맥락에 들어있다는 점에서 언어, 외관, 기능의 특성이 어떤 근거로 구별되는지(혹은 구별될 수 있는지) 궁금증을 가질 수 있을 것이다. 로컬라이제이션된 소프트웨어의 품질 특성을 언어, 외관, 기능의 특성으로의 범주화는 것은 소프트웨어 로컬라이제이션 프로젝트의 일련의 단계뿐 아니라 프로세스의 각 단계에서 수행되는 테스트의 유형 및 범위의 반영이다.

소프트웨어 로컬라이제이션의 과정

로컬라이제이션 프로젝트는 고객으로부터 로컬라이제이션 판매자에게 원천자료가 전달되면서 시작이 된다. 판매자의 관점에서 일반적으로 로컬라이제이션의 범위는 그래픽 사용자 인터페이스(graphic user interface, GUI)에서 로컬라이제이션을 요하는 문화의존적 컨텐츠로 제한되며, 이는 '리소스(resource)'라 불린다(그림 4 참조). 통상적으로 데스크톱 어플리케이션의 리소스에는 다음이 포함된다.

- 비트맵: 비트맵(*.BMP) 형식의 그래픽 파일, 일반적으로 툴바의 버튼 이미지를 포함(그림 4a 참조).
- 아이콘: 프로그램, 파일, 문서를 나타내고 바로가기 역할을 하는 작은 이미지(그림 4b, 4c 참조).
- 메뉴: 메인 프로그램 윈도우 상단에 표시되는 명령어 또는 옵션 목록.
- 대화상자: 정보나 사용자의 요구 인풋을 표시하는 보조 윈도우. 흔한 예로는 "열기", "다른 이름으로 저장", "인쇄" 대화상자 등.
- 스트링 테이블: 표 형식의 스트링 모음. 스트링이란 일련의 문자, 즉 그룹으로 저장되고 조작되는 텍스트를 뜻한다(그림 4d 참조). 스트링은 메뉴 아이템, 명령어 버튼 캡션, 대화상자 제목 캡션, 마우스오버 텍스트, 상태메시지, 오류메시지 등의 형태를 띤다.

이론적으로 보자면 로컬라이제이션을 요하는 프로그램은 모든 문화의존적 GUI 컨텐츠가 어플리케이션의 기능적 코어에서 분리되어 위성 DLL과 같은 리소스 파일에 저장되는 프로세스인 국제화를 우선 거쳐야 한다. 가령 어떤 어플리케이션에서 로컬라이제이션이 가능한 컨텐츠가 모두 위성(외부) DLL 파일에 저장되는 방식으로 국제화되었다면, 로컬라이제이션에서는 병렬 DLL 파일을 생성해 추가적 언어와 로케일을 지원하기만 하면 된다. 이 같은 방식으로 미국식 영어 어플리케이션이 국제화가 되고 이어 러시아어와 일본어로 로컬라이제이션이 되었다면, 소스 리소스, 러시아어 리소스, 일본어 리소스에 각기 해당 DLL 파일이 하나씩, 총 세 개가 존재하게 된다.

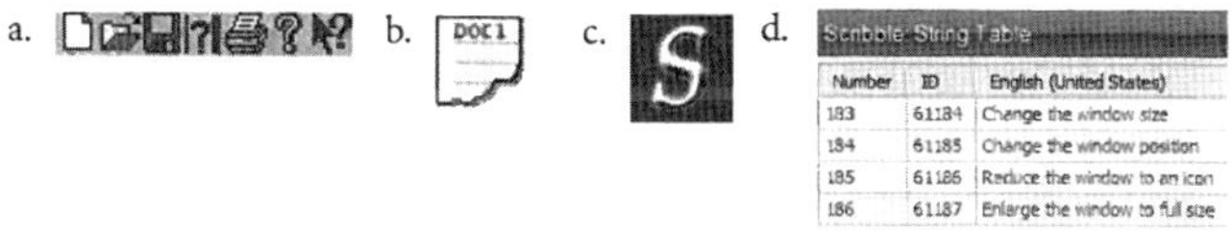

〈그림 4〉 일반적 리소스에는 툴바 비트맵, 문서 아이콘, 프로그램 아이콘, 스트링 테이블이 들어있다.[1])

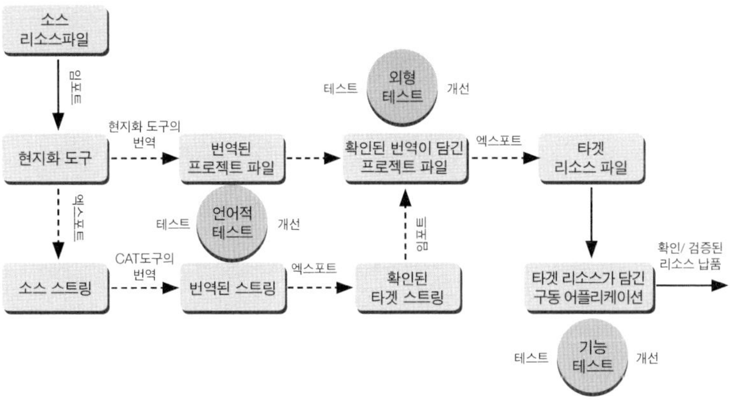

〈그림 5〉 GUI 로컬라이제이션 프로세스. 스트링의 번역은 로컬라이제이션 도구나 CAT 도구에서 수행 가능하다. 점선은 두 접근법의 일련의 단계를 표시한다.

프로그램이 적절히 국제화가 되고 하드코딩된(즉 소스코드에 내장된) 스트링이 없을 경우, 판매자는 리소스 파일만으로 작업을 진행하며 어플리케이션의 기능적 코드에 손대지 않는다(접근 권한 자체가 없을 가능성이 높다). 리소스 파일을 로컬라이제이션을 하는데 필요한 작업은 대부분이 메뉴의 스트링, 대화상자, 스트링 테이블의 번역이다. 보통 로컬라이제이션 프로세스는 다음의 단계를 밟는다(그림 5 참조).

1. 고객으로부터 소스 언어 리소스 파일을 입수한다.

2. 번역 가능한 스트링 일체의 번역. 로컬라이제이션 도구로 번역을 하면 메뉴 및 대화상자 스트링이 맥락 속에서 표시되므로 바람직하다. 그러나 사용자 인터페이스 스트링의 번역은 CAT 도구로 수행될 수도 있다(실제로 그런 경우가 많다). 여기에서는 로컬라이제이션 도구로 번역이 이루어진다고 가정한다.
3. 번역된 스트링의 언어 테스트(즉 번역의 완전성, 정확성, 일관성 검증). 번역이 CAT 도구로 수행된 경우, 타당성이 검증된 목표언어 스트링은 CAT 도구에서 보내기가 된 후 로컬라이제이션 도구로 불러오기가 된다.
4. 로컬라이제이션 도구 내의 번역된 프로젝트 파일에 대한 외관 테스트. 특성상 정적인 이 테스트는 목표언어 리소스 파일을 생성하기 전에 사용자 인터페이스의 시각적인 측면에서 오류를 발견 및 교정하고자 수행된다.
5. 로컬라이제이션된 자료의 검증 및 타당성 확인이 완료된 후 로컬라이제이션 도구로부터 타겟 버전의 리소스 파일을 생성한다.
6. 구동되는 어플리케이션에서 로컬라이제이션된 리소스의 기능적 (역동적) 테스트를 통해 언어, 외관, 기능 상의 결함을 발견 및 교정한다.
7. 납품. 발견된 문제가 모두 교정된 후, 로컬라이제이션된 리소스는 의도된 용도에 적합하다고 간주되어 고객에게 전달된다.

지금까지 로컬라이제이션 테스트가 수행되는 맥락을 살펴보았다. 이제 언어, 외관, 기능적 테스트를 살펴보면서 각 유형에서 로컬라이제이션된 제품의 품질을 어떻게 평가하는지 보다 면밀히 살펴보기로 한다.

언어적 테스트

사용자 인터페이스의 언어적 테스트란 원천언어 스트링과 목표언어 스트링을 비교하는 것으로, 이는 다음 유형의 결함을 발견 및 교정하

기 위함이다(아래에서 상세히 논의).[2)]

- 타겟 메뉴 및 대화상자에서 생략부호의 불일치 또는 누락
- 소스 스트링과 타겟 스트링에서 액셀러레이터 개수의 불일치
- 타겟 플랫폼의 관습을 반영하지 않는 액셀러레이터 대입
- 소스 스트링과 타겟 스트링에서 핫키 개수의 불일치
- 타겟 메뉴 및 대화상자에서 핫키 중복
- 타겟 핫키 대입에서 '&' 기호 위치가 유효하지 않음
- 소스 스트링과 타겟 스트링에서 제어문자(₩n, ₩t 등) 개수의 불일치
- 소스 스트링과 타겟 스트링에서 리딩 공백 또는 트레일링 공백의 불일치
- 소스 스트링과 타겟 스트링에서 역동적 변수의 개수 또는 유형의 불일치
- 철자 오류, 오타, 문법적 오류, 구두법 오류
- 불완전하거나 일관성이 없는 번역

이러한 개념은 독자에게 낯설 수 있으므로 하나씩 검토하도록 한다.

타겟 메뉴 및 대화상자에서 생략부호의 불일치 또는 누락

소프트웨어에서 생략부호란 메뉴 또는 대화상자의 명령어 뒤에 따라오는 점 세 개를 말한다(그림 6 참조). 생략부호는 그 앞의 명령어 실행을 위해 사용자의 추가적 인풋을 요함을 뜻한다. 가령 사용자가 어떤 어플리케이션의 "파일" 메뉴에서 "인쇄" 명령어를 선택하면 문서가 바로 프린터로 전송되지 않는다. 대신 어플리케이션은 "인쇄" 대화상자를 표시한다. 소스 스트링의 생략부호는 타겟 스트링의 해당 항목에 그대로 유지되어야 한다.

소스 스트링과 타겟 스트링에서 액셀러레이터 개수의 불일치

소프트웨어의 숏컷은 흔히 액셀러레이터와 핫키라는 두 가지 유형을 띤다. 액셀러레이터는 윈도우 운영체제에서 사용자가 컨트롤(Ctrl) 키와 키보드의 특정 문자를 동시에 눌러 표준 명령어의 사용을 용이하게 해 준다(그림 6 참조). 어플리케이션의 소스 버전과 타겟 버전의 액셀러레이터 개수는 동일해야 한다.

타겟 플랫폼의 관습을 반영하지 않는 액셀러레이터 대입

어플리케이션의 타겟 언어 버전에서 사용되는 액셀러레이터 대입은 최종 사용자에게 혼란을 일으키지 않도록, 어플리케이션이 구동될 윈도우 운영체제의 타겟 언어 버전에서 사용되는 것과 일치해야 한다. 예를 들어 윈도우 운영체제 영어 버전에서 "진하게(Bold)" 명령어의 숏컷은 Ctrl+B이지만, 윈도우 프랑스어 버전에서는 Ctrl+G이다('bold'는 프랑스어에서 'gras'이다).

소스 스트링과 타겟 스트링의 핫키 개수 불일치

핫키는 특정 어플리케이션에서 작동하는 숏컷으로, 사용자가 키보드 왼쪽 Alt 키를 누르고 키보드의 특정 문자를 동시에 누르면 메뉴 또는 대화상자의 명령어에 접근할 수 있다. 핫키는 일반적으로 해당 명령어의 머리글자로 배정된다. 핫키 지정은 구동 중인 어플리케이션에서 밑줄 친 문자로 표시된다(그림 6의 좌측 이미지 참조). 로컬라이제이션 과정에서 핫키는 숏컷으로 사용될 문자 앞에 '&' 기호를 넣음으로써 배정된다. 그런데 어플리케이션의 소스 버전과 타겟 버전에서 같은 핫키 대입을 유지하는 것이 항상 바람직하거나 가능한 것은 아니다.

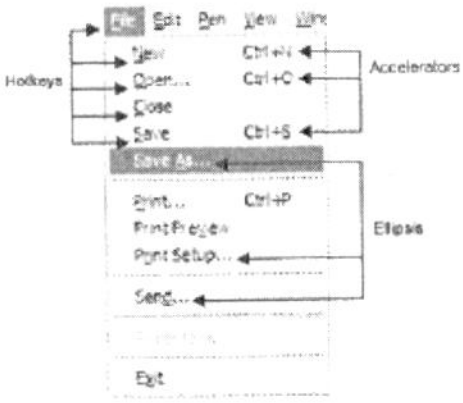

Number	ID	English (United States)	French (France)
73	1	&File	&Fichier
74	57600	&New\tCtrl+N	&Nouveau\tCtrl+N
75	57601	&Open...\tCtrl+O	&Ouvrir...\tCtrl+O
76	57602	&Close	&Fermer
77	57603	&Save\tCtrl+S	&Enregistrer\tCtrl+S
78	57604	Save &As...	En&registrer sous...
80	57607	&Print...\tCtrl+P	&Imprimer...\tCtrl+P
81	57609	Print Pre&view	&Aperçu avant impression
82	57606	P&rint Setup...	&Configuration de l'impression...
84	57612	Sen&d...	En&voyer...
86	57616	Recent File	Fichier récent
88	57665	E&xit	&Quitter

〈그림 6〉 구동 중인 스크리블의 "파일" 메뉴에 표시된 생략부호, 핫키, 액셀러레이터(좌측 이미지), 이에 해당하는 스트링(우측 이미지).

가령 <그림 6>의 "나가기(Exit)" 명령어에서 "x"라는 문자는 이에 해당하는 프랑스어 스트링(Quitter)에서는 보이지 않으며, 따라서 핫키로 지정될 수 없다. 그 대신 타겟 버전의 핫키는 "Q"라는 문자로 배정된다(그림 6 참조). 아시아어의 경우 소스 스트링의 로마 알파벳 핫키는 로컬라이제이션된 버전에서 유지되지만, 타겟 스트링 뒤의 괄호 안에 배치된다. 소스 버전에서 핫키가 있는 모든 스트링은 타겟 버전에서도 핫키가 있어야 한다.

타겟 메뉴 및 대화상자의 핫키 중복

핫키는 특정 버티컬 메뉴나 대화상자 내에서 한 번만 사용될 수 있다(그림 6에 표시된 "파일" 메뉴와 같이). 마찬가지로 핫키는 메인 프로그램 윈도우에 표시되는 탑레벨 메뉴 항목에 걸쳐 한 번만 사용될 수 있다. 특정 대화상자, 탑레벨 메뉴, 버티컬 메뉴, 하위메뉴의 스트링 2개에 동일한 핫키를 배정하면 핫키의 기능이 손상된다.

타겟 핫키 대입의 '&' 기호 위치가 유효하지 않음

억양 표시가 된 문자나 특수문자는 대안이 있을 경우 핫키로 지정되어서는 안 된다(에세링크, 2000:110). 마찬가지로 핫키는 소문자 g, j, p, q, y로 배정되어서는 안 된다. 이러한 문자는 모두 '디센더(descender)', 즉 선 아래로 내려가는 부분을 갖고 있다. 원래 밑줄로 표시되어야 할 자리에 디센더가 위치한다. 핫키가 디센더가 포함된 소문자로 배정될 경우, 밑줄은 구동 중인 어플리케이션에서 보이지 않고 사용자는 해당 스트링에 핫키가 배정되어 있다는 사실을 알 수 없다.

소스 스트링과 타겟 스트링의 제어문자(₩n, ₩t 등) 개수 불일치

제어문자는 원래 텔레타이프 기계를 제어할 목적으로 고안되었다가, 현재는 스크린상의 텍스트 표시와 포맷팅 및 인쇄를 제어하는 데 사용되는 인쇄되지 않는 문자이다. 제어문자의 예로는 \t (도표작성), \n (개행), \r (복귀) 등이 있다. 어플리케이션은 일반적으로 메뉴와(그림 6 참조)

스트링 테이블에서 제어문자를 사용한다. 소스 언어 스트링에 있는 제어문자는 해당 타겟 언어의 스트링에도 있어야 한다.

소스 스트링과 타겟 스트링의 리딩 공백 또는 트레일링 공백의 불일치

리딩 공백, 트레일링 공백이란 특정 스트링의 맨 앞이나 끝의 여백(하나 이상의 빈 공간)을 말한다. 소스 언어 자료는 로컬라이제이션을 위해 판매자에게 제공되기 전에 검증 및 확인 테스트를 거친 것으로 간주된다. 따라서 소스 스트링에 있는 여백은 해당 타겟 스트링에도 똑같이 있어야 한다.

소스 스트링과 타겟 스트링의 역동적 변수 개수 또는 유형의 불일치

소위 "printf" 변수는 소프트웨어 로컬라이제이션 프로젝트에서 흔히 마주치는 역동적 변수의 한 예이다. printf 포맷 지정자는 변수 데이터를 저장하고 포맷을 지정하는 플레이스 홀더이며, 이때 해당 데이터는 C++, 자바(Java), 펄(Perl), 기타 프로그래밍 언어에서 printf (프린트 포맷된) 기능을 사용해 (가령 모니터 또는 프린터로) 출력되어야 한다. 로컬라이제이션 과정에서 빈번히 나타나는 printf 포맷 지정자는 다음과 같다: %c (문자); %d (음의 값일 수도 있는 부호 있는 십진 정수); %f (부동소수점 수); %s (스트링), %u (음의 값일 수 없는 부호 없는 십진 정수). 다음 스트링을 포함한 리소스를 가진 소프트웨어 어플리케이션을 로컬라이징하고 있다고 가정해 보자.

본 프로그램에는 %s 파일이 필요한데, 시스템에서 발견되지 않음.
사용 가능한 디스크 공간: %c: 에서 %luMB 사용 가능

위의 첫 번째 스트링에는 "%s"라는 printf 포맷 지정자가 들어 있다. 이는 프로그램에 필요한 파일의 이름이 들어갈 플레이스 홀더인데, 해당 파일은 사용자의 시스템에서 발견되지 않는다. 파일의 이름은 어플리케이션에 의해 스트링으로 저장 및 검색되므로 스트링 포맷 지정자인 '%s'가 사용된다. 두 번째 스트링에는 printf 포맷 지정자 두 개('%lu'와 '%c')가 들어 있다. 먼저 사용된 '%lu'는 십진 정수를 위한 플레이스 홀더인 반면, 두 번째로 사용된 '%c'는 문자를 위한 플레이스 홀더이다. 따라서 '%lu'는 사용 가능한 디스크 공간의 크기를 나타내는 플레이스 홀더이고, '%c'는 문제의 디스크를 나타내는 드라이브 문자를 위한 플레이스 홀더이다.

포맷 지정자는 타겟 스트링에서도 있는 그대로 유지되어야 한다. 특정한 포맷 지정자를 구성하는 '%' 기호와 문자(들)의 순서를 바꾸면 변수의 기능성이 깨지고, 특정한 포맷 지정자를 구성하는 '%' 기호와 문자(들) 사이에 빈 칸을 넣어도 변수의 기능성이 깨지며, '%' 기호와 그 뒤에 따라오는 문자 또는 문자들 사이에 빈 칸을 넣어도 마찬가지다. 이에 더하여 스트링에 특정한 포맷 지정자, 예를 들어 '%s' (스트링)가 한 번 이상 존재할 경우 타겟 스트링에서 변수의 순서는 변경될 수 없다.

포맷메시지(Format Message) 포맷 지정자는 printf 포맷 지정자와 거의 같은 기능을 하는 역동적 변수 유형이다. 그러나 포맷메시지 포맷 지정자는 보통 숫자 포맷(%1, %2 등)을 따른다. 따라서 정확한 포맷 지정자와 그 숫자는 소스 스트링과 타겟 스트링에서 동일해야 한다. 하지만 이러한 변수의 순서는 특정한 스트링 내에서 변경될 수 있고, 이는 번역에서 리캐스팅을 촉진한다.

철자 오류, 오타, 문법적 오류, 구두법 오류

철자, 문법, 구두법의 오류는 보통 CAT 도구이나 로컬라이제이션 도구에 통합된 철자 및 문법 체크 유틸리티를 사용해 테스트된다. 문법적 오류 테스트에 있어 가장 큰 문제는, 탈맥락화된 스트링에서 작업할 때 동형이의어가 사용된 부분을 항상 판별해낼 수는 없다는 점이다. 레이너와 세레노(Rayner & Sereno, 1994:73)의 견해와 같이 "텍스트를 이해할 때 독자는 문장 내의 정보를 통합할 뿐만 아니라 여러 문장을 가로질러 연결할 수 있어야 일관성 있는 담화 표상의 형성이 가능하다." 하지만 소프트웨어 '텍스트'를 번역할 때 그러한 연결이 늘 가능하지는 않다. 소프트웨어 프로그램은 비선형적 구조와 내러티브적 줄기의 부재로 인해 산문과 같은 방식으로 '독해'될 수 없다. 따라서 일부 문법적 오류는 언어적 테스트에서 발견되지 않을 수 있고, 일반적으로 외관적 또는 기능적 테스트에서 포착된다(그림 5 참조).

불완전하거나 일관성 없는 번역

언어적 테스트 중 본 항목의 목표는 세 가지로, (1) 번역되어야 하는 스트링 전체가 실제로 번역되었는지, (2) 상표명 등 번역이 불가능한 스트링이 실제로 번역되지 않은 채 남아있는지, (3) 특정 사용자 인터페이스 용어나 명령어가 매번 동일한 타겟 언어 등가물로 번역되었는지를 검증하는 것이라 할 수 있다. 이를 위한 테스트는 상당 부분 특정한 CAT 도구의 일관성 체크 유틸리티를 통해 자동으로 수행될 수 있다. 한 가지 언급할 점은, 각각의 사용자 인터페이스 용어가 실제로 어플리케이션 전반에 걸쳐 일관성 있게 번역되었다 해도 타겟 버전은 애초에 소스 버전만큼의 일관성만을 지닐 수 있다는 것이다.

자동 언어적 테스트 vs. 수동 언어적 테스트

지금까지 논의된 테스트는 언어적 '품질'을 평가함에 있어 일차적으로 번역의 완전성, 그리고 소스 스트링과 타겟 스트링의 표면적 특성, 가령 생략부호, 핫키, 액셀러레이터, 제어문자, 리딩 공백, 트레일링 공백, 역동적 변수 등의 형태적 등가성의 상대적 정도를 기반으로 한다. 상용 소프트웨어 로컬라이제이션 도구는 대부분 위에서 서술한 표준적 언어적 결함을 사용자가 자동으로 테스트할 수 있도록 해준다. 타겟 리소스의 상대적 품질은, 타겟 텍스트의 결함을 특정하고 이를 총수나 상대적 빈도로 표현함으로써 정량화될 수 있다. 현실에서 이러한 자동화 테스트의 목표는 품질을 측정하는 것이라기보다는 번역 과정에서 기능성에 부정적 영향을 미칠 수 있는 오류를 방지하는 데에 있다. 이러한 자동 테스트가 수행되는 것은, 평가 프로세스에서 가시적 변수를 가능한 많이 제거하여 그 이후에 인간(이상적으로는 주제 영역에 대한 지식을 가진 로컬라이제이션 번역가)이 번역을 평가할 수 있도록 하기 위함이다.

수동 언어적 테스트: 로컬라이제이션의 번역 품질

지금까지 주로 자동으로 수행되는 언어적 테스트의 몇 가지 측면을 살펴보았다. 다음으로 수동 언어적 테스트, 그리고 소프트웨어 로컬라이제이션 프로젝트에서 번역 품질을 평가하는 도구, 방법, 기준을 검토해 보자. 사용자 인터페이스의 수동 언어적 테스트는 인간에 의해 타겟 언어 스트링을 오리지널 소스 언어 버전과 비교하는 작업을 수반한다. 수동 언어적 테스트의 목표는 로컬라이제이션에서 발생한 언어적 결함을 발견 및 교정하는 것이며, 이때 오역과 의미상의 오류에 주목한다. 현재 로컬라이제이션 프로젝트의 번역 품질을 평가하는 데 사용되는 상용 메트릭은 SAE J2450 번역품질 메트릭(SAE J2450 Translation Quality Metric)과 로컬라이제이션산업표준협회(LISA, Localization Industry Standards Association)의 QA 모델 두 가지다.

SAE J2450 번역품질메트릭

SAE J2450 번역품질메트릭(SAE J2450 Translation Quality Metric)은 자동차엔지니어협회(Society of Automotive Engineers)가 발표한 "수상정(surface vehicle) 권장 관행"이다. SAE J2450은 원천 텍스트 대비 목표 텍스트의 오류 개수와 심각성을 기반으로 번역 품질을 측정하는 틀을 제공한다. J2450 메트릭은 번역 오류 유형을 7가지로 범주화하는데, 이는 일차적으로 용어 및 문법의 정확성을 토대로 한다. 문체상의 오류는 포맷팅 오류라는 점에서 메트릭에서 명시적으로 제외된다. 오류 유형은 더 나아가 심각성의 정도, 가령 '중대한 오류' 또는 '사소한 오류'를 기반으로 범주화된다. 각 오류 유형과 심각성 정도에는 수치의 형태로 가중치가 배정된다(SAE J2450의 오류 범주와 가중치에 대한 자세한 내용은 킹스코트(Kingscott), 2007:5 참조). 오류의 수가 적고 가중치를 부여한 수치상의 점수가 낮으면 좋은 품질의 번역이 된다.

J2450 메트릭을 사용하여 수행되는 번역 품질 평가는 원천 텍스트와 목표 텍스트의 '표면적 언어 특성의 상대적 등가성'을 측정한 결과를 반영한다. J2450 표준이 밝히는 바와 같이 오류 범주의 정의는 "납품대상 번역의 표면적 형태에 좌우되며 일반적으로 의미에서 이탈한 것이다"(SAE International 2001:3). "의미는 어떤 오류 유형이 '중대한 오류'인가 '사소한 오류'인가를 판단하는 관념에 통합되어"(SAE International 2001:3) 있지만, 여기서의 암묵적 가정은 원천 텍스트의 의

미가 모호하지 않고 정확하며, '의미 그 자체'가 원천 및 목표 텍스트의 맥락에서 기능적으로 등가성을 가진다는 것이다.

SAE J2450 메트릭의 기능적 등가성에 대한 가정, 그리고 번역 품질 평가에서 운용 변수로서 최종 사용자와 사용 맥락의 배제는 문제 영역의 성질(여러 언어에 걸친 자동차 서비스 정보의 소통), 사용 맥락(자동차 서비스 작업의 수행) 뿐만 아니라 타겟 고객의 프로필(서비스 기술자)로 정당화되며, 이러한 사항은 모두 메트릭에 구체적으로 명시된다(SAE International 2001:3). 하지만 기능적 등가성에 대한 가정과 품질 평가에서 운용 변수로서 최종 사용자와 사용 맥락의 배제가 다른 영역, 텍스트 유형, 고객, 사용 맥락에도 반드시 유효한 것은 아니다. 따라서 J2450을 사용해 자동차 서비스 정보가 아닌 번역된 자료, 예를 들어 소프트웨어 사용자 인터페이스 스트링의 품질을 측정하기 위해서는 메트릭을 확장해 해당 제품에서 예상되는 품질에 영향을 주는 변수를 고려해야 한다. 가령 문체, 어조, 어역, 포맷팅 등이 변수가 있을 수 있다. 로컬라이제이션 프로젝트에서 J2450 메트릭을 "있는 그대로" 사용하는 것은 시대착오적이다.[3)]

LISA QA 모델

LISA QA 모델은 데이터베이스 기반 어플리케이션으로, 번역과 로컬라이제이션 품질을 측정하는 틀을 제공한다. LISA QA 모델에는 SAE J2450 번역품질메트릭의 오류 범주 7가지가 포함되는데, 여기에 추가로 로컬라이제이션에서 특히 중요한 번역 품질의 특성인 일관성이 들어 있다. 로컬라이제이션된 프로그램은 특정 용어나 명령어 등에 대해 사용자 인터페이스 전체에 걸쳐, 또한 인터페이스, 도움말, 문서화 사이에 동일한 번역을 사용해야 한다. 일관성은 사용자가 혼란을 느낄 리스크를 최소화한다. 나아가 일관성 있는 번역에 기능성이 좌우되기도 한다(SAE J2450은 일관성 오류를 용어 오류의 하나로 처리한다).

또한 LISA QA 모델은 로컬라이제이션 프로젝트에서 일반적으로 수행되는 사전 정의된 7가지 테스트 과업을 포괄함으써 품질평가의 범위를 서비스 정보의 번역 이상으로 확장한다. 오류는 사전에 정의된 오류 범주 26개의 목록에서 각 과업에 사전에 배정된다(LISA QA 모델이 정의하는 오류 범주와 과업과 관련된 자세한 내용은 멜비(Melby), 2005:14-22 참조). 또한 LISA QA 모델은 가중치가 다르게 배정된, 사전에 정의된 심강성 정도의 3단계를 제공한다(중대: 가중치 10, 주요: 가중치 5, 사소: 가중치 1). 프로젝트 과업, 오류 범주, 심각성 단계, 심강성 단계 가중치는 프로젝트별로 배정된다.

SAE J2450과 마찬가지로 LISA QA 모델은 오류를 측정하고, 따라서 번역과 로컬라이제이션의 품질을 제품의 소스 버전에 대한 타겟 버전의 등가성을 기초로 측정한다. 실제로 LISA QA 모델의 V3 제품 문서화는 사용자에게 "로컬라이제이션 프로세스에서 발생하는 오류만이 LISA QA 모델의 데이터베이스에 오류로 등록되어야 한다"고 명시적으로 조언한다(LISA 2004:7, 강조는 원문). SAE J2450과 LISA QA 모델 둘 다 제품의 소스 버전의 품질과 그 연장선상에서 소스 버전이 기반을 둔 개념 모델의 정확성을 암묵적으로 가정한다.

하지만 SAE J2450은 한 가지 중요한 부분에서 LISA QA 모델과 근본적으로 구별된다. SAE J2450은 문제 영역, 바로 여러 언어에 걸친 자동 서비스 정보의 소통을 구체적으로 정한다는 점이다. 그렇게 하는 과정에서 J2450 표준은 품질 평가의 변수에서 문제 영역을 제거하며, 그 연장선상에서 사용 맥락, 목표 대상층, 사용자 기대 등의 다른 중요 변수를 암묵적으로 제약한다. 반면 LISA QA 모델은 제품의 '국가, 언어'라는 매개변수 외에는 문제 영역을 구체적으로 정하지 않는다. 이는 다양한 프로젝트와 제품 유형에 일반적으로 적용될 수 있는 모델을 만들려는 욕구의 반영일 수 있다. 하지만 LISA QA 모델은 로컬라이제이션된 제품의 품질 평가에서 운용 변수로서 사용 맥락, 타겟 고객 또는 사용자 기대를 정의하지 않기 때문에 이러한 요인들은 암묵적으로 품질이나 품질 평가와 관련 없는 사실상의 '상수'로 취급된다. 이와 같이 제품의 형태적 등가성이 곧 모든 맥락의 모든 사용자에 대해 의미상의 기능적 등가성으로 이어진다는 암묵적 가정은 앞으로 살펴볼 바와 같이 문제의 소지를 안고 있다.

어떤 경우든 SAE J2450 번역품질메트릭과 LISA QA 모델은 스스로 번역 품질 평가의 객관적 수단이 된다고 주장하며, 둘 다 원천자료의 품질은 이미 보장된 것으로 취급하고 원천 텍스트에 대한 목표 텍스트의 상대적 정확성, 등가성, 일관성을 기반으로 번역 품질을 측정한다. 그러나 이와 같은 언어적 테스트의 세 기준을 적용하는 과정을 자세히 검토하면 이러한 기준이 객관적 측정을 담보하지는 않음을 알 수 있다.

수동 언어적 테스트의 정확성, 등가성, 일관성: 오류란 무엇인가?

로컬라이제이션 프로젝트에서 번역의 정확성을 평가하기 위해 리뷰어는 먼저 소스 스트링의 의미를 규명할 수 있어야 한다. 기본적으로 원천 텍스트의 의미가 불명료하거나 모호하다면 번역 평가가 어떻게 가능하겠는가? 소프트웨어는 개발 과정에서 검증 및 확인을 거쳤으므로 소스의 품질은 보장된 것으로 간주되며, 이는 언어적 테스트의 범위를 벗어난다는 점을 재차 언급해 둔다. 따라서 평가에 대한 등가로서의 참조 품질(referential quality-as-equivalence) 접근법은 번역 대상 텍스트는 지시 대상이 모호하지 않다고, 다시 말해 '가해성'은 변수가 아니라고 가정한다. 이는 문제가 있는 가정이다.

동형이의어

가령 일부 소프트웨어 어플리케이션은 동형이의어, 즉 어휘적 형태는 동일하지만 의미가 상이한 어휘를 별도의 한 단어짜리 스트링으로 설정하는 신중한 접근을 취한다. 예를 들어 'Archive'는 '파일로 저장'(동사), '저장 시스템'(명사), '저장된 항목의 모음'(명사), 아니면 '저장된 항목의 위치'(명사)를 뜻할 수 있다. 일반적으로 영어에서 동형이의어는 목표언어에서 두 개 이상의 등가물에 대응한다. 의도한 품사, 해당 스트링이 표시되는 정확한 맥락, 그것과 연결된 구체적 기능을 알지 못하는 상태에서 동형이의어 번역의 정확성을 평가하는 것은 대개 불가능하다. 상용 로컬라이제이션 도구와 같은 위지윅 환경에서 작업할 때, 로컬라이제이션 수행자와 테스트 담당자는 스트링이 메뉴나 대화상자에 표시된다는 전제 하에 이러한 스트링의 모호성을 해소할 수 있다. 그러나 작업이 위지윅이 아닌 환경에서 이루어지거나 스트링이 맥락 속에서 재생산 불가능한 포맷, 가령 최적의 국제화 관행을 따르지 않고 작성된 스트링 테이블이나 XML 파일인 경우, 로컬라이제이션 수행자(또는 테스트 담당자)가 적절한 목표언어 등가물을 결정하기는 상당히 어려워진다(던, 2006b:102-105).

텔레그래프 문체

소프트웨어에서 텔레그래프 문체를 쓰는 것은 유사한 문제를 낳는다. 개발자의 관점에서 관계대명사와 기타 '이해되는' 어휘의 생략은 간결한 문체의 달성 또는 보통 어휘 당으로 계산되는 번역 비용을 절감하는 차원에서 바람직해 보일 수 있다. 그러나 전문가 사용자 또는 개발자에게 암묵적으로 이해되는 바가 CAT 도구나 로컬라이제이션 도구를 다루는 세계에서 개별 스트링의 수준으로 작업하는 번역자, 로컬라이저, 테스트 담당자에게 불명료할 수 있다(혹은 이해되지 않을 수 있다). 텔레그래프 문체가 오류메시지나 상태메시지 스트링에서 사용되면 시스템 작동에 크게 친숙하지 않은 이들에게 그 의미는 전달되지 않을 가능성이 높다. 세 개의 어휘와 콜론에 이어 역동적 변수로 구성된 다음 메시지 스트링을 살펴보자.

문제 점검 변수: {0}

이 스트링의 번역이 정확하려면 리뷰어는 먼저 스트링의 의미를 정확히 파악해야 한다. 이것은 상태메시지인가 오류메시지인가? 스트링은 (1) 어플리케이션이 현재 뒤에 나오는 변수 {0}에 대해 문제 체크를 하고 있다는 뜻인가, (2) 변수 {0}을 체크하는 도중에 문제가 발견되었다는 뜻인가, (3) 혹은 다른 의미인가? 캠벨(Campbell, 2005: 17)이 지적하듯, 텔레그래프 문체는 사실 이해를 가로막을 수 있는데, "외부자는 표현의 축약을 풀어낼 능력이 있을지라도 의미를 파악하지 못할 수 있다. 축약될 수 있는 표현의 개수가 많기 때문이다." 위의 예시 스트링에서 개발팀의 확인 없이 의도한 의미를 확실히 판단하기는 어렵거나 어쩌면 불가능하다.

명사 나열과 숨은 복수형

명사의 나열(수식어 + 명사 + 명사 + 명사 등의 표현) 역시 유사한 문제를 낳는다. 캠벨이 정리했듯 나열된 명사는 "통사구조가 어떻게 재구성되느냐에 따라 여러 방식으로 이해될 수 있기" 때문에 "본질적으로 모호하다(2005:16)." 숨은 복수형은 본질적으로 모호한 통사 구조의 또 다른 예다. 가령 '사용자 데이터(user data)'라는 표현은 (1) 사용자 '한 명'에 관한 데이터인가, (2) '그' 사용자(the user)에 관한 데이터인가, (3) 사용자 일반에 관한 데이터인가, (4) 사용자가 생성한 데이터인가, (5) 아니면 다른 의미인가? 이 표현이 의도한 의미를 확실히 파악하는 일은 추가적 명료화 없이는 어렵고 어쩌면 불가능하다. 위의 사례들이 보여주듯 경제적 표현을 극단적으로 추구할 경우 의미가 단일하게 결정되지 않는, 그래서 고객이나 개발자의 명료화 없이는 쓰인 대로 번역할 수 없는 표현이나 문장이 발생하게 된다. 명료화되지 않은 상태에서는 위의 사례처럼 모호한 스트링의 번역이 정확한지를 평가하는 준거가 될 객관적이고 유효한 기초도 없다.

어휘적 모호성

스트링을 맥락 안에서 볼 수 있다면 모호성이 해소될 수 있다. 하지만 위지윅 환경에서 작업한다고 해서 바로 오해의 소지가 사라지는 것은 아니다. 가령 웹루트 스파이 스위퍼(Webroot Spy Sweeper) V5.5 설치 프로그램의 사례를 살펴보자. 설치 프로그램을 실행하면 '환영' 스크린이 표시되는데, 여기에는 '설치 도움말(Install Help)', '다음 >', '취소'라는 캡션이 붙은 명령어 버튼 세 개가 들어있다. 명칭이 알려주듯 명령어 버튼을 누르면 명령어가 실행된다. 따라서 '다음 >' 명령어 버튼을 누르면 설치 프로그램은 설치 순서의 다음 스크린을 표시하고, '취소' 명령어 버튼을 누르면 설치 과정을 중단한다. 이 논리를 따른다면 CAT 도구나 로컬라이제이션 도구처럼 정적인 환경에서 작업하는 로컬라이징 수행자나 언어적 테스트 담당자에게 '설치 도움말'라는 명령어 버튼 캡션은 '도움말 설치(Install the Help)'라는 표현의 텔레그래프 형태로 보일 수 있다. 사실 '설치 도움말'이라는 명령어 버튼을 눌렀을 때 시스템은 도움말을 설치하는 것이 아니라 설치 퀵스타트 가이드를 비롯한 도움말 파일을 표시한다. 따라서 '설치 도움말'이라는 스트링은 '도움말 설치'가 아니라 '설치 도움말 표시', 즉 설치 순서를 설명하는 도움말을 표시하라는 의미이다. 이런 경우 '설치'라는 단어는 동사가 아니라 다른 명사의 앞에서 수식어로 사용되는 '명사'이다. 그런데 이러한 사실이 번역자, 로컬라이저, 테스트 담당자에게 늘 명백한 것은 아니다. 그들이 '설치(install)'라는 단어가 IT 영역에서 흔히 명사로 사용된다는 사실을 모를 경우, 혹은 실제로 '설치 도움말' 명령어 버튼을 클릭해보지 않을 경우에 말이다. 로컬라이제이션 프로세스는 이 단계, 그리고 이러한 차원의 언어적 테스트가 구동 중인 어플리케이션의 역동적 환경이 아니라 CAT 도구나 로컬라이제이션 도구와 같은 정적 환경에서 수행된다는 점을 고려할 때, '설치'라는 단어는 명사가 아니라 동사로 오해될 소지가 높다. 하지만 이러한 오류가 언어적 테스트에서 발견이 안 된다면 아마도 이후 수행될 기능적 테스트에서 예리한 리뷰어가 발견하게 될 것이다(그림 5 참조).

스파이 스위퍼의 '설치 도움말' 사례는 로컬라이제이션의 '정확성'에 있어 문제의 또 다른 측면을 조명한다. '설치 도움말' 명령어 버튼을 클릭할 때 열리는 파일의 이름은 '설치 도움말'이 아니라 '스파이 스위퍼 5.5 퀵스타트'이다. 이에 관해 번역자, 로컬라이저, 테스트 담당자 또는 최종사용자는 소스 스트링 자체가 애초에 정확한가라는 정당한 의문을 제기할 수 있다. 사실 최종사용자의 관점에서 문제의 버튼 캡션은 '퀵스타트 가이드 표시', 또는 버튼을 클릭했을 때 실행되는 명령어를 보다 명확히 지시하는 다른 스트링이 되어야 한다. 이 사례에서 단지 등가적 혹은 정확한 번역이 아니라 '기능적' 번역의 생산을 위해서는 '쓰여진대로'가 아닌 '의미'의 번역이 필요하다. 하지만 위에서 언급했듯 언어적 테스트에서는 소스에 대한 타겟의 등가성과 정확성을 기반으로 품질이 평가되고, 소스의 품질은 보장된 것으로 가정된다. 다시 말해 언어적 테스트의 목표는 타겟 스트링이 소스 스트링이 쓰인 것을 정확히 반영하도록 하는 것이다. 소스 스트링이 뭐라고 되어 '있어야 하는가'가 아니라 실제 뭐라고 되어 '있느냐'를 본다는 것이다. 따라서 '설치 도움말' 명령어 버튼 캡션이 필자에게와 마찬가지로 어플리케이션의 소스 언어 버전 사용자에게 혼란을 줄 가능성이 높다는 사실은 언어적 품질평가의 표면적 범위 밖의 문제이다. 이 사례에서 등가로서의 품질(quality-as-equivalence) 접근법을 적용해 타겟 버전을 생산한다면 소스 버전만큼 사용자에게 혼란을 주는 효과를 낳을 것이다. 로컬라이제이션에서 이 문제는 입력 데이터가 좋지 않으면 출력 데이터도 좋을 수 없다는 뜻으로 '기고(Garbage In, Garbage Out)'라고 불린다.

역동적 숫자 변수

앞서 설명한 내용을 보면 개별 소프트웨어 스트링의 의도한 의미를 단순히 확인하는 것조차 어려움을 알 수 있다. 어휘적, 의미적 모호성은 스트링에 역동적 변수, 즉 복합구문, 문장, 의미를 형성하기 위해 삽입될 다른 스트링을 위해 플레이스 홀더 역할을 하는 변수가 포함될 때 증폭된다.

〈표 1〉 역동적 스트링 변수는 러시아어 같은 굴절어를 타겟으로 작업할 때 문제를 일으킬 수 있다.

This text contains	{0}	vowels	and	{0}	consonants.	Noun ending:
В этом тексте	0	гласных	и	0	согласных.	ых
	1	гласная	и	1	согласная.	ая
	2, 3, or 4	гласные	и	2, 3, or 4	согласные.	ые
	5–20	гласных	и	5–20	согласных.	ых

이러한 패턴은 10 단위의 여러 숫자에서 반복됨 (21, 22-24, 25-20; 31, 32-24, 35-40 등).

예를 들어 특정 텍스트의 자음과 모음의 수를 계산하고 결과를 다음 스트링의 형식으로 표시하는 소형 프로그램을 로컬라이징한다고 가정해 보자.

이 텍스트에는 {0}개의 모음과 {1}개의 자음이 있습니다.

이 샘플에서 변수 {0}은 모음의 수를, 변수 {1}은 자음의 수를 뜻한다. 쓰인 대로의 스트링은 해당 숫자는 물론 변수 {0}이나 {1} 모두 숫자 1은 아닌 것으로 가정하므로, {0}이든 {1}이든 1로 대체하면 영어에서 문법적으로 부정확한 문장이 나오게 된다(가령 'This text contains 1 vowels and 1 consonants'). 위의 예시 스트링은 또한 복수 형태는 변하지 않는 것으로 가정한다. 즉 'vowels'와 'consonants'라는 복수 명사에 대해 수량이 1보다 크다는 전제 하에 수량과 관계없이 동일한 어휘적 형태가 사용된다. 그렇다면 이 스트링을 굴절어로 번역할 때 그 '품질'을 어떻게 측정할 수 있는가? 가령 노어에서 'vowel'과 'consonant'에 대응하는 명사의 어형은 명사의 수량에 따라 달라져야 한다. 1에 대해 사용되는 형태가 있고, 2, 3, 4에 대해 사용되는 형태가 따로 있으며, 5에서 20까지(그리고 0에도) 사용되는 세 번째 형태가 있다. 따라서 모두 9개의 목표언어 조합이 있어야만 위 예시의 아웃풋의 모든 형태를 문법적으로 정확한 노어로 만들 수가 있다. 문제를 더 복잡하게 하는 것은 이러한 형태가 여러 수치에 걸쳐 반복적 패턴을 따른다는 점이다(표 1 참조).

이 사례에서 프로그램 코드가 수정되지 않는 한 정확한 번역은 불가능하다. 소스 언어 스트링에 본질적인 복수 형태에 관한 통사적 가정이 노어에서는 유효하지 않기 때문이다. 로컬라이제이션된 노어 버전은 사실 설계대로 기능한다. 다시 말해 특정 노어 텍스트의 자음과 모음의 개수를 실제 성공적으로 계산할 수 있고 각각의 최종 집계가 역동적 변수 {0}과 {1}의 자리에 아웃풋으로 표시되는 한, 프로그램은 '기능적'이라고 말할 수 있다. 하지만 사용자의 관점에서 프로그램은 그 '기능성'이 아웃풋의 정확성을 기반으로 평가되는 블랙박스이다. 이러한 의미에서 로컬라이제이션된 노어 버전은 아웃풋이 타겟 로케일의 문법적 규범을 위반하는 언어적 포맷을 취하므로 '기능적이지 않다'고 말할 수 있다.

역동적 스트링 변수

앞의 사례를 통해 소프트웨어 로컬라이제이션에서 숫자 변수를 대체하면 정확한 번역이 나오기가 어려움을 알 수 있다. 이제 스트링 변수의 대체가 제기하는 어려움을 살펴보자. 마이크로소프트 윈도우에서 사용자가 객체를 우클릭하고 컨텍스트 메뉴에서 '속성'을 선택하면, 운영체제가 객체의 이름과 '속성' 스트링을 합친 제목의 대화상자를 표시한다. 예를 들어 사용자가 바탕화면(즉 디스플레이)에서 우클릭을 하고 컨텍스트 메뉴에서 '속성'을 클릭하면, 대화상자의 제목을 구성하는 복합 스트링은 '디스플레이 속성'이다.

윈도우의 리소스에서 일반적인 '속성(Properties)' 대화상자의 제목은

'%s Properties'라는 스트링으로 표현된다. 이때 '%s'는 스트링 변수 혹은 플레이스 홀더로, 선택된 객체의 이름이 들어가는 자리다(그림 7참조). 위에서 논의한 숫자 대체의 사례와 마찬가지로 이 스트링 변수 대체에 적용되는 규칙은 영어 문법의 규칙에 기반하고 그 안에서 유효하며, 목표언어에서는 유효하지 않을 수 있다. 예를 들어 이 스트링을 프랑스어로 번역하려면 전치사구를 사용한 리캐스팅이 필요하다. 다시 말해 '%s Properties'는 마치 'Properties of %s'처럼 'Propriétés de %s'로 번역된다(그림 7참조). 하지만 용법의 관습을 준수하기 위해 프랑스어로의 번역은 객체의 '이름'뿐만 아니라 객체의 '유형'도 구체적으로 밝혀야 한다. 따라서 사용자가 Transit NXT 같은 프로그램의 숏컷을 우클릭하고 컨텍스트 메뉴에서 '속성' 항목을 선택할 때 운영체제는 - 이론적으로 - 해당 속성이 Transit NXT라는 '프로그램'의 것이라는 점을 구체적으로 밝혀야 한다('Propriétés de Transit NXT'이 아니라 'Propriétés du logiciel Transit NXT'). 마찬가지로 사용자가 Détritus.doc과 같은 문서를 우클릭하고 컨텍스트 메뉴에서 '속성'을 선택하면 운영체제는 해당 속성이 Détritus.doc이라는 문서의 속성임을 구체적으로 밝혀야 한다. 하지만 선택된 객체의 유형과 이름을 둘 다 사용해 속성을 표현하려면 윈도우 소스코드 수정이 필요한데, 이는 정의상 로컬라이제이션의 범위를 벗어난다('Propriétés de Détritus.doc'가 아니라 'Propriétés du document Détritus.doc').

'%s Properties'라는 스트링을 프랑스어로 번역할 때는 문법적 문제도 발생한다. 소스 스트링이 'Properties of %s'일 때 간단한 리캐스팅과 번역을 하면 'Propriétés de %s'가 되는데, 이때 영어 스트링에서 정관사의 생략은 반영되지 못한다.

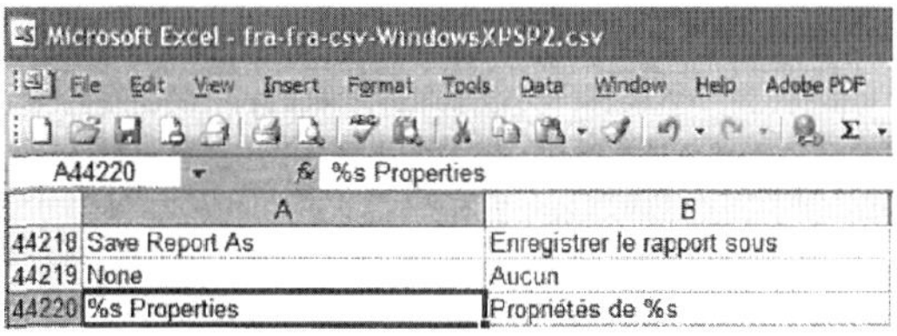

〈그림 7〉 영어(미국)/프랑스어(프랑스) 이중언어 마이크로소프트 윈도우 XP 서비스팩2의 '사용자 인터페이스 번역 용어목록'에 나타난 일반적 '속성' 대화상자 제목 스트링.

하지만 프랑스어에서 디스플레이와 같은 구체적 개체를 지시할 때 정관사의 사용은 필수이다. 따라서 '%s Properties' 스트링의 프랑스어 번역은 전치사 'de'와 정관사를 둘 다 넣어야 한다. 이때 정관사는 선택된 객체에 따라 남성 단수(le), 여성 단수(la), 복수(les)가가 될 수 있다. 문제가 더욱 복잡해지는 것은 명사가 모음으로 시작할 때는 단수 정관사의 형태가 'l'로 변한다는 점이다. 게다가 프랑스어 문법에서는 전치사 de 뒤에 남성 정관사나 복수 정관사가 올 경우, 다음과 같이 축약이 필수다: de + le = du, de + les = des.

따라서 사용자가 프랑스어 윈도우의 다중언어 사용자 인터페이스 중 바탕화면(즉 디스플레이)에서 우클릭하고 컨텍스트 메뉴에서 속성(Propriétés)을 선택하면, 대화상자 제목으로 표시되는 복합 스트링은 프랑스어에서 문법적으로 부정확한 'Propriétés de Affichage'가 된다(표 2 및 그림 8의 우측 이미지 참조).

사실 목표언어로 된 복합 스트링의 정확한 형태는 <표 2>에서 표시된 바와 같이 'Propriétés de l'affichage'이다. 하지만 이 스트링의 대체에 암묵적으로 영어의 통사적 가정이 적용되므로 선택된 객체의 이름이 모음으로 시작할 경우 문법적으로 정확한 프랑스어 등가물이 형성될 수 없다. 언어적 테스트 담당자의 관점에서 '디스플레이'나 '속성' 같은 개별 스트링의 번역은 정확성과 등가성이라는 품질 조사 기준을 충족한다. 하지만 정확성, 등가성, 일관성은 스트링의 조합에 적용되는 문법적, 통사 규칙이 언어적으로 정확한 아웃풋을 가능하게 하지 않을 경우 그 자체로는 역동적 변수 대체에 의해 형성되는 스트링의 품질을 충분히 보장하지 않는다.

〈표 2〉 영어를 프랑스어로 옮길 때 역동적 스트링 변수 대체로 발생하는 문제.

Language	String	Value of variable %s	Composite formed by insertion of variable	Correct form of composite
English	%s Properties	Display	Display Properties	Display Properties
French	Propriétés de %s	Affichage	Propriétés de Affichage	Propriétés de l'affichage

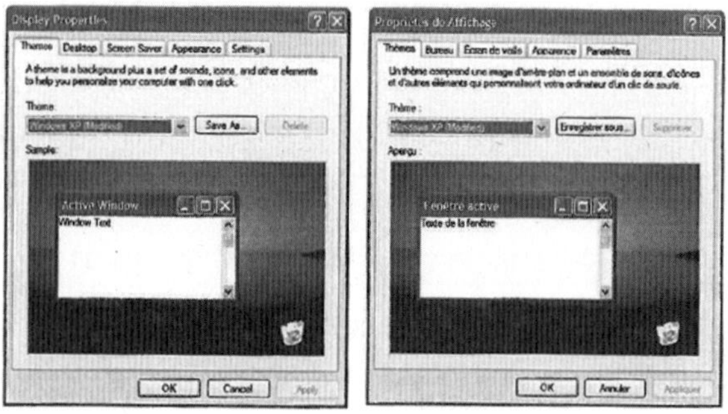

〈그림 8〉 윈도우 XP 프로페셔널의 다중언어 사용자 인터페이스 중 영어(좌측 이미지)와 프랑스어(우측 이미지) '속성 표시' 대화상자. 마이크로소프트의 동의를 얻어 재인쇄된 마이크로소프트 제품의 스크린샷.

탭 대화상자

탭 대화상자 역시 언어적 품질이 어디까지 소스 스트링과 타겟 스트링 사이의 등가성을 기초로 평가될 수 있는가라는 의문을 제기한다. 탭 대화상자란 여러 개의 형태 또는 '박스들'이 겹쳐서 표시되는 복합 사용자 인터페이스 객체이다. 각 탭에는 스트링 라벨이 붙어 있어 다양한 옵션을 구별 및 탐색할 수 있다. 대화상자의 탭은 종이 파일 폴더의 은유를 기초로 하는데, 종이 파일 폴더는 파일 캐비닛에 종이를 저장 및 정리하기 위해 사용된다. 파일 폴더의 은유를 따라 탭 라벨의 이름은 이론적으로 명사가 되어야 한다. 하지만 소프트웨어 대화상자 탭은 동사나 형용사로 라벨이 붙는 경우가 많다. 그런 탭은 자신이 기초를 둔 개념 모델을 위반한다고 할 수 있고, '정확한' 번역을 어렵게 만든다. 가령 <그림 9>에 표시된 '속성' 대화상자 중 탭 하나의 라벨은 'Global'이라는 형용사이다. 이때 'Global'이라는 형용사는 대화상자 제목 바에 표시된 명사 'Preferences'를 수식한다.

〈그림 9〉 노트패드++ v5.3.1의 탭 대화상자. © 2009 Don HO, SourceForge.net.

구동 중인 어플리케이션의 사용자는 맥락 속에서 탭 라벨 캡션을 보면서 'Global'이라는 형용사가 사실 'Global Preferences'라는 복수명사구의 텔레그래프 형태임을 이해한다. 'Global'이라는 라벨의 의미는 맥락 및 대화상자 제목과의 관계 속에서만 이해될 수 있다. 하지만 로컬라이저와 언어적 테스트 담당자는 리소스 파일이 작성된 방식이나 로컬라이제이션 작업을 수행하는 데 사용된 도구에 따라 스트링을 맥락 속에서 보지 못할 수 있다. 로컬라이저와 언어적 테스트 담당자가 'Global'이 'Preferences'를 수식한다는 것을 보거나 알 수 없다면, 단순히 소스 스트링의 어휘적 형태를 그대로 해당 타겟 버전으로 옮기게 될 것이다. 목표언어의 명사-형용사 통사구문에 적용되는 형태적 규칙이 원천언어의 규칙에 상응하지 않는다면, 번역 과정에서 소스 라벨의 품사를 그대로 옮길 때 기능적 목표언어 등가물을 생산할 수 없을 것이다. 이 문제는 로컬라이제이션 과정에서 대상을 명료화하고 탭 라벨 캡션을 'Global'에서 'Global Preferences'로 번역함으로써 교정될 수 있다. 하지만 이러한 명료화는 탭의 공간이 얼마나 남아있느냐에 따라, 그리고 탭이 확장을 위해 리사이징될 수 있는 정도에 따라서 가능 여부가 결정된다.

알파벳순 목록

알파벳순으로 정리된 목록이 번역 후 재정렬 되지 않으면, 이는 번역이 원천 텍스트에 대해 정확하고 등가성을 띠면서도 결함이 있는 경우가 된다. 타겟 버전의 정렬 순서가 소스 스트링의 알파벳순으로 결정된다면, 번역의 정확성과 순서의 등가성은 목표언어의 용법 규칙을 준수하는 번역의 생산으로 이어지지 못할 것이다. <그림 10>에 표시된 대화상자의 예시는 여섯 가지 언어명이 번역되어 해당 스크립트에 작성되고, 각 목표언어의 관습에 따라 머리글자가 선택적으로 대문자로 처리된 것이다. 따라서 'English'와 'Deutsch'는 머리글자가 대문자로 처리된 반면 'français'와 'español'은 그렇지 않았다. 하지만 이 목록은 번역된 언어명의 알파벳 순서가 아니라 각 언어명의 영어 알파벳순으로 정렬되었다.

지금까지 언어적 테스트를 면밀하다기보다는 피상적으로 살펴보았

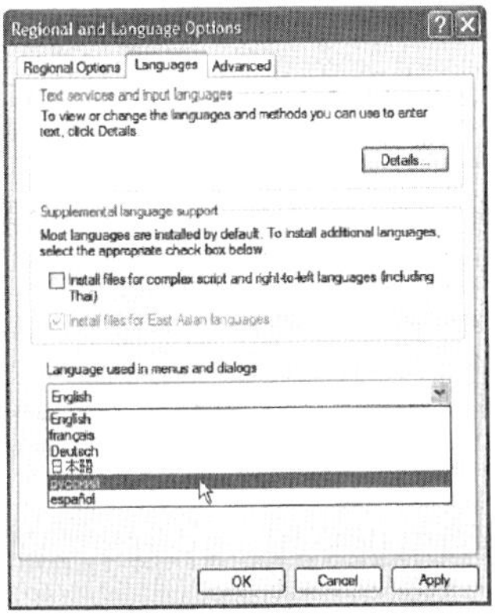

〈그림 10〉 윈도우 XP 프로페셔널의 다중언어 사용자 인터페이스 언어선택. 마이크로소프트의 동의를 얻어 재인쇄된 마이크로소프트 제품 스크린샷.

으나, 로컬라이제이션에서 언어적 품질의 객관적인 측정이 실제로 달성 가능하다기보다는 노력으로 다가가야 할 이상적 목표임을 보여주었다. 다음으로 로컬라이제이션 테스트의 다른 두 부분, 즉 외관적 테스트와 기능적 테스트를 살펴보기로 하자.

외관 테스트

외관 테스트는 사용자 인터페이스의 시각적 측면에 주목하며, 로컬라이제이션된 버전에 표시되어야 할 모든 내용이 온전히 표시되도록 하는 데에 목적이 있다. 소프트웨어 로컬라이제이션 프로젝트에서 외관 테스트는 흔히 2단계로 이루어진다. 1단계는 로컬라이제이션 도구에서 사용자 인터페이스 스트링의 번역 이후 이루어진다(그림 5 참조). 로컬라이제이션된 리소스는 해당 프로세스에서 아직 어플리케이션에 통합되지 않으므로, 1단계는 보통 본질상 정적이다. 이에 따라 테스트 2단계는 프로세스 후반에 로컬라이제이션된 버전이 구동 중일 때 수행된다. 외관 테스트의 취지는 다음을 확인하는 것이다(에세링크, 2000:151-152).

- 로컬라이제이션된 버전에서 오리지널 버전과 같은 수의 사용자 컨트롤, 즉 메뉴, 메뉴 옵션, 대화상자, 콤보박스 등을 표시한다.
- 로컬라이제이션된 대화상자에서 모든 스트링이 단절 없이 완전하게 표시된다.
- 로컬라이제이션된 대화상자의 탭 순서가 오리지널 버전과 동일하다.
- 억양 표시된 문자, 확장문자, 특수문자가 정확히 표시된다.
- 메인 어플리케이션 윈도우, 메인 메뉴, 메뉴 항목, 상태표시줄 메시지, 도구 팁, 대화상자가 정확히, 완전하게 모든 스크린 해상도에서 표시된다.

현재 업계의 관행에서 외관 테스트의 초점은 번역으로 인한 확장이 스트링 단절을 낳지 않도록 하는 것이라 할 수 있다. 영어에서 서유럽어로의 번역에서는 스트링의 길이가 30% 이상 늘어날 수 있다(에세링크, 2000:67). 개별 단어나 스트링은 300% 이상 늘어날 수 있다. 가령 인터넷 익스플로러의 '도구' 메뉴에 보이는 '팝업 차단(Pop-up blocker)'이라는 소스 언어 스트링의 길이는 14자(공백 포함)에 불과하지만, 이에 대응하는 프랑스어 'Bloqueur de fenêtres publicitaires intempestives'는 48자(공백 포함)이다. 이 경우 번역으로 인한 확장은 340%를 넘는다. 게다가 확장은 스트링의 길이에 반비례하는 경향이 있다. 스트링이 짧을수록 번역자가 확장을 제한하기 위해 사용할 수 있는 통사적, 문체상의 선택의 여지가 적고 확장의 문제가 그만큼 더 심각해진다.

대화상자와 같은 디자인 요소는 로컬라이제이션된 버전에서 두 배의 공간을 요할 수 있다. 로컬라이제이션되는 소프트웨어가 로컬라이제이션에 대한 고려 없이 작성되고 확장을 수용하기 위한 디자인 전략이 실행되지 않았다면 단절은 폭넓게 발생할 수 있으며, 사용자 인터페이스 컨트롤과 레이아웃을 리사이징해 번역된 스트링이 완전히 표시되도록 많은 노력을 들여야 한다. 번역으로 인한 확장이 전혀 용인될 수 없다면 목표언어에서 관용적이고 정확한, 심지어 이해가능한 등가물을 만드는 것조차 불가능할 수도 있다.

주류 로컬라이제이션 도구는 단절에 대한 자동 테스트 기능을 제공하며, 이는 번역 프로세스에서 그때그때(스트링이 CAT 도구가 아니라 로컬라이제이션 도구에서 번역될 경우; 그림 5 참조), 혹은 번역된 스트링이 로컬라이제이션 도구에 불러오기된 후 수행될 수 있다. 한편 대칭 레이아웃과 디스플레이는 비트맵, 아이콘과 같이 수동 외관 테스트를 수행함으로써 검증되는 것이 일반적이다.

언어적 테스트와 마찬가지로 외관적 테스트는 품질의 개념을 상당 부분 소스 버전과 타겟 버전의 형태적 등가성의 틀에서 바라본다. 하지만 외관적 테스트는 로컬라이제이션 평가의 범위를 소스-타겟 등가성이라는 이분법 이상으로 확장한다. 이는 로케일에 따라 결정되는 데이터('지역 설정'으로 불린다)와 사용자 인터페이스 레이아웃의 포맷과 프레젠테이션에 초점을 맞추기 때문이다. 따라서 외관 테스트는 날짜 포맷(월/일/연도, 일/월/연도 등), 시간 포맷(12시간 단위인지 24시간 단위인지 등), 소수점 표기법(쉼표인지 마침표인지), 기타 문화에 따라 결정되는 데이터 프레젠테이션 포맷이 타겟 로케일의 관습과 일치하는지를 검증한다. 이러한 의미에서 로케일과 언어가 반드시 같이 가는 것은 아니라는 점을 유념해야 한다. 예를 들어 멕시코와 스페인은 모두 스페인어 사용 국가이지만, 멕시코에서 사용되는 소수점 표기법은 마침표인 반면 스페인에서는 쉼표이다. 이러한 이유에서 소프트웨어 로컬라이제이션을 '인터내셔널 스페인어'로 해달라는 요청은 시대착오적일 뿐 아니라 실제로 수행이 불가능하다. 로컬라이제이션된 소프트웨어가 타겟 로케일의 관습을 준수하는지를 평가하려면, 단지 타겟 언어가 아니라 의도한 로케일이 구체적으로 지정된다는 전제가 늘 필요하다.

외관 테스트는 또한 사용자 인터페이스의 레이아웃이 타겟 사용자에게 수용 가능하도록 하는 것을 목표로 한다. 하지만 타겟 레이아웃의 수정가능성은 상당 부분 소스 버전의 물리적 디자인에 좌우됨을 기억해야 할 것이다. 따라서 사용자 인터페이스 레이아웃에 대한 외관 테스트는 일반적으로 읽기의 방향성, 버튼의 정렬, 색의 사용으로 제한된다.

기능적 테스트

지금까지 언어적 테스트와 외관적 테스트를 살펴보았다. 이제 로컬라이제이션 테스트의 마지막 구성 요소이자 로컬라이제이션된 리소스 파일을 사용해 구동 중인 어플리케이션에서 수행되는 기능적 테스트를 살펴보자. 로컬라이제이션된 어플리케이션의 기능적 테스트의 절차는 소스 언어 버전의 기능적 테스트를 그대로 반영하는 것이 이상적이다. 그러한 테스트의 일차적 목표는 로컬라이제이션 프로세스로 인해 기능성이 부정적 영향을 받지 않도록 하는 것이다. 그런데 기능적 테스트는 언어적, 외관적 테스트의 또 다른 라운드 역할을 하는 경우도 많다. 위에서 언급했듯 언어적, 외관적 테스트는 정적인 환경에서 수행되며, 그런 이유에서 사용자 인터페이스의 역동적인 측면을 포함하는 문제(가령 변수 대체)를 규명하지 못할 가능성이 있다.

언어적, 외관적 테스트와 마찬가지로 기능적 테스트에는 자동으로 수행될 과업과 수동으로 수행될 과업이 있다. 자동 테스트는 볼란드 실크테스트(Borland Silk Test)처럼 명령어의 적절한 실행, 스트링 단절의 적절한 표시 등을 검증하는 기능적 테스트 도구를 사용해 수행될 수 있다. 이러한 도구는 일반적으로 테스트 결과를 로그 파일에 저장한다. 이상적인 수동 테스트라면 소스 언어 버전의 기능적 테스트에서 사용된 동일 스크립트를 따라 테스트 담당자가 각 기능을 검증하고 사용자 인터페이스의 각 구성 요소를 조사하여 모든 것이 제대로 작동하고, 정확히 표시되며, 논리에 맞는지 확인하는 과정이 된다. 따라서 자동 테스트가 변수 대체의 '기능성'에 문제가 없는지를 확인하는 반면, 수동 테스트는 그 결과로 생성되는 복합 스트링의 '의미'에 문제가 없는지를 검증한다. 품질 측정은 소스 버전과 타겟 버전에서 발견된 결함의 수를 비교하여 이루어질 수 있지만, 기능적 테스트의 최우선 목표는 언어적 테스트와 외관적 테스트에서와 마찬가지로 로컬라이제이션 프로세스에서 신규 결함이 있는지 검증하는 데 있다.

판매자 (또는 현업 전문가)의 관점에서 본 로컬라이제이션 테스트: 함의

판매자 또는 현업 전문가의 관점에서 보자면 로컬라이제이션 품질 평가에는 로컬라이제이션 테스트가 포함되며, 품질은 어플리케이션의 소스 버전와 타겟 버전 사이의 정확성, 등가성, 일관성이라는 틀에서 정의된다. 하지만 앞선 논의에서 살펴보았듯, 이러한 접근법에는 특정 소스 언어 스트링의 의도한 의미를 확인하는 것조차 어렵다는 점 등 다수의 개념적, 방법론적 문제가 내재해 있다. 정확성 평가의 전제는 텍스트의 의미가 명료하고 모호성이 없으며, 불변의 기준에서 벗어나는 번역은 모두 발견 및 정량화될 수 있다는 것이다. 앞의 논의에서 나타난 바와 같이 소프트웨어의 소스 언어 스트링이 의도한 의미가 항상 절대적으로 규정될 수 있는 것은 아니다. 개발팀이나 팀 대표의 명료화(그리고 그러한 명료화를 기록하는 감사 추적)가 없다면 모호한 소스 자료의 로컬라이제이션과 해당 로컬라이제이션의 정확성 평가는 모두 '창의적 외삽'으로 하락하며(프링글과 오키프(Pringle & O'Keefe), 2003:30), 그 과정의 주관적 성격으로 인해 프로세스의 재생산가능성, 결과의 반복가능성, 테스트 프로세스 자체의 유효성에 의문이 제기된다. 결국 정확성을 평가하는 명료하고 일관된 기준을 수립하지 않는다면(혹은 수립할 수 없다면) 로컬라이제이션 테스트가 산정하는 '오류'란 과연 무엇이며, 그에 따라 도출되는 로컬라이제이션 품질 '측정'의 유효성이란 무엇인가?[4)]

로컬라이제이션에서 등가성과 일관성의 평가 역시 유사한 문제를 낳는다. 등가성이라는 개념은 어플리케이션의 소스 버전과 타겟 버전 사이의 어휘적, 통사적, 의미적 대칭성을 전제하는 경향이 있는데, 이 같은 대칭성은 불가능할 수 있다. 이미 살펴본 바와 같이 스트링의 작성과 역동적 변수의 사용에 적용되는 문법적, 통사적 가정으로 인해 특정한 타겟 로케일에 대해 문체상 적합하거나 의미상 등가성을 띠는 번역의 도출이 어렵거나 불가능해질 수 있다. 소프트웨어의 특정한 물리적 디자인, 가령 표 대화상자, 그리고 위에서 언급했듯 소스 스트링의 알파벳순에 따라 프로그램 차원에서 순서가 결정된 목록으로 인해 등가성의 문제는 증폭된다. 반면 일관성은 '그 자체로' 본질적으로 문제가 있다고는 할 수 없다. 하지만 소스 자료의 품질을 당연한 것으로 보고 타겟 버전의 일관성을 두고 소스 어플리케이션의 일관성을 얼마나 반영하느냐로 평가함으로써 언어적 테스트는 소스 자료 내부에 걸쳐 존재하는 일관성(비일관성)과 소스 어플리케이션의 전체적인 응집성이라는 보다 큰 문제를 다루지 못한다. 이러한 문제들은 고객 리뷰어 또는 타겟 최종사용자의 평가에 의해 인식된 타겟 버전의 품질에 영향을 미칠 수 있다(일반적으로 영향을 미친다).

지금까지 로컬라이제이션 테스트에 대한 논의는 로컬라이제이션 프로젝트의 프로세스라는 맥락을 기초로 했다. 따라서 논의는 타겟 버전의 품질 특성을 암묵적으로 이해하고 소스 버전의 특성에 대한 상대적 등가성을 기초로 명시적으로 평가되는 현업 전문가의 관점을 반영한다(그림 11 참조). 경험 많은 현업 전문가는 소프트웨어 로컬라이제이션의 본질적 어려움과 타겟 제품 품질이 어플리케이션의 소스 버전과 소프트웨어라는 매개 그 자체에 의해 얼마나 제한되는지 이해한다. 이러한 로컬라이제이션 프로세스에 대한 경험, 지식, 또는 관점을 공유하지 않는, 그리고 '품질'의 가능성 자체를 제약하는 매개변수를 이해하지 못할 수 있는 고객 리뷰어의 관점은 전문가와는 분명 상이할 것이다.

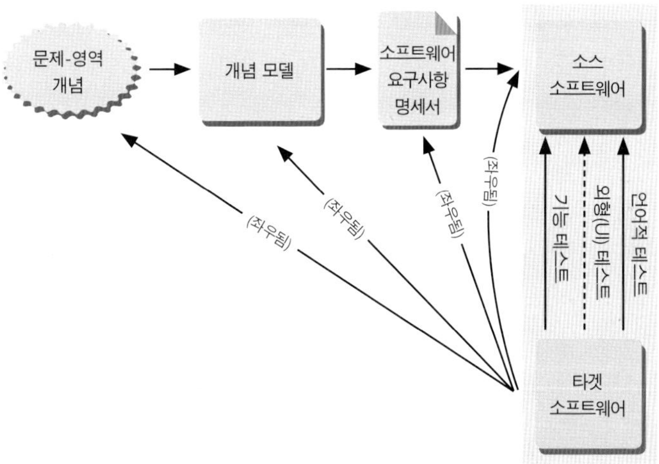

〈그림 11〉 **로컬라이제이션 테스트 과정에서 로컬라이제이션된 소프트웨어 품질 평가의 범위와 판매자 또는 현업 전문가의 관점에서 '품질'을 형성하는 요인.**

로컬라이제이션된 소프트웨어의 품질: 고객 리뷰어(최종사용자)의 관점

지금까지 살펴보았듯 정확성, 등가성, 일관성은-가능한 한도에서-로컬라이제이션된 소프트웨어의 품질을 확보하기에는 그 자체로 충분하지도 않고, 로컬라이제이션된 소프트웨어의 품질을 객관적으로 평가할 기준이 되는 정식 사양서를 구성하는 것도 아니다. 소프트웨어는 실용적이며 기능성, 정보성의 성격을 지니기에, 번역의 관점에서 로컬라이제이션의 목표는 오리지널과 동일한 효과를 생산하는 '타겟 텍스트'의 생산이다(생산이어야 한다). 그 연장선상에서 로컬라이제이션된 소프트웨어의 품질은 이 목표가 달성된 정도로 이해된다(이해되어야 한다).[5] 나아가 로컬라이제이션된 소프트웨어 품질 평가의 목표는 어플리케이션의 소스 버전과 로컬라이제이션된 버전 간의 기능적 등가성 정보를 판단하는 것이다(것이어야 한다). 물론 소프트웨어로 생산되는 효과와 소프트웨어의 소스 버전과 로컬라이제이션된 버전 사이의 기능적 등가성의 정도는 사용자 및 해당 제품의 사용 맥락을 참조하지 않고서는 적절히 이해되거나 정확히 평가될 수 없다.

하지만 로컬라이제이션된 소프트웨어 품질 평가에 대한 현재의 접근법은 소스 '제품'과 로컬라이제이션된 소프트웨어 '제품'의 다양한 특징 중 '형태적' 등가성의 상대적 정도에 초점을 맞추는 경향이 있고, 그러한 특징으로 생산되는 '의미'와 '효과'의 기능적 등가성의 정도는 크게 다루지 않는다. '기능적 등가성'은 일반적으로 어플리케이션의 소스 버전과 로컬라이제이션된 버전이 동일한 일련의 '기능성'을 구현한다는 뜻으로 이해된다. 소프트웨어의 형태적 특징이 동일하게 인식되는가, 소스 사용자와 타겟 사용자에게 동일한 의미를 보유하는가는 보통 로컬라이제이션된 소프트웨어 품질 평가의 범위를 벗어난다. 그 대신 형태적 등가성과 기능성의 복제가 의미의 기능적 등가성으로 이어진다고 가정된다.

고객 리뷰 프로세스는 판매자 또는 현업 전문가가 이해한 로컬라이제이션 품질 평가에 대한 접근법에 내재된 잘못된 가정을 드러내고 증폭시키는 경향이 있다. 먼저 고객 리뷰는 일반적으로 로컬라이제이션이 완료된 후 리뷰어에 의해 수행되는 수용 테스트라고 볼 수 있다. 이때 리뷰어는 소스 버전과 타겟 버전을 비교하기보다 타겟 버전 자체만을 두고 이를 문제 영역과 해법에 대한 자신의 개념을 기초로 평가한다. 게다가 고객 리뷰어가 (이론적으로) 필요한 기술의 모든 구성요소를 보유한 경우는 드물다. 여기에서는 논의를 위해 리뷰어가 고객측의 해당 주제 전문가, 직원, 또는 국내 판매업체이며, 소프트웨어 로컬라이제이션의 타겟 언어의 원어민이자 고객의 기업문화와 언어적 선호에 익숙하지만 번역이나 로컬라이제이션에 대한 전문성은 없다고 가정하자. 따라서 고객 리뷰어는 로컬라이제이션된 제품을 암묵적, 명시적으로 형성하는 다양한 요소와 의존도를 모를 가능성이 높다(그림 11 참조). 게다가 고객은 보통 소스 언어 어플리케이션의 개발 과정에 참여하거나 협의대상이 되지 않으므로, 해당 기업의 요구사항은 흔히 오리지널 사양서에 포착되지 않는다. 고객의 품질 요구사항에 대한 공식적 사양서가 없는 경우, 객관적 품질 평가의 가능성 자체가 저해된다. 결국 요구사항이 구체적으로 지정되지 않는다면 제품이 요구사항을 얼마나 준수하는지를 어떻게 측정할 수 있겠는가? 물론 답은 '명시된 니즈'-요구사항-이 없을 경우 품질은 '명시되지 않은 니즈', 바로 기대와 선호를 기초로 평가된다는 것이다.

따라서 보통 고객 리뷰어는 소프트웨어가 자신의 기대를 충족할 것으로 온전히 기대하며, 로컬라이제이션에서 자신이 선호하는 용어와 문체를 반영하지 않는 언어적 특성은 모두 '오류'로 범주화할 가능성이 높다. 언어적 테스트가 아무리 좋은 의도와 노력을 수반했더라도 그러한 '오류'가 폭넓게 발견될 가능성은 농후하다. 로컬라이제이션 테스트가 초점을 둔 정확성과 등가성은 특정 용어나 문구에 대한 번역 방법이 다수일 경우, 선호 용어와 문체라는 사안은 다루지 않기 때문이다.

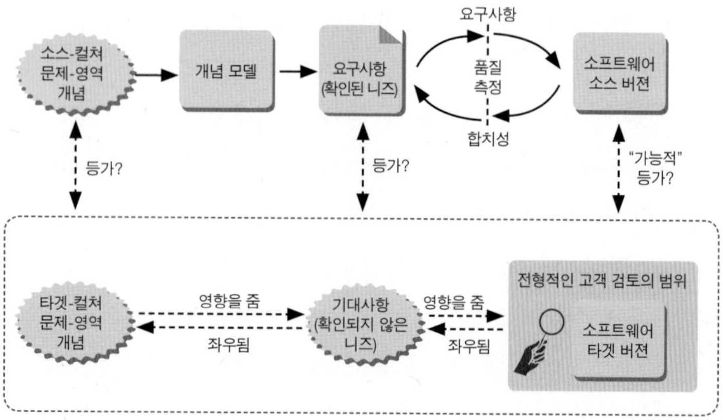

〈그림 12〉 로컬라이제이션된 소프트웨어 품질 평가의 범위와 고객 리뷰 중 로컬라이제이션 품질에 관한 인식을 형성하는 요소.

고객(또는 고객 리뷰어)가 기대하는 바와 실제로 납품받는 제품 간의 격차가 클수록 고객이 불만족할 가능성이 크다. 마찬가지로 로컬라이제이션 테스트는 개별 스트링 차원에서 일관성에 초점을 맞추는 관계로 제품 전체의 상대적 일관성을 다루지 못한다. 예를 들어 소스 어플리케이션이 '폴더'와 '디렉토리'라는 용어를 혼용한다고 가정해 보자. 이 용어가 인터페이스 전체에 걸쳐, 또한 모든 해당 문서 기록에서 정확하고 일관되게 번역된다 해도 타겟 버전은 고객 리뷰어 입장에서 여전히 결함이 있는 것으로 여겨질 수 있다. 타겟 맥락에서 유의어의 사용이 수용될 수 없거나 두 용어 중 하나가 거부될 수 있기 때문이다.

보다 근본적인 차원에서 소프트웨어 로컬라이제이션 프로세스의 기저에 깔려 있는 기능적 등가성이라는 암묵적 가정은 현실을 반영할 수도, 아닐 수도 있는 소스 버전과 타겟 버전의 사용자, 사용 맥락, 심상, 문화의 차원에서 등가성을 전제한다(홀과 홀, 1990; 호프스테드, 1991). 따라서 고객 리뷰어는 사용자 인터페이스가 어떻게 블록을 해야 하는지, 소프트웨어가 어떤 방식으로 작동해야 하는지와 관련해 자신의 기대에서 어긋나는 외관적 또는 기능적 특성에 만족하지 못할 가능성이 높다. 리뷰어는 자신의 기대에 못 미치면 불안을 갖는 것이 마땅하지 않은가? 현재 시장에서 품질은 고객 만족, 즉 "기업이 고객의 요구사항을 충족했느냐에 대한 고객의 '인식'"으로 정의된다. 그러한 요구사항이 실제로 명시되고 기대의 형태로 포착되었든, 명시되지 않고 암묵적 기대와 선호로 남아 있든 말이다(ISO 2008:12; 강조에서 인용문에 추가).

결론

오늘날의 시장에서 품질은 고객이 정하는 것이다. 다시 말해 '제품'의 품질은 '서비스'의 품질과 분리될 수 없다. 이러한 현실은 로컬라이제이션 품질평가가 최종 제품보다도 고객과 최종 제품에 관한 고객의 요구사항에 보다 초점을 맞춰야 함을 시사한다. 하지만 현재의 아웃소싱된 로컬라이제이션 프로젝트 모델에서 로컬라이제이션은 소스 어플리케이션 개발 완료 후에 시작된다. 개발이 로컬라이제이션과 동떨어지면 로컬라이제이션 고객의 요구사항은 최초 프로젝트의 범위를 벗어난다. 고객 요구사항의 문서기록이 부재하다면 로컬라이제이션된 제품의 품질을 평가할 기초가 없다. 여기에 문제의 핵심이 있다. 아웃소싱된 로컬라이제이션 프로젝트 과정에서 고객은 품질 좋은 제품을 기대하지만, 고객의 로컬라이제이션 품질 요구사항은 로컬라이제이션된 버전이 기초로 삼을 소스 언어 어플리케이션의 개발 과정에서 포착되거나 다뤄지지 않았다. 이러한 모순을 어떻게 해소할 수 있을까? 어떻게 - 그리고 어느 정도까지 - 소프트웨어 품질 특성의 정의를 일관되게 수립하고 이를 어떤 로컬라이제이션된 어플리케이션과 어떤 고객에 대해서도 유효한 정량적 평가 메트릭에 통합할 수 있을까? 이에 대한 답은 일률적 접근법으로는 정량적 로컬라이제이션 품질평가는 불가능하다는 것이다.

- 품질은 절대적이지 않고, 오히려 제품에 대한 고객 또는 사용자의 '인식'의 반영이다('품질은 제 눈에 안경'이라는 진리).
- 언어, 소통, 의미의 품질은 과학적 방법을 사용한 객관적 정량화에 부적합하다. 과학적 방법으로 얻은 결과는 반복가능하다. 다시 말해 동일한 절차를 따르는 다른 연구자가 독립적으로 검증할 수 있다는 뜻이다. 특정 기압에서 구리의 용해점은 실험적 관찰로 객관적이고 독립적으로 확인이 가능하다. 그런데 가령 어떤 소프트웨어 사용자 인터페이스의 명료성에 대해서는 그렇다고 말할 수 없다.
- 어원의 뿌리가 시사하듯 품질이란 - 정량적인 것이 아니라 - 본질적으로 '정성적인' 현상이다.
- 프로젝트 관리의 관점에서 모든 프로젝트는 정의상 각기 고유성을 가진다(PMI, 2000:5). 따라서 품질평가는 '특정' 프로젝트의 기획단계에서 '특정' 고객이 형성하고 포착한 핵심 품질 요구사항에 기초하는 한에서, 또한 그것에 대한 준수 정도를 측정하는 한에서만 유효하다.

시장은 로컬라이제이션 품질평가가 과학적으로 정밀하기를 기대하지만 과학적 접근은 품질 측정에는 보통 사용되지 않는다. 하이만(Heiman, 2001:49)이 지적하듯 "'조작적 정의'는 어떤 구성물이나 변수를 측정할 때 사용되는 작업을 기초로 이루어진다." 현재의 아웃소싱된 로컬라이제이션 프로젝트 모델에서 프로젝트 참여자와 고객 리뷰어가 변수로서의 품질에 대해 내리는 조작적 정의는 동일하지 않다. 실제로 판매자이든 고객이든 언어 산업의 이해당사자 다수는 품질이 실은 절대적인 것이 아니라 여러 문화적, 언어적, 조직적, 상업적 요인(이 외에도 많지만)으로 형성되는 '구성물'이라는 근본적 사실을 이해하지 못한다. 고객의, 그리고 특정 프로젝트에 대한 요구사항을 틀로 하여 변수로서 로컬라이제이션 품질의 조작적 정의는 완전히 재고될 필요가 있다. 로컬라이제이션 품질은 분명 존재하며, 측정 가능하다. 그러나 로컬라이제이션 품질은 제품이 아니라 '평가자'에 내재한 것이다. 따라서 로컬라이제이션 평가 역시 이러한 사실에 초점을 두어야 한다.

로컬라이제이션 품질과 로컬라이제이션된 소프트웨어의 품질평가에 대한 현 개념에 내재한 문제를 살펴보면, 근본적으로 용어상의 혼란이 존재함을 알 수 있다. '품질'이라는 단어는 '탁월함의 정도'와 '존재론적 특징, 특성, 특질'이라는 두 가지 의미를 모두 가질 수 있다. 로컬라이제이션 서비스 제공자와 현업 전문가는 일반적으로 '품질'을 '탁월함의 정도'의 의미로 사용한다. 하지만 고객(로컬라이제이션된 제품과 로컬라이제이션 서비스의 구매자)에게 '품질'은 일반적으로 '제품/서비스에 대해 내가 만족하는 정도'를 뜻하며, 이는 다시 '제품/서비스가 나의 기대를 얼마나 충족하는지에 대한 나의 인식'으로 이해될 수 있다.

품질에 대해 고객과 판매자 간에 이처럼 관점의 격차가 있으므로, 제품 품질에 대한 고객의 '인식' 및 만족도에 영향을 미치는 로컬라이제이션된 제품의 - '특징'으로 이해되는 - 특성을 정의하고 통제하는 것이 로컬라이제이션 품질 관리의 목표가 되어야 한다. 제품 품질에 대한 고객 인식에 영향을 미치는 특징은 주관적이며 맥락에 좌우되므로 품질(즉 품질의 인식을 형성하는 특징)은 '정의'될 수 없고, 오히려 특정 프로젝트의 요구사항에 따라 프로젝트별로 '모델링'되어야 한다(ASTM International 2006:5).

이러한 관점에서 볼 때 로컬라이제이션 품질 관리는 '기대'의 관리로 이해하는 것이 정확하다. 품질에 대한 고객의 요구사항을 충족하기 위해 판매자는 각 프로젝트/고객의 로컬라이제이션 작업을 시작하기에 앞서 품질의 주요 특징 또는 변수를 파악해야 한다. 용어는 로컬라이제이션에서 가장 주요한 특징이라고 하겠다(라이트(Wright), 2001; 던, 2007). 용어관리를 함으로써 준수 측정의 기초가 될 요구사항을 파악하여 고객의 용어 선호도를 포착할 수 있다. 마찬가지로 문체 가이드를 사용하면 언어적 품질에 대한 고객의 인식을 형성하는 문체의 주요 특징을 규정하는 틀이 생성된다. 공식적 문체 가이드로 선호도를 기록하면 납품 대상 프로젝트에 해당하는 문체상의 요구사항에 대한 명세서가 도출된다(사례로는 콜(Kohl), 2008; Microsoft, 2009 참조). 특정 프로젝트의 주요 용어 및 문체상 특징을 제한하여 판매자는 특정 고객 및 프로젝트에 해당하는 로컬라이제이션 명세서를 만들게 되고, 이를 기초로 로컬라이제이션된 최종 제품의 준수 정도를 측정할 수 있다. 다시 로컬라이제이션을 평가할 때는 로컬라이제이션된 최종 제품이 실제로 명시된 요구사항을 얼마나 준수하는지 측정하게 될 것이다.

공식적으로 명시된 요구사항이 아닌 리뷰어의 주관적 기대 혹은 선호도를 기초로 로컬라이제이션된 제품의 품질을 평가한다면, 이는 그저 게임 도중 규칙을 바꾸는 정도가 아니라 게임 도중에 경기장에 선수가 한 명씩 입장할 때마다 규칙이 변경되도록 허용하는 것과 마찬가지이다. 로컬라이제이션 작업을 시작하기 전, 프로젝트의 기획단계에서 고객의 니즈, 선호, 기대를 고객 품질 요구사항 명세서 상에 파악 및 기록하고 로컬라이제이션 작업이 완료된 이후 그 요구사항에 대한 준수 정도를 측정하면, 이는 이러한 문제의 해법이 될뿐 아니라 로컬라이제이션된 제품의 품질을 실증적으로 측정할 유효한 기초가 된다.

주

1) 이 리소스는 마이크로소프트 비주얼스튜디오(Microsoft Visual Studio)의 샘플 파일을 사용한 작성자가 개발한 스크리블(Scribble)이라는 샘플 어플리케이션에서 추출되었다. http://www.microsoft.com/downloads/details.aspx?familyid=08e3d5f8-003d-420b-a3b1-3074505-c03f3%displaylang=en

2) 언어, 외관, 기능적 특성의 구별이 사실상 불가능하다는 점을 반영하듯, 여기 제시된 목록의 첫 6개 항목은 기능적 테스트의 범위에 속한다고 볼 수 있다. 하지만 이러한 항목들은 스트링(언어 기호)에 인코딩 되므로 언어적 테스트의 영역에도 포함되며, 이러한 이유로 본 절에서 다룬다.

3) 아마도 J2450을 사용해 자동차 정보가 아닌 자료의 번역을 평가하는 기업은 메트릭을 확장할 것이다. 하지만 필자는 이 부분을 정확히 확인하지는 못했다. 그럼에도 J2450 메트릭은 로컬라이제이션 서비스 제공자와 구매자 사이에서 폭넓게 사용된다. 2007년 6월 존 게스트(John Guest) 마이크로소프트 비즈니스매니저는 비즈니스 네트워킹 웹사이트 링크드인에서 소프트웨어 로컬라이제이션 메트릭에 대하 제안을 요청했다. 다니엘 그레이(Daniel Gray), 제프 알렌(Jeff Allen), 우베 머거(Uwe Muegge), 피터 레이놀즈(Peter Reynolds) 등 수많은 업계 전문가들이 답변했다. 논의의 대부분은 J2450 메트릭이었고, 머거는 "JAE J2450은 ... 자동차 산업을 위해 개발되긴 했지만 번역과 로컬라이제이션 분야에서 널리 사용된다"고 하였다(게스트(Guest), 2007).

4) 실제로 네덜란드의 번역 및 로컬라이제이션 서비스 제공업체 L&L이 실시한 LISA QA 모델 사용 사례연구는 "최초로 마주한 문제는 고객이 품질을 원하지만 품질이 자신에게 어떤 의미인지 명료하게 정의하지 못했다는 사실이다. 다시 말해 심각한 오류, 주요 오류, 사소한 오류의 정의가 내려지지 못했다. 이 경우 L&L은 자체 기준을 사용하고 그 정의가 고객에게도 적합하기를 희망했다"고 밝히고 있다(쿠와 카인즈(Koo & Kinds), 2000:156; 강조는 인용 후 추가).

5) 이는 품질평가의 이론 및 방법론에 대한 다음의 근본적인 질문을 제기한다. 오리지널이 도출하는 효과란 정확히 무엇인가? 우리는 어떤 효과를 측정하는가? 무엇이 측정되어야 하는가? 무엇이 실제로 측정 가능한가? 품질 및 품질에 대한 인식에 영향을 미치는 운용변수는 무엇이며 이를 어떻게 통제할 수 있는가?

참고문헌

ASTM International. 2006. *ASTM F2575-06. Standard Guide for Quality Assurance in Translation.* West Conshohocken, PA: ASTM.

Campbell, Chuck. 2005. "Making It Read Better: Syntactic Strategies." Presentation to the editors of the *Natural Resources Journal* at the University of New Mexico's School of Law. http://infohost.nmt.edu/~cpc/syntax/

Chandler, Heather Maxwell. 2005. *The Game Localization Handbook.* Hingham. MA: Charles River Media.

Depalma, Donald A. and Beninatto, Renato. 2003. *How to Avoid Getting Lost in Translation: Buying and Managing Language Services for Global and Multicultural Business.* Chelmsford, MA: Common Sense Advisory. Inc.

Dunne, Keiran J. 2006. "A Copernican Revolution: Focusing on the Big Picture of Localization." In *Perspectives on Localization.* Keiran J. Dunne (ed), 1-11. Amsterdam/Philadelphia: John Benjamins.

Dunne, Keiran J. 2006. "Putting the Cart before the Horse: Rethinking Localization Quality Management" In *Perspectives on Localization.* Keiran J. Dunne (ed), 95-117. Amsterdam/Philadelphia: John Benjamins.

Dunne, Keiran J. "Terminology: Ignore It at Your Peril." *MultiLingual 18*:3 (April/May 2007): 32-38.

Esselink, Bert. 2000. *A Practical Guide to Localization.* Amsterdam/Philadelphia: John Benjamins.

Guest, John. 2007. "What Are Good Metrics to Measure for Software Localization?" *LinkedIn Answers: Internationalization and Localization.* Feb. 22, 2009. http://www.linkedin.com/answers/international/

internationalization-localization/INT_INZ/252322-10744690-?browseCategory=

Heiman, Gary W. 2001. *Understanding Research Methods and Statistics: An Integrated Introduction for Psychology.* 2nd ed. Boston and New York: Houghton Mifflin.

Hall, Edward T. and Hall, Mildred Reed. 1990. *Understanding Cultural Differences.* Yarmouth, ME: Intercultural Press.

Hofstede, Geert H. 1991.*Culturesand Organizations: Software of the Mind.* London: McGraw Hill.

ISO (International Organization for Standardization). 2008. *ISO 9001:2008(E). Quality Management Systems - Requirements.* 4th ed. Geneva: ISO.

ISO/IEC(International Organization for Standardization/International Electrotechnical Commission). 2008. *ISO/IEC 12207:2008(E). Systems and Software Engineering-Software Life Cycle* Processes. 2nd ed. Geneva: ISO/IEC-IEEE.

Kingscott, Geoffrey. 2007. "Translation Quality Assessment." *Language International.* http://www.language-international.net/articles/Translation Quality Assessment (26-9-07).doc

Kirimoto, Yusuke.2005. "Quality Programsin Localization Environments." ENLASO. http://www.translate.com/Language_Tech_Center/Articles/Quality_Programs_in_Localization_Environrnents.aspx

Kohl, John R 2008. The *Global English Style Guide: Writing Clear, Translatable Documentation for a Global Market.* Cary, NC: SAS Institute.

Koo, Siu Ling and Kinds, Harold. "A Quality-Assurance Model for

Language Projects." In *Translating into Success: Cutting-Edge Strategies for Going Multilingual in a Global Age, Robert C.* Sprung (ed), 147-157. Amsterdam/Philadelphia: John Benjamins.

Lionbridge Technologies. 2009. "Localisation Testing." http://www.lionbridge.com/lionbridge/en-GB/services/localization-translation/localization-testing.htm

LISA (Localization Industry Standards Association). 2004. *LISA* QA *Model 3.0. Product Documentation.* Féchy. Switzerland: USA.

LISA (Localization Industry Standards Association). 2008. "About the Globalization Product Assessment." htlp://www.lisa.org/Product-Information.932.0.html

Lommel, Arle R. and Ray, Rebecca (ed). 2007. The *Globalization Industry Primer: An Introduction to Preparing Your Business and Products for Success in International Markets.* Domaine en Praël [Switzerland]: USA.

Luong, Tuok V., Lok, James S.H., Taylor, David J. and Driscoll, Kevin. 1995. *Intemationalization: Developing Software for Global Markets.* [New York]: Wiley.

Marcus, Aaron. 2005. "User Interface Design and Culture." In *Usability and Internationalization of Information Technology,* Nuray Aykin (ed), 51-78. Mahwah, NY: Lawrence Erlbaum.

Melby, Alan K. 2005. "Language Quality and Process Standards: LISA QA Model v3.0." Language Standards for Global Business Conference, Berlin, Germany, Dec. 12, 2005. http://www.internationalization-conference.org/languagestandards/papers/Panel2_Melby.pdf

Microsoft Corporation. 2009. "Microsoft Language Portal: Style Guide Download." http://www.microsoft.com/language/en/us/download.mspx

PMI (Project Management Institute). 2000. *A Guide to the Project Management Body of Knowledge(PMBOK Guide).* 2000 ed. Newton Square, PA: Project Management Institute.

Pringle, Alan S. and O'Keefe, Sarah S. 2003. *Technical Writing 101 :A Real·Word Guide to Planning and Writing Technical Documentation.* Research Triangle Park. Ne: Scriptorium.

Rätzmann, Manfred and De Young. Clinton. 2003. *Software Testing and Internationalization.* Salt Lake City. UT: Lemoine International.

Rayner, Keith and Serene, Sara C. 1994. "Eye Movements in Reading: Psycholinguistic Studies." In *Handbook: of Psycholinguistics,* Morton A. Gernsbacher (ed), 57-81. San Diego, CA: Academic Press

SAE International. 2001. *Translation Quality Metric [J2450].* warrendale, PA: SAE.

Smith-Ferrier, Guy. 2007. *NET Internationalization.* The *Developers Guide to Building Global Windows and Web Applications.* Upper Saddle River, NJ: Addison-Wesley.

Symmonds, Nick. 2002. *Internationalization and Localization Using Microsoft .NET.* Berkeley, CA: Apress.

Tek Translation. 2009. "Services: Testing" http://www.tektrans.com/services.asp?subsection=19

Urien, Emmanuel, Howard, Robert and Perinotti, Tiziana. 1993. *Software Internationalization and Localization: An Introduction.* New York: Van Nostrand Reinhold.

W3C (World Wide Web Consortium) Schools. 2009. "OS Platform Statistics." Jan. 14. http://www.w3schools.com/browsers/browsers_os.asp

Wright, Sue Ellen. 2001. "Terminology and Tot al Quality Management." In *Handbook of Terminology Management,* Vol. II, Gerhard Budin and Sue Ellen Wright (eds), 488-502. Amsterdam/Philadelphia: John Benjamins.

제 3 부

전문자격 인증 사례연구의 교훈

유럽의 회의통역 과정 입학시험의 예측 타당도

사례연구

사카 티마로바와 해리 언고드-토마스 (Šárka Timarová and Harry Ungoed-Thomas)
레시어스 단과대학교/ 제네바대학교

입학시험은 회의통역사 교육의 핵심이지만 시험의 효과성과 효율성에 관하여는 알려진 바가 거의 없다. 본 논문은 입학시험의 일반적 원칙을 논하며, 특히 통역사 훈련 과정을 위한 입학시험의 주요 구성요소인 예측 타당도와 적성 측정에 주목한다. 또한 최종시험 성적에 대해 높은 예측 타당도를 갖는 입학시험의 개발 토대에 대해 서술한다. 그 다음으로 모 통역 교육기관의 역대 입학시험 및 최종시험 성적을 살펴봄으로써 기존 적성시험의 효율성을 평가 및 보고한다. 다중선형 및 논리회귀분석에 따르면 이러한 시험은 학생의 성공률에 대한 좋은 예측변인이 되지 못하는 것으로 나타났다. 향후 연구에서는 경험적으로 평가를 토대로 예측 타당도가 높은 시험을 개발하는 데 초점을 맞추어야 할 것이다.

서론

구어 회의통역이 2차 세계대전 이후 부상한 이래, 회의통역사들은 고위급 정치회의와 과학회의를 비롯한 다양한 환경에서 서비스를 제공해 왔다. 회의통역의 고객은 민간기업과 정부, 국제연합, 유럽연합 등의 대규모 국제기구였다. 회의통역, 특히 동시통역은 너무나 복잡해서 과연 훈련이 가능한가에 대한 회의가 한때 존재했고, 동시통역을 수행하려면 특별히 타고난 재능이 있어야 한다는 인식도 있었다. 오늘날은 통역사는 태어나는 것이 아니라 만들어진다고 흔히 인식되며(매킨토시(Mackintosh), 1999와 비교), 회의통역사 교육에 대한 수요가 증대됨에 따라 수준 높은 교육과정이 여럿 탄생하였다. 통역사 교육의 이해관계는 교수자, 학자, 대규모 고용기관(무엇보다도 국제기구), 연구자, 전문가 협회가 공유하는 것이다. 유일한 세계 (구어) 회의통역사 협회인 국제회의통역사협회(AIIC, Association Internationale des interprètes de conférence, International Association of Conference Interpreters)는 통역사 교육 부문에서 수십 년간 활동을 활발히 펼쳐왔다. AIIC는 1965년에 회의통역사 '훈련'에 대한 첫 심포지엄을 개최했고(매킨토시, 1999), 관련하여 회의통역사 교육자들에게 정기적으로 기회를 제공한다. AIIC는 또한 회의통역사 교육과정의 표준도 개발하였다.

최근까지만 해도 AIIC 표준은 "회의통역사 훈련은 언어적 기술, 문화적 지식, 일반 지식, 통역 적성을 검증하는 입학시험에 기초해야 한다"고 밝혔다(매킨토시, 1999:72). 이 같은 요건은 최근, 통역사 교육 지원자의 준비상태를 보여주는 입문 수준의 시험을 실시하라는 '권고'로 수정되었다(AIIC Training Committee 2006). 이러한 조치는 AIIC 훈련위원회(AIIC Training Committee)가 현재로서는 신뢰할 통역 적성시험이 부재하다고 인정한 것과 궤를 같이한다. 입학시험을 실시하는 것이 현 관행이지만(AIIC, 2006), 입학시험이 엄격히 실시됨에도 입학생 중 졸업을 하는 학생의 비율은 여전히 낮다(티마로바와 언고드-토마스(Timarová & Ungoed-Thomas), 2008). 지금까지 입학시험의 예측 타당도와 관련해 수행된 연구는 거의 없으며, 그나마 가용한 데이터는 입학시험 성적이 훈련 과정 중 학생의 성적이나 과정의 성공적 수료를 드러내는 신뢰할만한 예측변인이 되지 못함을 보여준다(그린지아니(Gringiani), 1990; 타파로바(Tapalova), 소여(Sawyer, 2004)에서 재인용; 테일러(Taylor, 1997)).

본 논문의 목적은 AIIC 표준과 부합하는 것으로 간주되는 구어 회의통역사 교육과정의 입학시험을 상세히 탐색하는 데에 있다(AIIC Training Committee, 2006). 직후의 절에서는 입학시험의 기본 개념을 논하고 적성시험과 입학시험의 관계와 예측 타당도에 주목할 것이다. 그 다음으로 통역 적성시험 개발에 관한 선행연구를 검토하고 현재 통역 교육기관의 입학시험의 예측 타당도에 대한 필자들의 분석을 제시한다. 마지막으로 결과와 함의를 논한 후, 향후 통역 적성연구의 방향에 대한 제언을 하고자 한다.

입학시험

특정 교육과정을 성공적으로 마칠 잠재력을 가진 지원자를 선발하는 것이 입학시험의 목적이다. 캐롤(Carroll, 1962)은 특정 기술의 습득에 필수적인 다섯 가지 기준을 제시했다. 바로 적성, 일반적 지능, 훈련에 쏟는 시간, 교육의 질, 학습에 주어지는 시간이다. 패리와 스탠스필드(Parry & Stansfield, 1990)는 다수의 논문을 통해 여타 요소를 고찰하였는데, 가령 개인의 학습 평가 기준표, 교수자의 성격, 교실 환경, 불안 수위, 태도, 동기, 두뇌 반구성, 그리고 이들이 제2언어 학습에 미치는 영향 등이다. 기술 습득에 대한 이 같은 기준을 토대로 필자들은 다음의 대략적인 방정식을 도출할 수 있었다.

입학시험 = 적성 + 정서적 변수+ 커리큘럼 관련 요인

기술 습득과 유관한 요인은 이렇듯 다양함에도 회의통역사 교육 관련 문헌은 입학시험을 대부분 적성 차원에서만 논하며, 이때 적성이란 텍스트 분석 능력, 언어 유창성, 기억력 등의 인지적, 언어적 능력에 국한된다(알렉쉐바(Alexieva), 1993; 람베르트(Lambert), 1991; 롱리 (Longley),

1989; 모저-머서(Moser-Mercer), 1985). 통역 교육기관 조사연구에서(티마로바와 언고드-토마스, 2008) 필자들은 연구에 참여한 교육기관들이 대부분 짤막한 순차통역, 요약, 번역, 면접 등으로 통역과 직결된다고 간주되는 기술(언어와 소통, 이해력, 분석력, 일반 지식)을 테스트한다는 결과를 얻었다. 정서적 변수, 가령 성격이나 동기는 경우에 따라 고려되었지만 공식적으로 평가되지는 않으며, 교육 관련 요인들(가령 대학원의 교수법 스타일 및 지원자의 학습 스타일 간의 일치도)은 전혀 고려대상이 아닌 것으로 보인다(티마로바와 언고드-토마스, 2008).

적성시험은 회의통역사 교육과정 입학시험의 핵심이므로 통역 적성의 구성요인이 무엇인지를 살펴볼 필요가 있다. '적성'이라는 용어는 통역학 문헌에서 빈번히 사용되나(알렉쉐바, 1993; 보웬과 보웬, 1989; 함베르트, 1991; 롱리, 1989 등) 저자들이 적성을 정의하는 경우는 거의 없다. 적성은 흔히 교육의 선결조건으로 이해된다. 그러나 그러한 선결조건들은 거의 대부분 교육자의 직관과 경험을 토대로 하고 있다(그린지아니, 1990; 함베르트, 1991; 모저-머서, 1994; 루소와 피파(Russo & Pippa), 2004).

보웬과 보웬(1989)은 적성에 대한 캐롤(1962)의 정의를 언급한다. 이 정의에서는 적성을 특정 과업을 익히거나 특정 기술을 습득하는데 필요한 시간의 양으로 본다. 이러한 정의에 따르면 모든 사람은 목표를 달성할 능력이 있으나, 타인에 비해 시간이 더 걸리는 사람이 있다. 이 정의는 60년대에 외국어 학습을 위해 개발된 것이다. 따라서 필자들은 회의통역사 교육이라는 목적 하에서 적성에 대한 캐롤의 정의를 수정하여 제시하고자 한다. 본 장에서는 적성이 순차 및 동시통역 기술을 특정 통역과정의 기간 내에 특정 수준까지 습득할 수 있는 능력으로 정의된다. 이때 특정 수준이란 현업에 종사하는 데 요구되는 품질의 통역을 제공하는 능력이다. 회의통역사 교육은 보통 1~2년의 석사과정으로 제공되고 기술은 이 기간 내에 습득이 가능한 것으로 인식되며, 수업을 듣는 시간 외적으로 약간의 시간을 더 허용할 수 있다. 가령 학생의 수학 기간이 공식적으로 종료된 후 1년까지 시험에 응시하도록 허용할 수 있다는 것이다. 보웬과 보웬(1989)이 지적하듯, 정의에 포함되는 시간이라는 요소는 사실상 각 통역 교육기관에서 저마다의 과정 한도에 따라 입학시험을 독자적으로 개발해야 함을 뜻한다. 그런데 적성에 토대한 통역과정 입학시험은 그 외에 더 심각한 문제를 제기한다. 이는 바로 현재까지 입학시험이 일관성 있게 연구 및 검증되지 않은 관계로 통역 적성에 대해서는 현업 전문가가 지닌 직관적 견해 이상의 신뢰할 만한 증거가 없다는 점이다(모저-머서, 1994; 소여, 2004).

적성시험의 기본 개념

적성시험의 기본적인 목적은 특정 개인이 특정 기술을 습득할 수 있을지를 '예측'하는 것이다(보일과 피셔(Boyle & Fisher), 2007). 그러므로 적성시험에서 가장 중요한 것은 예측 타당도이다. 그런데 문제는 개인이 아직 습득하지 않은 기술을 어떻게 측정하는가에 있다. 이 점이야말로 성취도 시험이나 능력시험 등의 여타 평가와 적성 평가 간의 결정적인 차이다(보일과 피셔, 2007). 간단한 비유를 들자면, 아이가 자전거를 탈 줄 아는지 알아보려면 자전거를 타보라고만 하면 된다(성취도). 그런데 신생아가 미래에 자전거를 탈 수 있게 될지는 어떻게 파악하는가(적성)? 이 경우 신생아를 자전거에 앉혀 본다고 되는 것이 아니다. 이것이 바로 적성시험의 기본 난제이다. 숙련된 행동을 수행보지 않고 그 행동의 잠재력을 어떻게 평가할 수 있는가? 현존 연구의 공백이 바로 이 부분에서 크게 존재하며, 이는 마땅히 해소되어야 한다.

미래의 기술에 대한 적성을 판단하려면 해당 기술의 핵심 요소를 파악하고 그 '기저의 기초적' 능력을 테스트해야 한다. 숙련된 행동이 이러한 기초적 능력에서 비롯되는 것이라면 숙련된 행동이 부재할 때에도 기초적 능력은 존재해야 하고, 측정이 가능해야 한다. 앞선 신생아와 자전거의 비유를 이어가자면, 아이의 기본적 운동 협응 능력과 균형 감각을 살펴볼 수 있다. 이는 자전거를 못 타는 어린 어린아이의 경우에도 측정될 수 있다. 그런데 이 같은 접근은 통역에서는 드물다. 통역 관련 문헌은 어떤 시험의 표면적 유효성, 즉 통역과의 유사성을 기초로 해당 시험에 대해 찬반을 논한다. 가령 보웬과 보웬(1989)은 어휘시험을 두고 "지원자의 텍스트 이해력이나 글쓰기 능력을 전혀 시사하지 않는다"(ibid:112)는 것을 근거로 이 시험에 반대한다. 그런데 어휘적 지식도 통역의 중요한 구성요소가 되는 변수라는 증거도 존재한다(파딜라, 바요, 마씨조(Padilla, Bajo & Macizo, 2005). 이와 유사하게 세튼(Setton, 1994)은 어휘가 아닌 문장 완성을 요구하는 괄호 채우기 시험을 주장했고, 거버, 롱리, 롱, 람베르트 (Gerver, Longley, Long & Lambert, 1989, 상세한 내용은 아래 참조)는 빈칸의 한 어휘를 채우는 시험으로 최종 시험의 통역 성적이 예측 가능함을 보였다. 언어시험 연구(가령 바흐만과 팔머(Bachman & Palmer), 1996)를 토대로 안젤렐리(Angelelli, 2007)는 진정성의 원칙을 주장하면서 시험이 현실의 실제 상황에 상응해야 한다고 보았다. 이에 따르면 지원자는 통역과정 입학을 위해 통역 능력을 선결조건으로 하는 시험을 치러야 한다. 실제로 입학시험에서 짤막한 순차통역 시험이 많이 실시된다는 사실에서 보듯, 이런 요건은 자주 평가된다(티마로바 & 언고드-토마스, 2008). 하지만 이는 통역 경험이 없는 지원자에게 한 번도 수행 또는 연습한 바 없는 과업을 수행하라는 특별한 요구이다. 필자들이 보기에 이 같은 접근은 현재 보유한 능력에 대한 시험(신생아가 자전거를 탈 수 있는가?)에 해당되며, 진정한 적성시험(신생아가 미래에 자전거를 탈 수 있는가?)의 개념과는 모순된다.

적성 평가에 보다 나은 접근으로 보이는 관련 분야의 사례를 보면, 외국어 학습 분야의 경우 언어학습 적성에 대한 몇 가지 시험을 갖추고 있다. 앞서 언급했듯 대표적인 시험은 캐롤 (1962)이 개발하였고, 그는 언어학습 적성을 예측하는 네 가지 요소, 즉 음성학적 코딩 능력, 문법적 민감성, 기계적 암기력, 귀납적 학습능력을 개발했다. 핌슬러(Pimsleur, 1962)도 유사한 시험을 개발했다. 예를 들어 시험에서 지원자에게는 상상의 언어로 된 단순한 예시 문장이 제시된다(주어 - 동사 - 목적어 구조). 해당 문장에 대한 설명이 주어지고, 지원자는 다지선다형 문항에서 이와 유사한 형태의 다른 문장에 대한 올바른 번역을 고른다. 이때 지원자의 과업은 실재하는 언어사용 환경에서의 수행능력을 보이는 것이 아니며, 이 시험으로 통역학이 주장하는 진정성 또는 액면 타당도를 충족할 수는 없다. 그러나 시험은 교수 환경을 시뮬레이션하며 타겟 퍼포먼스보다도 학습 경험, 즉 기술 습득 단계와 긴밀히 연관되어 있다. 이러한 시험은 외국어 학습 능력에 대한 예측 타당도를 갖는 것으로 밝혀졌다. 1960년대 이후 외국어 학습 분야에서 다양한 연구가 진행되었다. 외국어 학습의 적성이라는 개념은(심리언어학적 협의에서) 정서적 변수(성격, 동기, 불안감, 학습 스타일 등)를 포괄하는 개념으로 확장되었다. 하지만 이러한 변수 중 캐롤의 시험의 예측 타당도를 눈에 띄게 향상시킨 것은 없었다(스팍스와 한스차우(Sparks & Ganschow), 2001). 향후 통역 기술 그 자체 및 기술 습득 능력의 차원에서 통역에 대한 적성을 가리는 연구가 수행될 필요가 있다(쇼, 티마로바, 살레츠(Shaw, Timarová & Salaets), 2008와 비교).

다음으로 통역학 문헌에 드러난 연구의 두 줄기를 논하고자 한다. 두 줄기란 첫째, 새 적성시험 개발 관련 연구 그리고 둘째로 현 입학시험의 타다성과 최종시험 성적의 예측변인으로서의 유용성에 관한 연구이다.

새 적성시험 개발

첫 번째 줄기의 연구의 초점은 통역 기술과 긴밀히 연관된 여러 기술 및 능력을 측정할 새로운 시험을 개발하는 데에 있다. 이때 새 시험의 성적을 교육기관의 적성시험 점수나 최종 시험 점수와 비교한다. 이러한 유형의 상당히 흥미로운 연구가 이탈리아 트리에스테의 SSLMIT(Scuola Superiore di Lingue Moderne per Interpreti e Traduttori - Faculty of Interpreting and Translation Studies)에서 수행되었고(루소(Russo), 1989, 1993; 피파와 루소, Pippa & Russo 2002; 루소와 피파, 2004), 체코공화국 프라하의 번역원(Institute of Translation Studies)에서도 수행되었다(리시코바(Rejŝková), 1999).

체코 프라하의 번역원에는 5년제 석사과정이 있다. 학생들은 첫 3년간은 일반 주제(언어, 언어학, 번역이론)와 관련된 과목을 수강하며, 마지막 2년간은 번역과 통역 중 전공을 택하여 학습한다. 4~5년차에 어느 전공을 택하든 간에 학생들은 3년차에 순차통역입문 강좌를 수강해야 한다. 순차통역 과목의 성적은 통역을 전공할지의 여부에 대한 권고의 근거가 된다. 순차통역 기술로 동시통역 기술에 대한 예측이 가능한지 확인하기 위해 리시코바는 순차통역입문의 최종 시험 성적을 동시통역 적성 평가를 위해 자신이 설계한 6회의 시험 성적과 비교했다. 시험의 구성은 다음과 같다.

1. 셰도잉(함베르트, 1992): 학생들은 외국어로 짧은 연설을 듣고 자신이 들은 내용을 문자 그대로 동시에 반복하여 말한다.
2. '개인 맞춤형' 빈칸 채우기 시험: 학생들은 연사의 기본정보가 담긴 짧은 텍스트를 듣고, 해당 텍스트를 문자 그대로 외국어로 반복하여 말하면서 개인 정보(이름, 나이, 국적 등)를 모두 자신의 정보로 대체한다.
3. 적성검사를 위해 특별 설계된 간단한 외국어 텍스트를 모국어로 통역한다.
4. 특별 설계된 절차적 텍스트를 외국어에서 모국어로 통역한다.
5. 이야기의 반전이 있는 동화를 외국어에서 모국어로 통역한다.
6. 중복이 많은 실제 국제회의 연설을 외국어에서 모국어로 통역한다.

*국제회의통역 〈 회의통역

시험 성적과 이러한 동시통역 연습의 수행 결과를 비교해 보니 약한 상관관계만이 도출되었다(r = 0.498). 이에 따라 리시코바는 순차통역 성적이 향후 동시통역 성적을 예측하는 신뢰도 높은 수단이 아니며, 동시통역의 적성은 별도로 측정되어야 한다는 결론을 내렸다(알렉쉐바, 1993과 비교). 안타깝게도 리시코바는 추가로 데이터를 수집하여 이후 교육과정의 (동시) 통역 강의에서 실제로 드러난 수행능력과 비교를 하지 않았다. 이러한 비교가 이루어졌다면 자신이 개발한 일련의 시험이 동시통역 적성 측면에서 어느 정도의 예측 타당도를 보이는지를 평가할 수 있었을 것이다.

유효성, 신뢰성을 갖춘 표준화된 통역적성시험 개발은 트리에스테 소재 SSLMIT에서 루소(1989, 1990, 1993; 피파와 루소(Pippa & Russo), 2002; 루소와 피파, 2004)가 주도하였다. 루소는 공통된 인지 및 언어적 구성요소와 과정에 대한 이론적 가정 하에 패러프레이즈를 학생의 동시통역 적성 평가의 기본 방식으로 활용하였다. 그가 주요 목표로 삼은 것은 패러프레이즈 점수와 통역 교육과정에서 드러나는 수행능력 간에 신뢰할 만한 연관성이 있는지를 확인하는 것이었다. 가장 근래에 발표된 연구 결과(루소와 피파, 2004)에서는 통역 교육과정 시작 시점에서 시험을 본 학생 46명을 표본으로 삼는다. 이들 학생의 점수는 이미 연관성이 있는 것으로 밝혀진 두 기준, 즉 최종 시험 점수 및 과정을 마치기까지 수강한 학기의 수(루소, 1993)와 비교 분석되었다. 두 연구자는 시험 성적에서 부정적 상관관계가 큼을 발견했는데($r(44) = 0.38$, $p < 0.05$), 이는 적성시험 점수가 높은 학생일수록 졸업을 빨리했다는 의미이다. 시험 성적에서는 긍정적 상관관계도 존재했는데($r(44) = 0.38$, $p < 0.05$), 이는 적성시험 점수가 높은 학생일수록 시험 성적이 좋았음을 보여준다.

적성 측정에 심리학적 접근을 한 사례로는 거버, 롱리, 롱, 함베르트

(1989)가 있다. 1977년에 이들은 "통역 학습자가 발화된 담화의 의미를 신속히 파악하고 전달하는 능력을 진단하는 일련의 객관식 시험을 평가(1989:724)"하는 작업을 시작하였다. 이들 시험은 해당 통역교육기관(Polytechnic of Central London)의 입학절차에는 포함되지 않았지만, 1977년도에 입학한 학생 전원을 대상으로 실시되었다. 따라서 이 시험의 점수가 낮게 나온 학생들도 최종시험을 볼 수 있었다.

연구자들은 두 종류의 시험을 설계하고 이를 기존 입학시험과 병행하여 실시했으며, 그 결과를 최종시험 성적과 비교하여 유효성을 검증했다. 첫 번째 종류는 텍스트 기반 시험으로 그 구성은 다음과 같다.

1. 논리적 기억력 시험(웩슬러(Wechsler), 1945): 웩슬러 기억 스케일(Wechsler Memory Scale)에서 문항이 선택되며, 시험마다 24개의 기억 단위(memory unit)로 나뉘는, 65개 단어로 구성된 짧은 텍스트가 들어 있다. 텍스트를 청취한 후 기억해낸 기억 단위의 수를 기준으로 평가가 이루어진다.
2. 텍스트 기억력 시험: 1,000단어 길이의 연설문이 크게 낭독되면 이를 청취한 후 정보를 요약하여 작성한다.
3. 빈칸 채우기 시험: 녹음된 연설에서 빠진 어휘를 채워 넣는다.
4. 오류 찾기 시험: 어휘, 통사, 발음 오류가 약 50개 들어있는 청각 텍스트를 교정한다.

두 번째 종류는 하위기술에 기반한 시험이다.

1. 유의어 생성 시험: 단어 4개에 대해 유의어를 가능한 한 많이 적는다.
2. 표현적 유창성 시험: 구체적으로 정한 기준에 따라 문장을 다시 작성한다.
3. 어휘시험: 유의어에 대한 다지선다형 시험.
4. 속도 테스트: 제한된 시간 내에 정신적 민첩성 진단 시험을 본다.

연구자들은 시험을 치른 학생 전원이 아닌 일부의 점수는 최종시험 점수에 대한 예측이 됨을 발견했다. 전반적으로 텍스트 기반 시험의 예측력이 높았고, 그 중에서도 빈칸 채우기 문항 두 개가 최종 동시통역 시험과 가장 높은 상관관계를 보였다(r = 0.44 및 0.56). 한편 논리적 기억력 시험 문항 두 개는 최종 순차통역 시험과 큰 상관관계를 보였으며(r = 0.48 및 0.63), 하위기술 기반 시험에서는 유의어 시험만이 최종 순차통역 시험 성적과 큰 상관관계를 보였다(r = 0.50).

거버 외는 이러한 결과가 정확하다면 텍스트 기억력 시험, 빈칸 채우기 시험, 오류 찾기 시험의 도입으로 입학시험의 예측 정확도를 59%에서 75%로, 논리적 기억력 시험의 도입으로 예측 정확도를 94%까지 향상시킬 수 있다고 주장했다. 이들 연구자들은 연속 담화(connected discourse)의 처리가 통역사의 과업 중 결정적 측면이며, 이것이 입학시험에 구현되어야 한다는 결론을 내렸다. 그런데 의외로 통역학계에서 이에 대한 후속 연구는 거의 이루어지지 않았다. 거버 외의 예측 정확도가 설사 과장되었다 하더라도 이러한 시험은 면밀히 검토할 만한 가치가 있다. 또한 이들 시험은 통역과의 피상적 유사성이 없을지라도, 다시 말해 액면 타당도가 부족하더라도 기저 능력을 측정할 보다 간단한 시험을 모색하는 것이 유용함을 보여준다.

기존 입학시험의 검증

입학시험의 효과성을 진단하는 또 다른 방법은 현 입학시험 관행을 살펴 이것이 학생의 성공을 잘 예측하는지를 판단하는 것이다. 이 주제의 연구를 이탈리아 트리에스테 소재 SSLMIT의 그린지아니(1990)가 수행하였다. 프라하의 번역원과 유사하게 SSLMIT에는 초반의 번역교육, 후반의 통역교육으로 이루어진 학부과정이 있다. 여기에는 이탈리아의 교육제도라는 제약이 있는데, 과정 후반에 통역전공으로 진입하는 것은 학생 본인의 결정이라는 점이다. SSLMIT에서는 중간 적성시험을 실시하지만, 이는 지침의 역할만을 할 뿐이며 큰 영향력을 발휘하지 못한다. 실제로 학생들이 시험 성적 때문에 통역 훈련을 못 받는 일은 없다. 여기서 독특한 연구의 기회가 포착된다. 필요한 기술을 사실상 못 갖추었다고 생각되는 학생을 수용함으로써 연구자는 배심원단의 판단이 얼마나 정확한가를 평가할 좋은 기회를 갖는 것이다. 그린지아니(1990)가 밝히듯 배심원의 판단은 잘못된 것일 수 있다. 그린지아니는 적성시험 결과를 실제 최종시험 성적과 비교했다. 적성시험을 통과하지 못한 학생 25명 중 7명이 교육과정을 잘 이수하였고, 이들은 최종시험에서 적성시험 결과 통역사 적성이 높다고 판명된 학생들과 유사한 성적을 거두었음이 확인되었다. 입학시험에 통과하지 못한 학생 중 3명은 통과자들보다 재수강을 적게 하면서 과정을 이수한 반면, 적성시험을 통과한 학생 17명 중 8명은 교육과정을 끝까지 이수하지 못하였다. 물론 이러한 결과에 대해서는 숱한 설명(혼재변수)이 가능하겠다. 여기서 중요한 것은 이러한 적성시험이 높은 예측 타당도를 갖지 못했다는 점이다.

그린지아니의 연구는 실제 적성시험 점수와 통역시험 성적을 기반으로 한 예이다. 이런 식의 연구는 두 성적을 비교하여 특정 교육과정에서 실시되는 입학시험의 유용성을 파악할 수 있다는 점에서 뜻 깊다. 그런데 단점이라면 연구자가 이 같은 비교를 하더라도 시험의 성격에 대해서는 전혀 파악을 할 수 없다는 것이다. 가령 적성시험 중 어떤 부분이 유효한지의 여부(측정해야 할 바를 측정하고 있는지)를 판단할 수가 없다. 또한 이 같은 연구는 특정 통역과정(커리큘럼, 교수자 등)과의 긴밀한 연계 속에서 실시될 가능성이 높고, 따라서 도출된 결과가 여타 대학원이나 교육과정에 직접적으로 적용될 수 없다는 단점이 있다. 이는 별도로 상관관계 분석을 수행할 때 발생하는 본질적 한계이다. 두 변수 간의 관계를 수립하는 것만으로는 인과관계가 성립될 수 없는 것이다. 이 연구에서 발견된 상관관계의 원인은 파악되지 않았다. 그러나 입학시험과 최종시험 성적 간의 관계를 규명하면 이를 현 입학시험의 효과성, 즉 예측 타당도를 판단하는 데이터 수집의 도구로 사용할 수 있다.

그런데 위의 상관관계 분석이 통역사 교육과정의 제반 측면을 고려하는 교육과정 평가의 필요성을 드러냈다는 점에 주목할 필요가 있다. 적성시험도 교육과정의 여러 측면 중 하나다. 소여(2004:111)가 지적하듯 대학원은 과정의 이수를 예측하려는 의도 없이 과정을 시작할 준비 상태만을 판단하고자 입학시험을 실시할 수도 있다. 하지만 위에서 서술했듯 통역학 선행연구는 적성을 입학시험의 핵심 구성요소로 다루며, 이는 과정을 잘 이수할 잠재력이 큰 지원자를 선발하는 데 관심이 있음을 시사한다. 이점이 사실이라면 준비상태 판단만을 목적으로 입학시험을 실시하는 대학원들은 기존의 입학 절차를 검증할 필요가 있겠다. 본 논문의 서론에서 정리한 원리들은 적성, 성격, 동기 등 통역 교육과정의 성공적 이수에 이바지할 특성을 측정하는 입학시험 개발에 있어 틀이 된다. 결과적으로 이러한 입학시험은 유효성과 신뢰성이 확보된 방식으로 측정한다는 전제 하에 지원자들이 교육과정을 이수할 가능성을 진단하는 데에 이바지해야 할 것이다. 국제회의통역과정 입학시험을 검증하는 연구로는 앞서 언급된 그린지아니(1990)의 연구와 이와 유사한 타파로바(Tapalova)의 연구(소여, 2004에서 재인용)가 전부이다. 두 연구자는 모두 연구대상이 된 입학시험의 예측 타당도가 아주 낮다는 결론을 내렸다. 따라서 현재의 입학관행의 효과성에 관한 실증적 연구가 보다 많이 이루어져야 하겠다.

다음으로는 한 통역 교육기관이 제공한 역대 성적자료를 기반으로 입학시험의 예측 타당도에 대한 필자들의 연구 결과를 제시하고자 한다. 목적은 입학시험의 예측 타당도를 파악하는 것인데, 이를 위해 필자들은 입학시험이 과정을 성공적으로 이수할 잠재력이 큰 지원자를 신뢰성 있게 선별하고 있는지를 파악하고자 한다.

빌헬름대학교의 입학시험과 최종시험

방법

유럽 국제회의통역 교육기관의 대명사격인 빌헬름대학교(Wilhelm University)는 본 연구 프로젝트를 위해 대학의 자체 기록을 제공해 주었다. 연구방법론 상의 이유로 필자들은 한 교육기관의 데이터 분석 결과만을 제시하지만, 빌헬름대학교는 AIIC의 통역과정 기준에 부합하는 기관임을 밝혀둔다.[1)] 또한 빌헬름대학이 현재 채택하는 입학절차와 시험 유형은 여타 기관의 입학시험에 대해 대표성을 갖는 것으로 사료된다(티마로바와 언고드-토마스, 2008).

1998년부터 빌헬름대학은 국제회의통역 석사 1년 과정에 대한 2단계 입학시험을 실시해왔다. 여타 기관과 마찬가지로(그린지아니, 1990; 함베르트, 1991; 모저-머서, 1994; 루소와 피파, 2004) 입학시험은 직관적인 성격을 띠며 교강사진의 풍부한 교육 경험을 기반으로 한다. 1단계는 필기시험으로, 지원자는 비기술적인 주제의 글을 자신의 능동언어(들)로 온전히 번역해야 한다(A언어[2)]로의 번역은 350단어, B언어로의 번역은 250단어 길이). 지원자가 필기시험을 통과하면 다음으로 구술입학시험을 치르며 이때 최소 3명의 채점위원이 면접을 진행한다. 채점위원 전원은 숙련된 전문 통역사이며 대부분이 빌헬름대학에서 통역을 강의하는 이들이다. 채점위원들은 지원자의 역량을 논하고 집단적 합의에 따라 결정을 내린다. 구술시험은 두 부분으로 구성되며 학생의 언어 조합에 따라 30~60분이 소요된다(즉 작업 언어가 세 개일 경우 두 개일 때보다 시간이 많이 소요된다). 학생은 먼저 수동언어로 제시된 3분 길이의 짧은 구술 발표를 능동언어(들)로 요약한다. 다음으로는 세 주제 가운데 하나를 골라 준비시간 5분 동안 3분 길이의 모국어 발표를 준비한다.

2005년까지는 빌헬름대학교에 입학한 학생들은 두 학기를 마친 후 최종시험에 응시했다. 이 제도에 따르면 첫 응시에서 전 과목 합격이 안 되면 응시 기회가 두 차례 더 주어진다. 세 번째 응시에서도 불합격하면 과정 수료 자격을 박탈당한다. 졸업을 하려면 시험 전 과목에 합격해야 하며, 이를 위해 자신의 작업 언어별로 3개의 시험 과목에서 40점 이상을 받아야 한다(60점 만점이며 이는 해당 대학이 소재한 국가에서 적용되는 평가척도이다). 시험과목은 즉흥 연설에 대한 순차통역과 동시통역, 그리고 통역 직전에 텍스트가 제공되어 낭독한 연설에 대한 동시통역으로 구성된다.

필자들은 입학시험이 졸업을 잘 할 학생들을 얼마나 잘 선별하는지를 평가하고자, 입학시험 성적과 최종시험 성적 간에 직접적 연관이 있는지를 살펴보았다. 분석을 위해 입학생의 훈련은 교육과정의 표준 길이 내에 완료 가능하다는 가정 하에서 데이터는 최종시험의 첫 응시 결과로 제한하였다. 또한 재응시 기간이 최대 16개월에 걸쳐져 있는데, 필자들은 등가성 유지를 위해 1년 이상의 간격을 두고 치러진 시험 데이터는 분석 대상으로 삼지 않았다.

데이터 수집

본 분석에 사용된 데이터는 빌헬름대학교의 필기 및 구술 입학시험과 최종시험의 첫 응시 성적이다. 기간은 현재의 입학시험이 도입된 1998년부터 2005년까지이다. 시험 관련 데이터는 풍부하지만 매해 모든 평가에 대한 결과를 확보하지 못했다는 점에서 완전하지는 않다. 필자들은 총 184명에 대한 입학 및 최종시험 데이터를 수집하였다(해당 기간에 약 1천 명이 지원하고, 그 중 170명 정도가 입학한 것으로 추산된다). 학생의 발전 정도에 따라 몇 가지 다른 유형의 데이터가 존재했다. <표 1>은 이번 분석에 포함된 4가지 유형에 대한 데이터이다. 앞서 언급한 학생 184명의 데이터는 이에 따라 분류되었다. 유형 1은 문제없이 최종시험까지 도달한 학생이고(최소 40점을 맞아야 합격), 유형 2는 입학 구술시험에서 불합격한 학생, 유형 3은 입학 필기시험에서 불합격한 학생, 유형 4는 빌헬름대학교의 번역 전공으로 졸업하여 필기시험을 면제받고 바로 구술 입학시험을 치른 학생이다.

유형 1에 해당하는 학생들은 입학시험과 최종시험을 모두 통과했다. <표 1>의 사례 중 한 학생은 최종시험에서 C2-A 동시통역(즉 제2외국어에서 모국어로의 통역)을 통과하지 못했는데(38점으로 불합격), 추후 재응시를 할 것이며 필자들은 이 학생도 포함해 살펴보기로 했다. 유형 1에 해당하는 다른 학생들은 모든 시험을 통과했으며, 그 밖의 학생들은 불합격했을 수 있다. 중요한 것은 (입학시험과 최종시험을 포함한) 모든 시험 데이터에서 이러한 기록을 35건을 발견하고 이를 바탕으로 필기, 구술, 최종시험 사이의 상관관계를 분석했다는 사실이다.

유형 2에 해당하는 학생들은 필기시험에 합격하고 구술시험에는 불합격한 관계로 대학원에 입학하지 못했다. 이러한 기록은 66건으로 필기시험과 구술시험 점수의 관계 분석에 사용되었다. 유형 3에 해당하는 학생들은 필기시험을 통과하지 못했는데, 이러한 데이터는 연구 목적에 부합하지 않으며 해당 기록은 45건이었다. 유형 5에 해당하는 학생들은 바로 구술시험을 치르고 입학하여 최종시험까지 합격한 경우다. 필자들은 이들의 데이터로 구술시험과 최종시험의 관계를 분석했다. 해당 기록은 23건으로 필기시험 점수를 찾을 수 없는 일부 경우까지 포함했다. 필기시험과 최종시험 결과는 있지만 구술시험 결과는 없는 기록도 15건이었다.

〈표 1〉 학생 성적기록의 예시.

성적 유형 (언어조합)	입학시험 필기	결과	입학시험 구두	결과	최종 시험 (1차 시도)	결과
유형 1 ACC (n=35)	번역 C1-A C2-A	45 40	구두 요약 C1-A C2-A 발표 A	40 45 49	C1-A동시 C2-A동시 C1-A순차 C2-A순차	40 38 42 45
유형 2 AA (n=66)	번역 A1-A2 A2-A1	42 48	구두 요약 A1-A2 A2-A1 발표 A	35 42 45		
유형 3 ABC (n=45)	번역 A-B B-A C-A	40 35 32				
유형 4 ACCC (n=23)			구두 요약 C1-A C2-A C3-A 발표 A	40 43 34 50	C1-A동시 C2-A동시 C1-A순치 C2-A순치	50 51 50 44

인어. A - 모국어, B - 능동언어, C - 수동 작업 언어
동시 = 동시통역, 순차 = 순차통역

결과

단순회귀, 다중선형회귀, 로지스틱회귀 등 다수의 회귀분석모형을 적용하였다. 선별된 예시를 <표 2>에 제시하였다.

<표 2>의 각 행은 회귀모형을 나타낸다. 첫 열은 종속변수, 즉 예측하고자 하는 변수를 명시하며 두 번째 열은 회귀자, 즉 예측의 기초가 되는 변수의 목록이다. 세 번째 열은 각 예측변수의 상대적 중요성, 다시 말해 예측에 얼마나 기여하며 그 기여가 얼마나 중요한가(별표로 표시)를 나타내는 표준화 회귀계수의 목록이다. 네 번째 열은 수정된 R^2

값을 나타내는데, 이는 모형이 종속변수를 얼마나 잘 예측하는가를 보여주는 척도이다. 마지막으로 다섯 번째 열은 해당 회귀모형에 포함된 표본의 크기를 나타낸다.

사례를 제시하고 더욱 명료화하고자 첫 행에서는 필기 입학시험, 구술 요약, 구술 발표의 평균점수로 최종시험의 평균점수를 예측하였다. 세 예측변수에 대한 베타계수를 보면 구술 요약만이 종속변수에 대해 유의미한 예측을 했음을 알 수 있다. 하지만 세 예측변수를 모두 고려하면 최종시험 점수의 변동폭 중 설명되는 부분은 10.8%에 불과하다.

가장 중요한 정보는 네 번째 열에서 찾을 수 있는데 이는 회귀모형의 강점을 보여준다. 수정된 R^2 값에 편의상 100을 곱하면 종속변수의 변동폭 중 예측변수로 설명되는 부분의 비율이 드러난다. 필자들이 사용한 모든 모형에서 이 값은 아주 낮게 나타났다. 예측변수는 일반적으로 종속변수의 변동폭 중 10% 미만을 설명할 뿐이며, 최종시험 중 제1외국어 텍스트가 주어진 동시통역을 제외하면 의미 있는 수준에 도달하지 못했다. 이러한 해석은 <표 3>에 나타난 이변량 상관계수로 뒷받침된다. <표 3>은 입학 및 최종시험의 각 과목과 종합점수를 나타낸다(따라서 '구술 평균'은 입학시험 중 구술 형태의 모든 과목 평균점수를 뜻한다). 입학시험의 개별 과목들은 서로 명백히 연관되어 있고 최종시험의 개별 과목들 역시 마찬가지다. 하지만 입학시험과 최종시험 간의 연관성은 긴밀하지 않다.

구체적으로 성적을 예측하는 정교한 방식이 아닌 보다 단순한 방식, 가령 간단한 합격/불합격 예측을 사용하더라도 예측력 강해지거나 유의미한 수준에 도달하지 않는다(회귀모형은 기본적으로 표 2와 동일하다). 필자들은 이 같은 분석을 토대로 현 입학시험 과목들은 최종 통역시험의 결과를 잘 예측하지 못한다는 결론을 내릴 수밖에 없다.

〈표 2〉 최종시험의 결과를 예측하는 선별된 선형적 회귀모델 베타 핏 (조정된 R2), 표본 사이즈

종속 변수	예측 변수	베타	핏 (조정된 R2)	표본 사이즈
최종성적 평균	필기 평균 구두요약 평균 구두발표 평균	.084 .424* -.066	.108	35
최종 순차성적 평균	필기 평균 구두요약 평균 구두발표 평균	.077 .335 -.002	.047	35
최종 동시성적 평균	필기 평균 구두요약 평균 구두발표 평균	.490 .405* -.126	.069	34
최종 순차성적, 제1언어	제1언어 필기 제1언어 구두요약 제1언어 구두발표	-.076 .095 .011	-.082	34
최종 동시성적, 제1언어	제1언어 필기 제1언어 구두요약 제1언어 구두발표	.235 .339 -.155	.068	33
최종 텍스트 있는 동시 성적, 제1언어	제1언어 필기 제1언어 구두요약 제1언어 구두발표	.330 .391* -.123	.172*	33

*p 〈.05; SPSS로 나온 음성예측도

〈표 3〉 주요 예측변수와 종속변수의 상관관계 매트릭스

	필기 평균	구두 요약	구두 발표	구두 평균	입학 평균	순차	동시
구두 요약	.287**						
구두 발표	.281**	.695**					
구두 평균	.301**	.953**	.873**				
입학 평균	.779**	.871**	.795**	.910**			
순차	.085	.182	.205	.231	.147		
동시	.186	.266**	.113	.255	.236*	.580**	
최종 평균	.158	.251	.188	.276*	.216	.906**	.870**

*p 〈.05, **p〈.01

논의: 제기된 문제

이러한 입학시험의 효과성을 판단할 수 있는 방법은 최소 두 가지다. 우선 위에서와 같이 지원자의 입학시험 점수가 최종시험을 예측하는 정도를 측정하는 방법이 있다. 이 같은 분석은 최종시험 성적에 대한 입학시험의 예측력이 약할 뿐이라는 결론으로 이어질 것이다. 한편 입학시험에서 선별된 학생 중 몇 명이 실제로 최종시험을 통과하는지 알아볼 수도 있다. 빌헬름대학교의 경우 이 비율은 70% 이상으로, 이는 누가 졸업할지를 입학시험이 아주 효과적으로 예측한다는 의미일 수 있다(티마로바와 언고드-토마스, 2008). 그렇다면 이 같은 역설을 어떻게 설명할 수 있는가?

안타깝지만 필자들의 연구 설계로는 이러한 문제를 구별하기가 어렵다. 그와 같은 연구 목적을 달성하려면 다른 방법과 다른 유형의 데이터가 동원되어야 하며, 이는 분명 향후에 연구될만한 영역이다. 필자들은 이 점을 인정하면서도 위에서 논한 입학시험에 예측 타당도가 부족한 이유를 몇 가지로 설명하고자 한다. 각각의 설명은 추후 더 연구될 필요가 있다.

우선 위의 데이터는 시험에 재응시한 학생을 포함한 전체 합격률이다. 하지만 필자들의 분석은 최종시험 첫 응시의 합격률에만 주목했다. 이와 관련해 학생 성적기록 분석 결과를 보면 학생 중 17%만이 첫 응시에서 최종시험의 모든 언어, 모든 과목에 합격하며, 추가적으로 30%가 첫 응시에서 적어도 한 언어의 전 과목에 합격한다. 따라서 전체적으로 볼 때 최종시험의 첫 응시에 대한 부분적 합격률은 47% 가량이다. 또 다른 설명은 빌헬름대학교가 과정을 졸업할 잠재력이 있는 학생 상당수를 불합격시키고 있다는 데에서 찾을 수 있다. 예측 타당도가 약한 시험 점수를 기초로 지원자의 순위를 정하고 가장 성적이 좋은 지원자를 선발함으로써 높은 합격률이 달성되지만, 졸업할 가능성이 있는 여타 지원자들이 입학을 못하고 있을 수도 있다.

이러한 분석 결과는 이론적, 방법론적 측면에서 중요한 문제를 몇 가지 제기한다. 첫째, 최종시험 결과를 예측하지 못한다면 입학시험은 무엇을 측정하고 있는 것인가? 예측 타당도가 낮기는 해도 입학시험에는 취지가 있다. 입학시험이 졸업할 학생과 그렇지 못할 학생을 구별은 못해도 아주 중요한 기술을 측정하고 있을 수 있다. 가령 졸업의 여부가 구술 발표로 가려지는 것은 아니지만 통역사라면 좋은 발표력을 지녀야 하기에(적성의 한 구성요소로 간주될 수 있다) 구술 발표시험은 통역의 기본 요건을 충족하지 못하는 지원자를 탈락시키는 역할은 한다. 그런데 입학한 학생들의 발표력은 아주 흡사하여 이 변수는 최종시험 합격 여부에 특별히 기여하지 못할 가능성이 있다.

결론

향후 연구의 방향

통역사 교육과정 자체에 대한 평가는 후속 연구를 통하여도 필히 이루어져야 할 것이다. 티마로바와 언고드-토마스(2008)가 조사한 서유럽, 중부유럽, 동유럽의 16개 과정과 유럽 외 지역(아시아와 북미)의 2개 과정 가운데 전반적으로 합격률이 80% 이상인 경우는 2개 기관에 불과하고 70% 이상인 기관은 3개인 점을 보면, 교육과정 평가가 얼마나 시급한 사안인지 알 수 있다. 심지어 일부 기관에서는 합격률이 무려 20%로 낮게 나타났다. 이번 분석을 통해 전반적으로 합격률이 70%가 넘는 과정이라 해도 과정이 종료된 시점에서 치러지는 시험의 첫 응시에서는 합격률이 17%에 불과할 수 있음을 확인했다. 실증적 연구를 통해 이 같은 통계의 의미를 해석하여 시험과 커리큘럼 설계에 반영해야 할 것이다.

향후 연구가 고려할 사항이 몇 가지 있다. 첫째는 유효성의 문제이다. 최종시험 성적에 대한 좋은 예측변수를 발견하는 데에 주목하는 연구가 필요하며, 이때 본 논문의 서론이 밝힌 방법과 시험을 활용할 수 있겠다. 시험은 액면 타당도, 즉 통역과의 피상적 유사성이나 직관보다는 실증적 근거에 기반하는 것이 이상적이다. 빌헬름대학의 시험 방식은 전반적인 합격률이 유사한 여타 기관에서도 널리 사용된다(티마로바와 언고드-토마스, 2007). 필자들은 교육기관 한 곳의 데이터를 살펴보았지만 다른 기관의 데이터도 유사한 결과를 낳을 것이라 추론해 볼 수 있다. 그 기관들도 유사한 직관과 논리를 기반으로 하며 검증이 부재한 것은 마찬가지이기 때문이다.

새로운 입학시험은 통역 또는 통역 기술을 습득할 능력과 직결되는 기술의 평가를 목표로 삼아야 할 것이다. 그러나 시험이 통역 훈련을 아직 못 받은 지원자에 대해 비합리적인 기대를 해서는 안 된다. 지원자에게 순차통역시험을 실시하면 순차통역이 되는 지원자만 순차통역을 배울 수 있다는 순환논증으로 이어질 수 있기 때문이다. 모저-머서(1994)가 지적하듯, 그런 접근법이 타당하려면 '통역사는 만들어지는 것이 아니라 타고나는 것'이라고 보아야 할 것이다.

둘째, 새로운 입학시험은 행정적 경제성과 편의를 위해 예측에 특별한 기여를 해야만 한다. 통역은 아주 복잡한 과업이며 유일한 예측변수 역할을 할 대과업 하나가 있으리라 기대하는 것은 비합리적이다. 그보다는 간단한 과업의 좋은 조합(지원자가 완료 가능하며, 시험실시 기관의 행정 및 채점 측면에서)이 필요하고 이때 각 과업은 전체적 예측에 유효한 기여해야 할 것이다. 그렇게 된다면 본 연구보다 더욱 적합한 회귀모형이 도출될 것이다.

한계

방법론적으로는 앞에서 언급했듯 유의미한 상관관계가 항상 유일한 궁극의 목표는 아님에 유념해야 한다. 변수가 종속변수의 변동폭에 실제로 얼마나 기여하는지를 보여주는 것은 관계의 크기(상관계수의 제곱으로 측정)이다. 예를 들어 상관계수 $r = 0.3$의 관계에서는 예측된 변수의 변동폭 중 $r^2 = 0.09$, 즉 9%에 해당할 것인데 이는 상관관계의 통계적 유의미성과 무관하다. 또한 크기가 얼마이든 원인이 밝혀지지 않은 상태이므로 상관관계가 곧 인과관계를 의미하지는 않음도 기억해야 한다. 실제 교육 환경에서 실제 학생들과 작업하면서 실제 시험점수를 분석할 필요가 있다.

필자들은 통역 교육과정의 적성시험을 탐색하고자 일반적 추세를 살펴보았다. 현재의 입학시험은 과정의 성공적 이수를 강력히 예측하지 못한다는 실증적 근거를 도출한 필자들의 연구는 이로써 세 번째다(과정 성적 또는 최종시험 점수로 측정).

외국어 학습 적성에 관한 연구를 보면 적성에 대한 효과적인 시험을 개발하는 것이 가능하다. 앞에서 참조한 캐롤의 시험은 지금도 교수 유형, 언어, 학생의 연령과 무관하게 적성시험으로 활용되고 있다. 필자들은 이와 유사하게 효과적이며 다양한 교육 환경에 적용이 가능한 통역 적성시험을 개발할 수 있다고 본다.

가장 중요한 것은 이러한 방향의 연구가 양질의 데이터에 크게 좌우된다는 점이다. 본 연구의 준비단계에서 필자들은 교육기관 세 곳으로부터 역대 데이터를 써도 좋다는 허가를 받았으나 분석이 가능한 형태의 데이터를 보유한 곳은 빌헬름대학 뿐이었다. 이 대학의 데이터에서도 누락된 부분이 어느 정도 있었다. 교육기관이 입학시험과 최종시험 간의 관계를 분석하려면 두 시험에 대한 상세 기록을 보다 잘 관리해야 한다. 또한 상관관계 분석의 해석을 위해 연구자들은 분석에 적용할 시험 자료를 제공받아야 한다.

결론적으로 통역과정 입학시험에 대한 연구과제는 까다롭지만 결과를 현실에 적용하면 효과가 아주 즉각적으로 나타날 수 있다. 입학시험은 훈련, 교육, 연구계의 관심을 받을 가치가 충분하며 향후 보다 주목을 받아야 한다. 필자들은 현재의 입학시험을 보완 혹은 대체할 대안적 통역적성시험이 탐색되기를 간절히 희망한다. 물론 교육기관이 졸업할 잠재력이 가장 큰 학생이 아닌 통역 교육과정을 밟을만한 기술을 갖춘 학생을 입학시키는 데 관심이 있다고 볼 수도 있다(소여, 2004:111). 입학기준과 학위수여의 기준을 구체적으로 정하는 것은 당연히 각 기관의 재량이다. 그러나 이때 교육기관은 입학절차 상의 한계를 인식해야 하며 지원자의 통역적성에 대한 일반화된 주장은 자제해야 한다.

미주

1) 가장 중요한 기준은 다음과 같다. 교육은 석사과정으로 제공되는 것이 좋다. 입학시험을 토대로 입학을 하는 것이 이상적이다. 학사학위는 입학의 선결조건이다. 커리큘럼은 순차통역 및 동시통역 훈련을 포괄하며 이론적 요소도 일부 다룬다. 교강사진은 현직 국제회의통역사이자 교수법 훈련을 받은 이들로 구성되는 것이 이상적이다. 최종시험 채점위원진은 교강사진과 외부 채점자(현직 국제회의통역사)로 구성된다(AIIC Training Committee, 2006).

2) A언어는 모국어, B언어는 통역사가 모국어에 가까운 수준의 구사력을 지닌 비모국어이다. 통역사는 B언어에서 A언어, A언어에서 B언어 양방향으로 통역한다. C언어의 경우 C언어에서 A언어로 통역한다. A언어와 B언어는 능동언어라고도 하며 C언어는 수동언어라고 한다. 보다 상세한 설명은 AIIC 홈페이지(http://www.aiic.net/glossary/default.cfm)의 분류를 참조.

참고문헌

AIIC. 2006. *"AIIC Directory of Interpreting Schools."* Available at http://www.aiic.net/schools/ (last accessed June 27, 2007).

AIIC Training Committee. 2006. *"Conference Interpreting Training Programmes: Best Practice."* Available at http://www.aiic.net/ViewPage.cfm/page60 (last accessed November 17, 2008).

Alexieva, Bistra. 1993. "Aptitude Tests and Intertextuality in Simultaneous Interpreting." *The Interpreters' Newsletter* 5:8-12.

Angelelli, Claudia. 2007. "Assessing Medical Interpreters. The Language and Interpreting Testing Project." The *Translator* 13 (1): 63-82.

Bachman, Lyle F. and Pelmet, Adrian S. 1996. *Language Testing in Practice.* Oxford: Oxford University Press.

Bowen, David and Bowen, Margareta. 1989. "Aptitude for Interpreting." In The *Theoretical and*

Practical Aspects of Teaching Conference Interpretation, Larua Gran and John Dodds (eds). 109-125. Campanotto: Udine.

Boyle, James and Fisher, Stephen. 2007. *Educational Testing: A Competence-Based Approach.* Oxford: BPS Blackwell.

Carroll, John B. 1962. "The Prediction of Success in Intensive Foreign Language Training." In *Training Research and Education,* Robert Glaser (ed), 87-136. University of Pittsburgh Press.

Clifford, Andrew. 2005. "Putting the Exam to the Test: Psychometric Validation and Interpreter Certification" *Interpreting* 7 (1): 97- 131.

Gerver, David, Longley, Patricia E., Long, John and Lambert. Sylvie. 1989. "Selection Tests for Trainee Conference Interpreters." *Meta* 34 (4): 724-735.

Gringiani, Angela. 1990. "Reliability of Aptitude Testing: A Preliminary Study." In *Aspects of Applied and Experimental Research on Conference Interpretation.* Laura Gran and Christopher Taylor (eds), 42-53. Campanotto: Udine.

Lambert, Sylvie. 1991. "Aptitude Testing for Simultaneous Interpretation at the University of Ottawa." *Meta* 36 (4): 586- 594.

Lambert, Sylvie. 1992. "Shadowing." The *Interpreters' Newsletter* 4: 15-24.

Longley, Patricia E. 1989. "The Use of Aptitude Testing in the Selection of Students for Conference Interpretation Training" In *The Theoretical and Practical Aspects of Teaching Conference Interpretation.* Laura Gran and John Dodds (eds), 105-108. Campanotto: Udine.

Mackintosh, Jennifer. 1999. "Interpreters Are Made Not Born." *Interpreting* 4 (1): 67-80.

Moser-Mercer, Barbara. 1985. "Screening Potential Interpreters" *Meta* 30 (1): 97-100.

Moser-Mercer, Barbara. 1994. "Aptitude Testing for Conference Interpreting: Why, When and How." In *Bridging the Gap: Empirical Research in Simultaneous Interpretation,* Sylvie Lambert and Barbara Maser-Mercer (eds). 57-68. Amsterdam/Philadelphia: John Benjamins.

Padilla, Francisca, Bajo, María T. and Macizo, Pedro. 2005. "Articulatory Suppression in Language Interpretation: Working Memory Capacity. Dual Tasking and Word Knowledge" Bilingualism: Language and Cognition 8 (3): 207-219.

Parry, Thomas S. and Stansfield, Charles W. (eds). 1990. *Language*

Aptitude Reconsidered. Englewood Cliffs. New Jersey: Prentice Hall Regents.

Pimsleur, Paul, Sundland, Donald M. and McIntyre, Ruth D. (1963). *Under-Achievement in Foreign Language Learning.* Final Report. Ohio State University, Research Foundation.

Pippa, Salvador and Russo, Mariachiara. 2002. "Aptitude for Conference Interpreting: A Proposal for a Testing Methodology Based On Paraphrase" In *Interpreting in the 21st Century: Challenges and Opportunities,* Giuliana Garzone and Maurizio Viezzi (eds), 245-256. Amsterdam/Philadelphia: John Benjamins.

Rejšková, Jana. 1999. "Establishing A Correlation Between Performance in Consecutive Interpreting and Potentially Good Performance in Simultaneous Interpreting." *Folia Translatologica* 6: 41-60.

Russo, Chiara. 1989. "Text Processing Strategies: A Hypothesis To Assess Students' Aptitude for Simultaneous Interpreting." The *Interpreters' Newsletter* 2: 57-64.

Russo, Mariachiara. 1993. "Testing Aptitude for Simultaneous Interpretation: Evaluation of the First Trial and Preliminary Results." The *Interpreters' Newsletter* 5: 68-71.

Russo, Mariachiara and Pippa, Salvador. 2004. "Aptitude to Interpreting: Preliminary Results of a Testing Methodology Based on Paraphrase." *Meta* 49 (2): 409-432.

Sawyer, David B. 2004. *Fundamental Aspects of Interpreter Education.* Amsterdam/Philadelphia: John Benjamins.

Setton, Robin. 1994. "Experiments in the Application of Discourse Studies to Interpreter Training." In *Teaching Translation and*

Interpreting 2. Cay Dollerup and Annette Lindegaard (eds), 183-198. Amsterdam/Philadelphia: John Benjamins.

Shaw, Sherry, Timarová, Šárka and Salaets, Heidi. 2008. "Measurement of Cognitive and Personality Traits in Determining Aptitude of Spoken and Signed Language Interpreting Students." In Proceedings of the 17th National Convention of the Conference of Interpreter Trainers: Putting the Pieces Together: A Collaborative Approach to Educational Excellence, L. Roberson and S. Shaw (eds), 91-109. CIT.

Sparks, Richard and Ganshow, Leonore. 2001. "Aptitude for Learning a Foreign Language." *Annual Review of Applied Linguistics* 21: 90-111.

Taylor, Christopher. 1997. "Course Profile: Degree in Conference Interpreting / Translation." *The Translator* 3 (2): 247-260.

Timarová, Šárka and Ungoed-Thomas, Harry. 2008 . "Admissions Testing for Interpreting Courses." *The Interpreter and Translator Trainer* 2 (1): 29-46.

Wechsler, David. 1945. "A Standardized Memory Scale for Clinical Use." *Journal of Psychology* 19: 87-95.

첫 단추 잘 꿰기

수화언어 통역사 양성과정의 입학시험

캐런 본템포, 제미나 네이피너 (Karen Bontempo, Jemina Napier)
맥쿼리대학교

본 장에서는 호주의 수화언어 통역사 교육에 있어 연관된 두 연구의 데이터를 다룬다. 첫 번째 연구에서는 수화언어 통역사 110명을 조사하여 이들이 호주의 통역사 양성과정이 통역사 업무에 준비시키는 효과성을 어느 정도로 인식하는지를 살펴보았다. 두 번째 연구는 첫 번째 연구의 질적 연구 결과에 기반해 설계된 것으로 통역사 양성과정이 해결해야 할 '통역사간 기술 격차'를 밝힌 기존 연구결과와 연계되었다(본템포와 네이피너(Bontempo & Napier), 2007). 이를 위해 수행능력에 대한 예측력을 지니는 6가지 요소를 중심으로 입학시험이 설계되었고 호주의 수화언어 통역사 양성과정 지원자들을 대상으로 예비연구를 실시했다. 학생 18명 중 선발을 거쳐 11명이 과정에 입학했다. 하지만 최종시험 결과를 보면 학생 중 55%만이 과정을 성공적으로 이수하였다. 따라서 선발시험 결과는 학생의 수행능력을 예측하지 못했다. 연구자들은 수화언어 통역사 교육에서 입학시험과 성취도의 관계를 논하고 연구자 및 통역 교육자를 위한 제언을 하고자 한다.

첫 단추 잘 꿰기: 호주의 수화언어 통역사 과정 입학시험

응용언어학 내에는 이슈, 접근법, 연구주제 측면에서 크게 겹치는 연구 분야 두 가지가 있다. 바로 언어평가시험과 제2언어 습득이다(바흐만과 코헨(Bachman & Cohen), 1998). 두 분야 모두 번역사와 통역사에게 의미가 있다. 이중언어를 구사하는 전문인이 자신의 작업언어 능력의 근거를 제시하려면 다양한 언어평가시험을 치러야 하기 때문이다. 번역사와 통역사 다수도 실제 번역 또는 통역 기술 관련 시험을 보지만 이에 관하여는 연구가 부족하다. 기존 연구는 구어 번역사와 통역사에 대한 시험에 주목하는데 이에 관한 연구도 부족한 실정이다(안젤렐리(Angelelli), 2007; 클리포드(Clifford), 2005; 콜리나(Colina), 2008; 헤일과 캠벨(Hale & Campbell), 2002; 코자키(Kozaki), 2004; 라우셔(Lauscher), 2000; 모텐슨(Mortensen), 2001; 니스카(Niska), 2005; 슬레타이어와 칼마이클(Slatyer & Carmichael), 2005; 슬레타이어, 엘더, 할그리브, 루오(Slatyer, Elder, Hargreaves, & Luo, 2006); 스탠스필드와 히윗(Stansfield & Hewitt), 2005; 스탠스필드, 스콧, 켄욘(Stansfield, Scott, & Kenyon), 1992 참조).

시험이라는 개념은 통역사 양성과정의 입학생 선발에도 적용될 수 있다. 이때 입학시험은 개인의 적성, 즉 통역사라는 직업에 대한 적합성을 예측한다는 관점에서 개인이 통역할 능력 또는 통역이라는 기술을 학습할 능력을 평가하는 것이다. 그런데 흔히 입학시험은 지원자의 현재를 평가하는 경우가 더 많다. 통역이라는 과업에 요구되는 기술, 지식, 능력의 부분집합에 대한 시험이기 때문이다. 적성평가란 현재의 능력을 평가하는 것과는 다르므로 일부 교육과정의 입학절차는 적성과 능력 두 가지를 시험에서 조합할 수도 있다.

교육과정 입학시험

입학시험은 폭넓게 실시되고 있으며 통역사 양성과정에 적합한 지원자를 선발하는 것은 당연히 통역 교육자의 주된 관심사이다. 이러한 유형의 시험에 대한 선행연구는 대부분 구어 통역사 양성과정을 다루며 특히 국제회의 통역과정의 입학시험을 주제로 한다(번스타인과 바비어

(Bernstein & Barbier), 2000; 거버, 롱리, 롱, 함베르트(Gerver, Longley, Long, & Lambert), 1984, 1989; 고프-키푸리(Goff-Kfouri), 2004; 함베르트(Lambert), 1991; 모저-머서(Moser-Mercer), 1985; 소여(Sawyer), 2004).

통역이라는 복잡한 과업과 관련된 지식, 기술, 능력을 정의하고 그 중 일부를 입학시험에서 신뢰성 있게 평가될 측정의 구성요소로 추려내는 일은 지금까지 모호한 과정이었다. 캠벨과 헤일(Campbell & Hale, 2003)은 언어평가시험에 전반적으로 상당한 진전이 있었고(구어와 관련해) 제2언어 습득에 관한 이해가 높아졌지만, 이러한 지식이 통역사 교육자에 의해 통역사 교육과정 입학시험 설계의 목적으로 활용된 사례는 거의 없다고 밝힌다. 게다가 통역사 교육자 다수는 교육측정에 대한 지식이 부족하다.

그 결과 입학시험이라는 절차는 지금까지 되는 대로 진행된 것으로 보인다. 실제로 입학시험이 폭넓게 시행되고 있지만 시험의 주관적 성격과 예측력의 부족으로 인해 통역사 교육과정 입학시험의 효과성에 대하여 그간 문제제기가 있었다(거버 외(Gerver et al., 1989; 도즈(Dodds), 1990). 가령 티마로바와 언고드-토마스(Timarova & Ungoed-Thomas, 2008)가 구어 통역사 교육과정 18개(대부분 유럽 소재)의 입학시험을 조사한 결과, 입학한 학생 중 44%는 과정을 성공적으로 이수하지 못했고 입학시험이 수행능력을 잘 예측하지 못한다는 결론이 도출되었다.

소여(2004) 역시 입학시험의 예측 유효성 부족과 입학시험의 실시를 뒷받침할 과학적 근거의 부족에 우려를 표명한다. 그는 예측 유효성이 입증되지 않은 상황에서 교육자들이 입학시험을 '적성시험'이라 칭해서는 안 되며, 교육과정 입학시험은 대부분 적성에 대한 평가라기보다는 현재의 능력을 평가하는 진단적 성격을 갖는다고 주장한다. 이러한 진단시험은 현재의 기술 수준을 진단하여 통역사 훈련에 대한 '준비상태', 특히 기술의 부족을 판단할 수는 있지만(가령 과정 시작 전에 작업언어를 추가적으로 숙달해야 할지의 여부), 통역사 교육과정에서의 성공률을 판단할 수는 없다는 것이다. 소어는 또한 교육과정의 길이가 입학기준에 미치는 영향에 대해 주의를 당부한다. 과정의 기간이 짧을수록 입학에서 요구하는 수준이 높아져야 하며 결과적으로 진단시험이라는 성격이 강화되어야 하기 때문이다. 그는 또한 각 교육기관의 교육 기간, 컨텐츠, 초점 등에 따라 입학시험이 설정하는 기술의 수준도 달라질 수밖에 없다고 설명한다.

통역 수행능력을 보장하거나 정확히 예측할 수 있는 절대적 지표는 존재하지 않는다(함베르트, 1991). 그러나 구어 통역사 교육에서 인지적/정서적 요인과 통역 기술 간의 관계는 아주 긴밀하다고 볼 수 있으며(브리사우 외(Brisau et al., 1994), 인지적, 정서적 요인은 제2언어 학습의 성취도에 영향을 미치는 것으로 알려져 있다(언워그버지 외(Onwuegbuzie et al.), 2000). 일부 연구는 입학선발 도구가 통역사로서 실무에서 성공할 가능성이 없거나 아주 낮은 지원자를 탈락시키는 효과가 있다고 보며(함베르트, 1991), 구어 통역에서는 선발시험 성적이 최종통역시험의 수행능력과 유의미한 상관관계를 보인다고 한다(모저-머서, 1985; 거버 외, 1989).

선발도구와 관련해서는 입학시험 컨텐츠의 측면에서 여러 교육과정에 걸쳐 공통점이 발견된다(캠벨과 헤일(Campbell & Hale), 2003). 대부분의 교육기관은 면접을 필수적 구성요소로 여기는 것으로 보인다(면접은 B언어로 진행되며 언어 숙달도, 배경지식 등을 다룬다). 입학시험은 또한 다음 과제를 일부 포함하는 경우가 다반사인데, 바로 섀도잉, 패러프레이즈/요약, 기억/상기, 일종의 번역(필기 또는 문장구역), 빈칸 채우기, 에세이, 일종의 동시적 처리 과업 등이다(모저-머서, 1985; 거버 외, 1989; 함베르트, 1991; 루소와 피파, 2004; 피파와 루소(Pippa & Russo), 2002; 소어, 2004). 또한 입학시험에 순차통역을 넣는 교육과정이 많다(티마로바와 언고드-토마스, 2008).

구어 통역사 교육과정의 입학시험은 대부분 근거기반 연구에 기초해 개발되거나 표준화되지도 않으며, 채점이 주관적으로 이루어지고 주로 각 교육과정 소속의 통역 교육자들이 자신의 직관과 경험을 바탕으로 설계한 것으로 보인다(캠벨과 헤일, 2003). 그러므로 이와 같은 시험이 얼만큼의 신뢰성과 유효성을 지닐지 의문이다. 거버 외(1989), 도즈(Dodds, 1990)는 통역사 적성과 객관적인 통역 시험이라는 주제에 대한 후속연구를 거의 20년 전부터 촉구하였다.

호주의 수화언어 통역사 시험의 효과성에 대한 실증적 연구는 전혀 수행된 바가 없다. 인증시험, 자격시험, 수화언어 통역사 교육과정 입학시험 모두 마찬가지다. 신뢰성 있는 데이터가 부재한 상황에서 어떠한 요소가 수행능력을 예측할 수 있는지에 관하여는 알려진 바가 없다. 따라서 통역 교육과정들이 지원자들에게 입학시험을 적용하고 그 성적만을 기준으로 합격 또는 불합격을 결정하는 경향이 강하기는 하나, 입학시험에서 현재 사용하는 방법과 그 결과는 조심스럽게 해석되어야 한다.

입학시험과 과정 중의 그리고 실무에서의 수행능력 간에 상관관계가 있다는 실증적 근거는 없다. 그럼에도 통역교육계는 여전히 선발제도가 장점을 갖는다고 확신한다. 물론 이러한 입장은 논리적이며, 여타 직업에서도 적합성을 판단하기 위한 직업적 선발제도는 존재한다. 특히 해당 직업이 심리적 부담을 크게 수반하는 경우 더욱 그렇다. 통역도 마찬가지인데 통역사로서 좋은 수행능력을 보이려면 스트레스가 많은 상황과 인지적 부담을 잘 관리하는 것이 극히 중요하기 때문이다(쿠르츠(Kurz), 2001).

보룸, 수퍼, 런드(Borum, Super & Rund, 2003)는 취업 전 선발과 '임무 적합성' 평가는 고위험 직업군에서 흔히 존재하며, 스트레스가 많은 직종(사법집행, 항공기 조종사, 항공 관제사 등)의 교육과정이나 취업 지원자에게 심리적 프로파일링이 폭넓게 이루어진다고 보고한다. 특히 흥미로운 점은 보룸 외(2003)가 항공기 조종사나 항공 관제사 등의 직종을 구체적으로 언급한다는 사실이다. 모저(Moser)(1985, 쿠르츠(Kurz, 2003)에서 재인용)의 연구에서는 조사에 응한 통역사의 18%는 통역업무를 수행할 때의 상시적 스트레스와 집중도를 설명하면서 자신의 직업을 항공기 조종사나 항공 관제사에 비유했다.

이와 맥을 같이 하여 험프리(Humphrey, 1994)는 수화언어 통역교육 과정 입학 시에 효과적인 선발 전략으로 학생들의 수행능력을 예측할 수 있다고 주장한다. 그는 캐나다의 한 수화언어 통역사 양성과정이 사용하는 선발도구의 형식과 성격, 그리고 선발기간의 길이를 소상히 논한다. 그러나 참여자의 수, 해당 교육기관에서 입학선발제도가 시행된 햇수, 교육과정의 길이, 컨텐츠, 교육자의 자격과 경험 등에 대한 데이터는 전혀 제시되지 않으며 과정 종료 시의 전반적 졸업률이 98.5%라는 짧은 언급만 있을 뿐이다.

로버츠(Roberts, 1994)와 모니코우스키(Monikowski, 1994) 역시 수화언어 통역 학습자의 입학시험과 선발이 보다 적합한 방식으로 이루어져야 한다고 주장한다. 이들은 과정 입학 시 필요한 기술, 지식, 능력 표준을 수립, 적용하고 이를 과정 초기에 평가하면 이 표준과 과정 종료 시의 역량이 상관관계를 갖게 된다고 본다. 나아가 이러한 접근법은 학습과정 중에도, 향후 실무에서도 보다 좋은 결과를 낳을 수 있으며 교육과정 중에나 현업에서의 중도탈락률을 줄일 수 있다고 주장한다.

몇몇 국가의 수화언어 통역교육 과정은 실증적 근거에 토대하지는 않았으나 입학 선결조건, 과정 선발에 대한 제안, 교육 컨텐츠 순서배열 지침 등을 두고 있다(가령 캐나다 - Humphrey 1994; 미국 - 모니코우스키, 1994; 핀톤(Finton), 1998; 솔로우(Solow), 1998; 파트리(Patrie), 2000; 쇼, 콜린스, 메츠거(Shaw, Collins & Metzger), 2006; 핀란드 - 니술라와 마너넨(Nisula & Manunen), 2009). 이러한 연구는 보다 엄격한 입학기준, 선발 과정, 적절한 교육의 순서배열이 학생들의 향상으로 이어진다고 주장한다.

선발의 주안점, 적성인가 능력인가?

입학 시에 '통역사 적성'이라는 모호한 기준으로 선발하는 것을 둘러싼 몇 가지 핵심 이슈가 있다. 지원자가 입학 시에 능력시험으로 평가될 기술을 일부 지녀야 한다는 데는 합의가 존재하나(작업언어에 대한 지식 등), 적성의 요소 중 무엇이 통역사의 수행능력을 예측할 수 있는지에 관하여는 충분한 합의에 기반한 연구가 뒷받침되지 않는 상황이다. 성격과 정서적 요소(불안감, 동기, 스트레스 대처능력, 감정적 민감성, 자신감 등)와 인지적 능력(지능, 기억용량, 처리 속도, 집중력 등) 중 무엇이 통역사 교육과정에서 개인의 수행능력을 예측할 수 있는가? 이 중에서 본질적이라 가르칠 수 없는 부분은 무엇이며 학습과정이나 현업에서 습득될 수 있는(혹은 학습을 통해 조절/향상될 수 있는) 부분은 무엇인가? 통역이 요하는 복잡한 기술을 학습할 적성이 수화언어 통역과정 입학생 선발 시점에서 어떻게 효과적으로 평가될 수 있는가? 지원자가 통역사 교육과정을 성공적으로 이수할 적성이 있음을 알려줄 개인적 특성, 사회적 자본, 인지적 능력을 측정할 선발도구로 무엇이 개발될 수 있는가? 적성시험은 의미가 있는가 혹은 현재의 적성시험보다 광범위하게 사용되는 능력시험이라는 접근으로 필요가 충족되는가?

가용 데이터와 연구가 대부분 능력시험에 주목하며 과정 입학시험 성적과 최종시험 성적 간에 명확한 연관이 없다는 결론을 낸다는 점을 고려할 때, 현 능력시험으로는 우리의 필요가 충분히 충족되지 못한다고 볼 수 있다. 능력뿐 아니라 적성도 통역 학습자에게 중요함을 강조하는 연구가 점차 늘고 있다.

조직심리학 선행연구는 직업적 수행능력이 훈련, 연습, 경험을 통한 역량 개발을 통해서만 향상되는 것이 아니며 재능, 기질, '개인-직업 적합성' 및 동기에도 크게 영향을 받는다고 밝힌다(마우러, 렌, 피어스, 트로스, 콜린스(Maurer, Wrenn, Pierce, Tross & Collins), 2003; 로지어와 벨러렌드

(Losier & Vallerand), 1994). 인지적 능력뿐만 아니라 개인적 흥미는 직업의 선택과 선택한 직업의 성공적 수행능력에 상당한 영향을 미친다(리, 얼스, 티치아웃(Ree, Earles & Teachout), 1994; 리브와 헤게스태드(Reeve & Heggestad), 2004). 또한 일부 성격적 요소도 직업 수행능력을 예측하도록 해준다(본지온엘로스(Bozionelos), 2004; 버튼, 마띠유, 자작(Button, Mathieu & Zajac), 1996; 최, 푸쿠아, 그리핀(Choi, Fuqua & Griffin), 2001; 오크스, 패리스, 마토치오, 버클리, 브로치(Oakes, Ferris, Martocchio, Buckley & Broach), 2001). 그러나 전반적으로 볼 때 일반적인 정신능력이 직업적 수행능력 예측을 위한 가장 좋은 요소이다(슈밋과 헌터(Schmidt & Hunter), 1998). 따라서 능력만이 아닌 적성에 대한 적절한 평가는 통역사 교육과정 입학 선발에서 중요한 역할을 할 수 있다.

인지적, 정서적 요소와 이들이 직업적 수행능력에 미치는 영향 간에 명백한 관계가 있음을 고려할 때 역량 있는 통역사에게 필요한 기술, 지식, 능력을 개요화 하고 수화언어 통역을 배우려는 학생에게 필요한 개인적 특징과 특성을 정리하면 아주 유용할 것이다(본템포 (Bontempo), 2008; 로페즈 고메즈 외(Lopez Gomez et al.), 2007; 쇼와 휴스(Shaw & Hughes), 2006; 스터퍼와 쇼(Stauffer & Shaw), 2006). 통역을 배우는 학생이 적성과 능력의 두 차원에서 애초에 갖추어야할 기초가 무엇인지(그리고 특정 학생 집단 내에 존재하는 기술, 지식, 능력, 특성의 격차를 고려해 훈련 과정에 무엇을 더할 수 있을지)를 보다 잘 이해하게 되면 통역 교육과정에 있는 학생의 기술 습득과 수행능력 향상의 속도와 깊이를 개선하는데 도움이 될 것이다. 이는 앤더슨과 스터퍼(Anderson & Stauffer, 1990)와 파트리(Patrie, 1994)가 미국수화언어 통역과정 졸업생 사이에서, 또한 호주의 연구자들도 유사하게 발견한(본템포와 네이피너, 2007) '현업에 뛰어들 준비상태'의 격차 완화에도 도움이 될 것이다.

수화언어 통역사의 심리적 특성의 프로필 작성을 시도한 선도적 연구들은 성격이 통역사로서의 성공적 직업적 수행능력에 잠재적 역할을 한다고 밝히지만, 이들 연구는 폭이 제한적이며 현업에서 활동하는 소수의 통역사만을 표본으로 삼았다(우세어와 스트롱(Rudser & Strong), 1986; 도어퍼트와 윌콕스(Doerfert & Wilcox), 1986; 샤인(Schein), 1974 참조: 프리시버그(Frishberg, 1986)에서 재인용; 프리시버그와 엔더스(Frishberg & Enders), 1974, 프리시버그 1986에서 재인용).

근래의 연구는 보다 큰 표본으로 인지적, 성격적 측정을 폭넓게 실시하는데 이들 연구에는 공통의 관심 주제가 몇 가지 나타난다. 본템포(2008), 로페즈 고메즈 외(2007), 실(Seal, 2004), 쇼와 휴스(2006)는 특정 인지적 능력, 적성, 성격적 특성을 보유하는 것이 수화언어 통역사로서의 수행능력을 예측하는데 중요한 역할을 함을 밝혔다. 기질을 비롯한 심리적 특징이 여러 직업에 걸쳐 수행능력에 영향을 미친다는 사실은 알려져 있지만, 이러한 내용은 통역과정 학생의 심사 및 선발 시에 제대로 고려되지 않는 경우가 많다. 기질과 특성이 통역사로서의 역량과 수행능력에 영향을 줄 수 있음을 이해하는 것은 통역사에게 본질적으로 요구되는 기술, 즉 언어적, 인지적 처리 능력과 더불어 중요한 부분이다.

본템포(2008)는 기존의 심리측정검사로 호주의 수화언어 통역사 110명의 성격적 특성을 측정하고 높은 수준의 부정적 정서(신경과민, 불안, 감정적 수동성/스트레스 취약성)와 통역사로서의 낮은 역량 간에 긴밀한 상관관계가 있음을 발견했다. 또한 자기효능감(성공하고 과업을 달성할 능력이 있다는 개인적 신념/자신감)과 통역사로서의 높은 역량 간에 긍정적 상관관계가 있다는 결과도 보고하였다.

로페즈 고메즈 외(2007)는 스페인의 수화언어 통역과정 학생 28명에 대해 일련의 테스트를 실시해 지각운동 조정능력, 인지기술, 성격적 요소, 학문적 배경을 측정하고 그 결과를 학생의 수화언어 및 통역 숙달도에 대한 전문 교육자의 평가와 비교했다. 지각운동 조정능력은 수화언어 숙달도를 예측하는 가장 중요한 요소로 나타났고, 인지 및 성격적 요소는 수화언어 통역능력 개발에 영향력을 미치는 것으로 결과가 해석되었다. 특히 주도형 성격이라는 요소가 흥미로웠는데 이 점수가 높다는 것은 해당 학생이 적극적이고, 수완이 좋으며, 자신감이 있고, 과업 지향적이며, 책임감 있고, 스트레스에 잘 대처한다는 의미였고 점수가 낮다는 것은 자신감이 낮고, 문제해결에 있어 경직되어 있고, 신뢰성이 낮다는 의미였다. 로페즈 고메즈 외(2007)는 주도형이라는 성격 특성이 수화언어 통역 능력을 달성하는 데에 중요하다고 보았다. 이 같은 결론은 우세어와 스트롱(Rudser & Strong, 1986)의 기존 연구 결과를 뒷받침한다. 또한 추상적 논리력과 기억력 기술 등의 인지적 능력도 중요한 것으로 나타났는데 이는 실(Seal, 2004)의 연구결과를 뒷받침한다.

쇼와 휴스(2006)는 북미와 유럽의 수화언어 통역 교육과정 참여자 1천명 이상을 대상으로 한 연구에서 자기 동기화, 자신감 등은 물론 멀티태스킹 능력과 신속한 정보처리능력을 결정적 특징으로 지목했다. 개인적 자질과 특성이 현업에서의 성공에 영향을 미치는 것으로 보일 수 있으나, 이 같은 특징에 대한 예측 능력이 아직 완전히 정의되거나 또는 검증되지 않았음을 고려할 때 입학선발 도구로 시험 프로세스에 이러한 특징을 적용하는 것은 시기상조일 수 있다고 이들은 본다. 쇼와 휴스는 "학생에게 중요한 성격적, 인지적 특징을 학습, 개발, 향상시킬 능력(2006:218)"을 고려할 때 오히려 통역사 교육 커리큘럼에 적극성 등의 요소를 기초로 특정 자각능력과 기술을 통합하는 것이 보다 효과적일 것이라고 주장한다.

쇼, 글빅, 프랭클린(Shaw, Grbic & Franklin, 2004)은 언어 기술을 통역 퍼포먼스에 적용하는 준비상태에 긍정적/부정적 영향주는 요소가 무엇인지에 관해 구어 및 수화언어 통역과정 학생들의 인식을 조사, 비교했다. 이들은 학생들이 통역 교육과정에 입학한 후 통역이라는 과업이 단지 두 언어를 유창하게 하는 것보다 더 복잡하다는 사실을 깨달으면서 전환기를 경험함을 발견했다. 학생들은 이러한 전환기에 성공적으로 적응하고 교육과정에서 자신의 수행능력에 가장 도움이 되는 성격적 자산으로, 자신감과 위험감수를 구체적으로 지목했다. 학습자의 성격에 관해서는 외국어 학습자를 대상으로 한 언워그버지, 베일리, 데일리(Onwuegbuzie, Bailey & Daley, 2000)의 연구도 유사한 결과를 보인다. 또한 리카르디, 마리누지, 제킨(Riccardi, Marinuzzi & Zecchin, 1998:98)은 통역사로서 수준 높은 수행능력을 달성하려면 기술이 "특정한 성격적 요소와 맞물려야" 한다고 본다.

브리사우, 고진스, 뮬먼(Brisau, Godijns & Meuleman, 1994)은 통역 수행능력을 결정하는 언어적 매개변수와 비언어적 매개변수를 구별함으로써 통역사의 심리언어학적 프로필을 작성하고자 했다. 언어적 매개변수에는 어휘, 통사, 청해, 전달력이, 비언어적 매개변수에는 자아개념, 인지 양식, 상식, 불안감, 태도, 스트레스 대처능력, 메타인지 등의 심리-정서적 요소가 포함되었다. 또한 신경언어적 요소도 언급할 필요가 있는데 집중력과 기억력이 통역사와 불가분의 요인으로 강조되기 때문이다.

스위다 니콜슨(Schweda Nicholson, 2005:28)은 구어 통역과정 학생 68명에게 MBTI 성격유형검사를 실시해 "통역사라는 직업은 모든 성격유형에 대해 자신이 선호하는 상호작용, 결정, 존재 방식의 기회를 제공할 수 있다"는 사실을 발견했다. 참여자들의 MBTI 성격유형은 다양하게 나타났으나 가장 큰 집단은 표본 중 18%를 차지한 ISTJ(내향, 감각, 사고, 판단)였다(그 중 75%는 여성). 그런데 ISTJ는 일반적으로 전체 인구에서는 7%를 차지한다(게다가 그 7% 중 여성은 3분의 1에 불과). 특히 MBTI 결과 중 사고/정서 차원에서는 '사고' 유형이 압도적이었다. 이는 아이디어와 정보에 대해 개인 감정을 배제한 논리적인 분석, 철저함, 세밀함, 정보의 조직화 및 통합, 높은 성취기준 설정, 스트레스 대처와 연관된 차원이다.

학생의 성취도에 영향을 주는 여타 요소

앞에서 언급한 연구를 종합하면 성공적인 통역과정 학생(그리고 현업 전문가)은 기술, 지식, 능력, 경험(학문적 경험과 직업적 경험은 물론 삶의 경험), 성격적 특징, 특성, 속성의 '패키지'라고 할 수 있다. 그러나 학생의 성적은 개인차에 의해서만 결정되는 것이 아니라 개별 학생의 적성, 학습 스타일, 동기, 연습 및 실제 통역 수행의 의지와 기회, 교수자의 교육학적 접근법과 역량 간의 상호작용에 크게 영향을 받는다(로빈슨(Robinson), 2002; 모저-머서, 2008a).

하티(Hattie, 2003)는 학문적 환경에서 무엇이 학생의 성취도에 가장 큰 영향을 미치는지 파악하고자 모든 연령대와 교육환경에 걸쳐 기존 연구에 대한 대규모 메타분석을 실시하였다. 그 결과 학문적 성취도의 편차 중 50%는 학생 자신이 원인인 것으로 나타났으며, "학생들이 어떤 기여를 하는가가 그 어떤 변수보다 성취도에 대한 좋은 예측이 된다. 능력과 성취도 간의 상관관계는 크다. 그러므로 영민한 학생들의 학습 궤적이 다른 학생들보다 가파르게 상승하는 것은 당연하다"라고 본다(하티, 2003:1). 한편 교수자는 성취도 편차에 두 번째로 큰 영향을 미치는 단일 변수로 나타났고 학습의 약 30%에 기여했다. 하티는 교수자가 "알고, 실행하고, 관심 갖는" 것이 학생들에게 지대한 영향을 미친다고 본다. 성취도 편차의 나머지 20%는 자원, 시설, 가족, 동료 학생들의 영향, 교육기관의 문화 등의 종합적 결과인 것으로 나타났다.

따라서 교실에서 동료 학생들 간의 상호작용, 자원 및 필요한 자료에 대한 접근, 가족의 지원, 교육기관 등의 요인은 모두 학생의 성적에 영향을 미칠 소지가 높다. 다만 그 영향력은 앞서 결정적인 것으로 언급된 학생의 적성과 교수자의 효과성이라는 요인에 비하자면 훨씬 적다 하겠다.

호주의 교육과정 입학시험

호주의 수화 통역사 입문과정 지원자에 대한 공식 입학시험은 과정에 들어올 준비가 된 학생들을 효과적으로 선발하는 프로세스의 주축이 되어야 마땅하다.[1] 그런데 현재 호주의 수화/영어 통역사 교육과정 지원자 선발에는 단일한 접근법이 없고 개별 교육과정과 교육자가 임기응변식으로, 비공식적으로 선발을 한다.

호주의 통역 교육자들은 주관과 다년에 걸친 경험에 거의 전적으로 의존해 학생을 선발한다. 이들은 현재 면접으로 통역사 교육과정 지원자에 대한 합격 여부를 판단한다. 입학시험 절차는 변동이 많으며 호주 수화 숙달도와 통역사 과정 준비상태의 평가에 있어 명료성이 떨어진다. 이는 채점자가 다년간의 경험에 토대해 직관적 평가를 하는 것 자체가 무의미하다는 것이 아니라, 체계적인 공식 선발 절차를 도입하면 현재의 직관적 접근법에 표준화라는 요소를 추가해 선발 과정을 개선할 수 있다는 의미이다. 현재 호주의 여러 대학에는 다양한 입학절차가 있는데, 이는 현직 코디네이터의 경험을 기초로 즉흥적으로 수립되었고 국가통역사교육커리큘럼이 제시하는 개략적 요구조건을 기초로 한다(사적인 커뮤니케이션, 고스웰, 본서, 바틀릿(D. Goswell, P. Bonser & M. Bartlett), 2006, 2008).

호주에서 호주 수화 통역사 교육과정 입학시험을 매년 정기적으로 실시하는 대학교 네 곳(빅토리아 멜버른, 뉴사우스웨일즈 시드니, 퀸즐랜드 브리즈번, 서호주 퍼스)의 기존 입학절차는 일상대화 면접, 영어 에세이, 영어 문제에 대한 필답, 영어 용어/개념의 정의에 대한 문장구역, 호주 수화의 이해, 지원동기에 관한 질문, 청각장애인 문화, 청각장애인 공동체나 수화언어 통역에 대한 질문 등을 조합한다. 평가자는 한두 명인 경우가 많은데(때로는 신속한 선발을 위해 별도로 진행), 항상 수화 원어민이 평가단에 포함되며(꼭 청각장애인은 아닐 수 있다. 부모에게 청각장애가 있어 호주 수화를 제1언어로 배웠으나 청각장애는 없는 사람도 수화 원어민에 해당된다) 시간 제약과 예산의 한계로 인해 입학절차를 심도 있게 진행하기 어렵다. 선발 과정을 더욱 어렵게 만드는 것은 호주 수화 숙달도를 효과적으로 평가할 신뢰성 있고 유효한 언어평가 도구가 부재하다는 점이다. 이와 같이 표준화된 입학시험의 부재와 수화언어 통역 교육과정 지원자에 대한 비공식적 접근법은 다른 국가에서도 발견된다(로페즈 고메즈 외, 2007).

입학시험은 통역 교육을 받을 적합한 지원자를 최대한 선발하고 유지하는 데에 있어 여전히 중요한 요소이다. 교육과정을 이수하기에 적합한 학생들을 선발하려면 과정 코디네이터와 교육자는 지원자의 자질과 기술을 구별하고 '통역사 훈련을 받을 잠재력'을 예측할 수 있어야 한다. 입학 선발 또는 평가가 어떤 형태로든 존재하지 않는다면 통역사 교육의 목적과 부합하지 않을 정도로 입학자 수가 늘어날 수 있다.

통역사 교육은 연습 중심이기 때문에 기술을 충분히 보유 못한 학생은(가령 언어 숙달도 측면에서) 교실의 역학과 집단적 성장에 영향을 미친다. 그 결과 통역 교육자는 학생의 성적과 통역 교육과정의 품질 표준을 극대화하는데 자신의 에너지를 제대로 집결하지 못할 가능성이 있다. 현재는 통역 교육과정에서 최종시험을 통과 못하거나 현업에서 일하지 않을, 혹은 짧은 기간만 일할 다수의 학생을 훈련하는데 시간과 비용이 소요된다. 교육과정 중에서나 현업에서 수행능력이 낮을 경우 해당 개인에게 이는 실망스러우며, 교육자와 고용주 입장에서 이들을 관리하기가 힘들어진다. 또한 통역서비스 사용자가 이들에게 실망할 것임은 말할 것도 없다. 따라서 입학시험은 학생들은 물론 교수자, 고용주, 청각장애인 공동체 등의 여러 이해당사자의 입장에서 기대되는, 더 나아가 반드시 필요한 것이다.

호주의 통역 교육자, 고용주, 청각장애인계에 따르면 현재 일부 학생들은 교육과정에 효과적으로 참여하기 위한 적성이나 필수 기술, 지식,

능력 없이 입학을 하여 자연히 현업에서 제대로 일할 수준의 역량을 갖추지 못한 채 졸업한다. 현재의 시스템은 청각장애인 공동체의 기대나 니즈를 충족할 만큼의 수행능력을 보장하지 못하는 것으로 보인다(오리마(Orima), 2004; 네이피너와 로한(Napier & Rohan), 2007). 결국 현업에서 활동하는 소수의 통역사만이 좋은 통역에 대한 점증하는 수요를 전국적으로 충족하고 있는 상황이다.

호주의 통역 및 통역 교육 현황

호주의 교육 기관이 수화통역사 교육프로그램을 제공한지는 20년이 넘었다(본템포와 레비츠-그레이(Bontempo & Levitzke-Gray), 2009). 통역사들은 승인된 교육프로그램을 이수하거나 과정의 이수 없이 통역 시험만으로도 인증을 받을 수 있다. 수화통역사와 구어 통역사에 대한 인증은 모두 NAATI (국립통번역사인증청, National Accreditation Authority for Translators and Interpreter)가 정한 동일한 기준에 따라 이루어진다.

NAATI의 인증은 호주 전역에 걸쳐 공식적으로 인정되는 유일한 통역 인증이다. 한편 수화통역사에 대한 인증은 현재 "준전문 통역사(Paraprofessional)" 또는 "전문 통역사(Professional Interpreter)"의 등급으로 분류된다.[2] 인증을 받았다는 것은 해당 통역사가 인증시험을 치를 당시 해당 등급의 업무와 관련된 통역을 능숙하게 수행할 최소한의 기준을 충족했다는 뜻이다.[3]

NAATI의 전문 통역사 등급 인증을 획득하는 것은 호주에서 전문 통역을 수행하기 위한 최소한의 요건이다. 준전문 통역사 등급에 대한 인증은 새로운 또는 새로이 부상하는 언어의 통역사에 한정되고, 대화 통역을 그 목적으로 하며, 전문가 등급의 통역을 수행하기 위한 징검다리로 여겨진다(NAATI, 2007).

이 같은 징검다리 식의 구조에도 불구, 대부분의 호주 수화 통역사는 준전문가 인증자들이다. 이는 부분적으로는 수화통역사가 전문 통역사 수준에 이르도록 하는 통역사 교육프로그램이 호주 내에 부재하기 때문이다. NAATI에서 각 인증 등급 별 업무 성격을 설명하고는 있지만, 많은 준전문가가 고등교육, 법정, 회의 등 전문가 인증 등급 통역사(호주 수화 통역사 포함)의 영역으로 간주되는 분야에서 통역을 수행하는 것으로 알려져 있다(오졸린과 브릿지(Ozolins & Bridge), 1999; 본템포와 네이피너, 2007).

1982년 11월에 인증시험을 시작한 이래로, 2008년 9월 30일 현재 NAATI 인증을 받은 호주 수화 통역사의 수는 총 888명이다. 이중 768명은 준전문가 등급의 인증 통역사이며 120명만이 전문가 등급의 인증을 취득하였다.[4] 여타 국가의 상황과는 달리 호주에서는 유능한 통역사의 공급이 수요에 비해 크게 뒤쳐진다(오리마, 2004). 이에 따라 준전문가들은 현재의 경색된 노동 시장에서도 일자리를 쉽게 구할 수 있으며 보다 높은 등급의 인증을 취득할 필요가 사실상 없다.

이 같은 상황으로 인해 준전문 통역사들이 시장 수요에 따라 자주 주어지는 통역 업무를 수행할 역량이 과연 있는가라는 의문이 제기된다. 본템포와 네이피너(2007)는 준전문가 및 전문 통역사의 인증 등급과 이들이 보유한 기술 간의 격차를 조사하였다. 설문 응답자들은 다양한 기술, 지식, 능력이 각각 수화통역사에게 어느 정도 중요한지를 답하고 각각에 대한 스스로의 수준을 평가하였다. 설문 결과에 따르면 응답자들이 통역사에게 아주 중요하다고 답한 특정 기술에 대해 스스로의 역량은 보다 낮게 평가하여 기술 격차가 명백히 존재하는 것으로 드러났다. 전문가 등급 통역사들의 언어 및 통역 기술의 수준이 더 높을 것으로 쉽게 예상된다는 점에서, 전문 통역사 응답자들이 준전문 통역사들보다 적은 기술 격차와 능력 전반에서 더 큰 역량을 보인 것은 의외가 아니다. 이에 반해 준전문 통역사들은 자신이 통역에 아주 중요하다고 평가한 많은 기술을 스스로는 보유하고 있지 않은 것으로 평가하였다. 이 같은 결과는 우려가 되는 부분이다.

호주의 기술전문학교인 TAFE(Technical and Further Education) 칼리지에서는 호주 수화를 배우는 학생을 위한 언어습득 프로그램과 준전문 등급의 통역사 교육프로그램을 매년 제공한다. 직업 교육 및 훈련 기관인 TAFE 칼리지는 무역과 기술 중심의 교육과정을 운영하며 주로 관련 산업에 맞는 실용 기술을 강조한다. 패션, 사진, 보육, 음악, 부동산, 언어, 관광 등 다양한 분야의 인증 및 학위 자격뿐 아니라 견습생이나 수습직원(가령 미용, 배관, 목공)에 초점을 둔 과정도 있다. TAFE의 수료증이 일부 사전학습으로 인정되어 1학년 과정을 면제받기도 하지만, TAFE가 발행하는 교육 자격은 "예비학위" 수준의 자격이다. TAFE 과정은 대학 학위과정보다 짧고 직업적 맥락 하에 이론과 실제를 주로 혼합하며 대학 학위 과정에 비해 학비가 훨씬 저렴하다.

TAFE는 직업교육 프로그램으로 준전문 통역사 프로그램을 제공하며 이를 성공적으로 이수한 학생은 "통역 디플로마(Diploma of Interpreting)" (이에 따라 NAATI 준전문가 등급 인증을 받을 수 있음)를 취득할 수 있다. 통역사 교육프로그램은 1년제 파트타임 과정(주당 약 8시간)이며, TAFE와 같은 교육기관에서 필수 언어습득 프로그램을 이수했거나 여타 방식으로 언어능력이 숙달된 이들을 대상으로 진행된다.

구어통역사도 같은 방식으로 입학이 가능하며 TAFE의 구어 통역 및 수화 통역 학생 모두에게 동일한 통역 디플로마 교과과정이 적용된다. 그러나 구어 통역사들은 TAFE뿐 아니라 여러 구어로 학부 및 대학원 통역학위를 제공하는 호주 전역의 대학에 입학해 프로그램을 이수할 수 있다.

현재 대학으로서는 유일하게 시드니의 맥쿼리대학이 호주 수화통역 학위과정을 운영하고 있다. 그런데 이 과정은 이미 NAATI 인증을 받은, 경험이 풍부한 준전문 통역사들이 자신의 기술을 더욱 발전시키고 과정 후에 전문 통역사 인증을 받기 위한 석사교육과정이다. 호주에는 초급 호주 수화 통역사를 대상으로 하는 대학의 학부 과정이 없다. 현재로서는 맥쿼리대학의 호주 수화/영어 통역사 교육 석사과정이 유일무이하다. 따라서 본 장에서 언급된 호주 내 통역사 교육과정은 대부분, 특히 준전문가 등급 통역사를 대상으로 직업 디플로마 교육에 중점을 두는 호주 전역의 TAFE 대학을 칭한다.

호주 TAFE 대학의 교육과정은 국가직무능력표준에 기반한 교과이므로 이론상 학습 성과는 어느 정도 일관성을 지닌다. 그러나 입학시험, 교과과정 실행, 기술 개발의 순서, 강사의 자격 및 수준, 적절한 자원 및 장비의 가용성 등 운영적 요인과 실행계획과 관련한 "현장"에서의 차이는 존재한다.

현재의 TAFE 통역사 교육과정에서는 과정의 시간적 제약 상 교육자들이 입학 당시에 여러 영역에 대한 일정 능력을 못 갖춘 학생들에게 시간과 자원을 할애하기가 힘들다. 이처럼 과정을 따라갈 준비가 미비한 학생들은 졸업에 필요한 능력을 갖출 가능성이 낮고, 최종 시험에 간신히 합격하더라도 통역 실무를 제대로 수행하는 데에 어려움을 겪을 수 있다. 통역사 교육과정과 현장의 중도탈락율이 비교적 높은 이유는 입학심사가 애초에 잘되지 않은 데에 일부 기인할 것이다. 실무를 지속할 자신감과 기술이 부족한 사람들은 통역사 일을 그만 두거나 통역에 대한 피드백에 따라 청각장애인 공동체나 통역제공업체들로부터 적극적으로 실무에서 배제된다.

이는 결국 호주 청각장애인 공동체와 여타 통역서비스 사용자들에게 고품질의 통역서비스를 원활히 제공하기가 힘들다는 것인데, 이 시급한 문제에 대한 잠재적 해법은 세 가지이다. 바로 입학시험과 초급 통역사 교육과정의 결과를 점검하고, 자격을 갖춘 준전문가의 기술 수준과 역량을 전문 인증 통역사의 수준으로 끌어올리며, 전문 통역사들의 기술이 녹슬지 않도록 교육과정이 이들을 적절히 겨냥하는 것이다. 본 장은 이 중 첫 번째에 해당하는 입학시험 및 초급 통역사 대상 교육프로그램의 결과에 집중하고자 한다.

이미 언급했듯 호주 수화 통역사 교육과정의 지원자 심사 및 선발 방법에 관한 연구는 현재 없다. 뿐만 아니라 입학 요건에 대한 명확한 국가적 프로토콜이 부재하며, 통역사 교육과정 혹은 최종시험의 결과 평가에 대해 명확한 방향과 정보를 제공하는 통합 데이터은행도 없다. 또한 호주 수화 통역사를 대상으로 하는 NAATI 평가와 관련하여, 시험 또는 승인된 교육과정을 통한 인증 결과 전체에 대해 투명하고 가용한 정보가 없다. 학생의 진척도 평가에 있어 효과적인 교육학적 평가의 중요성과 교육프로그램 이수 직후 요구되는 통역 수행능력의 기준을 정하기 위한 인증 평가의 중요성에 비추어볼 때, 호주에서 통역 평가에 관한 연구나 학술적 기여가 특히 부족하다는 점은 의외이다. 호주에는 통역 적성 측정에 관한 연구가 전무한 것으로 보이며, 수화 통역 적성 측정에 관한 연구는 세계적으로도 거의 없다시피 하다. 따라서 본 탐색적 연구는 현직 통역사의 통역사 교육에 관한 인식, 입학시험 형식의 평가 도구 개발 및 관리와 최종시험과의 결과 비교를 고찰하므로 호주에서 매우 시의적절하고도 요긴한 연구라 하겠다.

연구 절차

통역사 교육과정의 효과에 대한 인식과 호주 수화 통역사의 역량을 예측할 요인을 조사하고자 호주 전역의 공인 호주 수화 통역사를 대상으로 상세한 설문조사가 진행되었다. 긴 분량의 이 설문조사는 사회 및 심리적 변수의 발생정도 및 분포와 변수의 상호 관계를 파악하도록 설계되었다. 즉 인지된 언어 능력에 대한 개별 평가, 기타 통역 관련 지식, 기술 및 능력, 전반적 역량에 대한 자가 평가, 통역사 교육과정의 효과에 대한 인식을 인구통계학적 요인과 성격검사 결과와 관련지어 조사하였다(본템포, 2005). 이 설문조사 결과를 계기로 과정의 재학생들과 과정을 마치고 현업에 진출하는 통역사의 수준 향상을 목적으로 통역사 교육프로그램을 보다 면밀히 살피고, 특히 호주의 통역사 교육과정의 지원자 선별 과정을 고찰할 수 있게 되었다.

연구 문제

본 연구를 통해 답하고자 하는 연구 문제는 다음과 같다.

1. 현직 수화통역사들은 호주의 수화통역사 교육과정이 효과적인 통역 실무수행에 필요한 준비를 시켜준다고 인식하는가?
2. 문헌에 자주 언급되는 구어 통역사 교육과정의 입학시험을 조정하여 이를 초급 수화통역사 심사에 적용할 수 있는가?
3. 본 연구가 도출한 입학시험 결과를 바탕으로 교육과정의 최종시험 성적을 예측할 수 있는가?

본템포와 네이피너는 2007년의 설문 조사를 통해 호주의 공인 수화통역사의 역량에 있어 유의미한 차이가 있음을 발견했다. 관련된 확장 연구로서 본 연구는 호주의 통역사 교육과정에 대한 현직 통역사의 인식을 살펴본 본템포와 네이피너의 설문 조사의 미공개 데이터를 탐색한다. 본 장에서는 관련 설문 결과를 개괄하고 이를 토대로 개발된 통역사 교육과정 입학시험을 논한다. 또한 우리가 "첫 단추를 잘 끼우고 있는지" 확인하고자 입학시험 점수와 최종시험 점수를 대조하여 입학시험의 효과성을 분석하고 입학시험에 대한 수강생의 인식을 고찰하기 위한 정량 및 정성적 분석을 수행한다.

학생의 동기부여, 학습 스타일, 프로그램의 내용과 이행, 교육학적 접근, 교육자의 역량 등 입학성적과 최종 결과의 상관관계에 영향을 미치는 변수는 여럿이 있을 수 있다. 그러나 본 연구에서는 최종 점수에 영향을 미치는 혼재변수에 대해 가설을 제시하기보다는 입학시험과 최종 점수 간의 명백한 관계만을 탐색하며, 혼재변수를 통제하지 않는다. 또한 입학시험이 한 대학의 수화통역 학생 집단만을 대상으로 시행되었다는 점에서 본 연구가 소규모 예비연구임을 인정한다. 그러나 본 연구의 결과는 통역사교육, 시험, 인증에 대해 생각할 거리를 안겨주며 향후 연구에 대한 제언을 제시해 준다.

본 연구는 두 부분으로 구성되어 있다. 첫째, 설문조사를 통해 수화통역사들의 특징을 탐색하는 연구가 진행되었다. 이 초기 연구의 목적은 호주 수화 통역사의 성공적 통역수행능력의 잠재적 예측변수가 될 요인과 호주 내 통역사 교육과정 수강생의 관점을 파악하는 것이다. 이 1단계 연구의 결과는 호주 수화 통역사 교육과정 지원자에게 시험적으로 적용된 심사시험 개발에 대한 2단계 연구에 직접적으로 반영된다. 이제 설문 조사 방법론과 결과에 대한 1단계 연구의 결과를 논하고, 입학시험 개발 및 관리에 관한 2단계 연구의 방법론과 결과를 우선 개괄하고자 한다.

연구 1: 설문조사

방법론

조직심리학, 통번역학, 응용언어학 문헌을 바탕으로 우편 설문조사를 설계하였다. 설문조사의 목적은 사회적, 심리학적 변수의 발생빈도와 분포 및 변수간의 관계에 대한 데이터를 얻는 것이었다. 필자들은 응답자의 개인적 정보(자격취득 경로, 자격 등급, 통역 경력 등)를 일반적 언어 기술, 기타 지식 및 능력, 전반적 역량과 성격 척도 일부에 대한 이들의 의견 및 태도와 비교했다. 설문조사에 대한 보다 상세한 내용은 '자료' 절에 서술되었다. 참여자 및 해당 직업의 프로필을 작성하고, 다양한 변수는 물론 응답자가 보고한 전반적 통역 능숙도 등급과의 관계를 검토하기 위해 참여자의 인구통계학적 정보를 얻었다.[5] 또한 참여자에게는 호주 수화 통역사 교육프로그램의 효과성에 대해 어떻게 인식하는지 질문했다.

참여자

현업의 기준을 충족한 통역사에 한해 설문조사에 참여할 수 있도록 하기 위해 호주 수화/영어 통역사에 대한 NAATI 인증이 주요 연구참여 기준으로 활용되었다.[6] 설문조사 응답자들은 (NAATI가 승인한 교육과정 또는 NAATI 시험 응시를 통해) 호주 수화/영어 통역 시험을 통과하여 이미 준전문 또는 전문 통역사 수준으로 일할 수 있다고 평가받은 이들이었다. NAATI 인증은 호주에서 (구어 및 수화 모두) 통역사로 일할 수 있다고 인정받을 수 있는 유일한 자격증이며, 장애차별금지법 등의 연방법과 주정부의 언어정책은 청각장애인이 비장애인을 포함하는 넓은 범위의 서비스에 접근하고자 할 때 NAATI 인증을 받은 호주 수화 통역사를 요구할 권리를 보호한다고 규정한다.

NAATI 인증을 받은 호주 수화 통역사만이 연구에 참여할 수 있었기 때문에 여러 경로를 통해 잠재적 응답자를 파악 및 확보할 수 있었으며, 이러한 이유로 한 사람이 여러 경로로 여러 차례의 연락을 받을 수도 있었다. 다이렉트 메일 리스트와 누적표본추출을 통해 본 연구에 대한 정보를 전국적으로 배포했다. 현직 통역사에게는 자신이 아는 통역사 중 다이렉트 메일 리스트를 통해 정보를 받지 못했을 가능성이 있는 다른 통역사에게 본 연구에 대한 정보를 전달해줄 것을 요청했다.

본 연구에 대한 홍보자료는 당시 NAATI 메일 리스트에 있는 공인 호주 수화 통역사 500명에게 우편 또는 이메일로 전송되었다. 공인 호주 수화 통역사라면 누구나 참여할 자격이 있었고, 자발적으로 연구에 참여할 수 있었다. 다시 말해 표본추출 과정은 따로 없었다. 연구에 대한 정보는 당시 호주 내 수화통역사들의 주요 고용주와 호주수화협회(ASLIA: Australian Sign Language Association)가 전파했다. 고용주와 ASLIA는 NAATI가 직접 접촉한 대부분의 통역사들에게 연락할 수 있었고, 당시 고용주를 통해 연락된 약 200명과 ASLIA 회원 약 300명에게 이 정보가 전달된 것으로 추정된다.[7] 공인 호주 수화 통역사 약 500명이 한 개 이상의 경로를 통해 본 연구에 대한 정보를 전달받은 것으로 추정된다.

관심을 보이는 이들이 연구자에게 연락을 하면 연구자는 원하는 바에 따라 이메일 또는 우편으로 연구에 대한 소개 정보와 함께 질문지[8]를 보냈으며 요청이 있을 경우 우표를 붙인 봉투도 함께 보냈다. 호주 수화 통역사 총 82명이 질문지를 요청했다. 설문지는 코딩이 되어있지 않아 모든 요청자가 완성된 질문지를 보냈는지는 파악할 수 없었다.

총 110개가 이메일 또는 우편을 통해 도착했는데, 이는 설문지 요청 건수보다 많은 숫자였다. 아마도 일부 응답자가 동료에게 질문지의 사본을 전달하거나 일부 고용주가 자신의 통역사에게 직접 질문지 사본을 전달해 응답자가 질문지 사본을 받기 위해 직접 연구자에게 요청할 필요가 없었던 것으로 보인다.

1982년부터 설문지가 배포된 2005년 초까지 NAATI 인증 통역사는 722명이었으며, 연방정부의 가족지역사회서비스부(Federal Government Department of Family and Community Services)에 따르면 당시 공인 통역사 257명만이 현장에서 활동하고 있었다(Orima, 2004). 이는 고용주가 보고한 것(고용주에게 홍보자료를 받은 통역사는 약 200명)보다 약간 높은 수치이며 전국 ASLIA 회원수(약 300명)보다는 약간 적다. 이는 2005년 초 현재 활동 중인 통역사의 수를 정확히 반영한 것으로 보인다.

따라서 약 42%로 추정되는 응답률(활동 중인 것으로 추정되는 통역사 257명 중 응답자 110명)은 매우 긍정적이었다. 이는 설문조사 방법론의 평균 및 수용가능한 회수율인 20~30%(잭슨(Jackson), 2003) 보다 높다.

자료

설문조사는 10쪽의 질문지로 이루어졌는데, 문헌을 바탕으로 신중하게 계획 및 구성된 질문이 포함되었다. 제시된 질문 총 22개는 크게 네 부분으로 나뉘는데, 인구통계학적 정보, 기술 격차 정보, 통역수행 능력에 대한 인식, 선택할 수 있는 통역사 교육 프로그램, 조직심리학에서 사용되는 심리측정학적 척도를 바탕으로 한 평가척도 등이 포함되었다.

요약하자면 참여자들은 개방형, 폐쇄형, 부분개방형 질문과 리커트 평가척도(인터벌 데이터 획득을 위한 5지선다형)에 응답했다. 평가척도는 통역사로서의 전반적 능숙도, 상세한 기술 격차 분석, 자기효능감, 긍정적/부정적 정서, 목표지향성에 관한 자가보고식 성격검사에 관한 것이었다.[9]

첫 질문 10개는 통역사의 사회학적 데이터를 수집하기 위한 것으로, 호주 내 통역사 프로필을 작성하는 것이 목적이었다. 여기에는 고용 형태, 인증 등급, 인증 연도, 업무 환경, 연령대, 성별, 거주지역, 모국어, 중등교육, 고등교육, 응답자가 공식 통역사 교육을 어느 정도 완료했는지에 대한 폐쇄형 및 부분 개방형 질문이 포함되었다.

질문 11은 수화통역사에게 중요하다고 문헌에 정의된 기술 및 지식 분야 50개를 나열한 것이다. 참여자들은 각 기술, 지식, 능력의 중요성을 평가하고 각각의 기술 또는 지식 분야에 대한 자신의 능력을 평가했다. 연구자들은 이를 통해 정량화할 수 있는 기술 격차에 관한 정보를 얻었다.

질문 12-17은 개방형 질문으로 질문 11에 나열되지 않은 호주 수화 통역사의 추가적 기술, 지식이나 능력, 통역사 교육의 효과성, 업무 선택에 관한 의사결정 논리, 통역수행능력에 대한 인식을 제시하도록 했다. 이러한 질문들은 수집된 정량적 데이터와 상호 참조가 가능한 정성적 데이터를 제공하도록 설계되었다.

한편 질문 18에서는 통역사로서 자신의 전반적 능력에 대한 평가를 척도로 표시하도록 했다. 이 정보는 응답자의 사회학적, 심리학적 변수와 견주어 반응을 해석하는 핵심 변수가 될 것이다.

질문 19, 20, 21은 조직심리학 분야에서 오랫동안 쓰인 척도로, 자기효능감, 긍정적/ 부정적 정서, 목표지향성 등의 사회인지적 성격 개념을 각각 평가하는 심리측정학적 도구이다. 마지막으로 질문 22에서 참여자는 개방형 의견을 작성하고 원할 경우 어떤 의견이든 더 작성할 수 있다.

자료의 이해가능성, 질문 순서의 적절성에 대한 피드백을 얻기 위해 준전문 통역사 2명과 전문 통역사 1명을 대상으로 질문지의 초안을 활용한 시험이 실시되었다. 연구 참여자들에게 배포하기 전에 동료 평가와 피드백에 따라 예비 질문지를 일부 수정했다.

절차

연구 참여자들은 우편 또는 이메일로 설문지를 받아 이를 작성했다. 설문 응답시간은 최대 약 40분이 걸린 것으로 추정되며, 응답자들은 시간이 날 때 자신이 선택한 공간에서 영어로 설문에 응답했다(수기 작성과 타이핑 모두 가능). 참여자들은 최대 8주 동안 연구에 대한 정보를 알아보고 질문지를 받을 수 있었으며, 설문 응답이 끝난 즉시 질문지를 우편 또는 이메일로 보냈다. 완성된 질문지가 도착하는 즉시 연구자들은 중요한 부분이 있는지 알아보기 위해 기술, 모수, 비모수 추정 통계 분석을 통해 수치를 분석했다.

결과 및 논의

수화통역사 총 110명이 설문에 응답했다. 회수된 설문지 중 사용할 수 없는 질문지는 없었다. 응답자의 67.3%가 준전문 인증을, 32.7%가 전문 인증을 받은 통역사였다.

〈표 1〉 응답자의 NAATI 인증 등급

인증 등급	응답자(n)	백분율
준전문가	74	67.3
통역사	36	32.7
총	110	100.0

현직 통역사들이 보고한 기술 격차

준전문 및 전문 통역사 응답자들이 파악한 기술 격차는 본템포와 네이피너의 2007년 연구에서 상세히 논의되었고, 본 논문은 요약만 제시한다. 전문 통역사가 특정 기술과 속성의 "중요도"와 해당 기술과 속성에 대한 자신의 "능숙도"를 평가했을 때 유의미한 기술 격차가 발견되었다. 전문 통역사의 격차에 대한 분석으로 파악된 변수로는 자신감, 메모리 기술, 집중력, 자기 모니터링 기술, 전문지식, 객관성, 대중 연설 기술, 자기규율, 배경지식, 맥락적 지식, 확신, 직관 등이 있었다.

다른 한편으로는 호주 수화 기술, 통번역 기술, 맥락적 지식, 메모리 기술, 집중 기술, 청취 기술, 자기 모니터링 기술, 자신감, 배경지식, 평판, 객관성, 철자법, 상황관리 기술, 전문지식, 일반적 지능, 자기규율, 분석력, 확신의 영역에서 준전문 통역사 간의 유의미한 격차가 발견되었다.

현직 통역사들이 인증에 따라 다양한 등급을 부여한 결과로 도출된 데이터를 보면, 호주 수화에 대한 언어적 유창성 등 호주 수화 통역사에게 기본적인 기술을 비롯한 폭넓은 기술 영역에서 많은 격차가 존재함을 알 수 있다.

호주의 통역사 교육프로그램에 대한 인식

본 연구의 주요 관심사는 통역사 교육프로그램에 대한 질문에서 얻는 정성적 데이터이다. 이러한 질문은 통역사에게 중요한 기술, 지식, 능력에 관한 질문과 응답자가 변수 50개에 관해 하나씩 중요도를 평가하고 그에 대한 자신의 능숙도에 점수를 부여하는 평가척도가 있는 부분 바로 뒤에 제시되었다. 개방형 질문을 이렇게 위치시킴으로써 참여자가 추가적 교육이 필요하다고 느끼는 분야에 집중하고 통역사로서 자신의 능숙도를 돌아볼 수 있도록 했다.

관심을 둔 질문은 구체적으로, "귀하는 호주의 통역사 교육프로그램이 얼마나 효과적으로 통역사가 현업에서 활동하도록 준비시켜 준다고 생각하십니까?"였다. 이 질문은 자유로운 응답이 가능하도록 개방형으로 많은 주의를 요하는 기술 격차에 대한 리커트 척도 다음으로 제시되었는데, 총 110명의 참여자 중 106명이 이 질문에 대한 답변을 적었다. 이는 개방형 질문이라는 점을 고려할 때 매우 높은 응답률이다.

이 질문에 답한 응답자의 67%(25명의 전문 통역사와 46명의 준전문 통역사)가 통역사 교육프로그램의 결함을 지적했고, 이로 인해 프로그램을 마친 후 현업에 뛰어들 때 통역사로서 역할을 수행할 만큼 준비가 잘 되지 않았다고 답했다. 응답자들이 공통적으로 지적한 사항은 다음과 같다.

- 교육 기간(충분히 길지 않음)
- 교육과정의 내용과 복잡성(실제 현장 업무를 반영하지 못함)
- 교육과정에서 사용할 자원과 자료의 부족
- 교수자들의 자질 및 능력 수준이 다양함
- 학생들과 신규 졸업생들을 위한 멘토링, 인턴십, '버디 시스템(buddy system)'의 부족
- 교육 장소에 접근하기가 불가능함(일부 도심에만 있음)
- 일부 주(州)에서 통역사 교육프로그램이 드물게 제공됨
- 프로그램에 대한 국가적 기준이 부재한 것으로 보임

마지막 지적사항은 호주의 모든 프로그램에서 통역 교육자들이 동일한 국가직무능력표준을 바탕으로 교과과정을 운영한다는 점에서 특히 흥미롭다.

다음은 통역 교육프로그램에 대한 부정적인 의견을 선별한 것이다.

> 현재 많은 준전문 통역사들이 준비가 심히 부족한 상태에서 "실전"에 투입된다. 이것이 새롭게 자격을 얻은 통역사의 이탈률이 높은 이유라고 생각한다. (참여자 #36, 전문 통역사)

> 준전문 호주 수화 통역사가 수행할 업무의 유형을 감안할 때 학위과정은 이들을 제대로 준비시켜주지 않는다. (참여자 #103, 전문 통역사)

> 내가 그동안 경험한 바에 의하면 이들은 제대로 준비가 되지 않는다. 두 언어를 모두 유창하게 하는 것이 매우 중요하며 통역사에게 요구되는 기술을 향상할 수 있도록 개인적 특성을 검토하고자 노력해야 한다. (참여자 #38, 전문 통역사)

통역사가 여러 언어로 일할 수 있도록 준비시켜주지도, 높은 수준의 영어를 구사하도록 준비시켜주지도 않는 것으로 보인다. (참여자 #83, 전문 통역사)

기술통역 테크닉의 수준이 낮다. (참여자 #82, 준전문가)

통역 교육프로그램을 마친 후에는 깊은 물 속에 던져지는 느낌이다. (참여자 #51, 준전문가)

강의 간 소통이 제대로 이루어지지 않으며 통역에서 보다 중요한 측면에 집중하지 않는다. (참여자 #109, 준전문가)

TAFE 과정에서는 수화를 하는 방법과 NAATI 시험을 준비하는 방법을 가르치지만 실제로 어떻게 통역사가 될지는 가르치지 않는다. (참여자 #88, 준전문가)

이곳 [주 이름 생략]에서는 효과적이지 않다고 느낀다. 기준이 낮아진 것 같다. 통역사들은 유연성이 없고 지나치게 경직되어 있으며, 두 문화 간 가교 역할을 하는 데 어려움을 겪는다. 일부 통역사들은 지나치게 자신감이 넘치는데 이러한 모습이 그들의 태도나 업무에서 드러난다. (참여자 #25, 전문 통역사)

초급 프로그램(예를 들어 TAFE)은 중요한 내용을 모두 적절히 다루기에는 시간이 충분하지 않다. (참여자 #70, 전문 통역사)

교육과정은 교수자의 지식과 그 지식을 학생들에게 전달하는 능력에 전적으로 의존한다. (참여자 #26, 전문 통역사)

호주 전역의 교육과정은 각기 매우 상이하고 일관성이 없다. (참여자 #35, 준전문가)

설문조사 참여자 중 소수(22%)만이 다양한 통역사 교육프로그램에서 받은 기초교육에 대해 상대적으로 긍정적 의견을 보였다. 이들 중 4명은 전문 통역사이고 19명은 준전문 통역사였다. 이 집단의 대표적인 의견은 다음과 같다.

나는 통역사 교육과정이 내가 현장에서 효과적으로 통역하고 전문성을 가질 수 있도록 준비시켜주었다고 생각한다. (참여자 #74, 전문 통역사)

내가 TAFE와 맥쿼리에서 마친 교육과정은 모두 훌륭했다. 모든 사람들이 이러

한 교육과정에 참여할(혹은 참여하기로 선택할) 수 없다는 것이 문제이다. (참여자 #57, 전문 통역사)

통역사 교육은 철저하다 - 통역 기술의 좋은 기반이 된다. (참여자 #15, 준전문가)

[주 명칭 생략]의 교육프로그램은 훌륭하다. 폭넓은 지식을 지닌 호주 수화 통역사가 훌륭한 교수자이다. 구체적 영역에 대한 역할극이 포함되어 있는데, 이는 매우 가치 있고 실전에 근접한다. 또한 플랫폼통역, 순차통역, 동시통역 등 다양한 통역 유형을 다룬다. (참여자 #42, 준전문가)

나는 이 교육프로그램이 통역사를 현업에 준비시키는 데에 아주 우수하다고 보았다. (참여자 #89, 준전문가)

교육과정은 다채롭고 흥미롭고 도전적이었다. 통역 기술은 체계적, 실용적이고도 매우 전문적으로 다루어졌고, 인터랙티브 학습의 기회가 많이 주어졌다. (참여자 #95, 준전문가)

11%를 차지하는 마지막 집단(전문 통역사 6명과 준전문 통역사 6명)은 응답이 애매하여 밝힐 의견이 없거나 호주 내 통역사 교육 상황에 대해 완전히 부정적 또는 긍정적 의견이라고 하기 어려운 혼재된 의견을 보였다. 예를 들면 참여자 #1(전문 통역사)은 다음과 같이 언급했다.

나는 교육과정이 훌륭하다고 생각한다. 문제는 (1) 그것이 필수가 아니라는 것, (2) 준전문가들이 현재 하고 있는 일을 대부분 해서는 안 된다는 것이다!

후자의 집단과 관련해 흥미로운 점은 추가 분석에서 해당 응답자 12명 중 8명이 통역사 교육프로그램에 참여한 적이 없음이 밝혀졌다는 것이다. 이것이 통역사 교육프로그램의 효용에 관해 보다 명확한 의견을 제시하지 않은 이유일 수도 있다. 이 집단이 공식적 교육을 받지 않았음에도 12명 중 11명은 자신이 통역사로서 "매우 능숙하다" 또는 "극도로 능숙하다"고 답했다. 그런데 여기서 한 명을 제외한 나머지는 모두 현장에서 10년 이상의 통역 경험이 있었다.

호주 내 통역사 교육프로그램의 결함에 우려를 표시한 첫 번째 집단으로 돌아가보자. 이들 중 일부는 설문조사를 개선을 위한 제언의 기회로 삼아 TAFE 프로그램 입학 기준에 대해, 그리고 TAFE에서만 제공하는 초급 프로그램보다는 대학에서 제공되는 초급 학위과정이 필요하다는 점에 대해 구체적, 자발적으로 언급했다.

> 학생들이 많은 영역에서 능숙도를 향상시킬 수 있도록 입학 기준을 높이거나 학점을 늘려야 한다. (참여자 #105, 준전문가)
>
> 입학의 전제조건이 향상되어야 한다. (참여자 #9, 준전문가)
>
> 입학 기준의 조건이 엄격히 유지되어야 한다. (참여자 #60, 전문 통역사)
>
> 정식 학위과정과 기준의 향상 없이는 효과적인 준비가 불가능하다. (참여자 # 36, 전문 통역사)
>
> 1년제 파트타임 TAFE 과정이 이처럼 힘든 직업에 적절치 않다고 생각한다. 그렇다면 이를 직업이라고 부를 수도 없을 것이다. (참여자 #23, 준전문가)
>
> 가장 시급한 문제는 기본적인 대학 교육의 부재라고 본다. (참여자 #44, 전문 통역사)
>
> 학위 과정이 기초 교육이 되는 것이 이상적이지만 (1) 호주 내에서 그 수가 적고, (2) 수화 언어 영역에서 일에 대한 보상이 적절하지 않기 때문에 학위 과정이 필수가 되기는 어렵다고 생각한다. (참여자 #55, 준전문가)

전체 응답자(106명)의 13%가 입학 기준을 대학 수준으로 올리는 방안을 언급하면서, 이를 통해 통역사가 보다 잘 준비되어 현업에 뛰어들 수 있을 것이라고 했다. 설문조사에 응답한 통역사들이 졸업자 사이의 '업무 준비태세'의 격차를 줄이려면 교육 수준을 높이거나 기간을 늘여야 한다고 보는 것은 분명 논리적이다.

응답자의 67%가 통역사 교육프로그램을 비판하는 데이터의 경향 및 본 연구의 참여자뿐만 아니라 호주 청각장애인 공동체가 통역 품질과 기준의 향상을 요구한다는 점을 고려해 네이피너와 로한(2007)은 통역사 교육프로그램으로 관심을 돌렸다. 호주의 통역사 교육프로그램이 현업에서 통역을 잘 수행하도록 학생들을 준비시켜주지 않는다고 인식되는 것이라면, 어떻게 이를 개선할 수 있을까?

프로그램 입학시험 개발

연구자들은 통역사 교육과정의 입학 기준에 대해 설문 응답자가 제공한 실마리를 토대로 프로그램 입학에 사용할 심사도구의 개발과 도입을 고려하게 되었다. 이때 중요한 것은 그 도구를 측정하고 이를 교육과정의 결과와 비교할 수 있어야 한다는 점이었다.

그러한 도구를 개발하는 과정에서 고려하고 포함할 몇 가지 핵심적 기술, 지식, 능력은 설문조사 데이터에서 확보되었다. 이미 언급했듯 정량적 데이터를 보면 준전문가 사이에 상당한 기술 격차가 있음을 알 수 있다. 본템포와 네이피너(2007)의 보고에 따르면 통계분석으로 밝혀진 준전문 통역사의 주요 기술 격차는 다음과 같다.

- 호주 수화 기술
- 통역/번역 기술
- 메모리 기술
- 집중 기술
- 청취 기술

우리는 위에 언급된 분야가 현직 통역사의 설문 응답에서 파악된 주요 취약점임을 인식하고, 공식 프로그램 입학시험을 개발하면서 특히 우려되는 영역에 대처하고자 했다. 여기에는 교육과정 시작 시점에 이러한 분야에서 더욱 높은 수준의 기술, 지식, 능력을 지닌 학생을 선발할 수 있다면 교육과정뿐만 아니라 졸업 후 현업에서도 통역사로서 성공할 수 있으리라는 전제가 깔려있다. 실제로 파트리(Patrie, 1994:56)는 "업무에 대한 준비도" 격차를 해결하기 위한 방법으로 공식 입학선발의 실시를 권고한다. 통역사에게 요구되는 바가 계속 늘고 있으며, "이러한 요구에는 합리적 대응, 즉 통역사의 조건에 적절히 부합하는 입학 및 졸업기준에 적용할, 적절히 개발되고 상세히 설명된 기준과 궤를 같이 하는 통역사 준비과정 매개변수의 개발이 필요하다"는 것이다.

호주에는 프로그램 입학에 관한 표준화된 시험 도구가 부재하다. 따라서 이러한 문제를 해결하고 설문조사에서 발견한 부분에 대응하고자 예비 입학시험이 개발되었다. 그 신뢰도와 타당도에 대한 평가에 따라 전국적 적용을 권고하겠다는 것이 의도이다.

연구 2: 프로그램 입학시험

방법론

설문조사 응답자들의 의견을 바탕으로 통역사 교육프로그램 입학시험, 심사, 선발에 관한 문헌을 참고하여 예비 심사측정 도구가 개발되었다.

설문에 응한 준전문 통역사들은 통역에 필요한 특정 기술을 언급하면서 그 기술 수준과 자신의 실력 간에 상당한 격차가 있다고 답했다. 이에 따라 그러한 기술 일부를 측정하는 것이 입학시험의 기반이 되었다. 시험 개발 당시 수화통역사 교육프로그램의 입학시험을 다루는 결정적인 연구는 없었다. 따라서 구어통역사 심사에 관한 모저-머서(1985), 거버 외(1984, 1989), 람베르트(Lambert, 1991), 소여(2004)의 연구 등에서 도출된 권고를 주로 참고했다.

거버 외(1989)가 제시한 데이터를 보면 텍스트 기억력, 논리적 기억력,

빈칸채우기 연습, 오류 찾기가 통역 교육생의 향후 성공 여부를 예측할 수 있는 것으로 보인다. 또한 '섀도잉, 패러프레이즈' 문장구역/통역, 숫자 처리, 지원자 면접 (모저-머서, 1985; 함베르트, 1991; 피파와 루소, 2002)과 같은 권장 과제가 호주 수화 통역사의 예비시험에 포함될지의 여부가 고려되었다.

참여자

호주 통역학위 프로그램의 지원자 18명을 대상으로 예비시험이 실시되었다. 호주 전국의 TAFE에서 1년에 4개의 프로그램만이 운영되는 수화통역사 교육의 특성과 규모를 고려하면 참여자의 신원 보호가 필요하므로, 예비 입학시험이 실시된 TAFE의 위치와 이름, 실시 연도는 밝히지 않는다. 또한 전국적으로 학생과 현직 통역사의 수가 적으므로 프로그램 합격자에 관해서는 개인 정보와 연관되지 않도록 각 시험의 참여자 수와 정성적 데이터에 한해 일반적인 정보만을 밝힌다.

지원자 18명 중 총 11명이 통역사 프로그램에 입학했다. 모두 여성이었으며 연령은 18~51세이고, 평균 연령은 29세였다. 한 명을 제외한 학생 전원의 모국어는 영어였다. 모두 TAFE에서 공식적으로 호주 수화를 공부했으며, 11명 중 8명이 TAFE에서 호주 수화 학위를 받았다. 11명 중 3명은 학사 학위 소지자였다.

자료

1. 입학시험

일부 구어통역사 심사 도구의 "수정가능성"을 신중히 고려하여 개발된 예비 심사도구는 영문 에세이(주제 2개 선택), 호주 수화 면접, 언어기술, 통역 사전기술(pre-interpreting skills), 인지처리 기술과 관련된 4가지 실습 활동으로 구성되었다. 일련의 도구들은 심사자가 지원자의 영어와 호주 수화 구사력, 청취력, 메모리 능력, 집중력, 다른 언어 간에 혹은 한 언어 내에서 특정 형식에서 다른 형식으로 의미를 전달하는 능력을 파악할 수 있도록 선택되었다. 이러한 기술들은 설문조사에서 준전문가들이 기술 격차가 있다고 응답한 핵심 부분이며, '통역사 교육프로그램 입학시험에서 무엇을 평가해야 하는냐'는 질문에 대한 답변을 바탕으로 한 것이다. <표 2>는 각 시험 항목에서 평가하고자 하는 기술, 지식, 능력을 정리한 것이다. 시험은 한 장소에서 시행되었고 1시간 15분 가량 소요되었다.

거버 외(1989)가 유용성을 밝힌 시험 중 일부(빈칸 채우기, 유의어 등)는 구어통역사 시험에만 적용할 수 있는 것으로 보고, 불가능한 것은 아니지만 수화통역사 시험에서 유의미한 척도로 수정하기 어려워 예비시험에서 제외되었다. 또한 중요한 것은 호주 수화 통역사 83%의 모국어가 영어라는 점이다(본템포, 2005). 따라서 호주 수화/영어 준전문 통역사 교육프로그램 지원자 대다수의 모국어가 영어일 것으로 예상되었고, 프로그램에서는 면접 응시의 조건으로 최소 12학년의 영어 과정(중학교 마지막 학년 - 이 수준에서 주(州) 시험에 따라 영어 기술의 등급이 매겨진다)의 이수를 요구했다. 따라서 심사는 호주 수화 기술에 중점을 두어야 하며 설문 응답자들 또한 준전문 통역사에 대한 우려를 이유로 수화 언어를 강조했다. 준전문가는 "대화" 수준의 담화에 대한 통역 업무

〈표 2〉 프로그램 입학시험 항목

입학시험 항목 (제시/평가된 순서에 따라 정리)	각 시험 항목을 통해 검증될 것으로 기대되는 기술, 지식, 능력
에세이	영어 작문 유창성, 동기부여, 목표지향성, 태도, 시간관리 능력의 증명, 관심분야, 사고의 표현력
인터뷰	수용적/표현적 호주 수화의 유창성, 발표력, 담화 응집성, 일반적 의사소통 능력, 상식, 성격, 동기부여
셰도잉	선택적 주의력, 동시에 "듣고 말하는"능력(호주 수화로), 언어 조작 관련 처리속도, 동일언어 간 기술, 관련 지식
패러프레이즈/요지 파악	호주 수화 이해력, 호주 수화 청취력, 텍스트 처리, 요점 기억력, 요약, 담화 응집성, 언어 기술, 영어 구어 능력(구어 표현 및 유창성, 어휘 수준 등), 이언어 간 기술, 청각장애인 문화/교육에 대한 지식
이중 과제	구어로 된 영어 원천자료 이해, 어음 분별력, 메모리 기술, 스트레스 관리, 병렬처리 기술, 숫자 처리, 속도, 청취력, 언어 내적 영어 기술, 영어 말하기 기술(구어 표현 및 유창성, 음성 등), 담화 응집력
순차통역	구어로 된 영어 원천자료 이해, 어음 분별력, 호주 수화 기술(특히 선택된 텍스트로 인해 구성된 동작의 사용), 기본적 메시지 분석 및 전달 기술(텍스트가 짧은 아이디어 단위로 나뉘어 있으므로 의미단위에 따라), 의미 처리 및 재구성, 담화 응집력, 이언어간 기술
개인적 특성	자체로 시험 항목은 아님. 비언어적 요인에 대한 주관적 평가(자신감, 근성, 성격 등)

를 수행할 수 있다는 NAATI의 설명도 과제의 선택에서 고려되었다.

지원자의 관심분야와 목표(즉 비학술적 내용)에 관한 에세이 작문과 호주 수화로 진행된 대화식 면접은 지원자에 대한 정보를 얻도록 설계되었다. 이에 관한 상세한 내용은 아래에 정리하였다. 셰도잉은 함베르트(1991)가 강력히 권고했으며, 이중과제와 패러프레이즈는 기술을 습득하는 과정에서 예비 통역사에게 필요한 "1차적 수준의" 인지적 기술임을 모저-머서(2008b)가 밝힌 바 있다. 통역의 또 다른 중요한 전제조건은 이해력이므로 다양한 시험 항목을 통해 이해력에 대한 평가도 수 차례 이루어졌다. 단순 순차통역도 포함되었는데, 구어통역사 프로그램 심사과정에 순차통역이 들어있다는 것이 주된 이유였다(티마로바와 언고드-토마스, 2008). 험프리(1994)도 자신의 종합 심사도구에 기초 통역 과제를 포함시켰다. 또한 호주의 모든 통역 프로그램이 입학시험에서 기초 통역 과제를 이미 사용한다는 점도 영향을 주었다. 이러한 다양한 입학시험의 요소를 통해 통역사 교육프로그램에 대한 지원자의 준비 여부를 엿볼 수 있을 것으로 판단되었다. 적어도 표면적으로 볼 때 이러한 입학시험 요소들은 통역 적성을 일부 드러내는 것은 물론 통역 행위에 필요한 복잡한 하위 과제와 요소를 반영한다.

시험관들은 통역학위 프로그램 지원자들을 면접 및 평가했고, 그들은 이듬해에 실제 교육과정에서 강사진을 구성할 예정이었다. 시험관 한 명은 원어민(청각장애인), 두 명은 영어가 모국어인 이들이었다(모두 인증 받고 경험이 많은 호주 수화 통역사). 시험관들의 수화통역사 교육경험을 합치면 21년에 달했고, 모두 TAFE(평가 및 현장교육 자격 IV)에서 강의할 최소한의 자격을 보유했다. 시험관 세 명 중 둘은 석사 이상의 언어학 또는 통역 과정에서 공식 자격을 획득했고, 한 명은 교육 석사였다. 시험관들은 한 해 전에도 함께 일했는데, 당시에는 상대적으로 비공식적이고 직관적인 측정도구로 합격여부를 결정했다.

시험관들에게는 연구자가 개발한 입학시험에 대해 의견을 제시할 기회가 주어졌으며, 토론을 위해 제안된 도구의 사본이 시험일 전에 송부되었다. 변경사항은 전혀 없었고, 비용과 평가방법을 더욱 상세히 논의하기 위해 입학시험 전 1시간 동안 회의를 실시했다. 시험관 세 명과 별개로 대학 교직원 한 명은 면접실 밖에서 지원자의 순서를 조율하고, 에세이 시험을 안내하며, 지원자의 질문에 답하고, 제 시간에 면접실로 안내했다. 구체적 시험 항목은 다음과 같다.

에세이 - 영어. 영어 에세이는 지원자의 태도, 가치관, 동기부여/전념도의 지표 역할을 하도록 설계되었다. 영어 작문능력을 평가할 수 있을

뿐만 아니라 지원자가 "누구"이며 이 프로그램과 청각장애인 공동체에 대한 전념도, 통역 교육을 받고자 하는 이유를 알아볼 수 있는 기회였다. 목표지향성, 태도, 청각장애인 공동체에 대한 관점 등 "소프트 기술"의 평가 정보를 제공했고 지원자는 에세이 질문 두 가지 중 하나를 선택했다. 에세이 질문은 갤로뎃대학교(Gallaudet University) 통역학과에서 사용된 질문이 변형된 형태였다. 갤러뎃대학교는 청각장애인을 위한 세계 유일의 인문대학이자(청각장애인이 아니라도 기준에 부합하면 입학 가능) 학부와 석사과정 모두 수화통역을 배울 수 있는 세계 유일의 대학이므로 입학시험 자료의 기반으로 일부 사용하기에 좋은 모델로 판단되었다. 변형된 에세이 주제는 다음과 같다.

단편 에세이 1. 학업, 소득을 창출하는 일, 가족 또는 개인에 대한 의무, 자원봉사 등 자신이 맡은 여러 일들을 어떻게 조율해왔는지 설명하라. 이것이 통역학위과정, 청각장애인 공동체의 행사 참석 및 현업 통역사 참관 등에 성실히 임할 능력을 어떻게 보여주는지 자세히 설명하라. 자신이 학위과정 지원자로서 좋은 평가를 받는데 도움이 된다고 생각하는 정보를 모두 제시하라.

또는

단편 에세이 2. 왜 통역사가 되고 싶은지, 통역사로서 달성하고자 하는 바가 무엇인지 설명하라. 이 분야의 일에 대한 목표와 포부는 무엇인가? 학업과 삶의 기술 중 목표를 달성하는데 도움이 되는 것, 그리고 미래의 전문 통역사로서 자신이 가진 최고의 자산이 무엇이라고 생각하는지 제시하라.

에세이 작성에는 30분이 주어졌고, 모든 지원자는 교육 배경과 무관하게 영어 에세이를 완성했다. 입학시험에서 에세이는 25점(총 100점 중)

에 해당했고, 평가기준에는 내용(에세이 주제를 다루고 답을 제시함/증거와 사례를 제시함), 명료성과 어역(올바른 문법, 어휘, 철자, 구두법), 논리적 일관성과 글의 조직성, 사고력과 분석력, 개인적 특성/동기부여/관심사에 관한 통찰이 포함되었다.

면접 - 호주 수화. 입학시험 면접의 목표는 지원자의 호주 수화 대화 능력을 평가하는 것이었다. 기본적으로 지원자와 시험관이 서로 대화를 주고받는 과정을 통해 호주 수화의 이해와 표현을 모두 평가했는데, 시험관은 면접 목적에 따라 다양한 주제와 이슈에 대해 지원자의 이야기를 끌어냈다(통역 공부의 동기, 개인적 관심분야, 시사, 청각장애인 공동체 관련 경험 등에 관해 미리 준비된 질문이 즉각적으로 주어짐). 어느 정도 유연성이 있는 시험이기에 시험관은 미리 준비된 질문과 무관하게 지원자의 말에 따라 즉흥적으로 질문을 할 수 있었다. 예를 들면 시험관은 지원자가 한 말을 명확히 이해하기 위해 질문할 수도 있었다. 다시 말해 지원자의 지식을 평가하기 위해 미리 정해진 질문 목록을 따르기보다, 언어 기술을 관찰하고 평가하고자 지원자들이 더 "말하도록" 하는 데 중점을 두었다. 하지만 이 시험과 미리 준비된 "즉각적" 질문의 본질상, 이 측정도구에서는 언제나 비언어적 통찰도 도출되었다. 이것은 갤러뎃대가 사용한 기존 도구 중 이전보다 대학입학시험에서 광범위하게 사용되는(수화통역사를 위한 시험만이 아닌) 도구를 토대로 수정한 또 다른 측정도구였다. 갤러뎃대학의 미국수화 언어능숙도 면접(GU-ASLPI)은 캠퍼스 내 다양한 과정의 입학 심사에서 미국수화의 언어적 능숙도를 평가하는데 사용하는 평가도구다. 이것은 미국 외교국(Foreign Service)이 개발한 언어능숙도 시험을 모델로 한다.[10] GU-ASLPI는 시각-몸짓 표현, 미국식 수화 문법, 수화 어휘, 유창성, 이해도 등 5가지 분야의 수행 능력을 바탕으로 지원자의 능숙도를 "0~5점"으로 종합 평가한다. 수정된 면접에서는 미국식 수화 대신 호주 수화의 문법과 어휘를 평가했다. 예를 들어 시험에서 능숙도 "3점"을 받는다는 것은 지원자가 "어느 정

도 자신감을 가지고 사회적 요구, 일 또는 연구 상황과 관련한 일상적 의사소통에서 수화, 지화, 숫자와 함께 호주 수화 문법을 일부 사용할 수 있는 능력을 보임. 가끔 머뭇거리지만 일상적 수화 어휘를 보통 이상으로 능숙하게 사용해 이야기하고 화제를 설명함. 일부 눈에 띄는 실수가 있지만 오류로 인해 이해하기 어려운 경우는 거의 없음. 이해 수준도 매우 양호해 반복이나 표현 바꾸기는 가끔만 필요함"을 의미했다. 이 시험의 능숙도는(0~5등급으로 평가) 10점 만점의 점수로 환산되었다(시험 전체는 총 100점).

섀도잉 - 호주 수화. 간단한 배경설명과 함께 사전에 녹화된 짧은 호주 수화 독백을 보여주었다. 지원자들은 수화 사용자가 텍스트를 표현함과 동시에 수화 표현, 운율 등을 되도록 가깝게, 즉 보이는 대로 각 음소를 반복하여(손의 모양, 방향, 위치, 움직임, 표정) "음소적으로 섀도잉"을 했다. 텍스트는 50대 여성 원어민 수화사용자가 자신이 호주에서 보낸 휴가에 대해 이야기하는 내용이었다. 기술적 어휘는 없었고 지명에 대한 관련 지식이 도움이 될 수 있었다.

모든 학생은 호주에 거주했기에 텍스트는 문맥상 어렵지 않았다. 담화의 내러티브적 성격으로 인해 상당히 많은 분류사를 통한 묘사, 공간 활용, 구성된 행위, 구성된 대화가 사용되었다. 호주 수화가 제2언어인 대부분의 학습자에게는 어려울 수 있다. 이 시험은 학생들의 제2언어능숙도를 측정한다. 관련하여 함베르트(1991)는 이해하지 못하는 것을 따라 말할 수 있는 사람은 없으며, 학생이 자신의 제2언어를 따라 말하지 못한다면 프로그램 입학을 위한 언어적 능력이 없는 것이라고 본다. 평가에서는 음소적 섀도잉을 지속하는 근성, 텍스트 전반에 걸쳐 수화사용자의 속도를 따라가는 능력, 표현의 명료성, 원문 텍스트의 운율 채택을 고려했다. 섀도잉 시험은 15점 만점으로 평가되었다.

패러프레이즈/요지 파악하기 - 호주 수화에서 영어로 실시되었으며, 사전에 녹화된 짧은 호주 수화 독백 텍스트를 보여주었다. 노트테이킹

이 허용되었고, 독백이 끝나면 지원자는 주제를 영어로 요약했다. 텍스트는 30대 남성 수화사용자가 자신의 대학생활 중 통역사를 사용한 경험에 대한 이야기였다. 기술적 어휘나 전문용어는 없었으며 텍스트 내의 많은 개념은 청각장애인 문화, 청각장애인 교육, 청각장애인 공동체와 통역사 간의 긴장관계를 안다면 지원자들에게 대체로 친숙할 내용이었다. 수화사용자는 통역사를 통해 교육을 받았을 때의 긍정적, 부정적인 경험을 이야기했다. 지원자의 과제는 원천 메시지를 시각적으로 처리 및 이해하고 이를 기억하여 영어로 바꿔 재구성하면서 원천 텍스트의 주제를 요약하는 것이었다. 이는 기초 통역 기술을 시험하는 과제였으므로 어려울 수 있었다. 텍스트는 꽤 명확하고 단순했으며 느린 속도로 제시되었다. 제시된 주제 아이디어의 수, 아이디어를 영어로 일관성 있게 표현하는 능력, 구두로 표현된 영어의 수준(가청도, 명료성 등)이 평가 요소였다. 패러프레이즈/주제 파악하기는 10점 만점으로 평가되었다.

이중과제 연습/메모리 - 영어로 실시되었고, 사전에 녹음된 짧은 영어 독백이 재생되었다. 지원자들은 텍스트를 들으면서 100에서 1까지(역순으로) 종이에 숫자를 적었다. 재생이 끝난 후 지원자는 영어로 다시 해당 텍스트의 내용을 이야기하였다. 텍스트는 선물을 주는 의도에 관한 내용이었고, 사례로 언급된 이야기는 특히 감동적이었다. 연사는 40대 미국인 여성이었고 텍스트에는 기술적 어휘는 나오지 않았다. 이 텍스트는 인지적 처리 기술을 개발하고 주의를 분산시키는 활동을 하면서(숫자를 역순으로 써서 인지적 부하를 추가) 최우선 업무(원천 텍스트를 듣고 이해하기)를 선택적으로 수행하는 능력을 측정하기 위한 파트리(2000)의 연습에서 도출되었다. 재생이 끝난 후 지원자는 이를 기억해서 텍스트를 영어로 제시했다. 통역 업무는 원천 텍스트를 들으면서 목표 텍스트로 바꿔 표현하고 재생해야 하는 "주의력 분할 과제(질(Gile), 1995; 파트리, 2000:200에서 재인용)"이므로 학생들은 여러 인지적 업무를

동시에 수행하는 능력을 입학 당시에 어느 정도 지니고 있어야 한다. 평가 요소에는 텍스트 충실도, 이야기를 시간 순서에 따라 일관성 있게 제시하는 능력, 영어 구어의 품질이 포함되었다. 이중과제 연습/메모리는 10점 만점으로 평가되었다.

순차통역 - 영어에서 호주 수화로 실시되었다. 사전에 녹음된 짧은 의미단위로 분할된 독백을 영어에서 호주 수화로 순차 통역했다. 선택된 텍스트는 Patrie(2004)의 연구에 따른 것으로, 40대 미국인 여성이 전달했다. 그녀는 두 아이가 개를 목욕시키는 과정을 묘사했는데, 텍스트는 아주 단순하고 기술적 어휘는 전혀 포함되지 않았다. 과제는 원천 텍스트를 이해 및 분석하고 영어의 메시지를 호주 수화로 바꿔 표현하는 것이었다. 이 텍스트는 맥락적으로 친숙한 내용, 간결성, 녹음 내에 낱말 묶기가 되어있다는 점 때문에 선정되었다. 지원자는 분류사를 통한 묘사와 구성된 행동을 즉흥적으로 표현하고 이야기의 등장인물 간의 관계를 공간적으로 나타내야 했다. 청취를 한 후 의미단위를 재구성할 수 있었기 때문에 지원자는 호주 수화의 문법적 특성을 포함시킬 시간이 있었고, 이에 따라 메시지 전달뿐만 아니라 호주식 수화 기술을 평가할 수 있었다. 평가 요소에는 수화 표현, 분류사 사용, 표정, 공간 사용, 역할 변화, 한 언어에서 다른 언어로의 메시지 전달이 포함되었다. 순차통역은 15점 만점으로 평가되었다.

개인적 특성. 면접자들은 "개인적" 관점에 기반하여 지원자의 전반적 수행능력에 대한 인상을 바탕으로 추가 점수를 기록했다. 대인관계 기술, 프레젠테이션, 지원자의 매너를 고려했으며 이를 통해 기술적 역량보다는 특성과 행동을 평가했다. 연구 1에서의 통역사의 개인적 특성과 기술 격차 데이터 뿐 아니라 조직심리학에서 증명된 성향과 직업적 수행능력의 관계를 고려해 개인적 특성 평가를 프로그램 입학시험에 포함시켰다.

설문조사와 선발시험을 각각 실시한 2005년과 2006년에는 스터퍼와 쇼(2006), 쇼와 휴스(2007), 로페즈 고메즈 외(2007)의 연구가 발표되기 전이었다. 그러나 개인적 특성이 통역사의 능숙도에 미치는 잠재적 영향에 관한 본템포(2005) 연구의 예비적 결과는 알 수 있었다. 비용과 시간 문제로 인해 TAFE의 예비 입학시험에서는 신뢰성 있고 유효한 심리측정학적 도구를 넣어 시험을 실시할 수가 없었다. 따라서 시험관은 면접과 실제 시험에서 순전히 인상과 개인 수행능력에 근거하여 주관적 점수를 부여했다. 구체적으로 자신감, 성숙도, 태도와 프레젠테이션, 심사 상황 및 시험에 대한 스트레스 반응, 문화적 행동, 사회적 기술, 근성, 일반적 행동 및 전문적 태도를 고려했다. 이 부분은 15점 만점이었다(총 100점 중).

지원자는 전체 시험에서 65% 이상의 점수를 획득하면서도 각 섹션에 할당된 점수의 최소 50%를 얻어 시험의 모든 섹션을 통과해야 했다. 프로그램 입학에 요구되는 최소 65%를 충족하기 위해서는 시험의 각 섹션에서 최소합격선보다 높은 점수가 필요했다.

예비 프로그램 입학시험의 전반적 결과는 동일한 학생들의 최종 연말시험 결과와 대조하여 살펴보게 될 것이다.

2. *연말 시험*

1년 과정의 프로그램을 마칠 때 학생들은 최종시험에 응시하며, 최종시험 결과가 프로그램의 결과를 결정한다. 최종시험은 TAFE 기관이 개발 및 관리하지만, 본 교육과정이 NAATI의 승인을 받으므로 시험 형식은 NAATI 표준을 따른다. 최종시험을 통과하지 못한 학생은 통역학위를 받지 못하거나 NAATI의 준전문가 등급 인증을 받지 못한다. 70% 이상의 점수를 받아 최종시험을 통과할 경우(NAATI가 정한 기준), 모든 모듈에 대한 평가를 잘 통과하고 능력이 있는 것으로 인정받아 통역학위를 받게 된다. 일단 통역학위 수여 통보를 받으면 학생들은

NAATI에 지원해 자격요건을 인정받고 준전문가 등급 인증을 받을 수 있다. 이것은 NAATI가 해당 TAFE(또는 종합대학)를 훈련 기관으로 인정했을 경우에만 해당된다. 기관들은 3년마다 NAATI에 지원하여 프로그램 내용, 형식, 강사진에 대한 승인을 계속 받아야 한다.

연말의 준전문 통역사 시험은 DVD를 통한 시험이다(모든 학생에게 표준화된 시험을 실시하기 위해). 이 시험은 다음의 3개 섹션으로 구성된다.

1. 문화적/사회적 질문. 지원자에게 4가지 질문이 제시된다. 두 질문은 영어로, 나머지 두 질문은 호주 수화로 제시되며 지원자는 질문된 언어와 동일한 언어로 대답해야 한다. (5분- 5점)
2. 도덕적 문제- 위와 같음(5분- 5점)
3. 대화 통역(청각장애인과 일반인 간의 300단어 길이의 대화 2회 통역):
   - 순차통역
   - 동시통역(20분 - 45+45 = 90점)

전체적인 합격률은 70%이다. 그러나 지원자들은 시험의 모든 섹션에서 최소점수 이상을 받아야 한다(즉 섹션 3에서 90점 만점에 최소 63점을 받아야 하며, 대화 하나당 총 45점 중 29점 이상 받아야 함. 섹션 1과 2에서는 총 5점 중 최소 2.5점을 받아야 함). 시험을 모두 마치는데 최대 40분이 소요되었다.

연구 결과 및 논의에서 최종시험 자료와 프로그램 입학시험 자료를 대조한다.

입학시험 절차

입학시험을 치르러 대학에 도착하기 전, 지원자들은 입학 심사과정이 약 1시간 15분 소요된다는 안내 편지를 받았다. 통역사 교육프로그램 대한 준비 여부를 확인하는 시험뿐 아니라 호주 수화기술과 영어 기술 평가 과정에 참여해야 한다는 내용도 전달받았다. 18명의 지원자에 대한 심사 면접 일정이 이틀에 걸쳐 마련되었고, 시험관이 할애하는 시간을 줄이고자 시차를 두고 면접이 계획되었다(즉 한 지원자가 에세이를 쓰는 동안 시험관이 에세이를 마친 다른 지원자를 면접하는 방식).

시험장에 도착하면 지원자들은 입학시험 각 항목의 지시사항이 담긴 안내서를 받는데, 여기에는 각 시험 항목에서 시험관이 무엇을 어떻게 평가하는지 설명되어 있다. 예를 들면 면접 점수에서는 "0~5"의 능숙도 점수 척도를 제공하여 시험실에 들어가기 전에 시험관이 무엇을 원하는지 알 수 있도록 했다. 지원자들은 시험 지시사항/안내서를 시험 시작 전 15분간 읽고 검토했다. 시험이 시작되면 첫 30분은 영어 에세이, 그 다음 30분은 입학시험의 보다 실질적 요소에 할애되었다. 면접과 프로그램 입학 과정의 실질적 부분에 대한 심사 과정은 비디오로 녹화되어 시험관이 지원자의 수행능력을 재검토해야 할 경우 볼 수 있도록 했다.

이틀에 걸친 심사기간 동안 각 시험관의 점수를 합산하고 평균을 내어 지원자에게 최종 결과가 통보되며, 여기에는 영어에세이 점수도 포함된다. 이미 언급했듯 합격하려면 전체적으로 최소 65%의 점수를 받아야 하며, 동시에 각 측정도구의 모든 섹션을 통과해야 한다. 전체 점수 65%라는 기준은 최종 시험에서 70%를 받아야 하는 NAATI의 기준이 달성 가능하다고 보아 선택되었다. 그러나 상위 12명의 지원자만이 합격하므로 최소 점수 획득이 합격을 뜻하지는 않았다. 각 지원자가 모든 시험을 치르는데 총 1시간 정도 소요되었다(여기에 지시사항/안내서를 읽는 15분이 추가됨).

결과 및 논의

앞서 언급했듯 입학시험 결과, 지원자 18명 중 11명인 61%가 프로그램에 합격했다. 학생들의 입학시험 결과는 연말 최종시험 점수와 대조되었다. 이에 대한 자세한 사항은 최종시험 점수 순위와 함께 <표 3>에 나타나 있다.

〈표 3〉 입학시험 점수와 최종시험 결과 비교

후보	입학시험 결과(%)	최종시험 결과(%)
1	71.3	81.75
2	74.8	79.25
3	77.2	77.50
4	77.5	72
5	74.1	71
6	66.6	71
7	74.1	65.75
8	75.5	64
9	74.0	63.75
10	73.0	62.5
11	69.9	60.75

<표 3>에서 알 수 있듯 NAATI가 규정한 합격선인 70%를 충족하지 못한 학생 7~11은 최종시험을 통과하지 못했다. 최종시험을 통과한 학생들의 평균 입학 점수는 73.58%였으며, 최종시험점수 평균은 75.42%였다. 최종시험에서 불합격한 학생들의 평균입학시험 점수는 73.30%였고, 최종시험 평균 점수는 63.35%였다. 입학시험 합격자의 55%만이 프로그램을 성공적으로 마쳤다.

최종시험 결과는 구어통역사 교육 프로그램 18개에 대한 티마로바와 언고드-토마스(Timarova & Ungoed-Thomas, 2008)의 연구에서도 유사하게 나타났다. 이들의 연구에 따르면 평균 24%의 지원자만이 입학시험에 합격하며(본 연구에서는 61%가 합격), 합격한 지원자 중 56%가 통역 프로그램을 잘 이수하였다. 본 예비연구의 최종시험 결과도 이와 유사했으며, 합격자 중 절반을 조금 넘는 수의 학생들이 최종시험을 통과했다(55%).

본 소규모 예비연구의 결과를 보면 입학시험 결과가 최종시험 성적을 예측하는 요인이 되지 못했음을 알 수 있다. 최종시험을 통과한 학생과 그렇지 못한 학생의 입학성적 평균의 차이는 0.28%에 불과했다. 돌이켜보면 필자들이 개발한 입학시험은 통역 사전기술의(즉 기존에 보유한 능력 및 서술적 지식) 평가에 치중했고, 잘못된 설계로 인해 각 항목 내에서 여러 기술 및 능력의 측면이 평가된 관계로 개인의 적성 자체에 대해서는 모호하게 접근했을 뿐이다.

본 예비시험의 개발 및 실시를 통해 수화통역프로그램 입학심사에서는 통역 기술의 변형일 수 있는 과제에 대한 수행능력보다는 인지적, 정서적 요인을 측정하는 유효한 심리측정학적 도구를 이용해 적성을 객관적으로 평가하는 것이 보다 중요함을 알 수 있었다. 이렇게 하면 교육자들이 이미 기초 기술을 보유한 학생보다 새로운 기술과 지식을 다양한 환경에서 학습하고 전달할 수 있는 역량을 지닌 학생을 설발하는 데 도움이 될 것이다.

일반적 정신 능력이 직업 수행능력의 가장 중요한 예측 변수로 인정된다는 점에서(슈밋과 헌터(Schmidt&Hunter),1998), 또한 통역사라는 직업에 보다 적합한 이들을 잘 선발하기 위해 언어능숙도와 기질에 대한 측정뿐 아니라 어떠한 형태로든 일반 지능시험의 도입을 심각히 고려해야 할지도 모른다. 리아 얼스(Ree & Earles, 1992)는 업무 수행능력의 예측에서 일반적인 정신 능력의 역할에 대해, 일반적 지능이 성공적 업무 훈련을 가장 잘 예측하는 요소임을 밝혀 통역사 프로그램 지원자에게 인지적 능력 시험을 적용하자는 제안에 더욱 무게를 실어주었다.

현 입학시험으로 바람직하지 않은 지원자가 프로그램에 입학하게 된 것인지는 명확하지 않다. 그러나 정말 심각한 문제는 이들이 합격함으로 인해 경쟁력 있는 학생들이 교육과정에서 배제됐을 수도 있다는 점이다.

필자들의 프로그램 입학시험에 적용된 많은 과제들은 구어통역사를 위한 회의통역사 등급의 프로그램에 국제적으로 사용되는 측정도구이며, 호주에서 수화통역사 프로그램 입학시험을 목적으로 활용된 적은 없었다. 특히 그 중에서도 섀도잉, 패러프레이즈, 이중 과제는 호주의 입학시험에서는 활용된 바 없는 새 평가 도구였다. 우리는 이러한 측정도구들을 본 연구의 목적에 맞게 수정할 수 있었고, 과제에 부합하는 정통 텍스트를 얻을 수 있었다. 그러나 회의보다는 주로 커뮤니티 환경에서 대화적 담화를 주로 담당할 초급 호주 수화 통역사에게 이러한 과제가 유효한지는 여전히 불확실하다. 시험 결과 어떠한 시험 항목도 중요한 예측변수로 나타나지 않았으며, 순차통역 과제를 포함시킨 것(모든 호주 심사 시험에 포함되고 국제 심사시험에도 포함되기는 하지만) 또한 잠재적 통역사를 평가하는데 효과적인 방법이 아닐 수 있다.

학생들은 최종시험에 응시하기 전에 프로그램 입학시험의 유용성과 관련성에 대한 생각을 말해 줄 것을 요청받았다. 11명 중 4명만이 심사도구에 대한 피드백을 자발적으로 제공했다. 4명의 응답자중 2명은 최종 시험을 통과했으며 나머지 2명은 불합격했다.

모든 응답자가 프로그램의 입학 심사에 찬성했다. 각 지원자는 입학시험 항목 각각에 대해 피드백을 주었고, 호주 수화언어능숙도 평가를 위해 영어 에세이와 면접을 보는 것이 좋다는 경향의 데이터가 나타났다. 섀도잉, 표현하기/요지 파악, 이중과제 시험 항목은 전반적으로 인기가 없었고 응답자들은 당시 이 시험 항목들이 몹시 부담스러웠고 언어습득 수업에서 한 번도 경험한 적이 없다고 답했다. 그러나 지원자들은 돌이켜보면 통역 과정에서 그와 같은 과제의 중요성을 느낄 수 있었다고 답했다. 응답자들 모두 순차통역 과제에는 찬성했다.

다음은 대표적인 피드백 일부를 직접 인용한 것이다.

> *영어 에세이* - 생각을 유도하는 선택형 에세이 질문이 좋았다. 학생들이 정말로 자신의 미래 목표와 청각장애인 공동체에 대한 자신의 헌신도에 대해 생각해보도록 했다. (지원자 #7 - 불합격자)

> *지원자 면접* - 이 과제는 통역사 교육과정에 들어가고자 하는 사람에게는 비교적 쉬웠다. (지원자 #5 - 합격자)

> *섀도잉* - 이야기의 방향을 일단 알게 되면 과제가 훨씬 쉬워진다. (지원자 #5 - 합격자)

> *요지 파악* - 이러한 유형의 평가는 보고 기억하고 요약하는 학생의 능력을 보는데 필수적이다. (지원자 #9 - 불합격자)

> *이중 과제* - 무언가 다른 것을 처리하면서 상세한 것을 기억하는 능력을 평가하는데 훌륭한 도구라고 생각한다. (지원자 #9 - 불합격자)

> 이 과제는 멀티태스킹과 같다. 통역사가 반드시 지녀야 할 기술이다. 영어로 무언가를 유지하고 기억하면서 다음에 통역해야 할 많은 정보를 듣는 동시에 이를 몇 초 후(각자의 시간차에 따라)에 호주식 수화로 전달해야 한다. (지원자 #5 - 합격자)

> *순차통역* - 제시된 구절은 공간 활용과 여러 분류사가 들어 있어 아주 좋은 선택이었다. (지원자 #7 - 불합격자).

전년도 입학시험(상대적으로 직관적이었음)에 불합격했던 지원자#6(합격자)는 전체 과정에 대한 의견을 주었다.

> …면접과정은 이상했지만 나의 개인적 기술과 그 기술이 통역을 감당하기에 충분한지 평가되었기 때문에 내가 작년보다 얼마나 나아졌는지 집에 돌아오면서 생각했던 기억이 난다. 예를 들면 이중과제 문제에서 나의 메모리, 멀티태스킹 능력을 시험했던 것이다. 전반적으로 이 시험방법이 나의 능력을 시험하는데 훨씬 효과적이었다.

입학시험 피드백 요청에 대한 낮은 응답률(동기 11명 중 4명)은 이러한 측면에서 본 연구의 한계점으로, 의견을 해석할 때 고려해야 할 부분이다. 자가보고 데이터에서는 참여자의 보고가 진실한지 우려될 때가 있었으며, 사회적 통념에 따른 편향의 영향을 받을 수 있었다. 그러나 이것은 사회적 연구의 설문조사 설계 자체가 지닌 단점이며 본 연구에만 해당되는 것은 아니다.

연구 2의 한계

학생의 진전도와 수행능력은 프로그램 입학시험과 최종시험 사이에서 여러 혼재변수의 영향을 받을 수 있다. 예를 들면 1년에 걸친 프로그램에 있어 강의의 질은 중요한 요소이지만 본 연구에서는 측정되지 않았다. 설문응답과 문헌에서 언급되었듯 교육자의 역할은 아주 중요하다(하티, 2003; 로빈슨, 2002). 뿐만 아니라 학습자는 언어 학습에서 통역 학습으로 전환하는 과정의 여러 문제로 인해 스스로 궤도에서 벗어날 수도 있고(쇼, 글빅, 프랭클린, 2004), 가족 및 강사진의 지원은 도움이 될 수 있으며(쇼와 휴스, 2006), 특히 학생의 학습 스타일, 태도, 동기부여, 참여 및 개선의 의지가 중요하다. 모저-머서(2008a)는 인간의 수행능력을 결정하는 요인들을 <그림 1>과 같이 수정하여 시각적으로 표현했다. 이러한 모델은 개별 학생의 적성/학습 스타일/지능/능력(역량), 동기부여 및 의지, 연습기회, 수행능력의 상호작용을 명확히 보여준다.

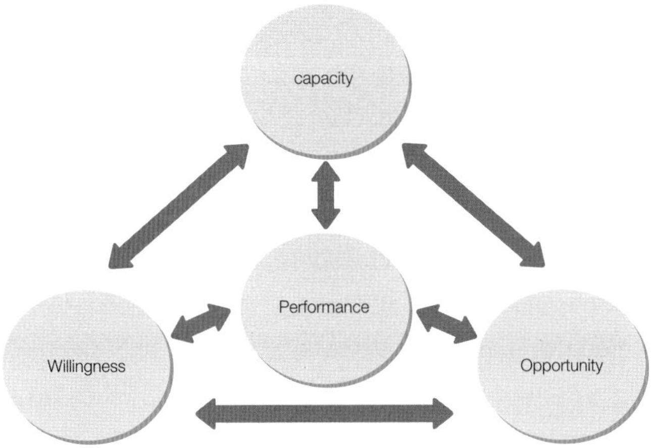

〈그림 1〉 수행능력 = 기회 x 역량 x 의지 - 인간 수행능력의 결정요인과 그 상호작용 (모저-머서(2008a:3)에 의해 블룸버그와 프링글(Blumberg & Pringle, 1982)에서 수정)

개인의 역량과 의지가 수행능력 결정에 이처럼 중요한 역할을 한다는 점에서, 통역사 프로그램 입학시험은 지원자의 적성을 지금보다 효과적으로 평가해야 할 것이다.

또한 시험관이 이 도구를 처음 사용했다는 점도 예비 입학시험의 결과에 영향을 미쳤을 가능성이 있다. 복잡한 심사도구의 활용에 대한 훈련 및 경험과 점수 배분 방식에 대한 이해가 부족했다면 예비 입학시험 결과에 영향을 미쳤을 수 있다.

또 다른 잠재적 한계는 예비연구라는 점이다. 이와 같은 소규모 예비연구의 결과는 단정적이라 보기 힘들므로 입학시험 또한 완성된 것이 아니다. 입학시험의 시행 및 평가에 대한 전문성을 개발하고 전국의 다양한 통역학위 과정 학생들의 데이터를 보다 많이 수집해야 할 것이다. 표본 규모가 클수록 포괄적 연구, 결과의 일반화, 결과를 바탕으로 한 강력한 권고가 가능할 것이기 때문이다.

마지막으로 아쉬운 점은 프로그램 최종시험의 신뢰성과 타당도 부분이다. 표면적으로는 타당도가 높은 것으로 보이나 캠벨과 헤일(Campbell & Hale, 2003)은 NAATI의 시험 형태와 내용에 우려를 표한 바 있다. 최종시험은 NAATI 준전문가 시험(학위 교과과정이 요구하는 바에 따라)을 모델로 삼았기 때문에 연구자들은 최종시험의 대안을 개발하는 데에 한계가 있었다. 따라서 필자는 최종시험의 신뢰성과 타당도가 본 연구에 있어 교락변수일 수 있음을 인정한다. 그러므로 최종시험이 측정해야 할 것을 제대로 측정하지 못했을 뿐, 사실 입학시험이 문제가 아니었을 가능성도 존재한다.

교육과정의 길이에 대해 소여(2004)가 제기한 우려도 살펴볼 필요가 있다. 예비 입학시험에서 보인 수행능력을 바탕으로 프로그램에 합격한 일부 지원자들이 프로그램 종료 시에는 기준에 부합하는 수행능력을 유지하거나 향상시키지 못했을 수도 있다. 그러나 교육 기간이 길었다면 기준을 충족했을 가능성도 있다. 주로 능력(적성이 아닌)을 평가하는 프로그램 입학시험이 당시 지원자가 지닌 능력을 정확히 평가했을 수는 있지만, 교육 기간 내에 필요한 기술을 새롭게 배우고 전달하는 역량은 측정되지 않았다.

본 예비연구에서 개괄적으로 서술한 바와 같이 입학시험 과정의 어려움은 있지만 표준 심사에 대한 논의는 계속되어야 한다. 입학시험에 대한 기초적인 시도가 지원자의 프로그램 통과 여부를 효과적으로 예측하지는 못했지만(그러한 심사도구 및 이 도구와 프로그램 결과의 연결성에 관한 연구가 가장 필요), 입학 심사가 현직 통역사, 통역사 교육, 통역 학생과 연구자에게 필요하다는 점은 부인할 수 없다. 따라서 본 연구는 역량있는 지원자를 호주의 초급 통역사 교육 프로그램에 보다 효과적으로 선발하려는 시도의 첫걸음이다.

호주 수화 통역사의 통역사 교육프로그램 입학 및 졸업 결과에 관한 하드 데이터가 전혀 없는 상황에서 본 연구는 새로운 영역을 개척했다.

그러나 입학시험의 대안 탐색, 전국적 입학 과정의 간소화, 데이터 수집 및 보고, 학생의 프로그램 입학 및 졸업에 사용되는 도구의 신뢰성과 타당도 검토, NAATI 시험을 통한 직접적 인증 등에 대해 향후 연구가 꼭 이루어져야 한다.

상세한 정보는 없으나 필자들은 예비시험에 참여한 통역사 교육프로그램이 이듬해에 지원자에 대해 동일한 심사 도구를 적용했다는 사실을 나중에 전달받았다(예비시험을 처음으로 적용한 학생들의 최종시험 결과를 파악하기 전). 입학시험에는 같은 시험관이 참여했고(시험관 세 명 중 한 명은 강사진에서 빠지고 새로운 강사로 대체되었지만), 과정 지원자 20명 중 10명이 선발되었다. 이 10명의 최종시험 합격률은 100%였다. 필자들이 이들에 대해 모든 데이터를 가지고 있는 것은 아니다. 하지만 이처럼 결과가 크게 향상된 것은 여러 의미에서 문제를 더욱 복잡하게 하며, 따라서 추가적으로 연구가 필요하다.

결론

결론에서 우리는 연관된 두 연구에 대한 구체적 연구 질문으로 돌아가고자 한다.

1. 현직 수화 통역사들은 호주의 수화 통역사 교육 프로그램이 현업에서 효과적으로 통역을 수행할 준비를 시켜준다고 인식하는가?
   설문조사 데이터에 따르면 현직 통역사 응답자의 대다수(67%)가 호주의 수화 통역사 교육프로그램이 현업의 수행능력을 준비시켜주는데 효과적이지 못하다고 인식한다.
2. 문헌에 흔히 참조되는 구어통역사 교육 프로그램 입학시험을 수정하여 수화 통역사 입학수준 심사에 적용할 수 있는가?

구어통역사의 프로그램 입학시험에 흔히 사용되는 과제 중 선별된 것은 본 연구에서 수화통역사의 필요를 적절히 반영하도록 수정되었다.

3. 본 연구에서 개발하고 시행한 프로그램 입학시험 결과를 바탕으로 최종시험 성적을 예측할 수 있는가?

   본 연구에서 개발되고 적용된 프로그램 입학시험은 최종시험성적을 예측하지 못했다.

초급 현직 통역사(준전문가) 간에 상당한 기술 격차가 있으며 통역사 교육과정이 통역사들을 현업에 적절히 준비시켜주지 못한다고 인식한다는 점은 호주의 통역사 교육자와 프로그램 관리자에게 경종이 될 것이다. 현재의 관행을 시급히 검토하고 국가교과과정, 강의 품질, 자원 등을 전면 수정해야 할 것이다.

수화통역 분야는 구어통역 분야 동료들의 경험에서 많이 배워야 한다(역으로도 마찬가지다). 구어통역 분야에서 발전과 진보가 이루어지고 이것이 문헌에 기록된다면 연구자는 특히 시험 및 평가의 형식을 검토 및 공유하고, 통역 교육에 대한 증거기반 접근법으로부터 배울 수 있을 것이다. 다른 분야에서 유용성이 검증된 방법과 과제를 시험하는 것은 지속적 발전 방안이 될 수 있으며, 시험기법을 수정, 채택, 문서화하기 위한 노력은 다른 연구자들에게도 힘이 될 것이다.

프로그램 입학 시점의 능숙도가 전국적으로 표준화될 수 있도록 통역사 과정 입학을 위한 심사도구를 지속적으로 다듬고 시험해야 할 것이다. 이것은 반복적인 과정이며, 수정이 거듭될수록 더욱 탄탄한 심사 측정 도구가 개발될 것이다.

심사도구가 프로그램마다 달라야 하며 모든 프로그램에 적용할 한 가지 심사도구를 개발하는 것은 불가능하다는 소여(2004)의 주장은 호주의 상황에서는 타당도가 떨어진다. TAFE의 통역사 교육은 전국의 프로그램에 대해 가용 시간 및 자원을 정의하는 국가직무능력표준 기반 교과과정을 따른다. 따라서 전국의 호주 수화통역 프로그램 지원자 모두의 평가에 사용할 하나의 심사도구(그리고 TAFE의 구어 및 수화통역사 교육 프로그램은 모두 같은 교과과정을 따르므로 구어 지원자를 위해 수정된 도구 역시)를 개발할 수 있다.

현재 전국의 대학에서는 현직 코디네이터가 입학시험을 개발하는데, 이에 관해 동료 교수자와의 상의하지 않거나 적용된 심사 절차의 타당도를 확인할 데이터를 수집하지 않는 일이 거듭되고 있다. 프로그램 코디네이터와 예비 논의를 한 결과, 학생의 성과 향상과 전문적 기준 향상뿐만 아니라 코디네이터의 행정적 부담 경감에 대한 기대로 인해 이들이 프로그램 심사의 전국적 표준화에 상당한 지지를 보냄을 알 수 있었다.

감사의 말

통역사의 능숙도 및 수행능력에 대한 초기 국가연구 참여자와 이후 본 연구를 위한 예비 입학시험 과정과 통역사 교육 프로그램의 참여자 모두에게 진심으로 감사를 뜻을 전한다. 참여자들이 열정적으로 시간과 의견을 내주지 않았다면 수화통역사에 대한 깊은 통찰은 불가능했을 것이다. 참여자들의 관점과 경험에 토대하여 향후 호주의 통역사 교육과 프로그램 입학시험이 구성될 것이다. 마찬가지로 예비 입학시험에 참여한 통역사 교육자 및 기관의 지원에도 감사드린다. 프로그램의 품질과 성과의 향상을 위해 새로운 업무방식을 채택하고 새로운 과정을 포용하는 모습에서 필자들은 영감을 많이 받았다.[11]

미주

1) 이하 '호주 수화 통역사'.

2) NAATI는 준전문 통역사 등급을 두고 "일반적인 대화를 통역할 수 있는 수준으로 보통 비전문적인 대화의 통역을 수행하며, 이들에게 전문 통역사 등급의 인증을 취득할 것을 권한다"고 정의한다. 한편 전문 통역사 등급에 대해서는 "제1 전문가 수준으로서 전문적 통역이 요하는 최소한의 통역 능력을 의미한다. 통역사는 적절한 문체와 어역으로 원천언어의 온전한 의미를 목표언어로 전달한다. 전문 등급의 통역사는 전문가 회의를 비롯한 다양한 주제의 통역과 프레젠테이션의 순차통역을 수행할 역량을 갖추고 있다. 전문 통역사의 전문 분야로는 은행, 법, 보건, 사회 및 커뮤니티 서비스 등이 있다(NAATI, 2007)"고 정의한다. 현재 수화통역사의 새로운 인증 단계로서 "회의 통역사" 등급을 개발하는 작업이 진행 중이다. 구어통역사에 대해서는 현재 회의 통역사 등급이 존재하나 호주 수화 통역사에 대하여는 아직 해당 등급이 없다.

3) 미국 및 영국의 기준과 비교하여 호주 수화 통역사 인증기준을 개괄하려면 네이피너(Napier, J., 2004). Sign Language Interpreter Training, Testing & Accreditation: An International Comparison. American Annals of the Deaf 149(4): 350-359를 참고.

4) 리즈(G. Lees), 사적인 커뮤니케이션 (2008년 9월 30일).

5) 능숙도에 대한 통역사의 인식과 보고된 기술 격차에 대한 소견은 본템포와 네이피너(2007)에서 상세히 다룬다.

6) 인증을 받지 않은 호주 수화 통역사들이 의료, 법률, 정부 등의 커뮤니티 통역 환경에서 일하는 경우는 드물다. 그러나 호주의 일부 주(州)에서는 인증을 받지 않은 통역사가 초중고등학교, TAFE, 종합대학 등의 교육환경에서 주류 교육을 받는 청각장애 학생들을 위해 고용되는 경우가 흔하다. 인증을 받지 않은 통역사들은 본 연구에 참여할 수 없으므로 설문조사로 수집된 데이터는 이미 통역에서 어느 정도의 시험 기준을 충족한 참여자로부터 얻은 것이다.

7) ASLIA는 학생 회원을 허용하며 "활동 중이지 않은" 통역사들도 회원 자격을 얻을 수 있었다. ASLIA 가입이 호주 내 통역 수행을 위한 필수 조건은 아니므로

ASLIA 회원수가 호주 내 활동 중인 공인 호주 수화 통역사의 수를 직접적으로 반영하는 것은 아니다.

8) 맥쿼리대학교 윤리위원회의 승인을 받아 데이터 수집기준에 따라 진행됨.

9) 후자의 자가보고식 심리검사 척도 3가지의 결과는 본템포(2008)에 나와 있다.

10) http://www.ntid.rit.edu/slpi/documents/FAQSLPIHistory.pdf 참고.

11) 본 연구는 맥쿼리대학교 언어학과 박사과정의 캐런 본템포(Karen Bontempo)가 제미나 네이피너(Jemina Napier) 박사의 지도를 받아 수행되었다.

참고문헌

Anderson, Glenn B. and Stauffer, Linda K. 1990. *Identifying Standards for the Training of Interpreters for Deaf People.* University of Arkansas, Rehabilitation Research and Training Center on Deafness and Hearing Impairment.

Angelelli, Claudia. 2007. "Assessing Medical Interpreters: The Language & Interpreting Testing Project." *The Translator* 13 (1): 63-82.

Bachman, Lyle and Cohen, Andrew. (Eds.). 1998. *Interfaces Between Second Language Acquisition and Language Testing Research.* Cambridge: Cambridge University Press.

Bernstein, Jared and Barbier, Isabella. 2000. "Design and Development Parameters for a Rapid Automatic Screening Test for Prospective Simultaneous Interpreters." *Interpreting* 5 (2): 221-238.

Bontempo, Karen. 2005. *A Survey of Auslan Interpreters' Perceptions of Competence*. Unpublished manuscript. Macquarie University, Australia.

Bontempo, Karen. 2008. "Personality Matters! Measuring Performance Predictors in Signed Language Interpreters." Unpublished research study presented at the Conference of Interpreter Trainers, San Juan, Puerto Rico, USA. October 22-25, 2008.

Bontempo, Karen and Levitzke-Gray, Patricia. 2009. "Interpreting Down Under: Signed language interpreter education and training in Australia." In *International perspectives on signed language interpreter education,* Jemina Napier (Ed), Washington, DC: Gallaudet University Press.

Bontempo, Karen and Napier, Jemina. 2007. "Mind the Gap: A Skills Analysis of Sign Language Interpreters." *The Sign Language Translator and Interpreter* 1 (2): 275-299.

Borum, Randy, Super, John and Rand, Michelle. 2003. "Forensic Assessment for High Risk Occupations." In *Handbook of Psychology.* Irving B. Weiner, Donald K. Freedheim, John A. Schinka and Wayne F. Velicer (Eds.), 133-147. John Wiley and Sons.

Bozionelos, Nikos. 2004. "The Relationship Between Disposition and Career Success: A British Study." *Journal of Occupational and Organisational Psychology* 77: 403-420.

Brisau, Andre, Godijns. Rita and Meuleman, Chris. 1994. "Towards a Psycholinguistic Profile of the Interpreter" *Meta* 39 (1): 87-94.

Button, Scott B., Mathieu, John E. and Zajac, Dennis M. 1996. "Goal Orientation in Organisational Research: A Conceptual and Empirical Foundation." *Organisational Behaviour and Human Decision Processes* 67 (1): 26-48.

Campbell, Stuart and Hale, Sandra. 2003. "Translation and Interpreting Assessment in the Context of Educational Measurement." In *Translation Today: Trends and Perspectives*. Gunilla. M. Anderman and Margaret Rogers (Eds). 205-220. Clevedon: Multilingual Matters.

Choi, Namok, Fuqua, Dale R. and Griffin, Bryan. W. 2001. "Exploratory Analysis of the Structure of Scores from the Multidimensional Scales of Perceived Efficacy." *Educational and Psychological Measurement* 61 (3): 475-489.

Clifford, Andrew. 2005. "Putting the Exam to the Test: Psychometric Validation and Interpreter Certification." *Interpreting* 7 (1): 97-131.

Colina, Sonia. 2008. "Translation Quality Evaluation: Empirical Evidence for a Functionalist Approach." *The Translator* 14 (1): 97- 134.

Dodds, John. 1990. "On the Aptitude of Aptitude Testing." *The*

Interpreters' Newsletter 3: 17-22. EUT - Edizioni Università di Trieste.

Doerfert, Karen and Wilcox, Sherman. 1986. "Meeting Students Affective Needs: Personality Types and Learning Preferences." Journal of Interpretation 3: 35-43.

Finton, Lynn. 1998. Pre-Interpreting Skills: "Laying the Foundation Curriculum Considerations and Instructional Strategies." In *The Keys to Highly Effective Interpreter Training: Proceedings of the 12th National Convention of the Conference of Interpreter Trainers* Alvarez, J. (Ed.). USA: CIT.

Frishberg, Nancy. 1986. *Interpreting: An Introduction*. Silver Spring, MD: RID Publications.

Gerver, David, Longley, Patricia E., Long, John, and Lambert, Sylvie. 1984. "Selecting Trainee Conference Interpreters: A Preliminary Study." *Journal of Occupational Psychology* 57 (1): 17-31.

Gerver, David, Longley, Patricia E., Long, John, and Lambert, Sylvie. 1989. "Selection Tests for Trainee Conference Interpreters. *Meta* 34 (4): 724-735.

Goff-Kfouri, Carol A. 2004. "Testing and Evaluation in the Translation Classroom." *Translation Journal* 8 (3).

Hale, Sandra and Campbell, Stuart. 2002. "The Interaction Between Text Difficulty and Translation Accuracy." *Babel* 48 (1): 14-33.

Hattie, John. 2003. "Teachers Make a Difference: What is the Research Evidence?" Australian Council for Educational Research, October 2003. Retrieved on 12 June 2008 from http://www.education.auckland.ac.nz/uoa/fms/default/education/docs/pdf/arts/john%20hattie/influences/Teachers_make_a_difference_-_ACER_(2003).pdf

Humphrey, Janice. 1994. "Effective Screening Procedures for Entering Students in Interpreter Education." In *Mapping our Course: A Collaborative Venture: Proceedings of the 10th National Convention of the Conference of Interpreter Trainers.* Elizabeth Winston (Ed.) USA, CIT.

Jackson, Sherri L. 2003. *Research Methods and Statistics: A Critical Thinking Approach.* Belmont: Wadsworth Thomson

Kozaki, Yoko. 2004. "Using GENOVA and FACETS to Set Multiple Standards on Performance Assessment for Certification in Medical Translation from Japanese into English." *Language Testing* 21 (1): 1-27.

Kurz, Ingrid. 2001. "Small Projects in Interpretation Research." In *Getting Started in Interpreting Research: Methodological Reflections, Personal Accounts and Advice for Beginners.* Daniel Gile (Ed). Philadelphia: John Benjamins Co.

Kurz, Ingrid. 2003. "Physiological Stress During Simultaneous Interpreting: a Comparison of Experts and Novices." The Interpreters' Newsletter 12. EUT - Edizioni Università di Trieste.

Lambert, Sylvie. 1991. "Aptitude Testing for Simultaneous Interpretation at the University of Ottawa" *Meta* 36 (4): 586-594.

Lauscher, Susanne. 2000. "Translation Quality Assessment: Where Can Theory and Practice Meet?" *The Translator* 6 (2): 149-168.

Lopez Gómez, María José. Teresa Bajo Molina, Presentación Padilla Benítez and Julio Santiago de Torres. 2007. "Predicting Proficiency in Signed Language Interpreting" Interpreting 9 (1): 71-93.

Losier, Gaetan F. and Vallerand, Robert J. 1994. "The Temporal

Relationship Between Perceived Competence and Self-Determined Motivation." *Journal of Social Psychology* 134 (6).

Maurer, Todd J., Wrenn, Kimberley A., Pierce, Heather R., Tross, Stuart A. and Collins, William C. 2003. "Beliefs About 'Improvability' of Career-Relevant Skills: Relevance to Job/Task Analysis, Competency Modeling, and Learning Orientation." *Journal of Organisational Behaviour* 24: 107-131.

Monikowski, Christine. 1994. "Issue - Proficiency." In *Mapping our Course: A Collaborative Venture: Proceedings of the 10th National Convention of the Conference of Interpreter Trainers.* Elizabeth Winston (Ed.). USA, CIT.

Mortensen, Diane. 2001. Measuring Quality in Interpreting. A Report on the Norwegian Interpreter Certification Examination (NICE). Retrieved 5 June, 2007.

Moser-Mercer, Barbara. 1985. "Screening Potential Interpreters." *Meta* 30 (1): 97-100.

Moser-Mercer, Barbara. 2008a. "Skill Acquisition in Interpreting: A Human Performance Perspective." *The Interpreter and Translator Trainer* 2 (1): 1-28.

Moser-Mercer, Barbara. 2008b. "Developing Expertise in Interpreting" [on line] retrieved 15/9/08 from http://www.emcinterpreting.org/resources/module1.php

NAATI. 2007. "Levels of Accreditation" [on line] retrieved 10/10/07 from http://www.naati. com.au/at-accreditation-levels.html

Napier, Jemina and Rohan, Meg. 2007. "An Invitation to Dance: Deaf Consumers' Perceptions of Signed Language Interpreters and

Interpreting." In *Translation, Sociolinguistic, and Consumer Issues in Interpreting.* Melanie Metzger and Earl Fleetwood (Eds). Washington D.C.: Gallaudet University Press.

Niska, Helge. 2005 (Retrieved 28 August 2005). "Testing Community Interpreters: A Theory, a Model and a Plea for Research." From http://lisa.tolk.su.se/00TEST.HTM

Nisula, Marjukka & Manunen, Juha. 2009. "Sign Language Interpreter Training in Finland." In *International Perspectives on Signed Language Interpreter Education.* Jemina Napier (Ed.) Washington. DC: Gallaudet University Press.

Oakes, David W., Ferris, Gerald R., Martocchio, Joseph J., Buckley, M. Ronald and Broach, Dana. 2001. "Cognitive Ability and Personality Predictors of Training Program Skill Acquisition and Job Performance." *Journal of Business and Psychology* 15 (4): 523-548.

Onwuegbuzie, Anthony J., Bailey, Phillip and Daley, Christine E. 2000. "Cognitive, Affective, Personality and Demographic Predictors of Foreign Language Achievement." *Journal of Educational Research* 94 (1): 3-15.

Orima. 2004. *A Report on the Supply and Demand for Auslan Interpreters across Australia.* Commonwealth Department of Family and Community Services. Commonwealth of Australia. http: //www.facs.gov.au/disability/auslan_report/contents.htm

Ozolins, Uldis and Bridge, Marianne. 1999. *Sign Language Interpreting in Australia.* Melbourne, Language Australia.

Patrie, Carol. 1994. "The Readiness to Work Gap." In *Mapping our Course: A Collaborative Venture: Proceedings of the 10th National*

Convention of the Conference of Interpreter Trainers, Elizabeth Winston (Ed.) USA, CIT.

Patrie, Carol. 2000. *The Effective Interpreter Series: Cognitive Processing Skills in English.* San Diego, Dawn Sign Press.

Patrie, Carol. 2004. *The Effective Interpreter Series: Consecutive Interpreting from English.* San Diego, Dawn Sign Press.

Pippa, Salvador and Russo, Mariachiara. 2002. "Aptitude for Conference Interpreting: A Proposal for a Testing Methodology Based on Paraphrase." In *Interpreting in the 21st Century: Challenges and Opportunities.* Giuliana Garzone and Maurizio Viezzi (Eds) Philadelphia: John Benjamins, 245-256.

Ree, Malcolm J. and Earles, James A. 1992. "Intelligence is the Best Predictor of Job Performance." *Current Directions in Psychological Science* 1 (3): 86-89.

Ree, Malcolm J., Earles, James A. and Teachout, Mark S. 1994. "Predicting Job Performance: Not Much More than "g"" *Journal of Applied Psychology* 79 (4): 518-524.

Reeve, Charlie L. and Heggestad, Eric D. 2004. "Differential Relations Between General Cognitive Ability and Interest-Vocation Fit." *Journal of Occupational and Organisational Psychoiogy* 77: 385-402.

Riccardi, Alessandra, Marinuzzi, Guido and Zecchin, Stefano. 1998. "Interpretation and Stress." The Interpreters'Newsletter. 8. EUT - Edizioni Università di Trieste

Roberts, Roda P. 1994. "Student Competencies in Interpreting: Defining, Teaching and Evaluating." In *Mapping our Course: A Collaborative Venture: Proceedings of the 10th National Convention of the*

Conference of Interpreter Trainers, Elizabeth Winston (Ed.). USA, CIT.

Robinson, Peter. 2002. "Researching Individual Differences and Instructed Learning." In *Individual Differences and Instructed Language Learning.* Peter Robinson (Ed). Philadelphia: John Benjamins Co.

Rudser, Steven F. and Strong, Michael. 1986. "An Examination of Some Personal Characteristics and Abilities of Sign Language Interpreters." *Sign Language Studies* 53: 315-331.

Russo, Mariachiara and Pippa, Salvador. 2004. "Aptitude to Interpreting: Preliminary Results of a Testing Methodology Based on Paraphrase" *Meta* 49 (2): 409-432.

Sawyer, David. B. 2004. *Fundamental Aspects of Interpreter Education.* Philadelphia: John Benjamins.

Schmidt, Frank L., and Hunter, John E. 1998. "The Validity and Utility of Selection Methods in Personnel Psychology: Practical and Theoretical Implications of 85 Years of Research Findings." *Psychological Bulletin* 124 (2): 262-274.

Schweda Nicholson, Nancy. 2005. "Personality Characteristics of Interpreter Trainees: the Myers-Briggs Type Indicator (MBTI)." *The Interpreters' Newsletter.* 13. EUT - Edizioni Università di Trieste.

Seal, Brenda C. 2004. "Psychological Testing of Sign Language Interpreters." *Journal of Deaf Studies and Deaf Education* 9 (1): 39-52.

Shaw, Risa, Collins, Steven, and Metzger, Melanie. 2006. "MA to BA: A Quest for Distinguishing Between Undergraduate and Graduate Interpreter Education at Gallaudet University Bachelor of Arts in

Interpretation Curriculum: Gallaudet University." In *New approaches to Interpreter Education.* Cynthia Roy (Ed.) Washington, DC: Gallaudet University Press.

Shaw, Sherry, Grbic, Nadja and Franklin, Kathy. 2004. "Applying Language Skills to interpretation." *Interpreting* 6 (1): 69-100.

Shaw, Sherry and Hughes, Gail. 2006. "Essential Characteristics of Sign Language Interpreting Students: Perspectives of Students and Faculty." *Interpreting* 8 (2): 195-221.

Slatyer, Helen and Carmichael, Andrew. 2005. *NAATI Rater Reliability Report* (Unpublished research report). Sydney: Macquarie University & NAATI.

Slatyer, Helen, Elder, Catherine, Hargreaves, Marian and Luo, Kehui. 2006. *An Investigation into Rater Reliability, Rater Behaviour and Comparability of Test Tasks* (Unpublished research report). Sydney: Macquarie University & NAATI.

Solow, Sharon N. 1998. "A Highly Effective Sequence of Training Experiences." In *The Keys to Highly Effective Training: Proceedings of the 12th National Convention of the Conference of Interpreter Trainers* Alvarez, J. (Ed.). USA: CIT.

Stansfield, Charles. W and Hewitt, William. 2005. "Examining the Predictive Validity of a Screening Test for Court Interpreters." *Language Testing* 22 (4): 438-462.

Stansfield, Charles W., Scott, Mary L., & Kenyon, Dorry M. 1992. "The Measurement of Translation Ability." *The Modern Language Journal* 76 (4) 455-467.

Stauffer, Linda K. and Shaw, Sherry. 2006. "Personality Characteristics for Success in Interpreting Courses: Perceptions of Spoken and

Signed Language Interpretation Students." *Journal of Interpretation:* 11-24.

Timarova, Sarka and Ungoed-Thomas, Harry. 2008. "Admission Testing for Interpreting Courses." The Interpreter and Translator Trainer 2 (1): 29- 46.

평가의 주요 성공요인으로서의 표준

벨기에 플랑드르의 사회적 통역사 인증

힐데가르트 베르마이렌, 얀 반 구흐트, 린처 드 본트리더
(Hildegard Vermeiren, Jan Van Gucht, Leentje De Bontridder)
겐트대학교/COC - 레시어스 단과대학교, 루뱅대학교/COC

본 논문은 통역사 평가의 전문적 절차, 특히 벨기에 플랑드르의 사회적 통역사 인증 시험을 논한다. 필자들은 사회적 통역사의 전문적 프로필을 제시한 후 채점자의 프로필을 인증시험과 연계시키며, 사회적 통역사에 대한 게이트키핑과 채점자 자신을 위한 표준에 특히 주목하고자 한다. 또한 개괄적인 사회학적 틀에서는 전문적 영역의 게이트키핑에 대해 기관의 정당화가 중요함을 강조한다. 필자들은 구체적인 시험 절차를 출발점으로 삼아 능숙도 기반의 평가 기준표와 채점자의 전문지식이 인증 수행기관의 정당화에 결정적 요인이 되는 과정을 설명한다.

서론

본 장은 벨기에 플랑드르의 사회적 통역사 인증과정을 다룬다. 인증은 평가의 구체적 유형 중 하나다. 브로드풋(Broadfoot, 1996:68)은 평가가 선진 산업사회를 뒷받침하는 합리성의 주요 특징에 해당함을 언급한다. 합리성은 "이성적인 또는 이성에 부합하는 상태"이며, 이는 "이성 또는 논리의 원리를 바탕으로 하거나, 그에 부합하거나, 그를 통해 정당화되는 것"을 의미한다(반덴보스(VandenBos), 2007). 여기에서는 실제 인증과정과 객관적 평가, 즉 이성과 논리의 원리에 부합하거나 그를 통해 정당화되는 판단이라는 과제에 주목할 것이다. 그러한 판단은 개인적 감정, 해석, 선입견에 영향을 받지 않고 편향이 없어야 한다(VandenBos, op.cit.).

플랑드르는 벨기에 연방의 두 자치지역 중 하나로, 면적이 13,684 평방 킬로미터, 인구는 약 6백만 명이다. 공식 언어는 네덜란드어이며 수도는 브뤼셀이다. 지난 수십 년간 플랑드르 지역정부는 이민과 다문화 및 다언어 사회의 부상에 따른 과제에 직면했고, 이에 따라 시민통합을 위한 정책을 폭넓게 개발하고 있다. 시민통합 정책의 핵심 요소 중 하나는 이민자를 위한 사회적 통역을 제공하는 것이다. 사회적 통역은 플랑드르에서만 사용하는 개념으로 앞서 언급한 벨기에의 연방 구조를 뜻한다. 사회적 통역은 "공공서비스, 사회서비스와 복지 영역에서 구어 메시지를 원천언어에서 목표언어로 충실하고 완전하며 중립적으로 전달하는 것이다"(SERV, 2007:7). 따라서 사회적 통역은 법률, 경찰, 망명 관련 통역 등의 커뮤니티 통역을 의미한다. 커뮤니티 통역과 마찬가지로 플랑드르 사회적 통역의 대부분은 순차통역 형태의 수행통역이며(살레츠 외(Salaets et al.), 2008), 여기에는 대면 통역과 전화 통역이 모두 포함된다(바덴조(Wadensjö), 1989:33). 사회적 통역 서비스 제공자는 보조금을 받는 비영리기구 또는 정부기구이며, 상대적으로 새로운 이 분야를 지원 및 발전시키기 위해 2004년에 사회적통번역중앙지원셀(Central Support Cell for Social Interpreting and Translation, COC http://www.sociaaltolkenenvertalen.be)이 창립되었다.

합리성 증진이라는 맥락 속의 사회적 통역

현대 서구사회에서 감사, 평가 등의 평가절차는 빈번히 시행된다. 이성(웨버(Weber), 1923, 1947)과 통제(뒤르켐(Durkheim), 1947; 푸코(Foucault), 1977; 리아노스(Lianos), 2003)의 필요성을 주창하는 이들 절차는 20세기 초 급격히 늘었으며, 오늘날도 사회적으로 그 중요성이 점차 증대되고 있다. 따라서 감사, 평가, 평가절차의 확산을 설명하는 가장 적절한 전체적 틀은 조직을 다루는 사회학이다.

리아노스(2003)는 우리에게 유용한 틀을 제시한다. 이 틀은 오늘날의 사회에서 통제와 주체의 문제에 대한 푸코의 사상을 이론적으로 보완한다. 리아노스는 제도가 언제든 사람 간의 중재활동의 원천, 특히 규범성의 중요한 원천이 된다고 본다(라이노스, op.cit.:413). 제도는 규제의 세계를 만들고 시민 행동의 아주 구체적인 측면을 감시하고 검증한다(리아노스, op.cit.:414). 이러한 제도적 통제는 구속적이라기보다 유익하며 더 나아가 해방적이라고 인식되는 경우가 많다. 이러한 유형의 통제는 '사용자'로서의 대중에게 제공되는 서비스의 일부이다(리아노스, op.cit.:415, 강조는 원문). 리아노스(op.cit.: 416)는 또한 제도적 통제는 본래 그 정의상 개인이 개입되지 않으며 세분화되어 수용됨을 강조하고, 제도와 사용자 사이에는 어떠한 상호작용도 없다고 말한다. 이러한 유형의 제도적 통제가 취하는 메커니즘 중 하나는 가치관 또는 규범을 주체에 주입하여 "규율"을 확산하는 것이다(코헨(Cohen, 1979), 리아노스 op.cit.: 425에서 재인용). 이처럼 가치관과 규범을 통제 및 확산하는 과정에서 중요한 역할을 하는 것이 평가이다. 평가는 무엇보다도 효율적 분업 통제, 품질 보증, (장래의) 노동자의 수직적/수평적 다양화를 위한 도구이다. 브로드풋(1996)은 현대 교육제도와 그 평가 절차가 사회의 합리화 및 전반적 통제에서 하는 역할을 연구했다. 평가는 교육의 맥락뿐 아니라 자격증 부여 등을 통한 전문적 선발에도 활용될 수 있다. 자격증 부여의 목적은 대중이 특정 직업에서 특정 표준을 충족하는 종사자를 파악하도록 신뢰성 있는 메커니즘을 제공하는 데에 있다(APA op.cit.: 63).

또한 브로드풋(op.cit.:107)은 평가 및 이와 유사한 이성적 절차가 자격을 갖춘 당국의 이념적 자기정당화를 가능케 한다고 강조한다. 따라서 당국(인증을 담당할 수도, 아닐 수도 있음)은 정부, 교육제도, 전문가 집단, 민간 기업, 서비스 제공자와 고객, 직원, 학생 등 여러 이해관계자에 대해 스스로를 정당화한다. 이해관계자들은 인증(또는 자격증 부여) 절차가 마땅히 타당도와 신뢰성을 갖추어야 하며, 책임 당국이 자신에게 책임을 져야 한다고 생각한다.

평가절차의 품질과 감시 당국의 정당화에 중요한 또 하나의 요인은 채점자의 역할과 자격이다. 와일러(Weiler, 1981: 16-17)는 정당화의 원천으로서 전문성이 중요함을 강조한다.

합법화 수단으로서의 인증과 평가

플랑드르의 사회적 통역사 인증은 앞서 언급한 합리성 및 통제의 확대라는 맥락에서 조명해야 한다. 이러한 맥락은 인증기관의 책임성에 대한 요구 증대와 인증기관의 정당화 추구에서 드러난다.

통역, 특히 커뮤니티 통역(또한 플랑드르의 사회적 통역)의 영역은 사회의 일반적인 진화와 밀접한 관계가 있다. 전통적으로 병원, 공공서비스, 학교의 수행통역은 비공식적이며 즉석에서 이루어지는 것이 특징이었고, 이러한 업무는 주로 어린이, 친구, 이웃과 같은 비전문가가 맡았다. 통역은 직업이 아니라 친구, 가족, 같은 민족에 대한 서비스로만 인식된 것이다.

그러나 니스카(Niska, 1991:98)가 강조하듯 선량하지만 서투른 사마리아인, 자칭 전문가, 비양심적 해결사들이 "고액의 수수료"를 받고 자신보다 언어 능력이 부족한 이들을 "도왔다"는 사실은 커뮤니티 통역의 영역에 합리성과 통제가 없었음을 명확히 보여주는데, 그렇다고 책임성에 대한 인식이 전무했던 것은 아니다.

지난 수십 년간 이주 문제가 확대되면서 소수민족, 이민자, 난민의 복지에 대해 우려가 제기되었다. 예를 들어 보건당국은 의사소통이 불가능하거나 의사소통에 대한 의지가 없는 이들에게 서비스를 제공하는 데 관심을 점차 기울이고 있다(바덴조, Wadensjö 1998:37). 이들이 사회서비스를 동등하게 받도록 통역사의 역할이 있어야 한다는 인식은 점차 제고되었다. 또한 바덴조(op.cit.:37)는 시민적 권리와 시민적 책임이 동전의 양면과 같음을 강조한다.

이러한 인식 덕분에 해당 부문의 단체를 감독하는 특정 기관들이 설립되었는데, 이러한 기관은 정책당국뿐만 아니라 재정 지원주체, 일반 대중 등 이해관계자에게 책임을 진다. 인증기관이나 당국(리아노스, op.cit.:413)은 자신이 인증하는 통역사를 데리고 제도화된 공식적 집단을 만드는 것이 아니다. 조직에 대한 리아노스의 느슨한 개념은 사회적 통역사의 상황에 특히 중요한 함의를 지닌다. 사회적 통역사는 주로 독립적으로 일하며, 인증 조직은 가이드라인과 통역사의 의무 담론의 형식으로 규범을 전파함으로써 회원들을 감시하고 이들과 교류한다. 리아노스(op.cit.:415)가 강조하듯 이로 인한 긍정적 효과로는 통역사가 인증을 받고 노동시장에서 자산의 역할을 하며 사용자에게 전문 통역사를 공급하는 것을 들 수 있다.

새롭게 등장한 단체들은 비공식적 부문을 통제키 위한 구조를 점차 확립해왔다. 이들에게는 공통의 특징이 여럿 있다. 카즈와 가트너(Katz & Gartner, 1998:432)는 일반적으로 드러나는 이들의 본질적 특징 4가지를 제시하는데, 바로 '의도성(intentionality)', '경계(boundaries)', '자원(resources)', '교류(exchange)'이다. 이를 새로 등장한 인증 단체에 적용하자면 의도성은 해당 단체가 게이트키핑을 취지로 삼아야 한다는 뜻이다. 즉 지원자의 자질이나 역량을 사전에 정한 기준과 비교하고 해당 지원자의 선발 여부를 결정하는 것이다(브로드풋, op.cit.:32). 둘째, 인증의 경계를 정해야 한다. 명확한 경계선은 나라마다 다를 수 있다. 예를 들어 플랑드르에서는 사회적 통역의 개념이 사회서비스와 공공서비스로 한정되며 주로 순차통역을 뜻한다. 세 번째 특징은 자원과 관련된 것이다(카즈와 가트너(Katz & Gartner), 1988:432). 즉 인증시험을 보는 통역사의 수와 수준, 시험 자료, 채점자의 수와 자질이다. 마지막으로 사회적 통역은 서비스를 포괄하므로 인증기관은 사용자, 서비스 제공자, 통역사의 프로필과 니즈를 파악해야 한다.

인증기관과 그 사용자 및 통역사 간의 교류는 시험 절차와 인증으로 실현된다. 필자들의 경우 교류는 개념(직업)을 내용(직업의 과제), 기준(수준), 합격선(표준)와 결합하는 시험의 실행을 그 전제로 한다. 이러한 교류를 위해서는 평가의 근거를 바탕으로 한 그리드 등의 전문적 평가 도구가 필요하다.

시험 설계 및 방법에 관한 결정

미국심리학회(American Psychological Association, APA)(op.cit.:9-11)는 시험의 타당도에 필요한 세 근거의 중요성을 강조한다. 내용-개념-기준이라는 "성삼위일체(귀욘(Guion), 1980)"는 반드시 교재와 추후 평가에 반영되어야 한다.

시험 또는 인증 개발자는 내용과 관련해 인증시험 절차에 지식 평가, 즉 전문용어 또는 문화에 대한 평가를 넣을지를 정해야 한다. 통역사 인증시험 개발자는 내용의 많은 부분이 다른 언어로 말하고 통역 기법을 적용하는 실제적 수행능력으로 구성됨을 안다. 이는 수행능력에 관한 구체적 지표를 측정하려면 수행능력 기반의 도구와 그리드를 설계 및 개발해야 한다는 뜻이다. 인증시험에서 내용, 지식, 수행능력의 두 유형을 충분히 결합할 수 있다. 시험에서 두 가지가 일치할 경우 평가 개발자는 최종적으로 채점을 할 때 각 내용에 대한 가중치를 정해야 한다. 보통 지식 측면이 우수해도 기술 측면의 수행능력이 부족하면 통역 시험에서 탈락한다.

개념에 관해 시험 또는 인증 개발자는 자신이 평가하고자 하는 영역 또는 숙달 분야를 결정하고 이에 따라 어떠한 과제에 중점을 둘지를 정해야 한다. 또한 기준에 관하여는 채점의 기준과 표준(합격선)을 정해야 한다.

다음으로 인증 개발자는 구체적으로 어떤 평가방법을 적용할지를 정해야 하는데, 수행능력 채점을 상대평가 또는 절대평가로 할지를 정하는 것이다. 상대평가는 "수험자의 수행능력을 특정 집단 내 타인들의 수행능력과 비교한 것"이다(APA op.cit.: 92). 이러한 정의를 보면 상대평가에서는 통역 수행능력이 집단의 개별 구성원의 시험 결과가 아니라 외부적 표준을 근거로 평가된다는 점에서 인증 단체의 목표에 부합하지 않음을 알 수 있다. 기준, 절대평가 시험, 합격선에 관해 APA(op.cit.)가 규정한 정의는 절대평가가 통역사의 수행능력 채점에 보다 적합함을 명확히 보여준다. APA (op.cit.:90)는 기준을 "평균평점, 생산성, 결근율, 거부율 등 결과의 가치를 수용하는 지표"로 정의한다. 보통 이는 예측 척도를 평가할 때 기반이 되는 표준이다. 또한 절대평가 시험은 "채점자가 다른 이의 수행능력과 연관지어 역량을 해석하는 것이 아니라 기능적 수행능력 수준에 따라 역량을 해석하여 점수를 부여할 수 있도록 한다"(APA op.cit.:90). 이러한 방법은 합격선, 즉 "그 이상의 점수를 얻은 지원자는 통과 또는 합격하고 그 미만의 점수를 얻은 지원자는 탈락 또는 불합격하는 명시된 점수"를 사용한다는 의미다(APA op cit.: 90).

브라운과 허드슨(Brown & Hudson, 2002:76)이 강조하듯 수행능력 형식은 실질적 커뮤니케이션을 이끌어내기에 더욱 유리하며, 따라서 향후 실제 상황에서의 수행능력을 보다 타당하게 예측할 수 있다.

타당도 문제

크론바흐(Cronbach)와 메식(Messick)의 선도적 연구는 시험에 대해 인지적, 개인적으로만 사고하던 기존 방식에서 탈피했다(맥나라마와 로에버(McNamara & Roever), 2006:11). 메식(1989)의 통합적 타당도 이론 및 증거 타당도(해석을 뒷받침)와 결과 타당도(가치와 사회적 효과를 포함)의 구별에 대한 선도적 연구는 특히 중요하다. 메식(op.cit.:19)에게 타당도란 "경험적 증거와 이론적 근거가 추론과 행위의 충분성과 적절성을 얼마나 뒷받침하는가에 대해 시험점수 또는 다른 평가 방법을 바탕으로 내리는 통합적 평가 판단"이다. 이처럼 충분성과 적절성을 강조한 것은 메식이 타당도를 단순히 시험의 한 특성이 아니라 특정 목적이 효과적임을 입증하는 근거로 간주했음을 보여준다(브라운과 허드슨(Brown & Hudson), 2002: 240-241). 크론바흐(1998, 1989)는 이러한 통찰을 확장했는데, 그는 시험의 타당도를 결정하는 보다 넓은 기능적, 정치적, 경제적 맥락이 있음을 강조한다. 시험에는 기능적 가치뿐 아니라 정치적, 경제적 가치도 있어야 한다. 또한 시험은 의사결정자에게 정보를 전달하는 방식으로 구상되어야 하며 시험의 비용도 고려되어야 한다. 즉 시험 비용은 너무 낮거나 높아도 안 된다(크론바흐, 1988:5-12). 따라서 정치적, 경제적 가치를 충족하지 못하는 시험은 타당도에 위협이 될 수 있다.

타당도는 "어떤 시험이 측정한다고 말하는 것을 실제로 측정하는, 혹은 측정한다고 내세우는 정도"(브라운(Brown), 1996:231)이다. 모든 수행능력 시험 유형의 사회적 책임성과 정당성을 위해, 그리고 특히 사회적 통역의 경우에는 여러 유형의 타당도가 융합되어야 한다. 주요 기준은 내용 타당도, 기준 타당도, 개념 타당도이며 증거 타당도, 결과 타당도, 표면 타당도의 일치도 필요하다. 닛코(Nitko, 2001:44)는 측정도구 전문가들의 권고대로 타당도가 단일한 개념으로 쓰여야 하며 여러 유형이 사용되어서는 안 된다고 주장한다.

내용 관련 증거는 시험 영역의 내용이 의도된 목적에 얼마나 적절한가를 보여준다(APA op.cit.:90). 내용 타당도 평가는 과제를 통해 측정된 기술과 지식에 대한 전문가의 판단에 의존한다(크로커(Crocker), 1997). 잘 설계된 시험이라면 그것이 시험하고자 하는 역량을 효과적으로 측정할 것이다. 이를 사회적 통역 평가에 적용하면 구체적 역량 클러스터 차원의 내용 타당도와 사회적 통역이라는 직업 일반의 측면에서 해당 절차의 연관성을 표현하는 게슈탈트 내용 타당도 모두를 의미한다. 통역 시험의 경우 진위성(authenticity)과 유의미성(meaningfulness)(린(Linn), 1991: 20)이 특히 중요한 것으로 보인다.

기준관련 증거는 시험점수가 기준의 척도, 즉 예측성 척도의 평가 근거가 되는 표준과 얼마큼 관련이 있는가를 보여준다(APA op.cit.:90). 효과적인 시험 척도라면 수행능력의 수준을 의미 있게 구별할 수 있어야 하고, 시험의 합격여부를 결정하는 합격선 또는 임계점수 역시 포함해야 한다(APA op cit.:90). 브라운과 허드슨(2002: 253)은 "표준 설정에 대한 논의는 합격선 설정에 대한 논의"라고 주장한다. 통역의 경우 직업적 수행능력에 요구되는 수준에 따라 각기 다른 합격선이 설정된다. 기준과 표준이 적절히 정해지면 이는 시험의 전체적 난이도에 반영된다. 여러 시험의 기준과 표준은 유형과 항목 모두에서 수렴되어야 한다.

시험의 구성체란 개념적인 틀인 관계로 직접적인 관찰이 불가능하다. 구성과 관련된 증거를 보면 해당 구성과 연관된 이론적 함의를 바탕으로 점수를 해석하는 방식을 뒷받침한다(APA op.cit.:90). 다시 말해 이는 시험과 그 시험이 도출된 개념 또는 영역이 얼마나 일치하는가에 관한 척도이다. 이는 교육 분야에서는 관련 교과과정(지식과 기술)에, 직업적 맥락에서는 전문적 표준(특정 지식과 기술과 연관된)에 해당한다. 내용 타당도와 기준 타당도와 관련해서는 다양한 하위척도가 수렴되어야 한다. 이때 문제는 특정 시험에서 다양한 지식과 기술 측면을 어느 정도로 상세하게 다룰 것인지를 정하는 일이다.

예측 타당도 증거란 평가도구에 나타난 개인의 수행능력을 바탕으로 특정 기준에 따라 미래의 수행능력을 얼마나 잘 예측할 수 있는가를 뜻한다(닛코, 2001:49). 인증심사의 관건은 시험 항목을 통해 인증을 받을 가능성이 있는 지원자를 얼마나 잘 파악할 수 있는가, 혹은 합격할 수도 있는 지원자가 얼마나 배제되는가이다(스탠스피드와 히윗(Stansfield & Hewitt), 2005:439 참고).

또한 타당도는 인증시험, 교과과정, 직업적 표준이 병렬적으로, 즉 일관성 있게 개발되어야 한다는 의미이기도 하다(빅스(Biggs), 1999; 닛코, 2001:104 참고).

메식의 통합모형(1989)에서 도입되고 셰퍼드(Shepard, 1997)와 린(1997)이 더욱 발전시킨 결과적 타당도의 개념은 평가의 가치기반성, 특히 사회적 성격을 강조한다(맥나마라(McNamara), 2001:335). 결과적 타당도는 평가의 사회적 영향을 살피므로 오늘날 시험점수의 해석에서는 핵심 위치를 차지하며, 미래의 서비스 제공자 인증에서 가장 중요한 부분이 될 것이다. 지원자가 과연 실제 상황에서 충분한 수행능력을 발휘할 것인가? 결과적 타당도, 특히 사회적 영향과 관련된 두 번째 문제는 라이사트와 알츠슐드(Lysaght & Altschuld, 2000: 95)가 '유지(maintenance)'라 칭하는 것이다. 기본적으로 유지의 개념은 평가에서 측정된 역량이 상당한 시간을 두고 지속되는 정도를 나타내며, 인증이 정기적으로 갱신되어야 하는가에 대해 의문을 제기한다. 드레이푸스와 드레이푸스(Dreyfus & Dreyfus 1986, 라이사트와 알츠슐드(Lysaght & Altschuld, 2000:97)에서 재인용)는 초보자에서 전문가에 이르는 역량의 연속성을 설명한다. 한편 포섬과 알비(Fossum & Arvey 1990, 라이사트와 알츠슐드 2000:97에서 인용)는 역량은 지식 기반의 퇴보, 정신적 혹은 육체적 성숙, 태도 및 가치관의 변화, 환경적 제약으로 인해 후퇴할 수 있다고 본다. 모든 전문가는 유의미한 핵심 역량의 집합을 지속적으로 보유할 책임이 있다(라이사트와 알츠슐드, 2000:98).

그론린드(Gronlund,1985:59-60)에 따르면 표면적 타당도를 증거 타당도의 한 유형으로 볼 수 없다. 표면 타당도는 시험의 외형을 뜻한다. "시험 항목을 표면적으로 검토했을 때 그것이 과연 합리적 측정도구로 보이는가?"를 의미하는 것이다. 시험 개발의 관점에서는 겉으로만 그럴싸해 보일 수 있지만, 이러한 타당도 유형은 이해관계자의 책임성이나 정당성, 지원자를 위한 투명성 제고에 아주 중요한 의미를 지닌다.

채점자가 수행하는 게이트키핑에 적용 시에 유관한 개념은 채점자에게 기대되는 역량 클러스터라 할 수 있다. 내용은 채점자의 세계와 채점자가 수행해야 하는 여러 과제일 것이고, 기준은 합격선을 포함해 우리가 예측하고자 하는 전문성의 수준이다. 결과 타당도는 결국 채점자가 유능한 통역사를 알아볼 수 있는가의 문제로 귀결된다. 마지막으로 표면 타당도는 인증당국의 평가에 대한 지원자의 수용이다.

신뢰도 문제

신뢰도는 "시험점수의 일관성, 신뢰성 또는 재현성의 정도, 즉 측정오류에서 자유로운 정도"로 정의된다(APA: 93). 시험 점수에 일관성이 없다면 표본 항목이나 표본 개인을 넘어 일반화될 수 없다(APA: 91). 모스(Moss, 1944:6)가 인용하듯 "신뢰도 없이는 타당도도 없다"는 말은 수행능력 평가에서 특히 중요한 함의를 지닌다. 수행능력 기반 시험의 신뢰도에는 특별한 과제가 있다(모스, 1994:6). 이는 양식 신뢰도, 채점자 내 및 채점자 간 신뢰도, 검사-재검사 신뢰도, 주관성 또는 편향과 관련이 있다. 양식 신뢰도는 내적 일관성, 즉 항목 또는 하위시험 간의 상관관계에 대한 것이며(VandenBos, 2007), 채점자 간 신뢰도는 채점자 간에 혹은 채점자 집단 간에 사람 또는 대상에 대한 판단의 일관성과 관련된다. 채점자 내 신뢰도는 한 명의 채점자가 사람 또는 대상에 대해 내린 판단의 일관성에 대한 것이다. 마지막으로 검사-재검사 신뢰도는 2회 이상의 측정 간 상관관계와 관련된다(VandenBos, 2007).

린(1991:17)은 수행능력 기반의 평가를 통해 인종 또는 민족에 대한 잠재적 편향을 피할 수 있다는 생각은 오해임을 언급한다.

채점자는 인지적 어려움 뿐 아니라 감정적 긴장의 위험 때문에 복잡한 과제에 직면하게 된다. 보다 구체적으로는 중요성 효과(다른 패러다임의 영향), 후광 효과(특정 영역에 대한 판단이 다른 영역의 영향을 받음), 순서 효과(직전 응시자로 인해 지속되는 효과), 오염 효과(채점자 개인의 이해관계에 따른 영향), 개인적 대비(엄격하거나 불평 식으로 판단하는 개인의 경향)(그룻(Groot, 1975), 도키와 모어케르케(Dochy & Moerkerke, 1995:202)에서 재인용), 지원자의 인상 관리(리번스와 피터스(Lievens & Peeters), 2008 참고) 등이 문제가 될 소지가 있다. 이러한 환경에서는 객관적 태도를 유지하는 것, 즉 "개인적 느낌, 믿음, 경험과 별개로 옳고 그름을 판단하는 것"이 어렵다(VandenBos, 2007). 마지막으로 지원자 역시 시간(단기적 또는 장기적)과 과제에 따른 일관성 등의 문제와 질병, 피로, 스트레스, 시험을 앞둔 긴장, 시험 중의 소진과 쇠약 등의 심리적 요인의 영향을 받을 수 있다.

실행가능성 문제

마지막으로 시험 또는 평가는 실행 가능해야 한다. 채점할 인력이 없어서 실행이 불가능한 경우도 있고, 장소, 시간 인프라, 자금 뿐 아니라 스트레스와 피로 등의 요인도 고려해야 한다. 실행가능성 원칙에 위배될 경우 인증당국은 정당성을 잃기 쉽다. 린(Linn, 1991:20)은 수행능력 기반 시험의 막대한 비용에 대해서도 경고한다.

요약

게이트키핑의 타당도와 신뢰도를 높이는 해법에는 여러 가지가 있다. "훈련을 가장 적게 요하는 사람을 선택한다"는 니스카의 법칙은 여전히 근간이 되지만 이는 채점자의 입장에서는 충분치 않다. 리번스(Lievens, 1998:143)는 정보 처리자의 역할을 수행하는 채점자에게 한계가 있다고 강조한다. 추가적 연구 이후 리버스(2001:255-257)는 채점의 정확성과 일관성을 보장하는 최선의 방법은 준거적 틀(조직에서 옹호하는 특정 규범과 가치)을 사용하는 것이라는 결론을 내린다. 채점자가 준거적 틀, 즉 채점을 위한 특정 규범 또는 기준과 분석적 절차를 사용하도록 훈련되어 있을 때 정확성과 채점자 간 신뢰도는 상승하고 모든 차원에서 변별력이 높아진다. 명확한 정신적 프레임워크와 체크리스트 또는 지시문을 사용한다면 채점자 간 일관성을 확보하는데 도움이 된다. 수행능력 평가시 채점자의 행동에 대한 연구에서 에케스(Eckes, 2008:155-156)는 채점자가 훈련을 받더라도 서로 기능에 차이가 없어 대체가능하지 않음을 경고했다. 예를 들면 채점자는 평가척도와 지시문의 사용에 대한 이해, 기준에 대한 자신의 해석, 채점의 엄격성 또는 너그러움의 정도에서 차이를 보이며, 그 결과 특정한 채점 초점 또는 채점 프로필을 갖게 된다(에케스, 2008:177). 마지막으로 실행가능성도 고려해야 한다. 모든 채점자를 하나의 시험위원회에 소집하는 것은 결코 쉬운 일이 아니다. 따라서 지원자의 수행능력을 기록하고 채점자들이 집에서 평가하도록 한다면 오히려 실행가능성이 높을지도 모른다. 이는 채점자의 정확도와 신뢰도에 대한 새로운 과제를 제시한다.

지금까지 통제, 책임성, 정당성을 증대시키는 활동 또는 단체를 기반으로 하는 사회에서 사회적 통역사 인증의 위치를 파악할 수 있는 사회학적 프레임워크를 대략적으로 마련했다. 이제 플랑드르 인증당국이 설립된 과정과 인증당국이 채점자 역할을 하는 외부인의 도움을 받아 교육과 시험을 제공함으로써 스스로의 책임성을 드러내고 정당성 확보를 위해 노력하는 양상을 설명하도록 한다.

벨기에 플랑드르의 사회적 통역사 인증

현재 사회적 통역사 인증시험의 절차, 보다 더 넓게는 플랑드르의 사회적 통역사 자격증 부여 과정은 사회적 통역 제공자, 대학의 통역학과, 사회적 통역 서비스 사용자, 사회적 통역사를 포함하는 다중이해관계자 프로세스의 결과이다.[1] 네덜란드와 영국에서는 이러한 이해관계자의 의견과 제안을 고려하여 공공서비스 통역사에 대한 교육프로그램과 시험 과정을 개발 및 수정했다. 그 결과로 90시간의 교육 프로그램(18시간의 입문 과정과 72시간의 기초 통역 교육 프로그램)이 탄생했고, 이는 이후 102시간의 프로그램과 인증시험 절차로 확대되었다. 이러한 인증시험 절차와 교육 프로그램은 공동으로 개발되었다.

COC와 통역사 서비스 제공자들은 지원자 중 이미 통역사로서 경험이 있으나 아직 (충분한) 훈련을 받지 않은 이중 언어 사용자를 교육하기로 했다.[2] 교과과정은 통역기술과 윤리강령, 사회적 통역사가 주로 일하게 되는 상황에 대한 교육에 중점을 두었고, 교육을 마친 통역사는 인증시험을 보게 된다. COC는 예비시험을 시행한 해의 여러 사례를 통해 네덜란드어 능숙도만으로는 합격하기에 역부족일일 뿐만 아니라 제공되는 교육의 내용조차 온전히 이해할 수 없음을 알게 되었다. 이에 해당 교과과정에 대한 검토가 이루어졌고, 현재는 교과과정이 네덜란드어 능숙도 입학시험, 84시간의 기초 통역훈련, 인증시험, 시험 불합격자를 위한 21시간의 보충 교육으로 구성되어 있다.

인증시험 절차

인증시험 개발

스웨덴이나 영국이 통역 수행능력뿐만 아니라 문화 및 용어에 관한 지식도 함께 평가하는 반면 플랑드르는 통역사의 수행능력에 중요한 역량을 시험하는 수행능력 평가를 택했다.

인증시험의 목적은 의장(사회적 통역 제공자 또는 COC를 대표), 네덜란드어 및 통역기법 채점자(플랑드르의 대학 통역학과 중 하나를 대표), 외국어 전문가 등 세 명으로 구성된 전문 시험위원회가 최대한 객관적으로 주요 통역 기술을 평가하는 것이다.[3)]

현 인증시험 절차는 여러 시행착오를 거쳐 탄생하였다. 이해관계자들은 전문 사회적 통역사에게 요구된다고 생각하는 역량과 기술에 대한 정보를 제공했고, 이러한 제안은 네덜란드나 영국 인증기관의 시험 절차 및 이론적 시험 개발 프레임워크와 대비되었다.

현재의 인증시험 절차는 네덜란드어 능숙도, 타 언어능숙도, 재생산, 전환, 역할극으로 이루어지는데, 그 절차, 내용, 채점 방법에 대한 설명은 아래에서 제시된다. 본 장의 부록으로 평가 기준표의 예 또한 제시한다(부록1 참조).

언어능숙도 시험

네덜란드어 능숙도 시험과 여타 언어능숙도 시험 모두 동일한 표준에 의해 평가되었다. 표준의 기초로는 유럽언어공통기준(Common European Framework of Reference for Languages, CEFR) (유럽평의회, 2001)의 B2 등급의 규범과 기준 음성이 모두 사용되었다.

CEFR의 등급은 "프레임워크의 각 등급에서 언어 사용자가 일반적으로 무엇을 할 수 있는가에 따라 능력의 등급을 정의하고, 언어 사용자가 실제로 무엇을 하는가와 관련해 각 등급이 어떤 의미인지 사용자가 쉽게 이해할 수 있도록" 하는 "할 수 있다(Can-do)"는 표현으로 정의된다(www.alte.org 참조). 이와 같은 "Can do" 시스템에는 약 400개의 표현이 있고 이 표현들은 40개의 범주로 분류된다. 각 범주는 특정 언어의 일반적 언어 사용자가 특정 수준 및 기술 분야(듣기/말하기/쓰기/읽기)에서 무엇을 할 수 있는지 설명한다.

사회적 통역사를 위한 인증시험 절차에서 언어능숙도 시험은 구어 기술(듣기와 말하기)만 측정한다. B2 등급의 구어 기술은 '원어민과 일반 주제에 대한 대화를 할 수 있음', '원어민과 대화할 수 있음', '원어민과 어떠한 주제에 대해 토론할 때 자신의 의견과 아이디어를 말할 수 있음', '주제를 명확히 제시하고 인과관계와 장단점을 정의할 수 있음', '자신의 업무 영역에 대한 정교한 정보를 교환할 수 있음', '원어민이 생각하기에 원어민과의 접촉이 전반적으로 자연스럽고 올바름'을 의미한다. 이러한 Can-do 표현은 특정 수준의 문법과 어휘를 갖출 것을 요구하는데, 발음, 강세, 억양, 속도는 원어민의 주의를 분산시켜서는 안 되고 친숙하게 들려야 한다. 지원자는 또한 크고 명확하게(가청도) 말할 수 있어야 한다.

지원자는 불합격, 합격, 탁월함 중 한 등급으로 평가받는다. 언어능숙도 시험을 통과하려면 지원자의 구어적 언어 사용이 B2 언어 등급의 기준을 충족해야 한다. 음성에 포함되는 하위기준 가중치는 어느 것도 원어민의 주의를 분산시키지 않아야 한다는 점에서 좀 더 복잡하다. '탁월함' 평가를 받으려면 B2 보다 높은 수준을 갖추면서 음성에 대한 모든 하위기준을 충족해야 한다. 네덜란드어 및 통역 기법의 채점자가 네덜란드어의 최종 점수를 결정하고 외국어 전문가가 다른 언어에 대한 최종 점수를 결정한다. 언어 기술 시험이 별도로 없는 통역사 인증시험 절차도 있지만 언어능숙도는 통역 기술의 전제조건이기 때문에 COC는 언어능숙도를 채점에 포함한다. 또한 불합격한 지원자는 자신의 수행능력을 진단받고 앞으로 어떤 교육을 받아야 하는가에 대해 조언을 받는다. 불합격의 이유가 특정한 언어적 문제일 경우 지원자는 자신의 단점에 대해 명확한 피드백을 받는다. 마지막으로 인증시험의 과제는 최종 역할극이 수행능력까지 진행되는 과정에서 지원자가 점진적으로 능력을 향상시킬 수 있도록 갈수록 복잡해진다.

재생산

다음 시험은 재생산이다. 이 시험은 청취 능력, 노트테이킹, 메모리, 네덜란드어의 순차적인 재생산 기술을 평가하며 번역 기술은 평가하지 않는다. 네덜란드어 및 통역기법 채점자는 가령 모유 수유, 아동 학대, 수당을 받기 위한 등록 등 사회적 통역사의 업무에 관한 정보를 담은 200단어 길이의 텍스트를 즉흥적인 어투로 읽는다. 텍스트는 실제 사회서비스 자료를 시험에 적합하게 수정한 것이며, 원천자료는 일반 대중을 위한 것으로 간호사나 의사, 법조인 등의 전문가를 위한 텍스트가 아니다. 모든 텍스트에는 비슷한 단어수(200단어), 숫자(날짜와 전화번호), 텍스트 상의 논리적 연결, 이름(사람, 단체), 5가지 항목의 열거(예를 들면 질병의 5가지 증상)가 들어있다. 채점자가 텍스트를 읽는 동안 지원자는 노트테이킹을 할 수 있으며, 지원자는 신속하게 자신의 노트를 보고 명확하지 않았던 특정 구절에 대해 질문을 두 번 할 수 있다. 불명확한 내용이 포함된 구절이 반복해서 제시되지만 텍스트를 다시 읽지는 않는다. 시험의 그리드는 두 부분으로 이루어지는데, 그리드의 왼쪽은 제공된 정보의 내용에 대한 평가, 오른쪽은 재생산된 메시지의 품질 평가다. 여기서 기준은 응집력(문장들이 올바르게 나왔는가), 일관성(본래 메시지의 논리적 구조가 유지되었는가), 완성도와 프레젠테이션, 정보의 추가, 메시지의 왜곡 등이다. 지원자는 이러한 기준에 따라 전반적 수행능력에 대해 추가 점수를 받거나 잃을 수도 있다. 지원자가 관용어구를 사용하면 응집력 항목에서 5점을 추가로 받는다. 혹은 지원자의 수행능력이 기준에 미치지 못하면 응집력 항목에서 5점까지 깎일 수 있다. 이와 동일한 원칙이 일관성에도 적용되는데, 텍스트의 구조와 논리적 일관성이 완전히 유지되었다면 지원자는 5점을 추가로 받고 아니라면 수행능력에 따라 5점까지 잃을 수 있다. 지원자가 완성도와 발표력 항목에서 우수하다면 1~5점을 받을 수 있다. 하위기준의 경우, 정보를 추가하거나 메시지를 왜곡하면 본래 메시지의 의미에 미치는 영향에 따라 1~5점을 잃을 수 있다. 내용에 대한 점수에 추가로 얻거나 잃은 점수가 합산되고, 네덜란드어 및 통역기법 채점자가 최종 점수를 결정한다. 이 시험에는 '탁월함' 등급은 없으나 지원자가 불합격할 경우 네덜란드어 및 통역기법 담당자는 심사숙고 후 지원자에게 '심의 합격'을 줄지의 여부를 결정할 수 있다. 심의 대상이 되려면 최소 30점을 받으면서 어떤 분야에서도 마이너스 5점을 받지 않아야 하고, 다른 모든 인증시험을 통과해야 한다.

전환

재생산이 순전히 순차적 재생산 기술을 평가한다면 전환은 지원자의 모국어가 네덜란드어일 경우 네덜란드어에서 다른 언어로, 네덜란드어가 모국어가 아닐 경우 다른 언어에서 네덜란드어로 문장구역을 통해 언어를 전환하는 능력을 평가한다. 외국어로의 통역은 모국어로의 통역보다 어려워서 전환 기술의 수준을 보다 확실하게 파악할 수 있는 방법을 택했다. 여기서도 시험 텍스트는 실제 자료를 사용했는데, 일반적 내용을 다룬 약 100단어 길이의 신문 기사를 일부 발췌한 것이다. 재생산을 위한 텍스트 자료와는 달리 전환 시험의 텍스트는 시험용으로 수정되지 않는다. 지원자는 문장구역을 수행하기 전 텍스트를 대략적으로 살펴볼 수 있다. 이 시험에는 당연히 독해력이 요구된다. 그러나 물리적 장벽(가령 시각장애가 있는 통역사) 또는 언어적 장벽(시험 대상 언어가 문자화 되지 않거나 언어 사용자 집단이 문자체계를 익히지 않는 경우로, 북아프리카의 베르베르어가 이에 해당)으로 인해 독해가 불가능한 통역사도 있다. 이 경우 외국어 채점자가 텍스트를 끝까지 낭독한 후 지원자가 전체 텍스트를 통역할 수 있도록 한 문장씩 다시 읽어준다. 지원자의 수행능력은 통역 능력, 구조, 어휘 기준에 따라 평가된다. 통역 능력에는 충실성(목표언어의 메시지가 원천언어의 메시지와 동일함), 정확성(본래 메시지의 의도가 유지됨), 완결성(어떠한 의미단위도 생략되지 않음), 유창성(어떠한 휴지나 반복도 청자에게 거슬리지 않음), 속도(원어민이 듣기에 수용 가능하며 정상적임) 등의 하위기준이 있다. 또한 목표언어로 한 통역은 원어민이 올바른 언어 사용으로 수용할 수 있는 수준이 되어야 한다. 구조는 통역의 일관성과 논리적 구조에 따라 평가되며, 어휘는 일반 어휘와 전문용어로 나뉜다. 외국어 전문가가 채점을 하며 지원자는 불합격, 합격, 탁월함의 등급을 받을 수 있다. 불합격한 지원자에 대해 외국어 담당 채점자는 심사숙고 후 지원자에게 '심의 합격'을 줄지의 여부를 결정할 수 있다. 심의 대상이 되려면 통역 능력, 기준, 어휘 중 두 가지 이상에서 불합격해서는 안 되며 다른 모든 시험을 통과해야 한다. 특히 외국어 담당 전문가는 해당 언어의 전문가이며 이들 모두가 번역이나 통역에 익숙하지는 않으므로 COC는 이들에게 현장업무교육을 제공하며, 평가를 하는 동안 시험위원회의 의장이 하위기준의 충족 여부에 대해 구체적으로 질문한다. 그럼에도 이로 인해 아래 논의될 긴장 상태가 유발될 수 있다(채점자 역량 프로필 참조).

역할극

인증시험의 마지막 시험은 역할극이다. 이 시험은 앞서 진행된 시험에서 평가된 모든 기술, 즉 언어능숙도, 재생산, 번역 기술을 포괄한다. 여기서는 추가로 통역 기술과 윤리강령의 준수 여부도 평가한다. 역할극은 실제 상황과 동일하게 이루어진다. 역할극의 시나리오는 실제 통역 상황을 글로 옮긴 기록을 바탕으로 시험 상황에 맞게 수정하여 사용한다. 시나리오는 유아 및 어린이 보육, 의료, 시민 통합, 망명, 주거 문제, 정신 건강, 상담, 사회복지, 교육 중 하나에 해당하는 사회적 상황이어야 한다. 모든 시나리오의 길이는 거의 유사하고(1,200단어) 동일한 양의 어휘적 과제(일반 용어 15개, 해당 사회적 상황에서 사용되는 대표적인 어휘 15개, 해당 사회적 맥락의 전형적인 약어 3개, 관용표현 2개)가 포함되며, 이는 정확하게 통역되어야 한다. 역할극의 배우들, 예를 들면 사회복지사나 간호사 역할을 하는 네덜란드어 원어민과 사회 서비스의 고객 역할을 하는 다른 언어의 원어민들은 시나리오 스크립트를 받고 최대한 스크립트 그대로 연기하도록 요청받는다. 그러나 최대한 자연스럽고 즉흥적으로 연기하여 실제 대화 환경에 가깝게 재생산해야 한다. 여기에는 통역사가 통역을 잘못할 경우 역할극 배우들이 즉흥 연기를 하는 것도 포함된다. 가령 역할극에서 폭력적 남편과 이혼하고자 하는 여성이 “지난번에 제 남편과 그의 변호사가 [언어]로 말하는 것 때문에 화가 나서 이성을 잃었어요. 그래서 제 변호사는 제가 법원 심리에 참석하지 않았으면 해요. 저는 그들이 하는 말을 알아들을 수 있어서 정말 화가 났어요...”라고 말한 것을 “지난번에 남편과 그 변호사가 [언어]로 말하는 것을 듣고 제가 화가 나서 이성을 잃었기 때문에 남편은 제가 법원 심리에 가지 못하게 해요”로 통역했다. 그러자 네덜란드어 역할극이 배우는 “정말요? 남편께서 법원 심리에 가지 못하게 하셨다는 말씀이세요?”라고 묻는다. 모든 시나리오에는 윤리강령에 위반되는 행위가

6개 포함되며 이 중 3번은 네덜란드 원어민에 의한 위반이고 다른 3번은 다른 언어 원어민에 의한 위반이다.

지원자의 수행능력은 통역의 정확성, 충실성, 통역사의 태도, 적극성, 유창성, 3인 관계의 관리, 윤리강령에 대한 태도 등의 기준에 따라 평가된다. 각 기준은 다음과 같이 정의된다. 제공된 통역의 정확성은 목표언어에 사용된 어휘가 원천언어의 어휘를 반영한다는 뜻이며, 이는 추가, 생략, 완결성, 올바른 전환, 구조 등의 하위기준에 따라 평가된다. 충실성은 통역사가 원어민이 수용가능하며 정상적이라고 느끼도록 원천언어의 표현을 목표언어로 통역한다는 의미이다. 한편 충실성은 어역, 문체, 뉘앙스, 감정이입 등의 하위기준을 포함한다. 통역사의 태도는 각 통역 수행 전 이루어지는 통역사의 표준적 자기소개에 규정되어 있다.[4)]

통역사가 바른 자리에 앉는지 여부(3인 관계에서의 위치), 통역사 역할에 대한 충실성, 1인칭 사용 여부에 따라 정의된다. 적극성은 통역사가 어휘나 구절을 이해하지 못하거나 통역할 수 없을 때 설명을 요청하는지, 필요할 경우 반복해줄 것을 요청하는지, 메시지가 다른 언어로 완전하고 정확하게 전달하기에 너무 길 때 잠시 멈추어 줄 것을 요구하는지에 대한 것이다. 유창성은 한 언어에서 다른 언어로 전환하는 속도가 원어민이 수용가능한 정도인가로 정의된다. 3인 관계의 관리는 통역사가 역할극 배우 중 누군가가 윤리강령을 위반했을 때 윤리강령의 해당 구절을 반복하는지에 관한 것이다. 윤리적 태도 기준에는 중립성, 역할극 배우 중 누구와도 사적인 대화 회피, 완전한 투명성, 통역사 자신의 주장이나 개인적 해석 또는 감정적 개입 배제 등이 해당된다.

지원자가 시험에 합격하려면 모든 하위기준을 통과해야 한다. 그러나 일부 사소한 단점은 다른 장점으로 상쇄될 수 있다. 가령 통역사가 표준적 소개를 불완전하게 하더라도 통역을 잘 하고 역할극 내내 바르게 행동한다면 합격할 수 있다. 지원자의 수행능력이 기대 수준 이상일 때는 '탁월함' 등급을 받는다. 시험 결과는 시험위원의 심사숙고 끝에 결정된다. 채점자가 역할극의 최종 결과에 동의하지 않을 경우 의장은 지원자가 역할극에서 어떤 점수를 받을지를 결정할 권한이 있다.

요약 평가 기준표

모든 시험에 대한 채점이 끝나면 시험위원들은 요약 평가 기준표를 작성하는데, 여기에는 모든 시험의 결과와 최종 결과가 들어 있다. 지원자는 사회적 통역사 인증을 받기 위해 모든 시험을 통과하거나 모든 시험을 통과하고 재생산 또는 전환에 대한 '심의 합격'을 받아야 한다. 최종 결과로 '탁월함' 등급을 받으려면 재생산에서 합격하고 다른 모든 시험에서 '탁월함' 등급을 받아야 한다. 시험위원회는 불합격한 지원자에게 부족한 부분이 무엇인지를 설명해야 하며, 인증위원회는 가능하다면 지원자에게 조언을 해준다.

공정한 평가 보장을 위한 조치

플랑드르 인증의 경우 교과과정과 인증시험 절차가 모두 과거의 전문적 표준을 기반으로 수립되었으며 공동 개발을 통한 조율로 타당도를 높일 수 있었다.

또한 주관성의 개입을 최소화하기 위한 여러 장치가 포함되어 있다. 인증시험 절차는 세부 시험들 간에, 그리고 각 시험 내의 난이도를 균일하게 분산하여 균형을 유지하도록 설계되었다. 예를 들어 역할극의 모든 시나리오는 같은 수의 윤리적 문제를 내포하며 전문 용어의 난이도가 모두 동일한 수준이다. 또한 채점자는 지원자의 수행능력을 표준 평가 기준표의 기준에 따라 평가하는데, 이처럼 참조 기준을 도입함으로써 주관성 개입의 여지를 줄였다.

또한 배심원 방식을 채택하여 상호주관성을 통해 개별주관성을 관리한다. 어떤 표현이 (과학적으로) 객관적이려면 상호주관성으로 시험이 가능해야 한다. 채점자가 자신의 관찰 및 평가 내용을 팀으로 논의할 수 있기 때문에 다른 팀원들이 채점자의 주관적 개입을 상쇄할 수 있다.

채점자는 팀으로 평가함으로써 지원자의 수행능력에 대한 자신의 시야를 넓히고 잠재적 평가 오류를 예방할 수 있다. 그 결과 평가자 간 신뢰도(inter-rater reliability)는 제고될 것이다. 상호주관성뿐 아니라 채점자에 대한 철저한 교육이 반드시 필요하다. 채점자의 교육에 대해서는 아래에서 논의한다.

마지막으로 지원자는 시험 결과에 승복하지 못할 경우 위원회에 이의를 제기할 수 있으며, 이 절차는 무상으로 진행된다. 지원자는 우선 COC에 와서 시험 테이프와 파일을 보고 시험에 대해 논의한다. 지원자가 여전히 결과에 승복하지 않는다면 해당 지원자의 인증시험 전체 또는 인증시험 중 하나 이상의 시험을 검토한다. 그 후 COC의 대표, 사회적 통역 서비스 제공자 대표, 대학 통역학과 대표 각 1명으로 이루어진 위원회를 소집한다. 위원회는 시험 절차뿐 아니라 채점과 관련하여 인증시험을 검토한다. 위원회에서 당사자(지원자, 시험위원회 위원)의 의견을 들어야 한다고 판단할 경우 이들의 출석을 요청해 의견을 듣는다. 또한 위원회는 해당 파일을 외부 전문가에게 보내 다시 채점하도록 할 수도 있는데 이는 다른 언어와 관련해 문제가 있을 경우에 해당한다. 위원회의 결정은 최종 결정이 된다.

사회적 통역사의 전문적인 기준

플랑드르 사회경제위원회(Social Economic Council of Flanders)가 2007년 12월에 발표한 사회적 통역사 전문역량 개요서(Professional Competency Profile for Social Interpreters)는 사회적 통역사의 안정적이고 효과적인 임무 수행에 필수적인 역량을 제시한다. 구두 메시지의 처리 및 재생산을 비롯한 통역 기술, 윤리 강령 준수, 윤리적 갈등 시의 대처법 등을 서술하며 그 외에 시간 관리, 회계 등 여러 직종에 동일하게 적용되는 기초 역량도 언급하고 있다(Meyers & Houssemand, 2006:124). 더 나아가 개요서는 사회적 통역사 기준서(Standard for the Social Interpreter)의 근간이 된다. 사회적 통역사 기준서는 구두 메시지의 처리 및 재생산, 윤리 강령 준수, 윤리적 갈등 시 대처법 등 평가를 통해 객관적으로 측정이 가능한 역량을 정의하고 있다. 사실 이러한 역량은 현 인증시험을 통해서 이미 평가되고 있는데, 기준서의 경우 측정할 역량을 단지 정의하는데 그치지 않고 통역 품질관리를 위해 정립되어야 할 평가 절차와 요건까지 제시하고 있다. 이는 평가가 힘든 복잡한 역량에 대해 모든 평가 대상자에게 공정한 평가의 절차를 보장하기 위한 것으로, 모든 기준 및 하위 기준은 명확하고 분명하게 기술되어야 하며 주관성은 최대한 배제되어야 한다는 것이다. 또 각각의 (하위)기준은 최소 두 차례 이상 평가되어야 하며, 매 평가 시 두 명의 평가자가 동시에 관찰 및 평가를 함으로써 모든 평가에 삼각검증이 이루어지도록 하고 있다.

시사점과 한계점

위에서 설명한 평가 절차는 정당성, 결과 타당도, 임의 사건의 영향,

단기에 이루어지는 여러 지표의 처리, 주관성 등 몇 가지 난관을 제기한다. 따라서 이를 각각 면밀히 살펴보고 해결책을 제시하고자 한다.

한계점

새로 탄생한 사회적 통역사 기준서를 준수하는 일은 그 자체로 중요하지만 그것이 현 평가절차를 개선해야 할 유일한 사유는 아니다. 일상적인 업무관행 및 평가자와 평가 대상자의 피드백 역시 향후 개선되어야 할 부분에 속한다.

정당성의 내부적 자원

전반적인 내부적 정당성의 정도는 크게 세 가지 주요 요인에 좌우 된다. 바로 1) 절차의 타당도, 2) 절차의 신뢰도, 3) 평가자의 신뢰도이다. 타당성 및 신뢰도에 대한 체계적인 연구가 부재한 관계로 평가 절차의 타당도는 절차의 개발 및 구성에 사용된 체계적 일관성에 근간하게 된다.

평가 기준표는 역량에 기초한 전문 기준서와 완전히 일치한다. 기준서가 발표된 이후, 이는 평가 기관의 인증을 위한 공식 요건으로 자리잡았다.

<그림 1>에서 나타나듯 기준서는 각 역량에 대한 정의 및 지표를 제시하는데, 일반 정의, 지표, 요구되는 지식 및 태도, 능력 전반의 측면에서 각각의 구체적인 역량에 대한 정의와 지표를 제시한다.

그러나 보다 완전한 기술어구와 일관된 가중치 부여 시스템이 개발되어야 한다.

신뢰도 전반을 향상하고자 평가 요소를 새로이 추가할 수는 있지만, 예산은 한정되어 있으므로 이는 쉽지 않은 선택일뿐더러 공식적인 기준의 개정 없이는 평가 요소가 추가로 도입될 수가 없다.

외국어 평가자의 외국어 능력

평가자는 평가 절차의 사용자일 뿐 아니라 자신의 눈과 귀 및 의사결정 능력을 투입하는 평가 절차의 일부이다. 그러므로 이들은 평가 절차의 주요 성공 요인이다. 평가자에 대한 교육을 강화하는 것이 평가 전반의 신뢰도를 향상시키는 현실적인 방안일 수 있다. 그러나 이 역시 쉬운 일은 아니다.

가장 큰 문제 중 하나로 외국어 평가자들이 자격과 이력을 기준으로 선발된다는 점을 들 수 있다. COC 직원은 모든 인증 언어를 구사할 수 없는 관계로 평가자들의 자격 및 이력을 액면 그대로 받아들일 수밖에 없다. 물론 이때 견제와 균형의 원리가 적용되는데, 제2의 외국어 평가자를 도입하여 상호 통제의 기제를 정립할 수 있으며 응시생의 경우 평가자의 역량에 의문이 있을 시 자격검토위원회에 이의 신청을 할 수 있게 된다.

결과타당도 관련 사안들

사회적 통역사는 서비스를 받는 고객 개인의 안녕과 고객이 누리는 사회복지의 수준 및 접근성에 지대한 영향을 미치는 직업이다. 그런데 사회복지 전문가, 의료 전문가, 그리고 통역 서비스의 고객은 통역의 질을 평가할 역량이 부족한 경우가 많다. 또한 형성평가인 경우에도 환자

설명:

사회적 통역사는 양측의 구두 메시지를 목표언어로 전환한다. 통역사는 기억력 혹은 순차적 노트테이킹으로 메시지를 최대한 완전하고 정확하며 분명하게 재구성한다.

구두 메시지를 다른 언어로 전환할 시, 해당 대화가 통역이 이루어지지 않은 대화와 괴리가 거의 없도록 통역이 이루어져야 한다.

지표:

사회적 통역사:
- 자신이 합의한 순차통역 방식으로 통역한다.
- 발음을 정확하게 한다.
- 큰 목소리로 분명하게 말한다.
- 언어를 전환할 때 적절한 발화 속도를 유지한다.
- 목표언어의 억양을 사용한다.
- 정확한 통역이나 표현의 방식이 불분명할 시에는 용어의 뜻을 연사에게 문의한다.
- 원천언어의 원문을 최대한 지키되 통역에서 목표언어 사용자들이 정확하고 자연다고 인식하는 표현 및 구성을 따른다.
- 양측의 (비)언어적 커뮤니케이션이 시사하는 어조와 태도를 전달한다.
- 부정적이거나 모욕적인 대화는 그대로 통역을 하거나 의미를 유실하지 않은 채로 해당 메세지를 투명하게 전달한다.

기초 지식:

- 순차 통역
- 음성 및 커뮤니케이션 기술
- 커뮤니케이션의 역학 및 복잡성
- 외국어의 경우 유럽 기준 프레임 B2 수준 충족
- 네덜란드어의 경우 유럽 기준 프레임 B2 수준 충족: 구어

태도 및 주요 역량:

- 구두 커뮤니케이션
- 정확성
- 적극성

〈그림 1〉 구두 메시지의 재생산

혹은 고객과의 비밀보장 원칙으로 인해 제3자(관찰자, 연구자, 동료 등)는 대개 평가에 동참하지 못한다. 사회적 통역사는 대부분 인하우스 직원이 아닌 에이전시가 파견한 프리랜서이다. 통역사를 고용하려면 많은 경우 설득이 필요한 오늘날의 사회적 맥락을 고려할 때, 관찰자를 체계적으로 두어 과학적이고 수준 있는 모니터링을 하거나 이들을 교육에 배석하도록 체계적으로 허용하는 경우는 극히 드물다. 이러한 환경 하에서는 자격증이 역량을 수월하게 입증할 유일한 지표가 될 수 있다. 이러한 소위 '스펙'은 다시 내외적으로 정당화된다. 사회복지 분야의 전문직 종사자들에게는 전자가 중요한 반면 통역사들에게는 후자가 더욱 중요하다. 외부적 정당성을 확보하려면 관련 이해관계자(지역 당국, 통역서비스 제공업체, 통역 전공 대학 및 대학원, 다수의 최종 사용자, 통역업계 등)들의 지속적 참여와 지원이 필요하다. 다자간 모델에서 현재 고객의 입장이 배제된 가장 큰 이유는 이들이 조직적인 집단을 구성하지 못했기 때문이다. 결과 타당도에서 또 하나의 중요한 견제 장치는 외국 인증 절차와의 일관성의 정도이다. 가령 플라망어의 경우 이웃국가인 영국과 네덜란드가 인증 및 등록에 있어 가장 참고가 많이 된다. 영국과 네덜란드는 구조가 흡사한데 10년 이상 커뮤니티 통역을 규제 및 촉진한 경험과 이점을 갖고 있다. 이에 따라 처음부터 플라망어 모델은 이 두 국가의 영향을 받았다.

통역의 고객들이 통역을 평가하기에는 역부족이라는 주장이 지배적이긴 하나, 그럼에도 통역 수행에서 드러나는 통역사의 여러 면모에 기반하여 전문 사회적 통역사와 임시 통역사를 분간할 수가 있다. 일반적으로 전문가 및 고객은 행동강령과 정식 소개, 순차 통역의 노트테이킹 등을 중요시한다.

임의사건의 영향

그 어떠한 절차도 사건 사고를 전면적으로 차단하지는 못한다. 일반적으로 절차가 탄탄하고 평가자들이 숙련되고 교육을 잘 받았다면 사건 사고는 해결이 가능하다. 그러나 경험상 절차란 시간이 경과할수록 복잡한 양상을 띠며, 이에 따라 사고 발생의 가능성 역시 높아지게 된다.

현재까지는 공식적인 민원이 제기된 사례는 없으나, 사람의 실수로 평가 절차가 정확하게 기록되지 않은 경우가 종종 발생하였다. 평가단장이 녹음 혹은 녹화 버튼을 깜박하고 안 누르거나 카메라 각도를 잘못 설정하거나 MP3 녹음 장비를 응시생으로부터 너무 멀리 두어 기록이 제대로 안 된 경우가 있다. 이외에도 기술적인 문제로 기록에 문제가 이따금씩 발생했다.

사람의 실수는 역할극의 관리에도 지대한 영향을 미친다. 가령 고객을 연기하는 배우가 지각을 하면 외국어 평가자가 대신 연기자로 투입되는 경우가 있다. 이 때 평가자는 연기와 평가를 모두 맡게 되어 큰 부담을 느끼게 된다.

또 다른 문제점으로 배우의 즉흥 연기를 들 수 있다. 배우가 시나리오대로 하지 않거나(그 결과 사전에 계획된 행동 및 언어의 명분이 유실), 소리를 지르거나 감정적으로 몰입하여 과한 연기를 하는 경우가 있다. 실제로 이러한 사례가 있었는데 이 때문에 평가단은 역할극을 중단시키고 시나리오를 교체하여 역할극을 재가동시켜야 했다.

평가자 관련 사안들

현 평가 시험은 방대한 기준, 하위 기술 및 태도에 대한 평가를 1시간 30분 내로 마치도록 되어 있다. 평가는 실시간으로 이루어지고 대개 녹음 혹은 녹화된 기록물은 재생되지 않으며, 평가 기준 및 하위 기준을 담은 평가 기준표를 토대로 평가 결과가 문서화된다. 경험이 부족한 평가자는 평가 대상자를 관찰함과 동시에 평가 기준표를 활용하는 것을 힘들어한다. 따라서 평가기준에 구체적인 행동지표를 상술하여 보다 심도 있는 기준을 개발하며 평가의 효율을 상당부분 제고할 수 있을 것이다. 이렇게 개발된 기술서는 평가자 교육이나 코칭에도 활용할 수 있다. 현재까지 평가 절차의 타당성과 평가자 간, 혹은 평가단 내의 신뢰도에 대한 연구가 진행된 바 없다. 이 부분에서 실무적인 사안과 기술적 요건이 상충하는 것을 알 수 있는데, 평가의 재원을 지급하는 기관은 보통 과학적인 연구나 품질 평가보다는 인증된 통역사가 많이 배출되기를 기대하기 때문이다.

주관성

원칙적으로 평가자 선발 시에는 전문적인 평가의 경험이 있는 후보자가 선호된다. 그러나 이러한 정책에도 단점이 있다. 이는 평가자가 사전에 다양한 프레임워크의 영향을 받을 수 있기 때문인데(가령 국제회의 통역이나 외국어의 강사로서), 이로 인해 이들이 선입관을 갖고 평가에 임할 수가 있는 것이다. 한편 일부 평가자는 평가의 분석적 틀을 무시하고 총체적인 평가만을 할 수 있는 반면 초보 평가자의 경우 평가 기술 자체가 부족할 수도 있다. 그러므로 평가자에 대한 교육 및 코칭, 그리고 평가 방식을 준수하는지에 대한 평가단장의 지속적인 모니터링은 평가 절차의 공정성을 확보하는 데 있어 중요한 메커니즘이다. 또한 평가 절차를 체계적으로 준수함으로써 노련한 평가자조차 부자유한 후광 효과, 편견, 고정관념 등의 심리적인 영향을 최소화할 수 있다. 이를 극복할 또 하나의 방안은 개인의 편견이 상쇄되도록 삼각검증을 도입해 간주관성을 확보하는 것이다.

이외에도 이러한 평가에서 때로 주관이 개입될 소지가 있으며, 평가단이 필요한 이유는 평가자들이 부여받은 평가 범위나 권한 밖의 사안에 대해 의견을 제시하려고 할 수 있기 때문이다(가령 외국어 평가자가 순차통역 노트테이킹의 최종 점수에 영향을 주는 경우). 이를 방지하려면 평가단장의 지속적인 모니터링과 즉각적인 조정이 필요하다. 이때 평가단장은 평가 절차와 기준을 근거로 삼아야 한다.

시사점

교정 훈련을 통한 학습지원과 강의 역류효과

인증 시험에 불합격한 통역사들은 재응시를 하기에 앞서 21시간의 교정 훈련을 받아야 한다. 보충 교육에서는 응시자의 인증시험 음성 및 녹화 파일이 교정을 위한 교육 자료로 활용된다. 교정 훈련에서는 6-8명의 응시자들이 팀을 이루어 인하우스 강사들의 교육을 받는다. 이때 재생산, 전환, 역할극 파일을 팀에서 함께 분석하는데 이는 교정 및 체계적 교육의 바탕이 된다.

교정 훈련 과정의 1차적인 목표는 학습 지원이므로 필요한 행동을 강화하는 방식으로 평가의 역류효과(wash-back)를 활용하여 교육생의 수행능력을 제고하고자 한다.

교정 훈련과정을 인하우스 강사들이 진행하므로 이는 수강생뿐 아니라 강사들 본인에게도 역류효과를 누릴 기회가 된다. 잘못된 집단 학습 때문에 교정 훈련으로 교정하고 새로운 강의 정책을 현재 개발 중인 사례가 좋은 예가 되겠다. 구체적인 내용을 보자면, 교정 훈련을 함께 수강한 교육생들은 통역 시 통역사로서의 중립성을 지키려면 시선 접촉을 절대적으로 피해야 한다고 굳게 믿고 있었다. 인하우스 강사가 정신과 통역 상황을 예로 든 것에서 이 같은 오해가 파생되었다. 즉 강사가 자신의 경험을 공유하면서 의도적으로 환자 및 상담사와의 시선 접촉을 피해서 해당 치료의 효과가 상당히 개선된 사례를 언급한 것이다. 이 내용을 들은 교육생들은 후에 이를 통역사의 "좋은 관행"으로 일반화 시켰다. 이에 따라 COC는 사례를 활용한 교수학적 지침을 개발하는 대신, 복잡한 여러 사례를 "역할 정의", "윤리적 딜레마" 등의 기초 수업 혹은 졸업 이후 교육으로 제한하고 있다.

삼각검증

훈련이 부족한 평가자를 보완할 수 있는 것이 평가자 간 삼각검증이다. 이는 모든 기준에 대해 최소 두 명이 평가를 하도록 하는 것이다. 또 경험이 풍부한 평가자와 그렇지 못한 평가자가 한 조를 이루는 것이 일반적인 관행인데, 이는 배움과 추가적인 검증의 기회를 동시에 제공한다.

평가되어야 할 언어가 다양하므로 해당 외국어의 평가자(들)만이 두 언어를 모두 이해할 수 있다. 즉 응시생의 역할극 수행능력을 정확하게 평가하려면 나머지 평가자들은 외국어 평가자의 설명과 평가에 의존해야한다. 현재로서는 평가단장이 외국어 평가자에게 체계적으로 질의를 하도록 되어 있지만, 향후 외국어 평가자들이 훈련을 구체적으로 받는 것이 바람직할 것이다.

평가자 간 삼각검증과 평가자 간 신뢰도를 보장할 수 있는 또 한 가지 방법으로는 모든 기준에 대한 반복적인 평가를 들 수 있다. 삼각검증이 사고나 실수의 가능성을 줄이고 평가 자체의 신뢰성을 향상함으로써 평가 절차를 견고하게 한다는 것이 저자들의 입장이다.

평가자의 평가자 간 신뢰성은 일관성 지표로 어느 정도 모니터링 할 수 있다. 응시생 개인의 성적 등락을 고려하여 여러 차례의 평가 점수에 대한 평균을 내는 것이다. 이러한 지표는 평가자가 동일한 평가의 동일한 기준으로 수차례의 평가에서 얼마나 일관되게 평가를 하는지 보여준다.

평가자 교육에 체계적인 평가-재평가 연습을 도입하여 평가자 간 신뢰성이 개선되도록 유도할 수 있다. 평가자들은 이러한 연습을 통해 녹음된 동일 파일을 반복적으로 듣고 일정 수준의 일관성을 달성할 때까지 반복적으로 평가한다.

인증 절차의 향후 과제로는 늘어나는 평가자에 대한 관리가 있다. 평가 절차의 첫 단계에서는 일반지침, 윤리강령, 제한적인 코칭 프로그램이 평가자들을 위해 개발되었다. 종합적인 교육 프로그램을 개발하고 현재의 평가자 선발 기준을 개선하려면 상세한 평가자 역량 프로필이 필요하다.

이어지는 내용에서는 이 같은 프로필을 위한 기준을 제시하고자 한다.

평가자를 위한 전문 역량 프로필

평가자 프로필을 설명하기에 앞서 다음의 역량, 즉 (1) 상기의 방법에 따른 통역사 수행능력평가, (2) 평가단의 일원으로서의 전문적이고 충실한 태도, (3) 평가자 윤리강령 준수, (4) 윤리적 갈등 상황 관리, (5) 계획 및 정리, (6) 전문역량개발을 먼저 살펴보고자 한다. 사회적 통역 및 언어 능력은 평가자가 되기 위한 전제조건이므로 이들을 여기에서 별도로 살펴보지는 않겠다. 이러한 역량과 행동지침은 평가자 교육 매뉴얼 및 윤리강령에 제시되어 있다.

상기의 방법에 따른 통역 수행능력평가

평가자들은 상기의 사회적 통역사 전문기준에 따라 평가를 해야 한다. 또한 평가 시 이루어지는 여러 시험에 대해 동일한 평가의 질을 유지해야 한다. 가령 네덜란드어와 통역기술을 평가하는 평가자의 경우, 네덜란드어 구술능력 시험, 네덜란드어-네덜란드어 재생산 및 역할극 시험을 평가해야 한다. 여타 언어 평가자들은 해당 언어에 대한 구술능력, 문장구역 및 역할극 시험을 평가해야 한다.

평가가 진행되면서 응시생의 임무도 더욱 복잡해지며 이에 따라 평가의 복잡성도 심화된다. 다시 말해 평가자는 복잡성이 심화된다는 사실뿐만 아니라 복잡한 통역 결과물을 평가해야 함을 감안해야 한다. 가령 네덜란드어 구술능력 시험에서 네덜란드어를 정확하고 가해한 형태로 구사하는지를 평가한다면, 재생산 시험에서는 통역사가 200 단어 정도 되는 구두 메시지를 듣고 이를 얼마나 정확하게 재생산할 수 있는지를 평가해야 한다. 여기서 평가자는 네덜란드어로 의사소통하는 것뿐만 아니라 정확하고 완전하게 통역사가 자신이 청취한 구두 메시지를 구현하는 것까지 평가해야 한다. 또한 평가자가 역할극 시험을 평가할 때는 앞서 언급된 모든 지표에 더하여 통역 기술과 태도가 바른지도 평가해야 한다. 이렇듯 복잡한 역량을 종합적으로 평가해야하므로 평가자는 인증시험 내내 극도의 집중력을 발휘해야 한다.

통역사에 대해 수행능력평가를 온전히 하려면 첫째, 평가자는 각 시험의 설계와 취지를 이해해야 한다. 둘째, 평가자는 평가표에 제시된 언어, 인지, 윤리 및 사회문화적 지표에 따라 통역을 평가해야 한다. 이는 평가자가 평가표에 통역의 강점과 약점을 표시하고 특정 사례까지도 기록할 수 있어야 한다는 것이다. 또한 평가자는 이러한 사례에 대해 응시생이 이해할 수 있도록 평가의견을 작성해야 한다.

역할극 평가 시에는 갈등이 발생할 소지가 있다. 네덜란드어와 통역을 평가하는 평가자는 네덜란드어만을 이해하고 다른 언어 평가자는 반대로 통역 평가에 미숙할 수 있기 때문이다. 이는 한편으로는 평가자 코칭 및 교육으로(평가단 합류 전 시점에서의), 다른 한편으로는 평가단장이 시험 개발 과정에 깊이 관여함으로써 극복할 수 있다. 이렇게 하면 평가단장이 평가 절차가 바른지 확인하고 시험 항목을 설명할 수 있으며, 평가자의 의견에 대해 질의할 수 있게 된다.

평가단 일원으로서의 전문적이고 충실한 태도

평가 절차의 객관성과 공정성을 담보하기 위해 평가단의 구성원들은 통역을 평가하는데 있어 각기 맡은 분명한 역할이 있고, 이를 다른 구성원들로부터 존중받아야 한다. 가령 네덜란드어와 통역 기술 평가자는 네덜란드어 구술 능력과 재생산 능력을 평가할 책임이 있고, 다른 언어 평가자는 해당 언어의 구술 능력과 문장구역 능력을 평가할 책임이 있다. 역할극 시험 시에는 평가자들이 하나의 팀으로 평가를 하게 되며, 따라서 앞서 언급한 갈등이 발생할 소지가 있다. 이러한 갈등은 위에서 언급된 방법으로 극복할 수 있다. 또한 두 평가자가 역할극 응시생의 역량에 대해 합의가 안 되는 상황이 발생하면 최종 결정 권한은 평가단장에게 있다.

평가자는 자신의 시각과 다른 평가자들의 의견 사이에서 적절히 균형을 이루어야한다. 자신의 의견을 다른 팀원에게 강요해서는 안 되며, 역으로 팀원의 의견에 휘둘려서도 안 된다. 이는 실무적으로는 시험 장소의 자리 배치와 채점 기준의 지침을 준수한다는 것이다. 단장은 이러한 평가 절차에 따라 평가팀을 관리할 리더십과 경청의 능력을 갖추어야 한다.

평가자는 팀웍을 별도로 평가받지 않지만, 전체적인 절차와 윤리 강령에 대해서는 철저히 교육 받는다(아래 참조).

일반적으로 평가자는 평가 기관의 직원이 아니다. 하지만 평가기관과 다른 평가자들과 정기적으로 협력한다. 평가자는 충실하고 신뢰할 수 있어야 하며, 효율적인 팀원으로서 문제 혹은 갈등 발생 가능성을 인지할 시 이를 즉각적으로 보고하여 충분한 시간을 갖고 문제를 해결할 수 있도록 한다. 자신의 역량 범위 내인 경우에만 평가에 참여하며, 평가에 참여하지 못할 경우에는 평가 기관에게 사전에 충분한 시간을 두고 알려주어야 한다. 다시 말해 평가자는 평가자로서의 업무와 기타 활동 사이에서 균형을 적절히 유지해야 한다. 이러한 기타 활동(가령 언어학자 혹은 교사)이 평가자로서의 역량과 지식에 기여하는 경우가 많다.

평가자 윤리강령의 준수

평가자 윤리 강령은 평가 전후 및 평가 중의 평가자 행동을 규제한다. 평가자는 평가단의 일원이 되기에 앞서 윤리 강령에 서명해야 한다. 평가자는 응시생과의 개인적인 접촉을 최대한 자제하며, 평가자와 사회적 통역사의 역할을 겸할 수 없다. 평자가가 사회적 통역사로 활동하고 있거나 평가자와 업무적인 혹은 개인적인 관계가 있을 경우, 응시생은 이해관계의 충돌을 피하고자 평가단에 소속된 평가자에 대해 이의를 제기할 수 있다. 평가자는 평가 중에 자신의 의견을 자유롭게 개진할 수 있으나 결론이 난 이후에는 외부에 개인적인 의견을 공개하지 않는다. 평가자는 또한 모든 응시생을 중립적이고 공정하게 대하며 응시생의 개인적, 정치적 혹은 종교적인 의견에 대해 발언하지 않는다. 또한 평가자들은 시험 문제를 유출해서는 안 된다.

평가자는 의장, 동료 평가자 혹은 응시생에게 느끼는 동조, 연민이나 반감에 휘둘리지 않는다. 또한 응시생의 인종, 국적, 단체 소속, 성별, 언어, 문화, 연령 혹은 배경에 대한 편견 없이 평가를 진행한다.

윤리적 갈등상황 관리

평가자는 윤리 기준을 인지하고 있다. 평가자, 의장, 동료 평가자, 혹은 평가기관의 명예가 실추되지 않도록 주의하며, 평가기관과 업계 전체의 명성에 대한 책임을 공유한다. 다시 말해 규칙을 항시 준수하고 다른 이해관계자가 규칙을 위반할 경우 평가기관에 알려야한다. 따라서 평가단의 윤리 기준에 반하는 사건이 발생할 경우, 평가자는 윤리강령에 정립된 규칙을 언급하거나 반복한다. 어떤 사건이든 평가자는 의장, 동료 평가자 및 응시생을 존중하는 태도를 취해야 한다. 이해관계가 충돌할 경우 평가자는 사건의 본질을 설명한 후 평가단에 사의를 표명한다. 평가자는 또한 응시생 및 제3자와 대화 시 중립적인 자세를 취하며 응시생이나 제3자로부터 선물을 받지 않는다. 평가단의 평결에 이의가 제기될 경우 평가자는 평가단의 평결을 공개적으로 지지한다. 평가자는 COC에 응시생을 의뢰하여 평가에 대한 재검토를 요청할 수 있다. 이때 의장의 역할은 절차를 모니터링하고 윤리적 갈등 상황을 예방하며, 갈등 발생 시 윤리강령을 명시하는 것이다.

계획 및 정리

평가자는 시험 일정에 맞추어 출석할 수 있도록 일정을 잘 수립한다. 기타 언어 평가자는 문장구역 시험문제를 출제하고 시험일 며칠 전에 제출하여 검토를 받는다.

평가 중에 평가자들은 각각의 시험에 할애된 시간을 준수해야 한다.

이때 단장의 추가적인 역할은 평가자에 기대되는 바가 무엇인지를 설명하고 전체 평가기간 동안 시간 관리를 거듭 강조하는 것이다. 또 단장은 평가가 시작되기에 앞서 응시생에게 평가 절차를 설명하고, 각 시험이 시작되기 전에도 해당 시험에 대한 주의사항을 반복하여 전달한다.

전문성 강화

본 프로그램은 평가자들에게 지속적으로 언어, 통역기술 및 (절대)평가 방법에 대한 전문성을 키울 것을 요구한다. 사회적 통역사 인증 평가가 일부 평가자에게는 부수적인 업무일지라도 지속적인 자기계발을 위해서는 시간을 투자해야 한다. 평가자는 COC의 피드백과 교육을 통해 전문성을 개발할 수 있다. 또 자기주도학습 및 다양한 기관이 제공하는 교육 프로그램도 있다. 자기계발 역량은 평가자가 피드백을 개방적인 사고로 수용하고 이를 다시 실제 평가에 반영할 수 있어야 함을 뜻한다. 통역 평가에서 기준이 독특한 평가자들이 있다면 구체적인 훈련을 통해 이들의 평가 기준이 합의된 방향으로 가도록 유도할 수 있다. 단장에게는 평가자의 능력을 제고하는 것에 더해 관리능력과 리더십이 요구된다.

결론

도입부에서 언급했듯이 결과 타당도가 평가 절차의 효율성 및 신뢰성 향상에 대한 사회적 요구를 불러일으키고, 정부의 재정적 지원을 받는 기관으로서 COC는 정당성을 결정짓는 내외부 요인들을 바탕으로 인증 모델을 정당화해야한다.

플랑드르 COC 인증 모델은 응시생과 평가자의 입장에서 서술되어 있다. 이 모델은 인적자원 평가 접근법(human resources assessment approach)을 바탕으로 하고 있다. 다시 말해 모든 평가는 동료평가가 아닌 전문가에 의해 이루어진다. 이러한 전문가들은 개별적으로 평가하지 않고 평가단을 구성하여 집단으로 행동한다. 또 이들은 절대평가를 기준으로 기초 통역 역량을 평가한다. 따라서 최종 평가는 총체적이기보다 분석적이다. 인적자원 접근법은 COC가 플랑드르의 통역대학과 파트너십을 맺어 언어 및 통역 강사를 평가자로 섭외할 수 있기에 가능하다. 하지만 일부 언어의 경우 일정 수준을 갖춘 평가자를 찾기가 쉽지 않다.

신뢰성, 타당성 및 평가에 대한 공정성을 보장하기 위해 평가 절차는 절대평가지표, 채점 지침, 준거점수, 삼각검증 등의 객관적인 요소를 도입한다. 평가 자료와 절차는 끊임없이 개선되어야 한다. 내부 정당성을 강화할 수 있는 방안으로는 타당성 및 신뢰성 연구, 가중치 부여를 통한 평가지표 개선, 모든 기준에 대한 삼각검증 도입 등이 있다.

저자들은 평가 절차의 성공에 있어 가장 중요한 요소가 평가자의 역량임을 강조하였다. 통역과 언어를 가르치는 경험이 많은 강사와 초보 평가자 모두 각자 교육받을 부분이 있다. 전자는 절대평가지표 기반의 접근을 활용하기 위해 스스로가 익숙한 전통적, 총체적 평가에서 벗어나는 훈련이 필요할 것이며, 후자는 평가의 기본을 습득할 교육을 받아야 할 것이다. 사회적 통역사 기준서가 객관적이고 타당한 인증 절차의 초석이듯이 평가자를 위한 기준이 개발된다면 평가자 교육 및 평가 관행의 효율성이 증대될 것으로 기대된다.

미주

1) 사회적 통역사들은 교육 및 시험 과정 내내 COC와 상담을 한다. 이러한 피드백은 COC가 교과과정과 시험을 변경하고 개선할 때 고려된다. 그러나 사회적 통역사를 대표하는 공식 단체가 존재하지 않기 때문에 사회적 통역사 집단과의 공식적인 상담은 이루어지지 않는다.

2) COC가 플랑드르 지역 전체를 대상으로 교육 프로그램을 개발했다고 해서 사회적 통역사가 이전에 전혀 교육을 받지 않았다는 의미는 아니다. 사회적 통역 서비스 제공자 대부분은 소속 통역사를 위한 단기 교육이나 집중 훈련을 제공했다.

3) 외국어 전문가는 평상시 다양한 일을 하는 사람들이다. COC는 미리 정한 기준에 따라 외국어 전문가를 선발하고 숙련된 시험위원회를 1일 간 참관하는 현장업무교육을 실시한다. 또한 새로운 외국어 전문가는 시험위원회의 채점자와 자리를 바꿔 가장 숙련된 채점자로 구성된 팀에서 처음 일하게 된다. 외국어 전문가는 네덜란드어를 능숙하게 구사하며, 특정 외국어의 원어민이거나 최소한 원어민 수준의 외국어 구사력을 지닌다(가령 체첸의 외국어 전문가는 중등교육과 대학교육을 러시아어로 받았고 러시아어도 체첸공화국의 공식 언어이므로 러시아어 외국어 전문가 역할도 한다. 러시아어나 스페인어 전문가는 종합대학이나 단과대학에서 모집할 수 있다). 이들은 언어학, 통역학 또는 언론정보학 학위를 보유하고 있으며 언어 교사나 채점자로서 경험이 있다. 상대적 소수언어의 경우 이러한 기준이 충족되기 어렵다. 이때 COC는 시험위원회 참여 전에 현장업무교육을 받은 지원자를 모집한다. 기준을 충족하는 외국어 전문가가 없을 경우 해당 언어에 대한 인증시험이 진행되지 않는다. 그러나 COC는 이러한 기준을 최대한 빨리 충족시키기 위해 계속 외국어 전문가를 모집할 것이다.

4) 통역사는 통역에 앞서 양 언어로 "저는 X와 Y 언어의 통역사이며 말씀하시는 내용을 단어의 추가, 생략 또는 변경 없이 모두 통역할 것입니다. 저는 중립적이며 어느 한쪽 편을 들 수 없습니다. 또한 저는 직업상 기밀을 유지해야 합니다. 마지막으로 저는 '나는-'이라는 1인칭 형식으로 통역할 것이며, 이는 여러분께서 제가 이 자리에 없다는 생각으로 상대방에게 직접 말씀하실 수 있다는 뜻입니다"라고 언급해야 한다.

참고문헌

American Psychological Association (APA) 1985. *Standards for Educational and Psychological Testing.* New York: American Psychological Association.

Biggs, John 1999. *Teaching for Quality Learning at University. Buckingham:* SRHE and Open University Press.

Broadfoot, Patricia M. 1996. *Education, Assessment and Society.* Buckingham/Philadelphia: Open University Press.

Brown, James D. 1996. *Testing in Language Programs.* Upper Saddle River, NJ: Prentice Hall.

Brown, James D. and Hudson, Thom 2002. *Criterion-Referenced Language Testing.* Cambridge: Cambridge University Press.

Cohen, Stanley 1979. "The Punitive City: Notes on the Dispersal of Social Control." *Crime, Law and Social Change* 3 (4): 339-363.

Council of Europe. 2001. *Common European Framework of Reference for Languages: Learning, Teaching and Assessment (CEFR).* Cambridge: Cambridge University Press. See also: http ://www.coe.int/t/dg4/linguistic/Source/Framework_EN.pdf [2008.01.18].

Crocker, Linda 1997. "Assessing Representativeness of Performance Assessment." *Applied measurement in Education* 10(1): 83-95.

Cronbach, Lee J. 1988. "Five Perspectives on Validity Argument." In Test Validity. Howard Wainer and Henry I. Braun (eds), 3-17. Hillsdale, NJ: Lawrence Erlbaum Associates.

Dochy, Filip and Moerkerke, George. 1995. "Selectie van Beoordelaars en Criteria in Assessment Centers." In *Assessment Centers: Nieuwe Toepassingen in Opleiding, Onderwijs en HRM.* Filip Dochy and T. de Rijke (eds), 201-208. Lemma: Utrecht.

Dreyfus, Hubert L. and Dreyfus, Stuart E. 1986.*Mind Over Machine: The Power of Human Intuition and Expertise in the Era of the Computer.* New York: The Free Press.

Durkheim, Emile 1947. *The Division of Labor in Society*. New York: The Free Press.

Fossum, John A. and Arvey, Richard D. 1990. Marketplace and Organizational Factors that Contribute to Obsolescence" In *Maintaining Professional Competence: Approaches to Career Enhancement, Vitality and Success through a Work Life.* Sherry L. Willis and Samuel S. Dubin (eds). San Francisco: Jossey-Bass.

Foucault, Michel 1977. *Discipline and Punishment. The Birth of the Prison.* London: Allan Lane.

Gronlund, Norman E. 1985. *Measurement and Evaluation in Teaching.* New York: Macmillan.

Groot, de Adriaan D. 1971. *Methodologie.* Digitale Bibliotheek der Nederlandse Letteren. htlp://www.dbnl.org/tekst/groo004meth01_01/ [2008.01.181].

Guion, Robert M. 1980. "On Trinitarian Doctrines of Validity." *Professional Psychology* 11: 385-398. Idh, Leena 1997. "The Swedish System of Authorising Interpreters." In *The Critical ink 4. Professionalisation of Interpreting in the Community.* Cecilia wadensjö, Brigitta Englund-imitrova and Anna-Lena Nilsson (eds), 135-138. Amsterdam/Philadelphia: John Benjamins.

Katz, Jerome and Gartner, William B. 1988. "Properties of Emerging Organizations." *Academy of Management Review* 13 (3): 429-442.

Lianos, Michalis 2003. "Social Control After Foucault." *Surveillance and Society* 1 (3): 412-430.

Lievens, Filip 1998. "Factors which Improve the Construct Validity of Assessment Centers: a Review." *International Journal of Selection and Assessment* 6 (3): 141-152.

Lievens, Filip 2001. "Assessor Training Strategies and their Effects on Accuracy, Interrater Reliability, and Discriminant Validity." *Journal of Applied Psychology* 86 (2): 255-264.

Lievens, Filip and Peeters, Helga 2008. "Interviewers' Sensibility to Impression Management Tact ics in Structured Interviews," *European Journal of Psychological Assessment* 24 (3): 174-180.

Linn, Robert L., Baker Eva L. and Dunbar, Stephen B. 1991. "Complex, Performance-Based Assessment: Expectations and Validation Criteria." *Educational Researcher* 20 (8): 15-21.

Linn, Robert L. 1997. "Evaluating the Validity of Assessments: the Consequences of Use *Educational Measurement* 16 (2): 14-16.

Lysaght, Rosemary M. and Altschuld, James W. 2000. "Beyond Initial Certification: the Assessment and Maintenance of Competency in Professions." *Evaluations and Program Planning* 23: 95-104.

McNamara, Tim 2001. "Language Assessment as a Social Practice." *Language Testing* 18 (4): 333-349.

McNamara, Tim and Roever, Carsten 2006. *Language Testing: The Social Dimension.* Malden MA: Blackwell Publishing.

Meyers, Raymond and Houssemand, Claude 2006. "Comment Évaluer les Compétences Clésdans le Domaine Professionne ? " *Revue Européenne de Psychologie Appliquée* 56: 123-138.

Messick, Samuel 1988. "The Once and Future Issues of Validity: Assessing the Meaning and Consequence of Measurement." In *Test Validity,* Howard Wainer and Henry I. Braun (eds), 33- 45. Hillsdale, N.J.: Lawrence Erlbaum.

Messick, Samuel 1989. Validity. In *Educational Measurement* (3nd.ed.) Robert L. Linn (ed.), 13-103. New York: Macmillan.

Moss, Pamela A. 1994. "Can There be Validity Without Reliability?" *Educational Researcher* 23 b (2): 5-12.

Niska, Helge 1991. "A New Breed of Interpreter for Immigrants: Contact Interpretation in Sweden." In *Proceedings of the Fourth Annual Conference of the Institute of Translation and Interpreting.* Catriona Picken (ed.), 94-104. London: ITI.

Niska, Helge 1999. "Testing Community Interpreters: a Theory, a Model and a Plea for Research." In *Interpreting in the Community.* 278-287. Mabel Erasmus, Lebohang Mathibela, Erik Hertog and Hugo Antonissen (eds). Pretoria: Van Schaik.

Nitko, Anthony J. 2001. *Educational Assessment of Students.* Upper Saddle River, NJ: Merrill Prentice Hall.

Popper, Karl R., 1934. *The Logic of Scientific Discovery.* New York: Routledge.

Salaets, Heidi, Segers, Winibert and Bloemen, Henri 2008. *Terminologie van het Tolken.* Nijmegen: Vantilt.

Shepard, Lorrie A. 1984. "Setting Performance Standards." In *A Guide to Criterion-Referenced Test Construction. Motives, Models, Measures and Consequences.* Ronald A. Berk (ed.), 169-198. Baltimore, MD: Johns Hopkins University Press.

Sociaal-Economische Raad voor Vlaanderen (SERV) and Centrale Ondersteuningscel voor Sociaal Tolken en Vertalen (COC). 2007. *Beroepscompetentieprofiel Sociaal Tolk.* Brussels: SERV. See also http://www.serv.be/Publicaties/1280.pdf[2008.01.18].

Stansfield, Charles W. and Hewitt, William E. 2005. "Examining the Predictive Validity of a Screening Test for Court Interpreters." *Language Testing* 22 (4): 438-462.

VandenBos, Gary (ed.) 2007. *APA Dictionary of Psychology.* Washington: American Psychological Association.

Wadensjö, Cecilia 1998. "Community Interpreting." In *The Routledge Encyclopedia of Translation Studies.* Mona Baker (ed.), 33-37. London/New York: Routledge.

Weber, Max 1923. *General Economic History.* London: Allen and Unwin.

Weber, Max 1947. *The Theory of Social and Economic Organization.* New York: Free Press.

Weiler, Hans 1981. *Compensatory Legitimization in Educational Policy: Legalization, Expertise and Participation in Comparative Perspective.* Stanford: University of Stanford.

첨부 1. 평가 그리드의 예

평가 그리드 - 네덜란드어 능숙도

1부: 음성	±	예
발음이 또렷함/자연스러운 억양을 씀		
말할 때 잘 들림		
적절한 속도로 말함		

2부: 유럽의 프레임워크 B2 단계	±	예
어휘:		
일반 어휘		
특정 용어		
문법 구조:		
커뮤니케이션 기술:		
대화자들의 말을 이해할 수 있음		
대화에 동참할 수 있음		
의견을 형성할 수 있음		
열거하고 찬반 토론을 할 수 있음		

최종 성적 - 네덜란드어 능숙도:	불합격
	합격
	우수

미국식 수화 - 영어 통역사 평가

캐나다 국가 인증 모델

데브라 러셀, 캐런 말콤(Debra Russell, Karen Malcolm)
알버타대학교/ 더글라스칼리지

본 장은 캐나다 수화 통역사의 인증 절차를 논한다. 시각언어통역사협회는 1990년 초에 최초로 평가 절차를 도입했다. 2002년에 AVLIC는 평가 시스템 검토를 실시하고 현재의 평가 구성 연구를 검토하였으며, 이에 따라 새로운 인증모델을 정하였다. 결과적으로 종합적이고 대응성이 높은 평가 프로세스가 설계되어, 이는 인증을 원하는 통역사들을 지원하는 방향으로 발전하였다. 모델은 상식필기시험, 3차에 걸친 전문성 개발 워크샵의 의무적 참여, 실기시험으로 구성되어 있다. 세미나를 통해 지난 10년 간 불합격한 응시생들에게 가장 보편적으로 나타나는 통역 습관과 패턴을 파악하고 이를 개선하도록 설계되었다. 응시생은 또한 통역 샘플에 대한 피드백을 받는데, 이는 응시생이 시험에 응시하기 이전에 도움을 주기 위한 것이다.

도입

본 장은 과거와 현재의 통역사 평가의 맥락을 바탕으로 미국식 수화(ASL)-영어 통역사에 대한 캐나다의 국가 인증 시스템을 개괄한다. 캐나다의 평가 시스템을 미국 및 호주의 평가 시스템과 비교하여 캐나다시각언어통역사협회(Association of Visual Language Interpreters of Canada, AVLIC)가 개발한 평가 모델의 취지 및 이들 국가와의 차이점에 대해 살펴본다. 또한 본 장에서는 평가의 목적, 평가 방법과 절차, 구성 및 시범 적용 프로세스에 대해 알아본다. 이외에도 평가 기준, 채점 절차, 평가자 교육 및 응시자 평가 결과 통보 방법을 설명하고 AVLIC의 향후 방향성과 통역사 평가에 대해서도 살펴보겠다.

마지막으로 본 장은 잔젠(Janzen, 2005)이 정의한대로 "통역하다"는 통역사가 착수하고 참여하는 활동, 그리고 "통역"은 이러한 활동의 결과물이라는 뜻을 채택하여 사용한다.

캐나다의 맥락

1979년에 설립된 이후 AVLIC는 캐나다의 수화 통역사를 대표하는 국가 기구의 역할을 담당해왔다. AVLIC는 산하에 8개의 지역협회를 두고 있어 활발하게 활동하는 수화 통역사들은 지역협회와 국가기구에 이중으로 회원등록을 하도록 의무화되어 있다. AVLIC는 이사회의 자발적 지침에 따르며 두 명의 파트파임 직원이 일상 업무를 수행한다. 약 500명의 수화 통역사가 회원으로 등록되어 있으며, 협회는 근로기준, 윤리 및 전문성에 관한 지침, 인증 절차 등 국가적으로 중요한 사안에 대해 통역사 집단을 대표한다.

AVLIC는 초기에는 캐나다의 다언어 환경을 반영하여 미국식 수화-영어 통역사와 퀘벡식 수화(LSG)-프랑스어 통역사 모두를 대변하는 기구였다. 국가 기구로서 공식 언어인 영어와 프랑스어에 대해 정보를 모두 제공하는 것이 목적이었다. 하지만 AVLIC가 발전하면서 양 언어를 모두 담당하기에는 재무적, 물리적 부담이 커졌다. 이에 따라 1990년대 말 프랑스어 통역사들과 논의를 시작하였고, AVLIC가 프랑스어 통역사들의 입장을 효과적으로 대변하고 있지 못한다는 결론에 도달하게 되었다. 그 결과 AVLIC가 더 이상 영어, ASL, 프랑스어, LSQ 등 다중

언어 서비스를 제공하는 기구로 존속하기가 어려워졌다.

AVLIC는 캐나다농아인협회(Canadian Association of the Deaf, CAD)와 캐나다농아인문화협회(Canadian Cultural Society of the Deaf, CCSD) 등 캐나다의 농인을 대표하는 기관들과 지속적으로 협력하면서 청각장애인 및 수화통역사들의 고충과 고민을 해결하고자 노력해왔다. 이러한 협력적 관계는 AVLIC의 평가 방법 개발에도 영향을 미쳤다. 가령 CAD와 CCSD 모두 평가위원회 구성 단계부터 일원으로 참여하여 지속적으로 평가 내용, 절차, 감독 기준 및 캐나다평가시스템(Canadian Evaluation System, CES)의 성공을 위해 필요한 기준 등에 대해 자문을 해주고 있다. 양 기관은 또한 CES에 자금을 출연하고 국가 인증을 위한 성과 기준을 설정하는데 결정적인 기여를 하였다.

AVLIC 설립 이전과 설립 초기 단계에서 일부 캐나다 통역사들은 미국수화통역사등록소(Registry of Interpreters for the Deaf, RID)에 회원으로 가입하여 당시 미국에서 요구하는 평가 및 인증 절차에 따라 자격을 인정받았다. 하지만 AVLIC 설립 직후, 시험 문제에 캐나다 농아인의 언어 사용 및 캐나다의 환경을 반영한 캐나다의 평가 시스템 개발에 대한 요구가 있었다. 그 결과 제1회 AVLIC 캐나다평가시스템 시험(AVLIC Canadian Evaluation System tests)은 1980년대 개발되어, 1990년에 처음으로 실시되었다.

초기 평가 시스템

초기의 평가 시스템은 통역 및 미국식 수화 강사, 통역사, 언어/문화/통역/평가개발 전문가 등 다양한 관련자들이 공동으로 개발하였다. 그 결과 상식필기시험과 통역시험 등 2 개의 시험으로 구성된 평가 시스템이 탄생하였고, 필기 및 통역시험(TOI)[1]에 대해 두 개의 동일한 버전이 탄생하였다. 필기시험은 총 75개의 문항으로 구성되어 전문 통역사로서의 활동에 반드시 필요하다고 판단되는 통역, 문화와 언어, AVLIC와 관련 기관 등 3개 분야에 대한 응시생의 지식을 평가한다. 응시생은 필기시험에서 최소 70% 이상을 맞추어야 통역 평가로 넘어갈 수 있다. 필기시험을 통과했다는 지위는 AVLIC의 회원 가입 상태가 활동으로 되어 있는 한 유지된다. 상식필기시험은 2000-2001년에 최신 연구 결과와 동향을 반영하여 개정되었다. 현재 필기시험은 1년에 두 차례, 봄과 가을에 실시된다. 2005년부터는 온라인을 통해서도 응시할 수 있게 되었는데, 응시생들은 감독관이 있는 시험장에 모여 온라인으로 시험을 보고 결과를 즉시 확인할 수 있다. 상식필기시험에는 모든 활동 회원이 응시할 수 있으며, 필기시험 합격의 유효기간은 응시생이 활동 회원의 지위를 유지하는 한 계속된다.

한편 통역시험은 ASL 내러티브, 영어 내러티브, 그리고 영어와 ASL이 혼용된 3개의 내러티브로 구성되었다. 통역시험은 1년에 한 차례, 3월에 캐나다 전역의 시험 센터에서 실시되었다. 응시생들은 20분 분량의 영어 지문을 목표언어인 ASL로 통역한 후, 20분 분량의 ASL 지문을 영어로 통역했다. 이후 5개 주제 중 3개를 골라 15분 분량의 대화문을 통역하였다. 대화문은 의사-환자 면담, 학부모-교사 면담, 직장 동료 간 대화 등 주로 커뮤니티 통역의 사례가 활용되었다. 대화문의 어역은 본질적으로 자문 형식 언어의 성격을 띠며, 실제 커뮤니티 통역 시 경험이 풍부한 통역사가 요구되는 상황을 설정하였다. 대화문은 전문적 혹은 기술적인 용어를 사용하지는 않으나 "쉽지 않은" 시나리오를 따른다. 통역 시험은 청각장애인 감독관이 녹화하여 CES 사무실에 전달하며, 이후 사본이 평가자들에게 배포되었다.

표준 및 평가 기준 정립

CES 개발의 중요한 전제조건은 합격 기준을 정립하는 것이었다. 이를 위해 평가기준개발프로젝트(Criteria Development Project, CDP)가 진행되어 두 명의 저명한 미국인 컨설턴트, 청각장애인이면서 ASL 전문가인 비앙베뉴(M.J. Bienvenu)와 통역 전문가인 베티 콜로노모스(Betty Colonomos)가 프로젝트에 참여하게 되었다. 당시에 이들은 메릴랜드 소재 이중언어-이중문화센터(Bilingual-Bicultural Center)의 공동 원장을 맡고 있었다. 두 여성 컨설턴트 모두 통역 및 수화 평가 개발 분야에서 전문성과 경험이 풍부했으며, 평가와 관련해 다방면의 컨설팅 경험이 있었다. 또 AVLIC가 의뢰했을 당시, 둘 다 석사 졸업 후 박사과정 중에 있었다. 이외에도 통역교육자대회(Conference of Interpreter Trainers, CIT)라는 전문기관에서 활동을 활발히 하고 있었으며, 특히 중요한 문서인 수화 통역 과업분석과 언어 학습 및 통역에 적합한 교육과정을 개발하는데 큰 역할을 담당하였다. 다음은 본 프로젝트 진행 단계에 대한 설명이다.

컨설턴트들의 요청에 따라 AVLIC의 각 지부는 ASL에서 영어로, 또 영어에서 ASL로 통역한 회원들의 실제 통역 사례를 취합하여 이를 표준 정립의 기초자료로 사용하였다. 이 때 자신의 통역 샘플을 제출한 통역사들은 통역 커뮤니티 내에서 다양성을 대표하는 실력 있는 통역사들로 선정되었다. 다양성으로는 연령, 성별, 교육, 모국어로서의 ASL 사용, 비모국어로서의 ASL 습득, 통역 경력 등이 고려되었고 샘플 제출자 모두 커뮤니티 통역과 중등과정 후의 통역 경험이 있었다.

국가적으로 인정받은 영어, ASL 및 통역 전문가로 고루 구성된 총 18명이 국가 인증시험의 합격 기준을 수립할 인원으로 선발되었다. ASL 전문가들은 국가농인기구들의 추천을 받은 이들로, 청각장애인인 수화 교사이거나 수화 연구원들이었다. 영어 전문가들은 ASL-영어 통역사로 활발한 활동을 하고 있지는 않았지만 영어 교사 및/또는 통역 유경험자였다. 통역 전문가들은 동료 통역사들이 인정한 충분한 경력을 지닌 통역사들로 AVLIC 지부의 추천을 받아 구성되었다. 이렇게 ASL, 영어 및 통역 강의 및 평가 경험이 풍부한 전문가들은 프로젝트에 상당한 기여를 하였다. 이들은 캐나다와 미국의 통역 관행에 해박했을 뿐만 아니라 북미 지역의 통역 및 언어교육 업계 네트워크에 소속돼 있었고, 당시의 최신 지식과 동향을 반영한 통역에 대한 이해가 있었다. 또한 커뮤니티 통역의 수요와 이를 충족하기 위해 필요한 양질의 통역에 대해서도 숙지하고 있었다. 전문가 선발 시 표준이 국가적인 관점을 반영하도록 세 집단 모두에 대한 지역적 분포도 고려하였다. 하지만 일부 지역에서는 전문성을 갖춘 적격자를 찾기가 어려워, 이 경우에는 가장 가까운 지역 출신의 전문가를 선정하였다. 최종적으로는 퀘벡, 온타리오, 매니토바, 앨버타, 브리티시컬럼비아 출신의 전문가들이 선발되었다. 흥미로운 것은 1988-89년 당시 구어 전문가를 전혀 초빙하지 않았다는 점이다. 만약 이들이 참여했다면 전체적인 프로세스가 한층 강화되었을 것이다. 또 통역 외 분야에서 평가 및 성과 측정 전문가도 참여하지 않았으며, 이들의 참여가 있었다면 그 역시 전체적인 프로세스의 강화에 기여했을 것으로 사료된다.

외부 컨설턴트들은 먼저 전문가 집단에게 국가가 인증한 통역사라면 어떠한 역량을 갖추어야 하는가를 물었다. 이러한 질문을 시작으로 다루어야 할 내용에 대한 문서화 작업이 시작되었다. 이후 전문가들은 외부 컨설턴트 중 한 명이 통역한 여러 개의 샘플을 청취하였다. 각 샘플을 들은 후 통역에 대한 각자의 의견을 개진하고, 왜 합격 혹은 불합격으로 처리되어야 하는지를 토론하였다. 청각 장애인 및 통역사 사회로부터 인정받는 평가 시스템을 개발하는데 있어 청각장애인들이 기준 정립 과정에 참여하는 것이 상당히 중요했다.

다음 단계로 전문가들은 ASL, 영어 및 통역 팀으로 나누어 AVLIC

지부가 수집한 통역 샘플을 분석하였다. 평가자들은 먼저 아무런 논의 없이 녹화된 통역을 시청하고 합격/불합격에 대한 투표를 한 후에, 합격 혹은 불합격을 준 이유를 논하였다. 전문가들은 관찰과 논의를 바탕으로 언어 및 통역의 특징을 자유롭게 설정하였다. 컨설턴트들이 토론을 진행하였지만, 이들이 전문가들에게 잠재적으로 영향을 미칠 수 있는 표준 평가 도구나 모델을 제공하지는 않았다. 컨설턴트들은 각 팀이 우수한 통역의 특성을 파악할 수 있도록 지원하였다. 구어 통역사에 대한 다니카 셀레스코비치(Danica Seleskovitch)의 연구 및 콜로노모스의 통역 교육이론 등 통역 이론과 연구에 대한 지식을 공유함으로써 그룹 토론을 더욱 풍요롭게 하였다. 콜로노모스 모델은 이해력, 목표언어의 시각화 그리고 생산의 이론적 프레임워크 내에서 언어 전환과 관련된 내용을 다루었다. 이 모델은 환경, 어역, 상호작용의 목표, 참여자의 지위와 관계, 권력에 대한 이문화 간 시각 등 담화와 상호작용에 영향을 미치는 다양한 변수를 설명했다. CES 개발 직전에 CIT는 효과적인 통역에 필요한 인지학적 과제를 강조하는 과제 분석 보고서를 발간하였고, 이는 평가 기준 정립에 도움을 주었다. 또 컨설턴트들은 문화 간 의사소통에 대한 철학적 프레임워크를 제시하여 서로 다른 언어와 문화를 다루어야 하는 직업의 특성과 이것이 통역 결과물에 미치는 영향을 조명하였다. 저자들은 베티 콜로노모스와 비앙베뉴가 주도한 프로세스를 검토하면서 이들의 접근이 의사소통 수행능력과 관련하여 카날과 스웨인(Canale & Swain, 1980)의 이론을 반영했음을 알게 되었다. 카날과 스웨인(1980)은 의사소통 수행능력을 두고 언어를 유의미한 의사소통 상황에서 활용하는 데 필요한 전략적, 문법적, 사회언어적 능력으로 정의했다. 카날(Canale, 1983)은 기존의 카날-스웨인 프레임워크를 확장하여 담화 능력도 이에 포함시켰다. 담화 능력이란 상이한 문맥과 어역에 걸쳐 응집성 있는 언어 텍스트의 달성을 위해 의미와 형식을 조합하고 '해석'할 수 있는 능력이다. 컨설턴트들은 전문가들이 언어와 참여자의 상호작용 목표를 중심으로 분석하고 '해석'을 어휘 수준이 아닌 담화 수준에서 살펴보도록 유도하였다.

이들 간의 평가 과정 및 관련 논의(때로는 ASL, 영어, 통역 그룹 토론, 때로는 전체 토론)를 통해 합격 기준에 대한 정의를 내릴 수 있게 되었다. ASL 및 영어 전문가들은 필요한 관습적 언어 사용(conventional language use)[2)]의 특성을 파악하고 통역 전문가들은 우수한 통역을 구성하는 요소가 무엇인지를 집중적으로 분석하였다. 참여자들은 통역 수행이 형식 혹은 어휘 기반의 접근이 아닌 의미 기반의 담화를 구현하는 것이라고 결론지었다. 대부분의 수화 통역사들이 L1(대부분 영어)에서 L2(대부분 ASL)로 통역하는 것을 감안하면, ASL 사용과 캐나다 청각장애인사회의 니즈를 충족하는 통역에 대한 표준을 정립하는데 있어 ASL 전문가들의 기여는 결정적이었다.

시험의 성공적인 실시를 위한 기준

AVLIC의 평가 시스템은 메시지등가(Message Equivalency, ME) 영역에 기반하여 ASL의 언어 및 통역의 언어적, 담화적 특성을 기초에 두고 있다. 이러한 항목은 해당 영역에서 우수한 실력을 발휘하기 위해 통역사에게 반드시 필요한 기술을 뜻한다(ASL과 메시지 등가 특성에 대한 자세한 설명은 별첨 1, 별첨 2 참조).

ASL 평가자들은 담화전략, 언어 형식 및 어역 등 3개 영역에 대한 수행능력을 평가한다. 가령 사용한 담화 전략 전반이 응집성 있는 텍스트를 생산하는지 등과 같이 각 영역에 대해 기준을 설명한다. 또 주제를 소개하거나 다른 주제로 넘어갈 때 자연스럽게 나타나는 언어 장치 및 담화 전략과 같은 언어학적 특성도 설명되어 있다. 이러한 전략은 메시지의 "시작과 맺음" 전략이라고도 불린다. 이외에도 충분하게 뒷받침되는 의미의 중요한 요소, 주제 전환의 적절한 사용, 주제 유지 전략 그리고 원 메시지에 존재하지 않는 아이디어의 불필요한 반복 회피 전략 등이 필요하다. 채점 형식과 관련하여 평가자들은 표준 채점표를 지니며, 기준에 정립된 담화적 특성이 드러나는지 아닌지 혹은 비일관적으로 사용되는지 대해 의견을 작성한다.

다음의 사례는 평가자들이 어떻게 기준을 적용하는지를 설명하고자 제시하였다. 응시생이 일관되게 ASL을 사용하고 관습적이고 적절한 어역을 활용해 언어를 생산할 수 있다면, 평가자는 바른 ASL 문법과 통역하는 연사에 적합한 어역을 쓴 것에 대해 '있음'으로 평가할 것이다. 반대로 응시생의 ASL 문법이 서툴고 언어의 주제 표식을 하지는 못했지만 뒷받침되는 근거를 일부 제공했다면, 평가자는 채점표에 ASL 문법에 대해서는 '비일관적 사용' 그리고 나머지 목표언어학적 특성에 대해서는 '없음'으로 작성할 것이다.

이와 유사하게 메시지 등가에도 어휘 선택, 어조, 문법, 통사, 적절한 어역, 휴지와 프레이징 리듬, 어조, 음 높이 및 기타 초분절적인 특성 등 효과적이고 동일한 메시지를 목표언어로 능숙하게 구성하기 위해 ASL-영어 통역 전략이 요구되는 통역 분야들이 있다. 통역 분야는 또한 응시생이 원 메시지를 잘 이해하여 효과적으로 목표언어로 표현하는 능력도 평가한다. 마지막으로 평가자들은 메시지에 나타나는 오류의 심각성을 평가하는데 오류에는 누락, 첨가 및 변칙적 통역 등이 있다. 변칙적 통역이란 원 메시지에는 없으나 통역사에게서 나타나는 특이한 부분으로, 메시지 전반의 정확성을 저해하는 요소이다. 가령 통역사가 발화 시 출발 실수를 하거나 문장을 번복하여 여러 번 다시 시작한다거나 문장에서 이미 발설한 언어를 정정하거나 "그러니까"와 같은 문구를 자주 사용하는 버릇이 있다면, 연사를 정확하게 대변하지 못하고 주의를 분산시키게 된다.

ASL 평가자들과 메시지 등가 평가자들은 동일한 등급표로 평가를 한다. 등급표 내에서 평가자들은 위에서 언급한 특성이 통역 중에 지속적으로 나타나는지, 부재한지 혹은 비일관적으로 나타나는지를 검토하여 의견을 작성한다.

다음의 사례들은 메시지 등가 평가자들이 기준을 어떻게 적용하는지를 이해하는데 도움이 될 것이다. 목표언어의 예는 통역사의 발언을 그대로 적거나 번역한 문장들이다.

사례 1

원천언어- 영어: 그래서 샘, 오늘은 어떤 일로 왔어요? 지난 번에 왔을 때 처방한 약은 효과가 있었나요?

목표언어- ASL: *오늘 왜 왔나요? 지난 번 방문 때 제가 약을 드렸죠-효과가 있었나요?*

평가자들은 ASL 통역에 대해 의미의 필수 요소가 다 들어있는 구성으로 통역을 시작한 것이 효과적이었다고 판단할 것이다. 이는 정확한 메시지를 일관되게 제시하고 원 메시지를 이해한 것이다. 전반적으로 목표언어는 정확하며 통역의 왜곡이 없다.

사례 2

원천언어- ASL: 아니요, 그 약은 아무 효과가 없었어요. 염증이 더 심해진 것 같아요. 그래서 다시 왔어요.

목표언어: *아니요 저 약은 저에게 아무 도움이 안 됐어요. 그래서 다시 왔어요.*

통역에 염증과 한층 심각해진 상태에 대한 언급이 없으므로 평가자들은 의미의 모든 요소가 통역에 들어있다고 판단하지 않을 것이다. 따라서 영어의 문법과 어역은 적절하지만, 주요 구성요소의 누락으로 인해 의미의 필수요소 항목에서 "비일관성"으로 평가받을 것이다.

사례 3

원천언어- 영어: 제가 확인해야겠지만 그 전에 혈액검사를 검토하고 약에 대한 반응이 어땠는지에 몇 가지만 더 질문하겠습니다.

목표언어 - ASL: *네, 제가 혈압을 측정하고 몇 가지 질문을 더 하겠습니다.*

본 사례의 경우 평가자들은 이를 평가 기준의 정확하고 완전한 내용 항목을 충족시키지 못한 부정확한 통역이라고 평가할 것이다.

이러한 사례는 발언 수준에 대한 것이지만, 질문과 답에서 알 수 있듯 평가자들은 발언 내에서 그리고 상호작용 전반에 걸쳐 정확성을 평가한다. 또한 인접 쌍을 함께 살펴보고 통역된 상호작용에 일관성이 있는지를 평가한다. 양 영역에 대한 평가 기준은 AVLIC 홈페이지에 공시되어 있으며, 응시생들이 참석하는 워크샵에서 평가기준 항목에 대한 보다 자세한 설명이 이루어진다.

텍스트에 따라 통역사들은 생각을 비교하고 대조하는 전략과 기존에 제공된 정보를 참조하는 전략 등을 발휘해야 할 수 있다. 이처럼 통역에 필요한 일부 역량의 담화적 특성을 파악하는 접근법은 클리포드(Clifford, 2001)가 제시한 것과 유사하다. 그는 이러한 접근법을 통해 더욱 엄격하고 유효한 통역사 평가 도구를 개발할 수 있다고 주장한다. "형태"란 평가자가 전체적인 언어 사용이 명확하고 가해한지를 확인하는 것이다. 가령 ASL의 경우 수화는 반드시 정확하고 분명해야 하고, 영어는 단어의 발음이 정확해야 한다. 형태란 언어의 규범 상 정확한 문법 표지를 사용하는지도 뜻한다. 예를 들어 표지를 사용한다는 것은 시제/시간 표식, 복수, 대명사 사용, 완전하고 문법적으로 정확한 문장 구조를 통해 양 언어의 문법을 구현하는 능력 등이 포함된다. 휴지와 프레이징 모두 언어의 관습을 따라야하고, ASL에서 지화를 쓴다면 이는 맥락에 적절하고 철자가 정확하고 분명해야한다.

통역 평가 기준에 따르면 통역사는 영어와 ASL에서 이중언어 및 이중문화 전략을 구사해야 한다. 여기서 우수한 통역은 통역의 처리 모델 혹은 사회언어학적 모델을 적용한다(코클리(Cokely), 1992). 평가 기준은 메시지 처리 및 통역 하위과제 등으로 나뉜다. 전체적인 메시지 처리가 일관된 그리고 효과적인 통역으로 이어져야만 평가 기준을 충족한다. 요점 전달, 적절한 맥락화, 새로운 정보 혹은 기존에 언급된 정보를 소개하는 능력 등이 평가의 대상이다. 통역은 단순 어휘 차원을 넘어선 처리가 되어야 하며, 문장을 시작할 때 출발의 실수가 있어서는 안 된다. 통역의 하위과제와 관련해서 통역사들은 원천 메시지를 이해하고 이를 내용 및 문법적으로 정확하게 통역하는 능력을 보여야 한다. 어역이 적절한지 그리고 통역사가 적절한 수정이 이루어지도록 자신의 통역을 모니터링 할 수 있는지도 평가한다. 평가자들은 통역사가 자신감이 있는지, 산만한 버릇은 없는지 관찰한다. 마지막으로 통역 중에 나타날 수 있는 실수나 오류 패턴이 있는지, 이러한 실수가 미치는 영향이 막대한지를 평가한다. 실수에는 내용 누락, 원문에 제시되지 않은 내용의 첨가, 원문의 의미와 다른 대체 등이 포함된다.

ASL 및 통역 전문가, 워크샵 진행자 그리고 평가자들은 언어학적 그리고 통역적 특성을 설명할 때 모두가 동일한 용어를 사용한다. 또한 AVLIC는 응시생들이 참고하도록 인증된 통역사들의 통역이 담긴 자료를 제작해 배포해왔다.

평가 절차

CDP 회의 이후 첫 통역 시험이 캐나다에서 실시되었다.[3] 평가자들이 선발되었고 이들은 대부분 CDP 절차에 참여한 자들이었다. 평가자들에게 CDP 회의에서 평가 기준을 정립할 때 사용한 캐나다 시험 샘플을 바탕으로 평가 기준에 대한 교육이 이루어졌다. 평가 기준은 CES 실시 이후부터 일관되게 적용되었으며, 시험 절차가 2000년대 초반에 수정되었을 때도 변경되지 않았다.

응시생들은 영어, ASL, 메시지 등가라는 세 영역에 대한 평가를 받는다. 영어와 ASL 영역에서 평가자들은 언어 사용이 문법적, 의미론적으로 정확한지, 어역이 적절한지, 응결성이 확보되었는지, 담화 내에서 의사소통의 기능을 충족하는지만을 평가한다. 의미의 등가를 평가하는 평가자들은 통역을 별도로 평가한다.

영어 영역에서 평가자들은 테이프에 녹음된 구어를 듣고 평가 기준에 따라 문법적으로 올바른지, 발음이 분명한지, 응결성이 있는지를 평가했다. 첫 번째 평가자가 합격을 주면 해당 테이프가 다음 영역인 ASL 영역으로 옮겨졌다. 불합격 판정이 나면 두 번째 영어 평가자에게 넘어가는데, 이때 두 번째 평가자는 해당 테이프가 이미 평가를 받았는지의 여부는 알 수 없도록 하였다. 두 번째 평가자도 불합격 평가를 내리면 응시생의 테이프는 더 이상 처리되지 않고 전체 시험에서 불합격으로 처리되었다. 한편 두 번째 평가자 합격 결정을 내리면 테이프는 세 번째 평가자로 넘어가며, 세 번째 평가자의 합격/불합격 여부가 테이프가 평가 절차의 지속 여부를 결정하였다.

언어 역량이 의미 등가의 전제가 되기 때문에 두 개의 언어 영역을 먼저 평가하는 것이 중요했다. 영어를 먼저 평가한 것은 임의의 결정이었다. 즉 ASL을 먼저 평가해도 무방했을 것이며, 영어 실력이 ASL 실력의 전제가 된다고 시사할 의도는 전혀 없다.

다음 평가 영역은 ASL인데, 영어 평가와 유사한 절차로 이루어졌다. 두 명의 평가자가 불합격 결정을 내리면 테이프에 대한 평가가 중단되었다. 따라서 영어와 ASL 영역 모두를 통과한 테이프만이 의미 등가의 평가 단계로 넘어갔다.

의미 등가 평가자들은 통역사들이며, 수화 원문을 보고 구어로 구현된 통역을 들을 수 있고 구어로 된 원문을 듣고 수화로 구현된 통역을 볼 수 있었다. 이후 평가자들은 응시생의 성적이 평가 기준을 충족하는지를 결정했다. 이때 마찬가지로 첫 번째 평가자가 합격을 주면 응시생은 통역 인증을 받고, 첫 번째 평가자가 불합격을 주고 나머지 두 명의 평가자가 모두 합격을 주지 않으면 응시생은 불합격을 처리를 받는다. 평가자들은 합격과 불합격의 경계선에 있는 응시생들을 불합격 처리하도록 교육을 받은 관계로, 한 명의 평가자가 합격 판정을 내려 인증서가 수여되더라도 시험 성적을 왜곡시키지 않을 수 있었다. 이러한 특성을 응시생들도 긍정적으로 여겼다. 하지만 운으로 합격할 가능성은 여전히 있었다. 다시 말해 평가 기준을 충족시키지 못했음에도 해당 영역을 통과하는 응시생이 있을 수 있다는 것이다. 이러한 요소는 평가 시스템을 약화시키기에 새로운 평가 시스템에서는 수정되었다.

불합격한 응시생들은 ASL, 영어 또는 의미등가 영역을 통과하지 못했다는 통보를 받았다. 이에 대한 이의는 제기할 수 없지만, 행정적 절차나 기술적 어려움에 대한 이의 제기가 가능했다. 모든 영역을 통과한 응시생들에게는 통역 인증서(COI, Certificate of Interpretation)를 수여하였다.

몇 년 후에 AVLIC 평가위원회는 의미 등가의 평가 방법을 개정해야 한다는 결정을 내렸다. 캐나다의 수화통역사 수가 적어서 평가자들이 응시생을 개인적으로 아는 경우가 많았고, 이 때문에 평가의 어려움이 있었다. 평가자들이 응시생의 직장 동료나 친구인 경우가 많아서 이들의 성적을 평가할 때 긴장감이 있었다. 또한 대부분의 응시생들은 각자

잘하는 부분과 못하는 부분이 있는데, 이 때문에 평가자들은 자신들이 단독으로 합격/불합격의 결정을 내리기가 아주 힘들다고 하였다.

이에 따라 위원회는 의미 등가에 대한 평가를 3명의 평가자가 그룹을 이루어 서로 대면하여 하는 방식으로 바꾸기로 하였다. 진행자가 별도로 있어 진행자는 테이프를 정리하고 결과를 기록하며, 평가자들은 논의 중 서로가 칸막이로 분리되어 마주보지 못하도록 하였다. 또 진행자는 평가자들이 시험의 수행능력을 전체적으로 본 후에 개별적으로 합격/불합격 여부를 투표하도록 하였다. 진행자는 투표 결과를 기록하고 평가자들에게 결과를 알려주었는데, 합격 투표가 3장이면 응시생에게 통역 인증이 수여되고 3명이 모두 불합격 판정을 내리면 응시생의 평가 절차가 중단되었다. 평가자들 간에 이견이 있을 경우에는 이들이 토론을 통해 합의를 이루도록 하였다. 합의가 잘 안 되고 주장이 강한 평가자가 있다면, 이 사람이 나머지 두 평가자를 휘두를 수 있음을 감안해 AVLIC는 이러한 논의에서 진행자가 역할을 하도록 하였다. 이때 진행자의 역할은 제출된 시험 결과물에 대한 모든 논의가 평가 기준에 근거하고 평가자들이 서로를 존중하면서 의견을 경청하도록 하는 것이다. 이러한 방식으로 합의 도출이라는 난제를 해결하였다.

의견이 다른 평가자가 정립된 평가 기준(자세한 사항은 별첨 1, 별첨 2 참조) 대비 응시생의 답안이 어떠한지 그리고 합격 혹은 불합격 판정을 내린 이유가 무엇인지에 대해 먼저 발언을 한다. 이후 다른 평가자들에게 의견을 밝힐 기회가 주어졌다. 의견 개진이 끝나면 논의를 바탕으로 결정을 바꿀 평가자가 있는지를 확인하였다. 없다면 추가적인 논의가 이어지고 평가자들은 테이프의 일부 혹은 전체를 재검토하기도 하였다. 여전히 합의에 도달하지 못할 경우 평가자들은 테이프를 건너뛰고 다른 응시생들부터 평가한 후에 그날 오후나 다음 날 해당 테이프를 다시 평가하였다.

피드백 관리

제1회 통역 인증에서 불합격한 일부 응시생들이 민원을 제기하였다. 특히 다년 간의 경험이 있어 자신의 합격을 예상한 경력자들이 불만을 표출했다. 하지만 청각장애인 사회단체와 통역사들은 평가 기준을 강력히 옹호하였다. 시험 결과에 대한 분석 및 수집된 통계 자료에 의하면 합격률은 약 23%였다. 1991-2000년을 살펴보면, 1996-1997년에는 합격률이 31%-38%로 상승했다가, 1999년에는 25%로 하락하였다. 1996-1997년에 AVLIC와 산하 지부들은 청각장애인과 비청각장애인 강사들이 팀을 이루어 가르치는 TOI 워크샵 준비 과정을 캐나다의 몇 도시에서 진행했다. 합격률은 이러한 준비 워크샵 참여여부와 TOI 시험 준비가 충분히 되었는지에 대해 피드백을 받았는지의 여부와 연관성이 있는 것으로 보인다.

절대평가의 기준을 정립하는 접근은 "준거지향" 방법(바흐만과 팔머(Bachman & Palmer), 1996; 허드슨(Hudson), 2005)이라 불리며, 이는 관련 전문직에 대해 수용 가능한 인증 기준을 정립하고자 시험 성적에 관한 의사결정을 평가 기준과 연계시키는 것이다. 이러한 "검사 중심" 방법의 목적은 평가 기준에 부합하는 이에게는 충족한다는 판단을, 충족하지 못하는 이는 불합격할 것이라는 기대 하에 시험에 대한 평가 기준을 정립하는 것이다. 준거지향 방법으로 합격률을 정하는 인증 혹은 라이센스 시험의 목표이자 과제는 평가 기준을 충분히 높게 설정하여 인증 기준을 충족하는 이와 못하는 이를 구분은 하되, 기준이 지나치게 엄격하여 기준을 충족할 역량이 있는 이들이 불합격되지는 않도록 하는 것이다(존슨과 스콰이어(Johnson & Squire), 2000). 여러 기관에서 앙고프 방법(Angoff Method)(1971)을 활용해 합격의 최소 기준을 설정하지만 이 방법이 합격 기준을 낮출 것이라는 우려에 청각장애인 단체들이 이를 수용할 수 없다고 주장하면서, AVLIC는 이 방법을 사용하지 않기로 했다. 합격률에 관한 논의는 AVLIC에서 여전히 진행 중이다. 일부 회원은 최소 기준을 설정하여 보다 많은 응시생이 합격해야 한다고 주장을 한다. 현재까지 AVLIC는 기존의 기준을 유지하고 있다.

바흐만(Bachman, 2007)은 평가 구성을 검토한 결과 언어 평가는 일반적으로 3 가지 방법, 즉 (1) 역량 위주 (2) 작업 위주 (3) 상호작용 위주로 이루어진다고 한다. 바흐만(Bachman, 2007)은 지난 30년간의 언어 평가를 추적한 결과, 최초의 역량 위주 평가는 응시생의 언어 기술을 강조하는 시험이었다고 설명한다. 작업 위주 평가는 실제상황에서의 의사소통 능력을 평가할 수 있는 시험을 설계하는 데에 기반을 둔다. 그는 평가에 영향을 주는 사회적 상호작용과 담화 분석에 대한 최근의 연구에 주목하는데, 이들 연구는 평가 대상을 개별 언어 사용자의 특성이나 맥락이 아닌 참여자들이 공동으로 구성하는 상호작용 내의 패턴으로 조명하는 시각을 제시하였다. 또한 평가 과정의 제약 혹은 약점을 보완하려면 시험의 설계, 개발, 평가가 역량, 작업, 상호작용이라는 3가지 접근법을 모두를 반영해야 한다는 것이 바흐만의 설명이다.

1996-98년에 한 통역 전문가 집단이 평가 기준을 보다 광범위하게 문서화하였다. 문서화 된 평가 기준은 회원들에게 제시되고 모든 평가자가 이해하도록 알기 쉬운 용어로 설명되었다(별첨 1, 별첨 2 참조). 또한 불합격한 응시생들이 어떤 부분에서 평가 기준에 미달했는지를 알려주고자 피드백을 제공하기 시작했다. 이러한 문서화 작업은 샘플 테스트의 내용, 구성 및 상호작용적 요구 사항을 성공적으로 관리하고 평가 과정을 더욱 견고히 하기 위해 응시생들이 어떤 역량을 증명해야 하는가를 분명히 하려는 노력의 일환이었다.

청각장애인 커뮤니티 통역계는 TOI의 합격 기준을 지지했지만, 캐나다에서는 인증 받는 통역사의 수가 너무 적어 우려가 커지고 있었다. 결국 평가 위원회 내의 토론 끝에 통역사 인증을 지원할 수 있는 시스템의 변화가 제안되었다. 이에 따라 2004년에 새로운 평가 시험 자료 및 4단계 인증 절차가 개발되었다. 합격의 평가 기준 자체는 변하지 않았지만, 새로 개발된 자료는 응시생들이 통역 기술을 보다 잘 증명해 보이는데 도움이 되었다. 새로운 평가 절차가 아직은 실시 초기 단계에 있지만, 지금까지의 조사에 따르면 이러한 변화로 합격률은 상승하였다.

모든 응시생이 풀타임으로 최소 2년 이상의 정식 통역 교육과정을 밟았다는 점이 캐나다만의 독특한 상황이라 할 수 있다. 현재 캐나다에는 5개의 ASL-영어 통역사 교육과정이 있는데, 2년제 디플로마에서 학사 과정까지 교육 기간은 다양하다. 교육 기관들은 최근 들어 정기적으로 만남을 갖는데, 이 자리에서 자주 거론되는 사안이 졸업과 현장에 투입될 역량 간의 괴리감이다. 이러한 괴리는 AVLIC 평가 시스템에도 영향을 미쳤는데, 가장 눈에 띄는 변화는 통역 교육과정이 충분히 다루지 않는 담화 분석 관련 워크샵이 추가되었다는 점이다.

다음으로 미국과 호주의 수화 통역사 평가 절차를 비교 및 분석하고자 한다. 이를 통해 두 나라에서 수화 통역사들이 거치는 평가 절차의 맥락에 대한 이해를 돕고자 한다. AVLIC는 평가 절차를 개정하기 이전에 여타 평가 모델을 검토하였고, 그 결과 캐나다 통역사에게 효과적인 의사결정이 이어졌다.

호주의 맥락

네이피너, 맥키, 고스웰(Napier, McKee & Goswell, 2007)은 호주의 인증 프로세스를 설명한다. 평가 절차를 규제하는 것은 호주통번역자격인증기구(National Accreditation Authority for Translators and Interpreters, NAATI)이다. 호주 수화 통역사들이 사용하는 호주식 수화 언어인 오슬란(Auslan)은 1982년부터 NAATI의 평가 시스템에 포함되었는데, 호주의 특이사항 중 하나는 구어 및 수화 통역사들이 동일한 시스템으로 평가를 받는다는 점이다. NAATI는 두 가지 방법으로 통역사를 인증하는데, 우선 시험을 통과하거나 NAATI가 인증한 교육 프로그램을 이수하면 통역 인증을 받을 수 있다(네이피너, 맥키, 고스웰, 2007). 통역 인증에는 '준전문가(paraprofessional)'와 '통역사(interpreter)'의 두 단계가 있는데, '준전문가'는 입문 단계로 NAATI는 이들이 비전문적인 회의나 일반적인 대화의 통역 시 활동하도록 권고한다. 한편 '통역사'는 전문가 단계의 통역사로 이들은 회의, 공공행사, 법률관련 사안 등의 다양한 환경에서 활동할 수 있는 역량을 갖추었다.

인증을 목적으로 교육 과정을 이수하는 통역사들의 경우, '준전문가' 인증을 받으면 1년에 걸쳐 파트타임으로 호주 전역의 기술 혹은 고등교육기관에서 수업을 들을 수 있다. 한편 대학에서 고급준학사(advanced diploma) 혹은 준석사(postgraduate diploma)를 취득한 통역사에게는 시험 없이 '통역사' 인증이 수여된다.

네이피너(Napier, 2005)에 따르면 NAATI는 최근 검토한 호주식 수화 통역사 평가 절차를 바탕으로 평가의 내용 및 구조와 관련해 몇 가지 제안을 하였다. 그 결과, 앞으로 호주식 수화 통역사들은 '의역'과 '직역'의 동시통역을 다양한 목표 청중에게 제공하는 능력을 평가 받게 된다. 즉 순차통역의 비중을 줄이고 통역[4]과 음역[5]을 모두 평가하는 것이다. 이러한 결정이 내려진 이유는 통역사들이 실무에서 정기적으로 수행하는 업무에 필요한 역량이 평가되도록 평가 방식을 설계했기 때문이다.

평가는 순차통역 시험 1개와 동시통역 시험 3개로 구성된다. 동시통역 시험에서는 1) 대화(전문 분야), 2) 목표 청중이 이중언어를 구사하는 청각장애인 전문가의 독백, 3) 청중이 단일 언어, 즉 호주식 수화만 구사하는 독백(개별 커뮤니케이션, 제미나 네이피너(2008년 9월 22일))으로 구성되어 있다. 마지막으로 NAATI는 기존에 인증을 받은 통역사들을 평가하는 절차를 도입할 것으로 보인다. 이를 통해 모든 통역사가 인증을 위해 자신의 통역 기술을 유지해야 함을 강조한다.

미국의 맥락

미국수화통역사등록소(Registry of Interpreters for the Deaf, RID)는 회원들에게 국가 평가 시스템을 제공하는 국가기구로, 1972년부터 통역사 평가 및 인증 제도를 실시하고 있다. 평가 절차의 일환으로 RID는 최근까지 통역과 음역을 모두 평가하였다. 1990년대에 전미농아인협회(National Association of the Deaf)는 자체적으로 통역 평가를 개발하여 미국에서는 통역사를 규제하는 두 가지 표준이 정립되었다. 최근 RID와 NAD는 두 표준을 하나로 통합하기 위해 NAD-RID 국가통역인증제(NAD-RID National Interpreter Certification, NIC)를 공동으로 개발하였다. 현재 NAD-RID 평가는 수행 평가이지만, 2008년 12월 이후로는 기존의 다양한 자격증이 간소화되고 RID는 기존의 통역 자격증과 음역 자격증(Certificate of Interpretation, Certificate of Transliteration)을 대신하여 NIC의 평가 절차만을 제공하게 된다. NIC, NIC 고급, NIC 마스터 자격증을 취득하면 전문적인 인증을 받은 통역사로 간주된다. NIC 평가는 통역 기술과 지식을 세 영역에 걸쳐 평가한다.

1. NIC 상식 시험(NIC Knowledge Exam)에서 통역 분야에 관한 일반 상식을 평가
2. NIC 수행 평가(NIC performance test)의 면접에서 윤리적 의사결정을 평가
3. 평가의 실기 부문에서 통역 및 음역 기술을 평가

이 세 가지 영역에서 인증자들은 전문적 지식과 기술을 입증하여 다양한 통역 및 음역 업무의 수행에 필요한 최소한의 전문적 기준을 충족해야 한다.

평가 자료는 NIC 각 인증 단계마다 동일하다. 면접시험의 경우 평가자들은 의사결정 능력이 최소한의 전문적 기준을 충족 혹은 초과하는지가 평가되도록 교육받는다. 한편 수행 평가의 경우 역시, 통역과 음역 실력이 최소한의 전문적 기준을 충족 혹은 초과하는지가 평가되도록 교육을 받는다. 기준을 충족 혹은 초과하는 응시생에게는 인증이 부여된다. '인증(Certified)'을 받아 합격한 응시생은 전문가급의 통역/음역 기술을 기본적으로 보유함을 입증하였다. '고급 인증(Certified Advanced)'은 면접에서 표준 범위 내, 그리고 실기에서는 높은 점수를 취득한 이들에게 주어지며, '마스터 인증(Certified Master)'은 면접과 실기 모두에서 상위권을 차지한 응시생들에게 수여된다. 마지막으로 RID 평가 절차는 2009년 6월 30일부터 응시생이 준학사 학위(associate's degree) 이상을 소지해야만 실기시험에 응하도록 자격을 제한한다. 청각장애인 응시생의 경우, 2012년 6월 30일부터 준학사 학위(associate's degree)를 소지해야 한다(RID, 2008). 실기 시험 응시의 자격 요건으로 학위를 요구함으로써 RID는 통역사가 되기 위한 최소 학력에 대해 입장을 분명히 한 것이다. 이 같은 결정은 실무 통역사들이 학력 요건을 충족할 때에 직업을 인정받는다는 측면에서 중대한 함의를 갖는다. 이 결정은 정규 교육을 받지 않고 이미 실무 경력이 오래되어 정규 교육을 받을 의사가 없는 경험이 많은 통역사들 간에 논란이 되었다. 그러나 교육기관들은 교육에 대해 창의적인 접근을 하고 있으며, 온라인 학위 등을 제공하여 통역사들이 지리적 소재지와 무관하게 교육에 보다 수월하게 접근할 수 있게 되었다.

호주, 캐나다, 미국의 평가 모델 비교

호주와 미국의 인증 모델을 분석한 결과, 두 시스템 간의 공통점과 차이점을 파악할 수 있었다. 나라마다 자국 내 통역 업계의 발전을 도모했고, 네이피너(Napier, 2005)가 주장했듯 통역사 인증 분야에서 리더십을 보였다. 표준화된 평가를 제공함으로써 각 기구는 전문 통역사의 역할에 대한 사회적 인식을 제고하였으며, 이러한 기구들이 제시하는 통역사의 자격요건과 기술은 대부분 미국의 RID가 정립한 기준에 근간을 둔다. 평가 도구는 기구마다 상이하지만 평가되는 통역 기술은 동일하다. 대부분의 국가 기구들은 심층분석능력(자신의 역량이 업무수행에 적합한지 스스로 평가할 수 있는 능력), 통역 업무 준비 능력, 원천 메시지를 이해하고 정확하게 목표언어로 통역할 수 있는 능력, 적절한 커뮤니케이션 방식과 언어를 사용하는 능력, 다양한 환경에서 효과적으로 커뮤니케이션의 흐름을 진행할 수 있는 능력 등을 평가한다. 또 모든 기구는 인증 받은 통역사가 통역 업계 내에서 자신의 역량을 유지할 것을 요구한다(자기계발 활동 참여 등). 이러한 국가 기구에 등록함으로써 통역사는 업계에 대한 의견을 개진하고 이에 동참할 수 있으며, 업계 내의 변화 또한 인지할 수 있게 된다.

근래에는 국가 기구들이 문화적 인식과 이것이 통역에 미치는 영향을 통역사가 숙지할 배경지식에 포함시키는 추세이다. AVLIC, RID, NAATI 모두 지역 별로 나타나는 언어학적 다변성이 적절한 수화에 영향을 미친다는 점을 인지하고 이를 인증 절차에 포함시켰다. 즉 통역사가 고객의 언어학적 선호도를 맞추면서 통역 수행 중에 청자의 메시지 이해력과 피드백을 모니터링 하도록 한다는 것(그리고 이에 따라 적절하게 대응하는 것)을 의미한다(RID, 2008).

본 장의 다음 부분에서는 평가의 목적 및 방법을 개괄하는 것을 시작으로, AVLIC의 현 평가 모델에 대해 기술하고자 한다.

AVLIC의 새로운 평가 모델

클리포드(2001)는 평가 사이클에는 의도(평가의 목적), 측정(데이터 수집 및 채점), 판단(모든 평가자들이 이해를 공유하는 통역에 대한 공통의 시스템 정립), 평가(앞선 3단계에 대한 철저한 평가에 기반한 공정하고 공평한 의사결정)의 4 단계가 있다고 설명한다. 캐나다평가시스템(Canadian Evaluation System)의 임무는 "캐나다의 청각장애인 및 비청각장애인의 다양한 커뮤니케이션 선호를 반영한 역량을 갖춘 통역사를 인증하는 것"이다. 이러한 목표는 캐나다 인증 역사 내내 유지되었다. 하지만 새로운 모델은 내러티브 및 대화 환경에서 동시통역과 순차통역을 구현하는데 필요한 역량을 입증할 수 있도록 응시생들에게 더 많은 지원을 하고 있다.

2002-2003년, AVLIC는 임시위원회를 설립하여 통역의 측정 및 평가에 대한 최신 연구 동향과 관행을 분석하였다. 통역사이자 측정과 평가에 대한 논문을 발표한 연구자 앤드류 클리포드 박사도 위원회의 일원으로 초빙되어 자신의 전문성을 보태고 논의를 주도하였다. 신 모델 기획의 첫 단계는 평가 절차의 목적 및 포트폴리오 기반 평가 시스템의 활용법을 고찰하는 것이었다. 하지만 최신 연구 및 평가 맥락에서의 포트폴리오 평가를 분석한 결과, 위원회는 해당 방안을 AVLIC에 추천하지 않기로 했다. 신뢰성의 문제와 통역사들이 제출할 표준 업무 샘플의 부족 때문이었다. 이러한 의사결정에 도달한 배경에는 다음의 이유도 있었다.

a. 포트폴리오 평가가 전통적인 평가 방법(필기시험)의 대안이 될 수는 있으나, 포트폴리오 평가는 강의나 누적학습 등의 교육 환경에 최적인 평가 방법으로 보인다. 포트폴리오를 평가 도구로 장려하는 학계 논문이 늘고 있고, 보메와 요크(Baume & York, 2002)가 실시한 인터뷰에 의하면 대학교수들도 포트폴리오 평가에 대해 긍정적이며 자신들의 개인 시간과 추가적

인 노력을 들일만큼 이에 대해 열정적인 것으로 나타났다.

보메는 또한 그럼에도 현재까지 안정적으로 정립된 관행이 부재하며, 실무자들은 시행착오를 겪으며 시스템을 설계하고 있다고 보고한다. 포트폴리오가 평가 방법으로 확산되고 교육적 목적을 달성하려면 그 효율성에 보다 많은 관심이 기울여져야 한다. 간호학, 교육학, 사회복지학 등의 분야에서는 역량 검증을 위해 학위 취득 외에도 포트폴리오 평가를 활용한다.

b. 포트폴리오 평가 절차는 타당도를 어느 정도 확보하고 있지만, 인증을 목적으로 업무 표준을 설정하는 데에 있어서는 그 신뢰도가 아주 낮다(게드버리 아미요트 외(Gadbury Amyot et al.), 2000; 나이스트랜드, 코헨, 다우린(Nystrand, Cohen & Dowlin), 1993). 일례로 환경, 어역, 맥락, 준비 등의 통제 불가능한 변수들이 있는 상황에서 다양한 업무 샘플에 대한 신뢰도 확보는 몹시 어려울 수 있다. 슈츠 외(Schutz et al., 2004:52)에 의하면 내성과 수행능력의 구성요소가 무엇이며 내성에도 층위가 있는지, 있다면 시간의 경과에 따라 어떻게 발전하는지가 명확하지 않다. 슈츠 외(2004:52)는 또한 내성을 평가하는 것은 문제가 있고, 혹은 평가자들이 평가 대상에 대한 명확한 이해가 없으며 이러한 불확실성이 평가와 내성 및 수행능력의 층위 간의 관계에도 영향을 미친다고 주장한다.

c. 신뢰도의 문제를 해결하려면 표준화된 수행능력 관련 테이프가 포트폴리오 평가에 활용되어야 할 것이다. 그러기 위해서는 통역사들이 방대한 포트폴리오를 제출해야 하고 TOI의 현 시험을 치러야만 응시생에 대한 일관되고 공정한 의사결정이 이루어질 것이다.

d. 포트폴리오 평가는 시간이 오래 소요되고 분석을 많이 요하다 보니 비용이 많이 든다(슈츠 외, 2004:52). 또한 포트폴리오는 응시생에 대한 정보를

많이 담고 있다는 점에서 평가자의 편견이 개입될 소지가 더 크다.

e. 인증의 기제로서의 포트폴리오 활용에 관한 연구는 적다(윌커슨과 랭(Wilkerson & Lang), 2003). 사실 포트폴리오 평가를 개발, 관리, 채점하는 일은 더욱 복잡하고 비용도 많이 들지만, 응시생들의 입장에서는 평가 절차 전반에 대한 만족도가 높을 수 있다. 잉거솔과 스케넬(Ingersoll & Scannell, 2002)이 언급했듯, 포트폴리오는 평가가 아니라 응시생의 역량을 드러내는 작품 모음집과 같은 것이다. 그러므로 그 내용물은 타당도, 신뢰도, 공정성, 편견 배제라는 계량 심리학적 기준을 충족해야 한다. 이러한 기준은 평가 결과 응시생이 학위나 라이센스 수여를 거부당했을 시 미국 연방법과 함께 법적 판단을 내리는 초석이 된다. 평가 기관이 이러한 기준을 입증할 수 없다면 법원의 판단에 따라 해당 기관은 재정이나 명성에 큰 타격을 입을 수 있다.

f. 의료나 정신의학 분야에 전문화되어 있거나 실황을 접해야 하는 통역사들은 자신의 실제 업무 샘플을 포트폴리오에 넣는 것이 불가능하다고 보고하였다(AVLIC 평가 시스템 담당자, 모니크 보저(Monique Bozzer), 사적인 커뮤니케이션, 2008년 8월 12일)

임시위원회는 통역사와 청각장애인 사회가 현재 TOI의 타당도와 관련해 제기한 우려에 대해 지속적으로 개선책을 모색 중이다. 이를 위해 위원회는 새로운 평가자료 개발, TOI 시험 준비생에 대한 지원 강화, 자격증 유지 프로세스 등에 대한 계획을 마련하였다. 그 결과 상식필기시험, 평가준비 워크샵, 통역시험, 자격증 유지의 4단계 모델이 개발되었다. 이와 같은 종합적인 모델은 평가 사이클의 모든 절차를 가장 잘 포괄한 것으로 판단되었고, 여기에는 클리포드(2001)가 언급한 사이클의 네 번째 단계인 의사결정의 공정성 및 형평성도 해당이 된다.

새로운 4단계 평가 시스템

다음은 상식필기시험(Written Test of Knowledge, WTK), TOI 준비 워크샵, 통역시험, 자격증 유지로 구성된 AVLIC의 4단계 평가 시스템에 대한 설명이다.

상식 필기시험

상식 필기시험은 2000-2001년에 개정되었으며, 현재 온라인으로 실시된다. 이 시험에는 두 가지 유형이 있고 각 유형은 75문항으로 구성되어 있다. AVLIC에서 활동 중인 회원이면 누구나 응시 자격이 주어지며, 시험은 1년에 두 번 봄과 가을에 캐나다 전역에서 실시된다. 응시생은 AVLIC 홈페이지에서 시험 준비를 위한 읽기자료 목록과 기타 학습자료를 확인할 수 있다. WTK에 합격하면 TOI 준비단계로 넘어갈 수 있는 자격이 주어진다.

TOI 준비 워크샵

응시생은 실제 시험에서 다루는 내러티브 및 대화문에 필요한 담화분석 전략을 주제로 하는 두 개의 워크샵에 참석해야 한다. 2004년, AVLIC는 교과과정 개발팀을 고용하여 이 같은 워크샵을 개발하였다. 이후 AVLIC는 워크샵을 진행할 인력을 채용하여 이들을 교육하였는데, 이들은 모두 교육자이거나 멘토로 역량을 인정받은 인증 통역사들이다. 이들은 통역 교육 프로그램이나 양방향(인터랙티브) 교육의 강사이자 명망 있는 조직 리더들이다.

첫 번째 워크샵은 내러티브 자료의 통역에 초점을 맞추는데, 그 이유는 기존 평가를 분석한 결과 내러티브가 합격률이 가장 낮은 과목이었기 때문이다. 등록 후에 참여자들은 사전 읽기자료를 받으며, TOI 내러티브 및 대화문 영상 모의고사에 온라인으로 접속할 수 있다. 서술적 발표로도 불리는 내러티브는 수화 통역사들이 회의나 교육 세션에서 실제로 내러티브 발표의 통역을 많이 수행하는 관계로 시험에 포함되었다. 시험에는 내러티브와 대화가 모두 평가된다.

참여자들이 녹음한 자신의 통역 테이프는 통역사와 ASL 전문가들에게 전달된다. 전문가들은 AVLIC TOI 기준을 숙지하고 있으며, 이들은 참여자의 언어 및 통역 기술에 대한 피드백을 작성하여 제공한다. 이 피드백은 참여자들이 TOI 시험을 치를 준비가 되어 있는지에 대해 스스로 판단을 내리도록 돕는 것이 취지이며, 시험 전에 개선할 영역에 대한 지침이 제공된다. 이후에는 이틀에 걸쳐 교육받은 진행자가 이끄는 발표 통역 워크샵이 이어진다. 이 자리에서는 사전 읽기자료에 대해 토의하고, 실습을 하여 진행자가 참여자의 통역에 대한 피드백을 주며, 참여자의 시험 준비 계획에 도움이 될 만한 조언을 받는다.

워크샵의 둘째 날에는 양방향 혹은 대화문 자료의 통역을 연습한다. 이전과 마찬가지로 응시생들은 주어진 녹음자료를 듣고 자신의 통역이 담긴 테이프를 ASL 및 통역 전문가들한테 보낸다. 한 가지 특징은 대화 영상의 경우 시간적 여유를 확보하여 응시생이 순차통역을 하거나 순차통역과 동시통역을 혼합하여 통역하도록 했다는 점이다. 이는 시험에 상당한 변화가 있었음을 시사하는 것으로, 이러한 담화에서는 순차통역이 적합할 수 있다는 연구(러셀(Russel), 2002)에 기인한 것이다. 이는 또한 실제 상황을 반영한 연습이 되도록 한다는 데에 의의가 있는데, 실제로 통역사들은 담화의 수요와 환경에 따라 대화를 일부는 순차통역으로 일부는 동시통역으로 처리할 수 있기 때문이다. 이에 따라 워크샵 참여자들은 연사의 긴 휴지가 들어 있는 대화 자료로 연습한다.

대화 지문은 비전문적인 내용이며, 캐나다의 취업 에이전시들이 파악한 일반적인 통역 업무에 해당하는 내용으로 구성된다. 시험 개발자들은 전국의 취업 에이전시에 표준 설문지를 송부하였고, 고용주들은 10개의 가장 대표적인 통역 업무 및 이때 다루는 주제가 무엇인지를 답하였다. 고용주들은 또한 국가시험에 출제하면 좋을 개연성과 공정성 높은 주제들을 제안하였다. 한편 각 도는 고용 관련 데이터를 제공하였고 답변은 개별 전화 인터뷰나 인터넷으로 취합하였다. 그 결과 근무지 인터뷰, 상담, 학부모와 교사 간 면담 등의 시나리오가 국가시험에 적절한 주제로 선정되었다. 내러티브 성격의 지문도 비전문적인 내용이며, 청각 및 비청각장애인 전문가들이 제공하는 공식적인 발표의 대표적인 형태이다. 통역사들이 커뮤니티 통역에서 빈번히 접하는 대표적인 주제 즉, 인권과 접근성, 언어와 식자율 등이 선정되었다. 평가 내용의 정당성을 확보하기 위한 이러한 노력은 베르헤르와 사이먼(Berger & Simon, 1995)과 클리포드(2001)가 주장한 것이고, 언어 사용을 실제 상황에 가깝고 최대한 충실하게 시뮬레이션 한 것으로 볼 수 있다(카트리 외(Khattri et al.), 1998).

3차 워크샵은 자율학습 형식으로 진행된다. 학습 자료는 시험 전략과 긴장 해소에 대한 내용이 주를 이룬다. 이외에도 업무 준비, 발표 목차/개요 분석, 순차통역 노트테이킹, 대화 통역 중 순차통역 및 동시통역 혼용, 2차원 영상 시험 자료에 대응하기 등을 다룬다.

통역 시험

본 단계는 실제 통역 실기 시험을 다룬다. 새로운 시험 자료가 2004년 개발되었고, 시험은 A형과 B형으로 나뉜다. 본 시험의 개발자 중 캠 맥더밋(Cam McDermid)은 캐나다 전국의 주요 통역 에이전시에 연락하여 이를 토대로 시험의 주제와 상황을 선정하였다. 시험 주제가 확정되면 A형과 B형이 각기 유사한 주제를 다루되 시험을 촬영한 배우는 달리하였다. 배우들은 시나리오 준비를 함께 하고 상대방의 주제를 검토함으로써 두 유형의 난도를 유사하게 맞출 수 있었다.

또한 캐나다의 언어적 다양성이 대변되도록 촬영할 배우들은 뉴펀들랜드, 온타리오, 마니토바, 서스캐치원, 앨버타, 브리티시 컬럼비아 등에서 고루 섭외하였다. 그 다음 전문가로 구성된 자문위원회가 시험 문제 촬영에 적합한 사람과 적절한 주제를 심사하였다. 그런데 TOI를 위한 시나리오는 있었지만 대화지문이 작성되지는 않았다. 따라서 배우들은 준비와 배경에 의존한 채 시나리오를 재생산하는 내내 자연스러운 언어를 사용한다. 이러한 노력은 테스트 샘플의 진정성을 제고하고 내용 타당성의 원칙을 강화하는데도 기여했다(클리포드, 2005).

시험 문제는 전문 스튜디오에서 촬영되었고, 배우들은 수화 및 구어로 주의사항을 전달했으며 목표청중에 대한 안내도 이루어졌다. 이를 통해 응시생은 자신이 통역하는 대상에 대한 사전 이해를 확보할 수 있었다.

응시생은 15분 분량의 ASL 발표를 영어로, 15분 분량의 영어 발표를 ASL로 통역해야 하고 세 개의 주제(앞서 언급된 주제에 대한 설명 참조) 중 두 개를 골라 대화문을 통역해야 한다. 통역하는 순서는 무관하나 발표문은 하나의 단위로 통역해야 한다. 시험을 치르기 전에 발표문을 연기하는 배우의 다른 주제에 대한 발표 영상을 확인하여 연사에 익숙해질 수 있도록 하였다. 이는 수화통역사가 실제로 현장에서 일을 할 때 사용하는 사전 준비작업과 매우 유사하다. 응시생은 AVLIC가 운영하는 홈페이지에 비밀번호를 입력하여 이러한 발표 자료를 사전에 공부할 수 있고, 시험에 출제될 발표에 대한 개요를 사전에 확인할 수 있다. 이를 바탕으로 실제 통역 업무에 임하듯이 사전에 관련 주제에 대해 조사하고 시험에 대한 준비를 할 수 있다. 이러한 준비 과정은 주로 공식적인 행사에서 발표를 통역하는 수화 통역사들이 채택하여 사용한다. 이에 따라 AVLIC는 이들의 최선의 관행을 최대한 시험에 모사하여 반영하고자 했던 것이다(대화문 통역 과목은 이러한 학습 자료를 제공하지 않는다. 대화 통역 시 통역사들은 인접 쌍과 같은 담화 전략 및 유사한 실제 경험을 활용하여 배우들의 메시지를 이해하는데 더 많이 의존하게 된다). 응시생은 볼펜, 종이 및 발표 개요를 시험장에 지참할 수 있다. 또 한 번에 최대 30분까지 과목 사이에 휴식할 수 있다. 이 외에도 한 과목 당 최대 4회까지 영상 중간에 일시정지나 되감기 기능을 이용할 수 있다. 이는 실제 통역 환경을 모사하는데 있어 통역사가 연사에게 잠시 멈추거나 개념을 반복할 것을 요청할 수 있다는 점을 고려했다.

TOI의 가장 큰 변화는 응시생이 실제로 수행한 통역 업무를 녹화하여 평가자들이 기존의 우수한 통역 업무 수행에 대한 사례로 고려하도록 이를 보완자료로 제출할 수 있다는 점이다. 영상은 발표문을 ASL에서 영어로, 영어에서 ASL로 통역하는 모습을 담아야하고 분량은 각각 15분 이하여야 한다. 언어학적 어역(linguistic register)은 협의적, 공식적 어역의 범위 내에 있어야 한다. 청중과 맥락은 문서로 작성해서 제출해야 한다. 또 통역 샘플의 촬영 시기는 TOI 응시 최대 6개월 전까지 허용한다. 이러한 변화는 AVLIC 회원 요청에 의한 것으로 녹화된 시나리오를 통역할 때 능력을 십분 발휘하기가 어려우며 실제로 본인이 속한 커뮤니티에서 수행하는 통역이 통역사의 수행력을 더욱 정확히 반영한다는 것에 대한 우려가 있었다. ME 평가자들은 이렇게 제출된 영상 샘플을 응시자의 성적이 합격-불합격의 경계선에 있을 때, 그리고 평가자들이 의사결정을 내리기 전에 더 많은 정보를 원할 때만 고려하게 된다. 현재까지 35명의 응시자 중 한 명만이 이러한 제도를 활용했다.

새로운 시험 문제 시범 운영

새로운 시험 문제가 2004년에 개발된 후 이를 16명에게 시범적으로 실시하였다. 이 중 8명은 COI 보유자였고 새로운 문제 형식에 대한 피드백을 제공하였다. 나머지 8명은 미인증 통역사들로 시범 사업에 참여함으로써 인증 받을 기회를 갖게 되었다.

시범 테스트를 통해 한 명의 통역사가 인증을 받았다. 시험 운영에 대한 피드백 결과, 두 시험 유형의 복잡성 수준과 성별 대표성을 비슷하게 맞추기 위해 두 대화 지문의 A형과 B형을 교체하였다. 또 시험 사전 준비 자료였던 발표 한 개가 시험 문제로 변경되었고, 원래 시험 문제로 출제되었던 발표가 사전 준비 자료가 되었다. 이러한 의사결정은 과목의 구성과 발표 내에서 나타나는 일관성을 바탕으로 이루어졌다.

평가의 타당성과 신뢰성

RID와 마찬가지로 AVLIC도 국가적으로 인정되는 평가 업계의 기준인 타당성, 신뢰성 및 공평성을 준수하기 위해 노력한다. 그 결과 독립적인 계량심리학자가 AVLIC의 컨설턴트로서 자문하며 통역/평가 개발 컨설턴트들도 평가 개정에 참여했다. 평가개발 컨설턴트(Test Development Consultants)에는 상당한 통역 평가 개발 경험을 지닌 3명의 교육자도 포함되었다. 캠 매더밋은 온타리오 통역 에이전시(Ontario Interpreting Agency)가 사용하는 통역 평가 시스템 개발에 핵심적인 역할을 하고 연구로 뒷받침되는 통역 교육 프로그램을 정립했다. 캐런 말콤(Karen Malcolm)은 브리티시 컬럼비아(British Columbia)에서 통역사 선발 도구를 개발하는 프로젝트의 컨설턴트로 활동한 경력이 있다. 명망 높은 교육자일 뿐만 아니라 AVLIC와 오래전부터 협력해 왔는데, 기존 평가 모델에서 평가자 교육과 진행(facilitator)을 맡았다. 데브라 러셀(Debra Russell)은 새로운 국가 및 지역차원에서 통역 평가 툴을 개발하는데 방대한 경험을 갖고 있으며 탄탄한 연구 및 교육 배경을 갖고 있기에 팀에 많은 기여를 했다. 전문가들은 또한 전문가로 구성된 자문위원들에게 주요 의사결정 시점에서 도움을 줄 수 있도록 했다. 자문위원은 청각장애인 및 비장애인으로 구성되었으며, 평가 프로세스에 대한 경험이 있고 각 주에서 통역 업계에 영향을 미치는 주요 이슈에 대한 혜안을 인정받은 전문가들이었다. 마지막으로 필기 및 실기 시험에 대해 지속적으로 심리 측정학적 분석을 실시하여 통역사의 능력을 측정하는 유효하고 신뢰성 있는 도구인지를 확인한다. 예를 들어 AVLIC는 합격률/불합격률, 평가자간 신뢰성, 워크샵에 참여한 통역사 피드백 등의 항목으로 구분지어 데이터를 취합한다.

실기시험 평가자들은 기초 전문가 수준의 통역 기준을 충족 혹은 초과하는 기술에 대해 교육받는다. 이러한 교육은 3일에 걸쳐 이루어졌고, 매번 평가자들은 함께 모여 응시자를 평가한다. 이때 평가자들은 표준(standard), 평가 기준 및 평가표(marking forms)를 사전에 검토한다. 진행자는 평가자들에게 기존에 채점된 시험을 분석하는 과제를 주어 세 명의 평가자 모두가 일관되게 합격과 불합격 판단을 내리는지 확인한다. 평가자들이 같은 결론에 도달할 확률이 95% 이상이 되면 실제 테스트 샘플에 대한 채점이 이루어진다. 평가자 간 신뢰성의 일관성, 그리고 두 유형의 시험과 여러 시험 횟수에 걸쳐 시험 결과를 분석하기 위해 계량 심리학적 절차가 개발되었다. 모든 응시생에 대한 공정한 대우가 보장되도록 정립된 또 하나의 프로세스는 바로 모든 평가자가 응시생과 관련하여 인지되는 혹은 실제적인 이해관계의 충돌이 있다면 이를 모두 밝혀야 한다는 점이다. 잠재점인 이해관계의 충돌이 밝혀진 이후에는 평가 진행자가 잠재 이해관계의 충돌 상황에 있는 해당 평가자의 평가 의견이 평가기준에 국한되어 있는지 확인한다.

TOI의 평가 타당성은 내용과 구성의 타당성(construct validity)을 위주로 접근하였다. 바흐만(Bachman (1990, 2005))은 언어 평가 분야에서 크게 두 가지, 구성 기반 혹은 작업 기반 접근법에 의존하여 언어를 평가해왔다고 주장한다. 평가는 일반화와 추정(generalizability and extrapolation)의 문제를 예방하기 위해 두 가지 접근법을 모두 반영하도록 설계해야 한다는 것이 바흐만의 입장이다. 구성 기반의 접근법은 평가 도구가 의도한 측정 대상을 실제로 측정했을 때, 그리고 평가자들이 목표 측정 대상 역량에 대한 추론을 할 수 있을 때에만 타당하다고 이야기한다. 내용 타당성 측면에서 평가는 캐나다 전역에서 발생하는 전형적이고 일반적인 통역 환경을 바탕으로 개발된 다양한 시나리오에 대한 응시생의 통역 능력을 측정한다. 내용 타당성은 비통계적 판단이지만 평가에 대한 더욱 상세한 분석을 필요로 한다. 본 장에서 이미 언급되었듯이, 평가 과목의 내용은 ASL-영어 통역사들이 일반적으로 근무하는 다양한 환경을 반영하고 평가 시나리오를 최대한 현실적으로 개발하기 위해 통역사, 통역 서비스 이용자 및 통역센터들과의 협업을 통해 개발되었다. 캐나다의 ASL-영어 통역사들은 의료 상담, 구직 관련 면접, 직원회의, 지속적인 직원 교육 및 유치원에서 12학년에 이르는 교육 환경 뿐 아니라 고등교육 환경, 연극 연출, 여행 및 관광 프로그램 등 다양한 환경에서 근무하며 청각장애인의 삶 전반에 걸쳐 이들을 돕는다. 기본적으로 수화 통역사들은 청각장애인 혹은 청각장애인의 가족이 출생에서 사망에 이를 때까지 함께한다.

평가 개발자들은 캐나다 전역의 지역 통역센터에 연락을 취해 통역 업무의 유형과 빈도에 대한 데이터를 수집했다. 모든 데이터를 분석하였고, 특정 지역에 국한되어 나타나는 업무나 고도로 기술적이거나 산업에 특화된 내용은 평가 시나리오에서 제외되었다. 평가자문위원회의 청각장애인 및 비청각장애인에게 20가지 가능한 시나리오를 배포하였는데, 시나리오에 포함된 내용의 예시로는 정기적인 병원 방문, 학부모-교사 면담, 은퇴 계획에 대한 직원 교육 프레젠테이션 등이 있다. 이렇게 평가 내용을 결정하는데 데이터 위주의 접근법을 취하는 것은 안젤렐리(Angelelli, 2007)가 의료통역사용 평가 체계를 개발할 때 사용한 접근법과 유사하다. 전문가 패널과 평가위원회가 선택된 시나리오를 검증하였고, 이로써 모든 시나리오가 커뮤니티 통역사들이 일반적으로 수행하는 통역 업무를 대표함을 확인할 수 있었다.

구성타당성(construct validity)은 시험 성적으로부터 기준이 근거로 하고 있는 이론적 구성에 대해 정당하게 추론할 수 있는 정도를 의미한다(트로킴과 도넬리(Trochim & Donnelly), 2006). 특성이론모델과 특성의 유의미한 존재를 뒷받침하는 연구가 존재한다는 것을 전제로 한다. 수화 및 구어 통역사 세계에서는 채점 기준을 뒷받침하고 발표문의 동시통역, 대화문의 동시 및 순차 통역 역량을 검증하는 다양한 연구가 있다(안젤렐리, 2007; 코클리, 1992; CIT 2008; 네이피너, 2002; 로이(Roy), 2000; 러셀, 2002). 푀히하커(Pöchhacker, 2004)는 수화 및 구어 통역 분야 연구에서 발표된 다양한 모델에 대한 종합적인 분석을 제공한다. 이러한 모델들을 예를 들어 평가 맥락에서 현상에 대한 이론화, 현장의 일부에 대한 기술과 설명, 현상 발생 예측 등 다양한 조사에서 활용할 수 있다는 점을 상기시켜준다. 모든 모델이 본질적으로 불완전한 대표성을 갖지만, 통역 분야에서 모델은 커뮤니케이션의 복잡성과 장황한 프로세스를 설명한데 유용하게 사용될 수 있다.

푀히하커(2004)에 의하면 통역사를 볼 때 통역에 대한 인류학적 시각, 통역의 사회 전문적 및 제도적 지능, 통역의 상호작용적 특성 그리고 통역의 커뮤니케이션 프로세스 등을 바탕으로 한 모델들이 많았고, 이에 따라 장황하고 인지학적인 통역에 대한 모델들이 개발되었다. 하팀과 메이슨(Hatim & Mason, 1997)은 통역을 분석하는 프레임워크로 텍스트 및 담화 처리에 대한 개념에 초점을 맞추었다. 하팀과 메이슨은 담화 처리에 대해 주요한 세 가지 개념인 텍스트, 구조 및 맥락이 동시통역, 순차통역 및 리에종 통역 시 가장 중요하다고 설명한다. 더 나아가 코클리(1992)는 수화 통역에 대해 투입과 산출의 양상(구어 혹은 수화)에 대한 모델을 개발하였으며, 사회언어학적, 문화적 모델을 제시한다. 모델은 메시지 첫 수신부터 목표언어 통역 생산에 이르기까지 인지 처리의 7가지 주요 단계에 기반하고 있다.

AVLIC가 TOI를 위해 개발한 기준과 평가표를 살펴보면, 선택된 구성이 담화 분석을 바탕으로 하고 있으며 앞서 언급된 몇 가지 이론의 영향을 받은 것이 분명하다. 또 평가표를 개발할 때 코클리의 통역에 대한 사회언어학적 모델을 참고한 것으로 보인다. 클리포드(2001)는 담화 이론이 통역 평가에 도움이 될 수 있는 방법으로 의미 설명을 꼽았다. 통역을 목표언어 메세지의 어휘-의미의 문제뿐만 아니라 사회-문화적 맥락까지 반영하는 담화의 한 형식으로 간주해야 한다고 강조하였다. AVLIC는 담화 모델의 유용성을 사용하여 평가자들로 하여금 응시생이 특성을 동시통역 평가 시뮬레이션(simulated interpreting segments of the test)에서 얼마나 잘 발휘하는지에 관한 의사결정을 내리는데 도움을 주기로 하였다. 별첨 1에 기술된 평가 기준에서 특성에 대한 예시를 들어보겠다. 특성은 통역사가 담화 전략을 사용하여 일관적인 텍스트를 생산할 것을 요구한다. 적절한 시작과 맺음 표현 사용, 언어 및 환경과 대화의 맥락적 변수에서 찾을 수 있는 원천언어 메시지의 필수 요소, 주제 전환 및 주제 유지 전략 등으로 이를 더욱 상세히 정의내릴 수 있다. 마지막으로 신뢰성 문제와 관련해서는 전문 통역사를 평가하는 과정에 내재되어 있는 실수에 대한 리스크를 줄이기 위해 조치를 취하는 것이 중요하다(레스닉과 레스닉(Resnick & Resnick), 1992). 즉, 통역 시험이 실기 시험이기 때문에 실기 시험의 결과물을 근거로 응시생의 통역 기술이 기준을 충족하는지를 판단하게 된다. 이때 제출된 샘플이 응시생의 실제 통역 기술을 정확하게 보여주지 못할 리스크가 늘상 존재한다. 클리포드(2001)에 의하면 버거와 사이먼(1995)은 오류의 가능성을 최소화하기 위해 평가가 갖추어야 할 4가지 원칙을 제시했다. 바로 타당성, 신뢰성, 공평성 및 유용성이다. 클리포드(2001)는 5번째 원칙으로 비교성을 추가했다. AVLIC는 이러한 원칙을 내용 기획 및 타당성 구성 시 신중하게 검토하여 평가자들이 목표 역량에 대한 추론을 할 수 있도록 하였다. 내용 타당성은 데이터 위주의 프로세스로 평가 내용을 결정하는데 적용하여 확보했다. 평가 기준과 시험 특성에 지침이 되는 이론적 구성은 통역 분야 연구에 기반을 두고 있고 담화론에 뿌리를 두고 있다. 신뢰성 데이터는 매 시험마다 수집하여 시험마다 평가 결과가 안정적으로 나올 수 있도록 하였다. 수년 간 실시된 기존 평가 결과를 살펴보면, 상당히 안정적이고 10년의 구간에 걸쳐 합격률이 높은 일관성이 보인다. 새로운 테스트 데이터는 AVLIC 캐나다평가시스템(AVLIC Canadian Evaluation System)이 추적하며 계약된 계량심리학자가 분석하게 된다. 시험 환경은 언제나 동일하며, 청각장애인 시험 감독자는 영어와 ASL에서 시험 환경을 어떻게 구조화 해야 되는지에 대해 분명한 단계별 안내 사항을 교육을 받는다. 모든 평가자는 같은 평가표를 사용하며, 평가 기준에 대해 동일한 이해를 갖고 있다. 이러한 특성은 신뢰도 측면에서 오류의 위험을 줄이는데 기여한다. AVLIC는 공평성 원칙을, 평가 진행자가 평가 프로세스를 관리하고 평가자들의 개인적인 편향이 평가 과정에 전혀 개입할 수 없도록 지속적으로 평가 기준에 근거하여 평가하도록 함으로써 확보하고 있다. 유용성이란 평가가 타당하고 신뢰성 있고 공평할 수 있지만 비용이 높거나 절차가 복잡해서 평가를 광범위하게 사용하는 것이 어려울 수 있음을 지적한다. AVLIC는 평가준비워크샵 및 평가 프로세스 그리고 AVLIC 내의 한정적인 자원을 감안하여 이 부분에 대해서는 지속적으로 모니터링 할 것이다. 비교성은 클리포드(2001)에 의하면 평가가 일관되게 운영되며 평가 기준에 대한 공동의 이해가 있으며 평가가 공정하게 이루어지는 것을 의미한다. AVLIC는 이 부분에 대해서도 역시, 정책과 관행이 평가의 일관된 운영을 지지하고, 평가자들이 평가 기준에 대해 동일한 이해를 갖고 있으며, 평가가 공정하게 이루어질 수 있도록 보장하고 있다.

인증 유지 프로그램

인증유지프로그램은 인증 모델의 최종 단계이다. 인증 회원의 인증 유지 요건은 윤리강령과 직무 행동규범 지침(Code of Ethics and Guidelines for Professional Conduct)의 준수 및 AVLIC 활동 회원 자격의 유지이다. 또한 AVLIC 회원들은 인증 받은 통역사가 COI 통역사에게 요구되는 기술과 역량을 지속적으로 발휘할 수 있도록 하는 기제를 마련할 필요성을 논해왔다. 인증 유지 프로그램을 개발하는 첫 단계로 COI 통역사들은 매년 회원 자격을 갱신할 때 직무 개발 활동(professional development activities)을 작성해야 한다. 이 절차는 3년간 지속되는데, 여기에서 수집한 데이터는 인증을 유지하기 위해 인증 된 회원에게 요구할 요건을 정립하는데 사용될 것이다. 교사들처럼 별도의 평가 기구의 필요성에 대한 논의가 일부 있었다. 하지만 회원 수가 많지 않은 관계로 별도의 기구 설립은 현재로서 가능하지 않다. 회원 자격을 유지하는 것이 직무 개발에 대한 의지를 확인하는 한 가지 방법이고 윤리 강령 및 전문가적 행동 규범 가이드라인을 준수하는 것도 중요하다. 회원 자격 유지는 또한 회원과 통역서비스 이용자 모두 AVLIC 분쟁해결프로세스(Dispute Resolution Process)를 통해 민원 발생 시 공식적인 절차를 통해 이를 해결할 수 있는 기회를 갖는다는 점에서 이롭다. 하지만 AVLIC는 회원 자격을 유지한다고 해서 통역사의 역량이 유지되거나 향상되는 것을 의미하지 않음을 인지하고 있다. 따라서 인증 유지 프로그램의 일부로서 자신의 경력 개발 활동이 문서화되어야 할 필요성을 느끼고 있다.

평가 과정 개정

영어, ASL, ME 평가를 별도로 할 필요가 없다는 제안이 있었다. 문법적으로 정확하고 완전한 ASL과 영어를 사용하지 않으면 ME를 달성할 수 없기 때문이다. 따라서 2002년에 ME 평가를 실시할 당시 ME 평가자들과 시범 테스트를 진행하였다. 평가자들은 과거 시험에 제출된 8개의 테이프를 평가했다. 평가자의 임무는 테이프를 평가하고 응시생의 성적 중 영어나 ME에서 평가가 중단되는지 혹은 평가에 최종 합격을 하는지를 결정하는 것이었다. 영어에서 중단 될 테이프를 ME단계에서 중단시킨 사례가 일부 있었지만, 기존의 평가 결과와는 완전한 일관성을 보였다. 다시 말해 인증되기 전에 평가가 중단된 응시생 중 최종 합격한 응시생은 없었다. 이를 근거로 평가위원회는 영어 영역 평가를 제외하기로 하였다.

위원회는 또한 ASL 영역 평가도 제할 것을 고려했으나 위원회의 청각장애인 위원들이 우려를 제기했다. ASL이 대부분의 ME 평가자의 모국어가 아니기 때문에(청각장애인 부모를 둔 사람들만이 ASL이 모국어임) 청각장애인 사회는 평가자들이 정확하고 일관되게 ASL 기준을 인지할 것이라 확신할 수 없었다. 이에 따라 연례 총회에서 ASL 영역 평가를 새 평가 프로세스 실행 시기에 3년 동안 지속하기로 하였다. 그리고 3년 기간이 끝나는 2009년에 재논의하기로 하였다.

ASL 평가자 교육

ASL 평가자들은 모두 청각장애인으로 평가위원회의 청각장애인 위원들의 추천을 받아 선발되었다. 이상적인 평가자는 ASL 사용 경험이 풍부하고 ASL 분석 경험이 있다. 대부분은 ASL 교사나 과외강사이고 통역 업무와 친숙하다. 이들은 다양한 지역에서 선발되며 남녀의 비율이 적절히 배분되어 있다. 평가자들의 임기는 5년이며, 평가하는 테이프의 수에 따라 사례비를 받는다.

컨설턴트들로 구성된 팀이 최초의 ASL 평가자 교육을 담당했다. 평가자들은 청각장애인 평가자 강사가 ASL로 전체적인 프로세스를 소개하는 영상을 우선 시청하였다. 이들은 평가 기준에 대한 설명을 듣고 평가자간 그리고 강사와의 대화를 통해 평가 기준에 대한 궁금증을 해소하고 명확한 이해를 하게 되었다. 대면 교육이 아니었기 때문에 이러한 대화는 이메일이나 화상전화[6]를 통해 이루어졌다.

평가자들은 시범 테스트 테이프 영상, 평가표, 평가 기준 등을 제공받고 테이프의 평가를 실시하였다. 평가 결과를 공유한 이후에는 컨설턴트 중 한 명과 이에 대해 논의하였다. 평가자들이 테이프를 보고 평가를 계속 할수록 이들의 의사결정이 더욱 비슷해졌다. 평가자들이 평가 기준에 의거하여 총체적 평가를 하기 때문에 AVLIC는 평가자들간 100% 합의를 기대하지 않는다. 두 명의 평가자가 평가 결과에 합의해야한다는 기준은 평가자 간 상이한 의견이 있는 소수 건에 대해 균형을 잡는 역할을 한다. CES 사무실은 양 영역의 평가자 평가 결과를 모니터링하여, 한 명의 평가자가 다른 평가자와 대비해 지속적으로 다른 평가를 내리는 경우를 추적한다. 이렇게 상이한 평가 결과가 지속될 경우에는 재교육을 실시하거나, 해당 평가자가 AVLIC가 정립한 평가 기준과 표준에 따라 평가 할 수 없다고 판단될 경우에는 평가자 교체를 고려할 수 있다.

ME 평가자 교육

초기에는 AVLIC 회원들에게 평가자 선발 공고가 나갔다. 모든 ME 평가자는 COI 보유자여야 한다. ME 평가자 교육은 대면 교육이었고, 하나의 교육팀이 계속해서 담당했다.

평가자들은 우선 발표문과 대화문 등 시험 자료와 친숙해질 수 있는 시간을 가졌다. 또 교육 전에 자신이 치른 시험 녹화 테이프를 제공 받아 사전에 평가해오는 숙제가 있었다. 이는 굉장히 유용한 과제로, 평가자들도 자신의 실수를 인지하게 되면서 통역 시험에서 나타날 수 있는 실수와 오류를 인지하게 된다. 평가자들이 원천 시뮬레이션 자료에 더욱 익숙해지면서 구현된 통역에 대한 기대치가 높아져 의도치 않게 합격 기준이 높아질 위험이 있다. 합격한 자신의 통역에서 발생한 실수를 보면서, 이러한 상황에서 실수가 발생할 수 있고 실수가 곧 불합격을 의미하지 않는다는 점을 기억하게 된다. 평가자가 응시생도 자신이 성공적으로 사용한 통역 전략을 구사하기를 바라는 잠재 위험이 있지만, 현실적으로 평가자들은 같은 원천 메시지를 통역하는 테이프를 수없이 보고 원천 메시지를 훌륭하게 통역할 수 있는 방법이 다양하다는 것을 인지하고 있으므로 반드시 동일한 전략을 사용할 것이라고 기대하지는 않는다.

평가자는 평가 기준을 검토하며 자신이 이를 이해하고 있는지 확인한다. 그리고 과거 합격 테이프와 불합격 테이프를 시청한다. 이후 평가 의견 녹음을 연습하는데, 개별적으로 의사결정을 내리고 결과를 평가자들과 논의한다. 최소 두 개의 테이프를 보는데, 평가 기준을 숙지할 목적으로 하나의 테이프를 추가로 시청할 수 있다. 평가자가 준비가 되었다고 스스로 판단하면 실제 시험 테이프를 평가하기 시작한다.

총 6명의 ME 평가자가 있는데, 실제 평가에는 3명만 참석한다. 3명의 평가자가 팀을 이루어 내리는 판단은 최종적이다. 하지만 모든 테이프를 다른 ME 평가자에게 송부하여 개인적으로 볼 수 있게 하는데, 이는 이들이 평가 기준을 적용하여 평가하는 것에 대해 지속적으로 감각을 유지하고 업데이트되어 있도록 하기 위해서이다. 평가 위원회는 매년 대면 평가에 참석하는 평가자를 교대시키는데, 이것 역시 평가자들의 평가 감각을 유지하기 위해서이다.

ME 평가자는 실제적, 잠재적 혹은 인지되는 이해관계의 충돌이 예상될 경우 이해관계 상충 서식(conflict of interest form)을 작성한다. 이를 통해 CES는 잠재적인 혹은 인지되는 갈등을 추적할 수 있고, 개별 평가자의 의사결정을 확인할 수 있다. 그럼에도 불구하고 3명의 ME 평가자는 여전히 합의를 해야 하며, 진행자는 평가자들이 현재의 테이프와 평가기준에 집중하도록 독려한다.

시험결과 통보

응시생은 TOI 응시 4-6개월 이내에 결과를 서면으로 통보받고, 불합격한 응시생들은 시험 성적에 대해 서면으로 피드백을 받는다. 결과는 최종적이며, 행정적 혹은 기술적인 사안 외에는 이의를 제기할 수 없다.

하지만 불합격한 응시생들은 결과 통보 6개월 이내에 자신의 녹화 테이프를 열람할 수 있다. 보증인을 선정하여 보증인이 전 기간 동안 테이프를 관리하도록 하고, 서면 피드백을 실제 녹화 테이프에 적용하기 위해 진단사가 테이프를 시청하도록 할 수도 있다.

시험 결과 비교

새로운 TOI는 2007년에 처음으로 실시되었다. 평가위원회는 합격/불합격률과 평가자 타당성 및 신뢰성에 대한 통계 자료를 수집하고 있다. 하지만 구 시스템과 신 시스템을 비교하기 위해서는 보다 많은 데이터를 수집해야 한다. 적절한 측정 관례를 준수하는 차원에서 계량 심리학자가 TOI의 두 가지 유형에 대한 평가자간 신뢰성 및 합격률을 모니터링하기 위해 AVLIC에게 녹화 시스템 및 통계 분석에 대해 자문을 하였다(클리포드, 2005). 데이터는 신 TOI 도입 이전과 같은 방식으로 분석될 것이다. TOI의 최근 도입을 감안하여 본 장을 작성할 때에는 관련 데이터를 참고할 수 없었다. 하지만 AVLIC 평가 담당자(모니크 보저, 개별 커뮤니케이션, 2008. 6. 8)에 의하면 신 시스템의 합격률이 다소 높은 것으로 보이며, 워크샵 참여자들의 피드백에 따르면 워크샵 내용이 응시생들의 통역 실력과 시험에 대한 자신감을 향상시키는데 기여하고 있다.

채점 절차

TOI 개정 시 원 평가 체계의 평가 기준과 전체적인 표준을 유지하고, 새로운 평가 시스템으로 넘어가면서 이것이 하향조정되지 않도록 하는 의사결정이 있었다. 통역사 및 청각장애인 통역 서비스 이용자들과 논의한 결과, 기존 표준을 지지하는 경우가 많았고 평가 기준을 하향조정하지 않고 응시생들의 시험에 합격할 수 있도록 지원하는 방안을 강구해야 함을 강조하였다. 일부 통역 시험과는 다르게 오류나 누락 건수를 계산해서 점수를 차감하는 방식으로 채점하지 않는다(ATA, 2008). 교육 통역사 성과측정 평가(Educational Interpreter Performance Assessment (EIPA)나 온타리오 통역서비스 스크리닝 툴(Ontario Interpreting Service Screening Tool)처럼 체크리스트를 사용하지도 않는다. 대신에 평가자들은 평가 기준에 대한 교육을 받고, 4개 과목에 대해 이러한 특성이 일관되게 구현되는지에 대한 증거 기반의 의사결정을 내린다. AVLIC는 평가 개발 전문가들과 협력하여 기타 스크리닝 도구나 평가에서 이용하는 정량 및 정성적 채점 방식을 검토하였다(바릭(Barik), 1971; OIS, 2005; 테일러(Taylor), 1993). 각각 장점도 있지만 단점도 있다. 가령 오류의 개수를 세는 것은 평가자들이 전체 담화가 아닌 어휘 수준에서 통역을 평가하도록 제한한다(클리포드, 2001; 피히하커, 2004). 또 합의된 평가 기준이 통역 업계를 대표할 수 있는지 알 수 없는 규준집단(norming pool)을 바탕으로 한다는 것을 의미한다. 예를 들어 규준 집단으로 선정된 통역사들이 6명의 경험이 풍부한 인증 통역사로 구성되어 있고 이 중 4명이 ASL을 모국어로 사용한다면, 이들의 오류 개수는 경험이 적고 ASL를 후에 습득한 통역사들 대비 월등히 낮을 것이다. 모든 방안을 검토한 후에 AVLIC는 평가 개발자들과 함께 통역 데이터 분석에 가장 적합한 정성적인 접근을 평가와 채점에 대해 하기로 하였다.

ME 평가 진행자는 각 평가자의 최초 판단, 최종 판단 및 평가 기준에 근거한 사례를 기록할 책임을 갖고 있다. 이러한 사례는 평가자간 합의를 도출하기 위한 증거로 필요하며, 평가자들이 지속적으로 합격에 필요한 평가 기준과 실력에 기반하여 평가하도록 보장한다. 샘플에 대한 합격 결정이 내려지면, ME 평가 진행자는 ASL 평가자의 결정을 보고 ASL 영역의 합격을 확인한다.

신 평가모델 관련 고려사항

신 평가 모델을 실시한지 2년이 되어가고 AVLIC와 소속 회원들은 새로운 평가 모델이 업계에 어떠한 영향을 미칠지를 관찰하고 있다. AVLIC는 통역사들이 국가인증을 받도록 적극 장려하고 있으며, 4단계 모델에 상당한 자원을 투자하였다. AVLIC는 지속적으로 워크샵 참여자, 워크샵 진행 등으로부터 피드백을 받으며 발전과 개선을 계속 도모하고 있다.

TOI 준비 워크샵 참여자 피드백

TOI 준비 워크샵 참여자들의 주요 피드백은 다음과 같다.

a. 연구를 실무에 적용하는 것은 아직 일부 통역사들과 통역사 교육 프로그램에는 새로운 방식이다.
b. 워크샵 이전에 배포된 담화 분선관련 사전 읽기자료는 참여자의 통역사 교육 프로그램에서 쓰이지 않았고 때문에 위압적이었다.
c. ASL과 통역 기수에 대한 직접적이고 솔직한 피드백은 학습 계획과 시험에 대한 준비도를 측정하는데 유용했다.
d. 시험 준비는 예상보다 방대하고 시간이 오래 소요된다.

TOI 워크샵 진행자와 전문가 피드백

워크샵 진행자와 ASL 및 통역 전문가로부터 받은 주요 피드백은 다음과 같다.

a. 통역사들이 ASL의 문법적 특성에 대한 이해가 부족한 경우가 많고, ASL 사용에 대한 자신의 능력을 과신하는 경우가 있다.
b. 통역사들은 자신의 통역을 정확하게 측정하는데 어려움을 겪는다. 과도하게 비판적이거나 반대로 문제의 심각성을 직시하지 못하는 경우가 있다.
c. 최신 연구 동향과 논문에 대한 지식이 없는 통역사들에게 워크샵 자료는 난해할 수 있다.
d. 통역사 교육 프로그램에서 담화 분석 원칙과 실무에 대한 교육과정을 검토해 볼 필요가 있다.

자원에의 접근

일부 응시생들이 새로운 평가 프로세스가 제공하는 각종 혜택을 누리려고 하지 않는다는 점이 흥미롭다. 가령 TOI 응시 전에 응시생들은 평가 시 시험 문제에 나오는 연사가 ASL과 영어로 한 발표 프리젠테이션을 다운로드 할 수 있다. 비록 주제는 다르지만 이를 통해 통역사는 연사의 문체, 언어 사용, 구성 및 속도 등을 알 수 있고 이는 시험을 준비하는 효과적인 방법이다. 이러한 샘플이 온라인으로 제공되는데, 첫 번째 시험 이후 추적 프로그램을 도입 해보니 일부 응시생들은 이러한 샘플을 전혀 참고하지 않은 것으로 나타났다. 이 응시생들은 TOI에 합격하지 못했다. 이에 대해 통역사들이 실제로 일상적으로 통역 업무를 할 때 이러한 준비과정을 거치지 않는 것인지 혹은 시험 환경을 관리하는 자신의 능력을 과신하는 건지 의문이 들 수 있다. 일부 AVLIC 회원들은 준비 자료, 특히 시험 전에 발표 프리젠테이션과 한 페이지짜리 시험에 출제될 발표 개요를 보는 것이 지나친 혜택이라고 생각하고 있다. 하지만 초기 결과를 보면 합격률이 크게 올라가지 않았다. 그리고 예비 데이터를 보면 준비 자료를 활용하지 않고 바로 시험을 본 응시생들도 있는 것으로 보인다. 이러한 경우 불합격률을 높일 수 있다. 준비 자료가 응시생에게 도움을 주고자 마련되었지만 모든 통역사가 이를 사용하는 것은 아니다. AVLIC는 발표 프리젠테이션 준비 자료를 실제 커뮤니티 통역 환경의 모범 관행(best practice)을 최대한 현실적으로 재생산하기 위한 노력의 일환으로 보고 제공하고 있다.

시험의 유용성과 자원

AVLIC가 고려해야 할 방향성 중 하나는 이러한 종합적인 평가 모델을 운영하는데 필요한 자원에 대한 것이다. 비영리기관에게 워크샵을 제공하는데 드는 자원은 상당하다. 따라서 현재의 방식으로 이 단계가 계속 제공되려면 창의적인 방법을 고안해야 할 것이다. 또 1년에 시험이 실시되는 횟수가 많지 않은 관계로 AVLIC는 평가 시스템을 운영하는데 드는 비용을 고려해야한다. 평가 시스템의 운영을 보상할 만큼의 응시료를 받는 것이 응시생을 오히려 제한할 소지가 있음을 인지해야한다.

인증 유지 프로그램이 어떻게 진화되고 그 과정에서 얼마나 많은 회원 승인이 이루어지는가를 살펴보는 것도 흥미롭겠다. AVLIC의 과제는 인증된 회원이 역량을 유지하기 위해 노력하고 있음을 입증할 실제적인 학습 경험 추적 모델을 개발하는 것이다.

한계와 후속 연구

AVLIC가 평가 절차의 적절성 보장을 위해 노력하면서 몇 가지 제약사항에 대해서 언급할 필요가 있다. 예를 들어 ME 평가자들에서 나타나는 평가자간 신뢰성 수준을 확보하고자 ASL 평가자에게 제공되는 교육 프로그램을 검토할 필요가 있다. 평가가 교육의 비일관성을 해결함으로써 AVLIC는 타당성 및 신뢰성과 같은 평가 원칙들을 보장하는 중요한 단계를 밟게 될 것이다. 현 평가 모델의 또 다른 한계는 평가 기준에 대해 ME 평가자들이 잘 이해하고 있지만, 평가자들이 사용하는 평가 도구를 개선해 현재의 채점표를 보다 상세하게 할 수 있는 여지가 있다는 것이다. 채점표는 '일관되게 구현, 비일관되게 구현, 비구현'에 더해 실제 점수를 주도록 할 수 있다. 현재 시스템은 평가해야 할 주요한 특성이나 특징을 정하고 이에 대해 요구되는 역량 수준을 정의한다. 하지만 주요 요건이 구현이 되었는지, 되었다면 어느 정도로 구현이 되었는지에 대해 보다 상세한 설명이 고안되어야 한다. 또 AVLIC가 현재 혹은 미래에 평가 절차를 변경하고자 할 때 평가 및 측정 전문가를 고용하면 좋을 것이다. 마지막으로 ME 영역에서 합의 평가의 본질과 이것이 실제로 '모범 관행' 접근법을 구성하는지에 대해 고민해볼 필요가 있다. 합의 평가는 평가 프로세스 개발 초기에 도입된 것으로 보인다. 그리고 이러한 의사결정 방식을 선호하는 소수 언어커뮤니티와 협력하는데 있어 필요한 문화 간 민감성을 반영하는 것일 수 있다.

AVLIC는 또한 시험 감독관의 지식과 기술을 지속적으로 모니터링해야 한다. TOI가 1년에 한번 실시된다는 점을 감안할 때, AVLIC는 감독관들이 평가의 완결성을 보장하는 정책과 절차를 준수하는지 확인해야 한다. 마지막으로 AVLIC는 TOK를 지속적으로 업데이트해야 하는데, 적용 가능한 통역 분야의 연구가 늘고 있음을 감안하면 쉽지 않는 작업이 될 것이다. 정보는 빠른 속도로 시의성을 잃을 수 있으므로 정기적인 업데이트와 WTK의 신 버전 적용 전에 시범 적용이 필요하다.

바흐만(2007)이 언급하듯 언어 평가 실무자는 평가 기준을 근거로 내린 의사결정에 대해 책임을 져야 할 수 있다. 마찬가지로 AVLIC는 책임 부담을 진다. 따라서 평가 관련 의사결정을 뒷받침하는 증거를 성실히 수집해야 한다. 한 가지 초점을 둘 부분은 이미 정립된 구성과 이것이 TOI에 합격에 필요한 언어와 통역 능력, 과제, 상호작용기술 등에 대해 균형된 평가를 하는지에 대한 것이다. AVLIC는 의사결정이 이해관계자에게 어떠한 영향을 미치는지 검토해야 하고, 동시에 채점 시스템의 신뢰성, 의사결정의 타당성, 의사결정의 공정성과 적절성을 추적해야 한다.

AVLIC는 계속해서 회원 및 이해관계자와 함께 새로운 평가 모델에 대해 논할 것이고 평가 모델의 반응성과 종합적인 특성을 바탕으로 지속적인 학습 기회를 제공할 것이다. 수화와 구어 통역 분야가 이전보다 빈번하게 교류하면서 더욱 광범위한 사회적 맥락에서 언어 및 통역 역량 평가의 복잡성에 대해 연구 주제를 공유할 기회가 증대될 것이다. 가장 효과적인 시험 및 평가의 접근법은 무엇일까? 평가가 확대되어 어떻게 의료와 법률 환경 등 전문 분야까지 포괄하게 될 것인가? 대학의 통역사 양성 프로그램을 이수한 통역사가 보유한 기술 및 지식과 국가 인증을 취득하기 위해 필요한 기술 및 지식의 괴리를 고찰할 연구의 기회도 있을 것이다. 마지막으로 국가 인증 절차가 지역적 차원에서 어떠한 영향을 미치고, 이러한 의사결정이 이해관계자에게 어떠한 긍정적 혹은 부정적 영향을 미치며 우수한 품질의 통역 서비스에 대한 접근성에 어떠한 영향을 미치가를 연구해볼 필요도 있다.

요약 및 결론

기존의 섹션은 캐나다의 ASL-영어 통역사들의 인증을 위한 과거와 현재의 모델을 다루고 있다. 호주와 미국의 평가 프로세스와 유사점이 있지만 AVLIC가 도입한 모델은 응시생들이 인증을 받도록 지원하는 특징이 있다. 4단계 모델은 상식필기시험부터 시작해 응시생들의 학습을 유도한다. WTK는 온라인으로 진행되며 응시생은 결과를 즉시 확인할 수 있다. 평가준비 워크샵은 응시생에게 발표 및 대화 통역에 대한 개별 피드백을 제공한다. 동시에 TOI 응시생들에게 발표 통역 과목에 도움이 될 추가적인 전략을 소개한다. 마지막으로 인증 유지 프로그램은 통역서비스 이용자 및 통역사에게 인증된 회원이 캐나다의 인증 통역사에게 요구되는 수준의 기술과 지식을 유지하도록 보장할 것이다.

현 모델의 강점은 현실적인 담화, 관련 분야 연구 및 통역사들이 캐나다에서 근무하면서 겪는 근무 환경을 시험이 반영하고 있다는 점이다. 평가 기준은 사회언어학적 이론 모델과 담화 분석을 바탕으로 하고 있으며, 근거에 기반한 연구가 통역사에게 요구되는 언어학적 사용의 과제 및 하위 과제를 강조한다.

AVLIC가 시험 과정의 적절성을 보장하기 위한 노력을 계속하면서 이전 섹션에서 논의된 한계점을 극복하는 것이 중요할 것이다. 수화와 구어 통역 분야가 이전보다 빈번하게 교류하면서 보다 광범위한 사회적 맥락에서 언어 및 통역 역량 평가의 복잡성에 대해 연구 주제를 공유할 기회가 많아질 것이다.

본 장에서 제시한 정보가 캐나다의 현 통역사 평가 모델을 설명하고 있지만 제시된 문제에 대한 해결책과 통역 분야의 진화를 고려할 때, 인증 모델은 향후에도 지속적으로 발전해 나갈 것이다.

미주

1) 통역시험(Test of Interpretation, TOI)은 AVLIC 인증 절차에서 실기 시험에 부여된 공식 명칭이다.

2) 관습적 언어 사용으로 전문가들은 주제 일관성, 담화 일관성과 휴지, 프레이징 등의 운율적 요소, 상호작용의 특성상 나타나는 공식적이거나 자문 형식인 어역과 일관된 어휘 및 문법적 구성, 발언의 경계선 내의 자연스러운 "시작과 끝맺음", 그리고 상호작용 내에서 대화의 전개를 대표할 수 있는 능력 등 언어가 자연스럽고 쉽게 이해되도록 하는 특성들을 채택했다.

3) "통역 시험(Test of Interpretation)"은 AVLIC가 평가에 공식적으로 부여한 명칭이다.

4) 의역이란 언어학적 및 문화적 관습에 근거한 메시지의 의미에 초점을 맞춘다. 직역은 메시지를 원문의 형태 그대로 통역하기 때문에 원문의 특성을 보다 많이 지닌다. 북미에서는 후자를 음역(transliteration)이라고도 한다.

5) 음역은 영어의 단어와 문법을 시각적으로 표현하고자 통역사들이 사용하는 프로세스를 뜻한다. (데이비스(Davis), 2005)

6) 화상전화는 인터넷 접속 장비를 활용하여 두 명의 대화 참여자가 컴퓨터 화면이나 TV를 상대방을 보며 ASL로 소통할 수 있도록 해준다. 이러한 방식으로 청각장애인의 모국어로 대화가 이루어졌다.

American Translators Association. 2008. ATA Certification Program. Retrieved June 27, 2008 from http://www.atanet.org/certification/aboutexams_overview.php

Angelelli, Claudia V. 2007. "Assessing Medical Interpreters: The Language and Interpreting Testing Project," *The Translator* 13(1): 63-82.

Angoff, William H. 1971. "Scales, Norms, and Equivalent Scores." In R. L Thorndike (ed), *Educational Measurement,* 508-600. Washington, DC: American College on Education.

Association of Visual Language Interpreters of Canada. 2008. Evaluation Information. Retrieved June 23, 2008 from http://www.avlic.ca/services.php?evaluation

Bachman, Lyle. 1990. *Fundamental Considerations in Language Testing.* Oxford: Oxford University Press.

Bachman, Lyle and Palmer, Adrian. 1996. *Language Testing in Practice: Designing and Developing Useful Language Tests.* Oxford: Oxford University Press.

Baume, David and Yorke, Mantz. 2002. "The Reliability of Assessment By Portfolio on a Course to Develop and Accredit Teachers in Higher Education" *Studies in Higher Education* 27(1): 7-25.

Barik, Henri. 1971. "A Description of Various Types of Omissions, Additions and Errors in Translation Encountered in Simultaneous Interpretation." *Meta* 16: 199- 210.

Berger, Marie-Josée and Simon, Marielle. 1995. Programmation et évaluation en milieu scolaire: notes de cours, PED 3713 95/96, Université d'Ottawa, Unpublished manuscript.

Canale, Michael. 1983. "From Communicative Competence to Communicative Language Pedagogy" In J. Richards and R. Schmidt (eds), *Language and Communication,* 2- 27. London: Longman.

Canale, Michael and Swain, Merrill. 1980. "Theoretical Bases of Communicative Approaches to Second Language Teaching and Testing." *Applied Linguistics* 1: 1-47

Clilford, Andrew. 2005. "Putting the Exam to the Test: Psychometric Validation and Interpreter Certification." *Interpreting* 7(1): 97-131.

Clifford, Andrew. 2001. "Discourse Theory and Performance-Based Assessment: Two Tools for Professional Interpreting." *Meta* 16(2): 365-378.

Clifford, Andrew. 2003. *A Preliminary Investigation Into Discursive Models of Interpreting as a Means of Enhancing Construct Validity in Interpreter Certification.* Unpublished doctoral disse rtation, University of Ottawa.

Cokely, Dennis. 1992. *Interpretation: A Sociolinguistic Model.* Burtonsville, MD: Linstok Press.

Conference of Interpreter Trainers. 2008. Interpreter Education Standards. Retrieved June 23, 2008 from http://www.cit-asl.org/ccie.html.

Davis, Jeffrey. 2005. Code Choices and Consequences: Implications for Educational Interpreting. In M. Marschark, R. Peterson, and E. Winston (eds), *Sign Language Interpreting and Interpreter Education,* 112-141. New York Oxford Press.

Gadbury-Amyot, Cynthia Holt, Lorie Overman, Pamela and Schmidt, Colleen. 2000. "Implementation of Portfolio Assessment in a Competency-Based Dental Hygiene Program" *Journal of Dental*

Education 64 (5): 375-380.

Grice, Paul H. 1981. "Presupposition and Conversational Implicature." In P. Cole (ed), *Radical Pragmatics.* 167-182. New York: Academic Press.

Hatim, Basil and Mason, Ian. 1997. *The Translator as Communicator.* London and New York: Routledge.

Halliday, Michael. 1978. *Language as Social Semiotic: The Social Interpretation of Language and Meaning*. London: Edward Arnold.

Hudson, Thom. 2005. "Trends in Assessment Scales and Criterion-References Language Assessment." *Annual Review of Applied Linguistics* 25: 205-227.

Ingersoll, Gary and Scannell, Dale. 2002. *Performance-Based Teacher Certification: Creating a Comprehensive Unit Assessment System.* Golden, co: Fulcram Publishing

Johnson, Robert and Squire, Jan. 2000. *Setting the Standard for Passing Professional Certification Examinations.* Retrieved Sept. 16, 2008 from http://207.36.165.114/FMAOnline/certifications.pdf

Khattri, Nidhi, Reeve, Allison and Kane, Michael. 1998. *Principles and Practices of Performance Assessment.* Mahwah, NJ: Erlbaum.

Lombardi, Judy. 2008. "To Portfolio or Not to Portfolio: Helpful or Hyped." *College Teacher,* 56(1): 7-10.

Nystrand, Martin, Cohen, Allan and Dowling, Norca. 1993. "Addressing Reliability Problems in the Portfolio Assessment of College Writing." *Educational Assessment* (1) 1: 53-70.

Napier, Jemina, McKee, Rachel and Goswell, Della. 2007. Sign Language Interpreting: Theory and Practice in Australia And New Zealand. Sydney, NSW: The Federation Press.

Napier, Jemina. 2005. "Training Sign Language Interpreters in Australia: An Innovative Approach." *Babel* 51(3): 207-223.

Napier, Jemina. 2004. "Sign Language Interpreter Training, Testing, and Accreditation: An International Comparison." *American Annals of the Deaf* 149(4): 350-360.

Napier, Jemina. 2002. *Sign Language Interpreting: Linguistic Coping Strategies.* Coleford, England: Douglas McLean.

National Authority for the Accreditation of Translators and Interpreters. 2008. *NAATI Accreditation Levels.* Retrieved June 18, 2008 from http://www.naati.com.au/at-accreditation-levels.html

National Authority for the Accreditation of Translators and Interpreters. 2008. *NAATI PI Assessment Format.* Retrieved June 18, 2008 from http://www.naati.com.au/at-testing-procedure-I.html

Ontario Interpreting Services. 2005. Registration Process Overview. Toronto: Canadian Hearing Society.

Padden, Carol and Humphries, Tom. 1988. Deaf in America: Voices from a Culture. Cambridge, MA: Harvard University Press.

Pochhacker, Franz. 2004. Introducing Interpreting Studies. London, UK: Routledge.

Registry of Interpreters for the Deaf. 2008. *CI/CT Certification Guidelines.* Retrieved June 23, 2008 from hnp://www.rid.org/education/testing/index.cfm/AID/87

Registry of Interpreters for the Deaf. 2008. *NIC Certification Guidelines.* Retrieved June 23, 2008 from http://www.rid.org/education/testing/

index.cfm/AID/86

Registry of Interpreters for the Deaf. 2008. *NIC Performance Criteria.* Retrieve d June 23, 2008

from http://lwww.rid.org/education/testing/index.cfm/AID/86

Registry of Interpreters for the Deaf. 2008 .*NIC Interview Domains and Rating Scales.* Retrieved June 23. 2008 from http://www.rid.org/edcation/testing/index.cfm/AID/86

Resnick, Lauren and Resnick, Daniel 1992. "Assessing the Thinking Curriculum: New Tools for

Educational Reform." In B. Gifford and M. O'Ccnner (eds), *Changing Assessments: Alternate Views of Aptitude.* Boston, MA: Kluwer Academic Publishers.

Roy, Cynthia. 2000. *Interpreting as a Discourse Process.* Oxford England: Oxford University Press.

Russell, Debra. 2002. *Interpreting in Legal Contexts: Consecutive and Simultaneous Interpretation.* Burtonsville, MD: Linstok Press.

Schutz, Sue, Angrove, Carrie and Sharp, Pam. 2004. "Assessing and Evaluating Reflection" In C. Bulman & S. Schutz (eds). *Reflective Practice in Nursing* (3rd ed.), 47-72. Oxford: Blackwell.

Taylor, Marty. 1993. *Interpretation Skills: English to American Sign Language.* Edmonton, AB: Interpreting Consolidated.

Trochim, William and Donnelly, James P. 2006. *The Research Methods Knowledge Base* (3rd ed.). Mason, OH: Atomic Dog Publishing.

Wadensjö, Cecilia. 1998. *Interpreting as Interaction.* London; New York: Longman.

Wilkerson, Judy and Lang, William. 2003. Portfolios, The Pied Piper of Teacher Certification Assessments: Legal and Psychometric Issues. *Education Policy Analysis Archives* 11(45). Retrieved from http://epaa.asu.edu/epaa/v11n45/

첨부1

캐나다시각언어통역사협회 캐나다 평가시스템

Association of
Visual Language Interpreters
of Canada

캐나다시각언어통역사협회

통역 평가시험(TOI) 미국수화(ASL) 기준

서론

미국수화, 즉 ASL의 영역에서 캐나다 평가시스템(CES)은 통역 평가시험(TOI) 응시자들의 미국수화 산출 역량을 평가한다. 메세지 등가(ME)에서와는 달리 ASL에서는 통역 역량이 아닌, 목표언어로서의 미국수화 산출에 중점을 둔다. 따라서 원문의 내용은 평가와는 다소 무관하다. 평가자는 응시자의 ASL을 검토하고 산출된 내용이 평가시험의 기준에 부합하는지 판단한다. 평가자는 원문을 참고하여 평가하지 않는다.

AVLIC평가위원회 2007

I. 담화 전략

1. 기준: 담화 전략을 전반적으로 사용해 텍스트의 응집성을 확보한다.

a. 시작 및 맺음을 나타내는 표현의 적절한 사용

b. 의미를 전달하는 필수 요소와 충분한 부연

c. 화제 전환 및 유지 전략의 적절한 사용

- 비교 및 대조전략 제시
- 원문에서 앞서 소개된 정보 언급

d. 원문에 추가되는 의미가 없을 경우 동일 내용의 반복 언급 지양

II. 형식

1. 기준: 수화는 전반적으로 명료하고 쉽게 이해할 수 있게 표현되었다.

a. 수화는 명확하고 정확하게 표현됨

b. 지문자는 명확하고 맥락에 맞게 사용됨

c. 통역 도중 휴지가 적절하게 이루어짐

2. 기준: 문법 표지의 사용이 전반적으로 정확하다.

a. 문법 표지(시제,시간 지표, 수 등)의 일관적 사용

b. 공간의 적절한 사용

c. 분류사의 효과적 사용

d. 대명사의 정확한 사용

e. 비(非)수화 표현의 정확한 사용 (예: 입 모양, 눈썹의 움직임, 수화 표현의 크기와 강도)

3. 기준: 문장 구조가 전반적으로 적절하다.

a. 완결된 문장의 사용

b. 문장 구조가 적절하게 표현됨 (예: 눈썹의 움직임, 눈맞춤, 입 모양으로 부정문과 의문문 표현)

첨부2

캐나다시각언어통역사협회

캐나다 평가시스템

캐나다시각언어통역사협회

avlic

Association of
Visual Language Interpreters
of Canada

통역 평가시험(TOI)

메세지 등가(ME) 기준

서론

메시지 등가(ME)의 영역에서 캐나다 평가시스템(CES)은 이중 언어 및 이중 문화 전략(ASL/영어/문화적 조정)이 드러나는 통역을 평가한다. 본 기준 하에서 바람직한 통역은 언어 처리 혹은 사회언어학적 통역 모델을 적용한 통역이다.

메시지 등가의 평가 기준은 하기에 서술한 바와 같다. 하기 조건들은 어느 한 조건의 충족 여부가 특정 통역 단위의 성패를 결정짓는 별개의 항목이 아니다. 평가자는 언어 사용이라는 전체적인 맥락에서 통역을 평가하며, 이에 따라 바람직한 표현 혹은 오류의 유형을 분석한다. 평가시스템이 도입된 이래 메세지 등가의 평가자는 동 기준을 적용해왔으며, 연례 평가를 진행하기에 앞서 모든 평가자는 교육에 참가한다.

AVLIC는 데브라 러셀(Debra Russell), 카렌 말콤(Karen Malcolm), 그렉 에반스(Greg Evans), 마티 테일러(Marty Taylor), 테리 잰즌(Terry Janzen)이 많은 시간을

할애하고 전문성을 발휘하여 메세지 등가의 평가 형식 개발에 기여한 공로에 사의를 표한다. 덧붙여 AVLIC는 본 평가 형식의 개발을 위해 자원을 제공하고 교사의 지침서를 적용하도록 허용한 더글러스 칼리지의 수화 통역 프로그램, 뉴 웨스트민스터 시 및 브리티시 컬럼비아 주에 감사의 뜻을 전한다.

AVLIC평가위원회 2007

I. 메세지 처리

1. 기준: 메세지의 처리를 통해 응집성 있고 정확하게 통역한다.

a. 발화 혹은 수화의 주체가 전달하고자 하는 바(원천 메세지)를 이해하고 전달함

b. 의미의 필수 요소와 요점이 전달되도록 함

c. 요점을 뒷받침하기 위해 적절하게 부연을 함

d. 첨언과 생략을 적절하게 운용함

e. 담화 전략을 사용하여 목표 텍스트에서 일관성[12]을 확보함

f. 의미 처리 수위[13]를 적절히 조절함

g. 통역 시작 단계에서 잦은 실수를 범하지 않음

h. 전반적으로 바람직한 통역임. 아닐 경우 두드러진 양상이 있는가(기만적이거나, 침범하거나, 기능 이상이 있는 경우)? [14]

II. 하위과제 통역

1. 기준: 통역사는 전반적으로 원천 메세지의 의미를 이해한다.

a. 원천 메세지의 의미[15], 통사적 특징, 문법 분석

b. 통역사의 자가 모니터링과 적절한 오류 수정

c. 메세지에 담긴 문화적 요소를 효과적으로 전달함

d. 구두신호와 비(非)구두 신호를 비롯한 문화적 제스처를 전달함

e. 주어진 문맥에 적합한 어역 인지[16]

2. 기준: 목표언어가 전반적으로 정확하다

a. 목표언어: 통역 전반이 문법적으로 정확함

b. 목표언어: 전반적으로 통역의 의미가 정확함

c. 목표언어: 정확한 담화 표지가 사용됨

III. 오류 유형

1. 기준: 오류가 통역에 미치는 전반적인 영향이 미미하다.

a. 오류가 과도하게 발생하는 경우, 오류에 유형이 있는가(누락, 첨언, 대체, 변칙)?[17]

IV. 추가적 관찰

1. 통역의 전달과 흐름[18]이 자연스러움

2. 통역사가 자신감이 있어 보임

3. 통역사가 통역 소비자의 집중을 방해하는 버릇을 거의 혹은 전혀 드러내지 않음

참고문헌

Colonomos, B. 1983. Interpretation: A Working Model. Riverdale, MD. The Bicultural Centre.

Unpublished workshop materials.

Cokely, D. 1992. Interpretation: A Sociolinguistic Model. Burtonsville, MD: Linstok Press.

Douglas College Program of Sign Language Interpretation. 1996. Preceptor's Guide & Student Guide. Vancouver, BC: Douglas College.

Humphrey, J. and Alcorn, B. 1995. So You Want To Be An Interpreter: An Introduction To Sign Language Interpreting. Amarillo, Tx: H & H Publishers.

Livingston, 5., Singer, B.& Abramson, T. 1994. Effectiveness Compared: ASL interpretation vs. transliteration. Sign Language Studies, 82 Spring.

연락처:

Association of Visual Language Interpreters of Canada Canadian Evaluation System P.O Box 29005 Lendrum

Edmonton, Alberta T6H 5Z6

전화: 403-430-9442 V/TTY

팩스: 403-430-9489

이메일: ces@avlic.ca

홈페이지: www.avlic.ca

미주

12) 시작 및 맺음을 나타내는 표현, 일관성, 담화 표지, 화제 전환, 화제 유지 등

13) 통상적으로 어휘나 구 단위가 아닌 문장과 담화 단위에 적용

14) 기만적: 표면적으로는 목표언어가 바람직하게 표현된 듯 하나 통역이 원문의 내용과는 다른 의미나 의도를 전달하는 경우

침범적: 통역이 기대되는 규범을 벗어나거나 원어를 상당 부분 그대로 유지하는 경우. 통역 소비자는 맺음 전략이나 원어에 대한 지식을 활용하여 본래의 의도를 파악할 수 있음

기능 이상: 통역을 통해 원어의 뜻을 이해할 수 없음

15) 의미론, 문맥적 지식, 관련된 정보(화제에 대한 기존 지식과 경험), 문화적 규범 등

16) 원어에 담긴 감정에 부합하며 해당 감정을 나타내는 언어적 특징에 부합한다.

17) 누락: 원어의 의미에 심각한 누락을 발생시키는 통역의 결손

첨언: 원어에 없는 표현이 추가됨으로써 원어의 의미가 심각하게 변질되는 경우

대체: 원어에 없는 표현으로 대체됨으로써 원어의 의미가 심각하게 변질되는 경우

변칙: 원문과 무관하게 통역사가 취하는 특이한 언어 및 비언어적 행동

18) 호흡, 음성, 수화 숙련도, 휴지 전략, 원어에 따른 속도 조절 등

존 벤자민스 통번역 총서 17

통번역학에서의 시험과 평가

Testing and assessment in translation and interpreting studies

초판 인쇄	2017년 9월 8일
초판 발행	2017년 9월 15일

편저자	Claudia V.Angelelli, Holly E. Jacobson
기 획	정호정(존 벤자민스 통번역 총서 기획위원장)
옮긴이	홍설영 · 마승혜

발행인	김인철
총괄 · 기획	가정준 Director, University Knowledge Press
편집장	신선호 Executive Knowledge Contents Creator
도서편집	김민정 Contents Creator
전자책편집	이리나 e-Contents Creator
재무관리	김은혜 Managing Creator
마케팅 파트장	백승이 Chief Marketing Creator
마케팅	박종원 Chief Marketing Creator
발행처	한국외국어대학교 지식출판원 02450 서울특별시 동대문구 이문로 107 전화 02)2173-2493~7 팩스 02)2173-3363 홈페이지 http://press.hufs.ac.kr 전자우편 press@hufs.ac.kr 출판등록 제6-6호(1969. 4. 30)
디자인 · 편집	(주)이환디앤비 02)2254-4301
인쇄 · 제본	네오프린텍(주) 02) 718-3111

ISBN 979-11-5901-238-9 94700
978-89-7464-914-2 (세트)

정가 38,000원

*잘못된 책은 교환하여 드립니다.

HUINE은 한국외국어대학교 지식출판원의 어학도서, 사회과학도서, 지역학 도서 Sub Brand이다. 한국외대의 영문명인 HUFS, 현명한 국제전문가 양성(International +Intelligent)의 의미를 담고 있으며, 휴인(携引)의 뜻인 '이끌다, 끌고 나가다'라는 의미처럼 출판계를 이끄는 리더로서, 혁신의 이미지를 담고 있다.